いちばんやさしいPowerPoint 2019

スクール標準教科書

日経BP

はじめに

本書は次の方を対象にしています。

■ PowerPoint 2019を初めて使用される方。

■日本語入力の操作ができる方。

制作環境

本書は以下の環境で制作、検証しました。

■ Windows 10 Enterprise（日本語版）をセットアップした状態。

※ほかのエディションやバージョンのWindowsでも、Office 2019が動作する環境であれば、ほぼ同じ操作で利用できます。

■ Microsoft Office Professional Plus 2019（日本語デスクトップ版）をセットアップし、Microsoftアカウントでサインインした状態。マウスとキーボードを用いる環境（マウスモード）。

■画面の解像度を1280 × 768ピクセルに設定し、ウィンドウを全画面表示にした状態。

※上記以外の解像度やウィンドウサイズで使用すると、リボン内のボタンが誌面と異なる形状で表示される場合があります。

■プリンターをセットアップした状態。

※ご使用のコンピューター、プリンター、セットアップなどの状態によって、画面の表示が本書と異なる場合があります。

リボンインターフェイスの外観

本書では、解像度が1280 × 768ピクセルの画面上に、最大化した状態のウィンドウを説明図として挿入しています。PowerPoint 2019で採用されているリボンインターフェイスは、ウィンドウのサイズによってリボン内の機能ボタンの表示が変化するため、本書と学習中の画面のボタンの形状が若干異なる場合があります。

《本書のリボンインターフェイスの外観》

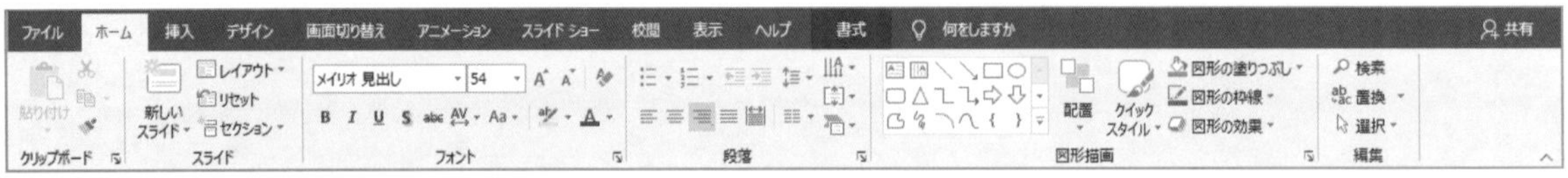

おことわり

本書発行後（2021年5月以降）の機能やサービスの変更により、誌面の通りに表示されなかったり操作できなかったりすることがあります。その場合は適宜別の方法で操作してください。

表記

○ 画面に表示される文字

メニュー、コマンド、ボタン、ダイアログボックスなどで画面に表示される文字は、角かっこ（[　]）で囲んで表記しています。アクセスキー、コロン（:）、省略記号（…）、チェックマークなどの記号は表記していません。なお、ボタン名の表記がないボタンは、マウスでポイントすると表示されるポップヒントで表記しています。

○ キー表記

本書のキー表記は、どの機種にも対応する一般的なキー表記を採用しています。なお、2 つのキーの間にプラス記号（+）がある場合は、それらのキーを同時に押すことを示しています。

○ マウス操作

用語	意味
ポイント	マウスポインターを移動し、項目の上にポインターの先頭を置くこと
クリック	マウスの左ボタンを 1 回押して離すこと
右クリック	マウスの右ボタンを 1 回押して離すこと
ダブルクリック	マウスの左ボタンを 2 回続けて、すばやく押して離すこと
ドラッグ	マウスの左ボタンを押したまま、マウスを動かすこと

○ マーク

マーク	内容
STEP	操作の目的・概要
1	操作の手順
→	操作の結果
	操作に関する補足
OnePoint	補足的な情報

○ クラウド（OneDrive）の利用について

本書では、学習者の環境の違いを考慮し、ファイルの保存先をローカルに指定しています。クラウドへの保存操作は取り上げておりません。

○ 拡張子について

本書ではファイル名に拡張子を表記しておりません。操作手順などの画面図にも拡張子が表示されていない状態のものを使用しています。

○ 使用するファイルについて

本書では、実習用データを使用して操作する場合には以下のように表記しています。この表記があるところでは対象のファイルを開く操作を行います。

実習用データを開く：スクール_PowerPoint 2019 ▶「フォルダー名」▶ P「ファイル名」

実習用データ

本書で学習する際に使用する実習用データ（サンプルファイル）を、以下の方法でダウンロードしてご利用ください。

ダウンロード方法

① 以下のサイトにアクセスします（URLの末尾は、英字1文字と数字5桁です）。

https://project.nikkeibp.co.jp/bnt/atcl/21/S60160/

② 関連リンクにある［実習用データのダウンロード］をクリックします。

※ファイルのダウンロードには日経IDおよび日経BPブックス＆テキストOnlineへの登録が必要になります（いずれも登録は無料）。

③ 表示されたページにあるそれぞれのダウンロードのアイコンをクリックして、適当なフォルダーにダウンロードします。

④ ダウンロードしたzip形式の圧縮ファイルを展開すると［スクール_PowerPoint2019］フォルダーが作成されます。

⑤［スクール_PowerPoint2019］フォルダーを［ドキュメント］フォルダーなどに移動します。

ダウンロードしたファイルを開くときの注意事項

インターネット経由でダウンロードしたファイルを開く場合、「注意――インターネットから入手したファイルは、ウイルスに感染している可能性があります。編集する必要がなければ、保護ビューのままにしておくことをお勧めします。」というメッセージバーが表示されることがあります。その場合は、［編集を有効にする］をクリックして操作を進めてください。

ダウンロードしたzipファイルを右クリックし、ショートカットメニューの［プロパティ］をクリックして、［全般］タブで［ブロックの解除］を行うと、上記のメッセージが表示されなくなります。

実習用データの内容

実習用データには、本書の実習で使用するデータとCHAPTERごとの完成例などが収録されています。詳細については［スクール_PowerPoint2019］フォルダー内にある［スクール_PowerPoint2019_実習用データ.pdf］を参照してください。

Contents　いちばんやさしい PowerPoint 2019 スクール標準教科書

CHAPTER 1 PowerPoint とは

CHAPTER 2 プレゼンテーションを新規作成する

CHAPTER 7 資料を印刷する

CHAPTER 8 プレゼンテーションを実施する

CHAPTER 1

PowerPointとは

PowerPointは発表や講演などを行うときに、プレゼンテーション（プレゼン）の資料を作成する優れた機能を備えたアプリケーションです。
また、プレゼンテーションの際に、発表者の考えを伝えるさまざまな効果なども用意されているため、参加者の理解を深めることもできます。
CHAPTER1ではPowerPointとプレゼンテーションについて解説します。

1-1 プレゼンテーションとは

プレゼンテーションとは、参加者に分かりやすい手段で情報を伝え、理解を促し、ときに同意を得るために行う情報伝達の一種です。プレゼンと略されることもあります。

プレゼンテーションの種類と目的

プレゼンテーションの種類と目的はさまざまです。たとえば以下のようなものがあげられます。

- **周知や認知を目的にするもの**
  例：自社の活動を知ってもらいたい。新商品の特徴を伝えたい。
- **協力を仰いだり、合意や許可を得たりすることを目的にするもの**
  例：公園の美化活動に参加してもらいたい。新規プロジェクトをスタートする許可を得たい。
- **購入や契約マインドを高めることを目的にするもの**
  例：商品の購入を促したい。納得したうえで契約を結んでもらいたい。
- **学習や習熟を目的にするもの**
  例：学生に向けて講義を行いたい。製品の使い方をレクチャーしたい。
- **活動の結果報告**
  例：研究成果を発表したい。前年度の地区活動の成果を報告したい。

参加者の意識やニーズを捉える

プレゼンテーションには必ず参加者がいます。そのため、参加者の意識やニーズを無視してプレゼンテーションを進めるわけにはいきません。参加者がどんな情報を求めているか、どんな提案なら行動に移せるかを検討することが大切になります。
たとえば本書で作成するサンプルでは、気候変動や海洋汚染の問題についてプレゼンテーションしますが、参加者の環境問題への関心レベルが違えば求められる内容も変わるはずです。事前に参加者のことが分かっている場合は、まず参加者のついてのリサーチを可能な限り行うことが大切です。

プレゼンテーションに“小さなゴール”と“具体的な提案”を設ける

本書で作成するサンプルでは、「気候変動や海洋汚染の問題について考えてもらう」ことを目的にしています。しかし、これについて紹介するだけでは参加者にとってはテーマが曖昧過ぎるかもしれません。そこで「ペットボトルのリサイクルに協力してもらう」という小さなゴールを設定します。そして、それを達成するための「リサイクルボックスにペットボトル以外のごみを捨てない」という具体的な提案を設定します。
このようにプレゼンテーションに小さなゴールを設けて、それを達成するための具体的な提案を設けておくと、プレゼンテーションの内容が明確になり、またその後の効果測定なども行いやすくなります。

【目的】
気候変動や海洋汚染の問題について考えてもらいたい
【小さなゴール】
ペットボトルのリサイクルに協力してもらう
【具体的な提案】
リサイクルボックスにペットボトル以外のごみを捨てないで
確かに
気を付けよう

プレゼンテーションの構成を考える

具体的な提案が決まったら次はそこへ結びつけるための全体の構成を考えます。プレゼンテーションの構成は次のように序論、本論、結論に分けて考えることが一般的です。

- **序論→本論→結論**
  序論パートでは、このプレゼンテーションで何を伝えたいのかを簡潔に発表します。
  本論パートでは、参加者の理解を促し、納得してもらうための情報を詳細に発表します。
  結論パートでは、このプレゼンテーションを通じて何を伝えたかったかをまとめます。

本書で作成するサンプルでは、序論でプレゼンテーションのテーマとトピックの発表、本論で地球環境の悪化の原因と何がペットボトルのリサイクルの妨げになっているかを発表、結論で解決のために参加者に協力してほしいことを発表するという構成になります。
なお、プレゼンテーションの構成を考えるその他の手法として次のようなものがあります。

- **PREP（プレップ）法**
  最初に結論（Point）を述べ、次にその結論に至った理由（Reason）を述べ、その具体例（Example）を示し、再度結論（Point）を述べて締めくくる手法です。

- **SDS法**
  最初に要約（Summary）を述べ、次に詳細（Details）を述べ、最後にまとめとして要約（Summary）で締めくくる手法です。

1-2 PowerPointの基本操作

情報を分かりやすく参加者に伝えるためには視覚に訴える資料が有効です。PowerPoint（パワーポイント）はそのような資料を成作するのに適したアプリケーションです。
PowerPoint では、発表したい内容をスライドと呼ばれる画面上の用紙に記述します。このスライドを必要な枚数作成して、それを順に表示しながら発表を進めるスライドショーというスタイルでプレゼンテーションを行います。

PowerPoint の特徴

プレゼンテーションの資料作成や発表の際に主に使用する PowerPoint の機能としては、以下のようなものがあげられます。

・スライドを 1 枚ずつ表示するスライドショーが利用できる（CHAPTER 1 参照）。
・文字や箇条書きをスライドに入力できる（CHAPTER 2 参照）。
・スライドに図、表、グラフなどを挿入できる（CHAPTER 3、4 参照）。
・スライドの順番を自由に変更できる（CHAPTER 5 参照）。
・スライド内のそれぞれのオブジェクト（要素）に動きを付けることができる（CHAPTER 6 参照）。
・参加者に配布する資料や発表者が話す内容を記述した資料を印刷できる（CHAPTER 7 参照）。
・リハーサル機能で発表にかかる時間を計測できる（CHAPTER 8 参照）。

スライドショーのイメージ

スライドショーは紙芝居のように 1 枚ずつ進めていきます。1 つのスライドの説明が終わったら次のスライドを表示して説明をするという要領になります。

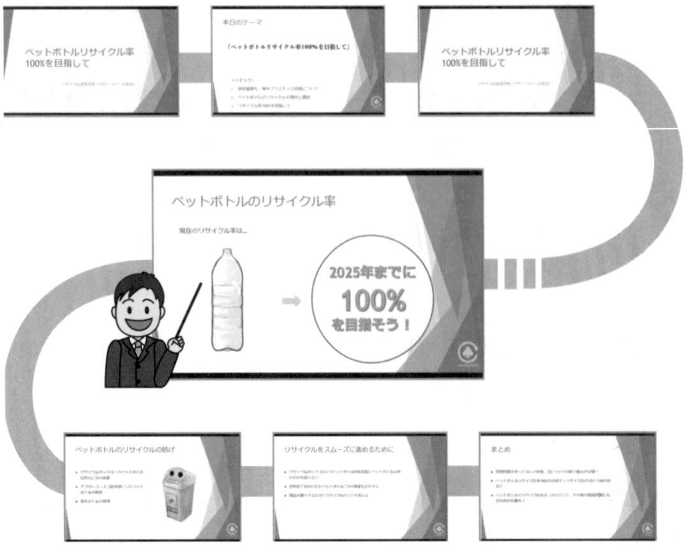
ペットボトルリサイクル率
100%を目指して
本日のテーマ
ペットボトルリサイクル率
100%を目指して
ペットボトルのリサイクル率
2025年までに
100%
を目指そう！
ペットボトルのリサイクルの流れ
リサイクルをスムーズに進めるために
まとめ

LESSON 1 PowerPointを起動する

PowerPoint を使うには、最初に起動と呼ばれる操作が必要です。起動とは、PowerPoint を画面上に呼び出して使える状態にすることです。起動は画面左下にある［スタート］ボタンから行います。

STEP ［スタート］ボタンからPowerPointを起動する

1 画面左下の［スタート］ボタンをクリックします。

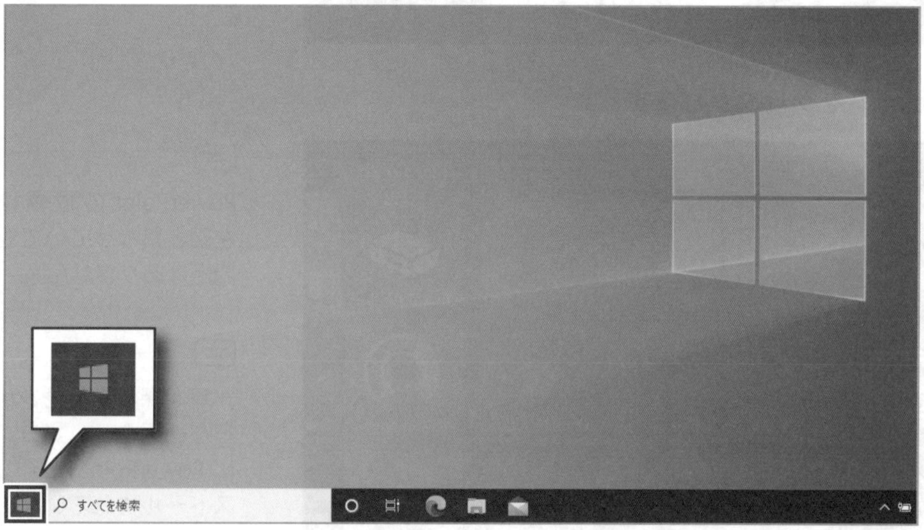

お使いの Windows のバージョンによって［スタート］ボタンの位置や形状は異なります。
本書では Windows10 で解説しています。

→ スタートメニューが表示されます。

2 スタートメニューのアプリケーションの一覧の右側にマウスポインターを合わせます。

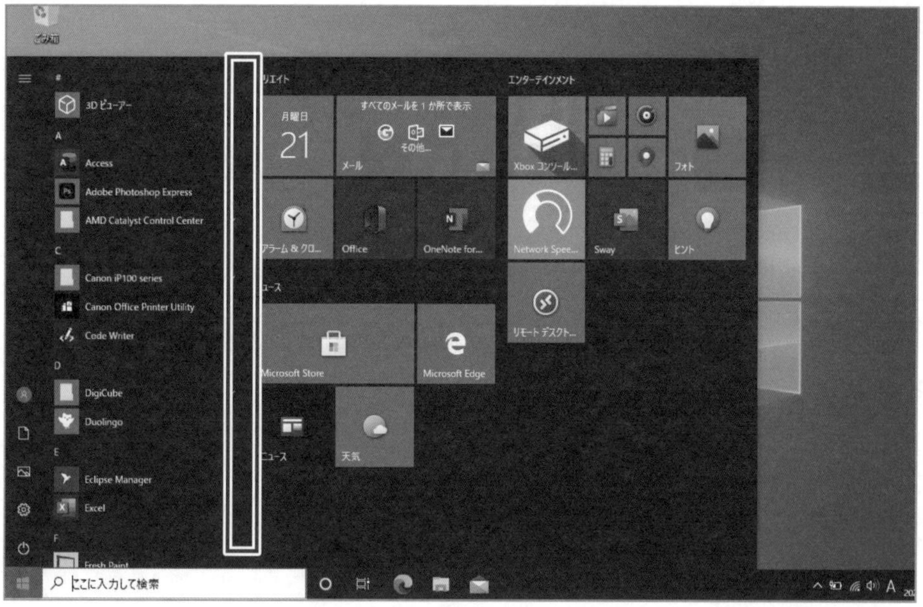

→ スクロールバーが表示されます。

3 表示されたスクロールバーを下方向にドラッグします。

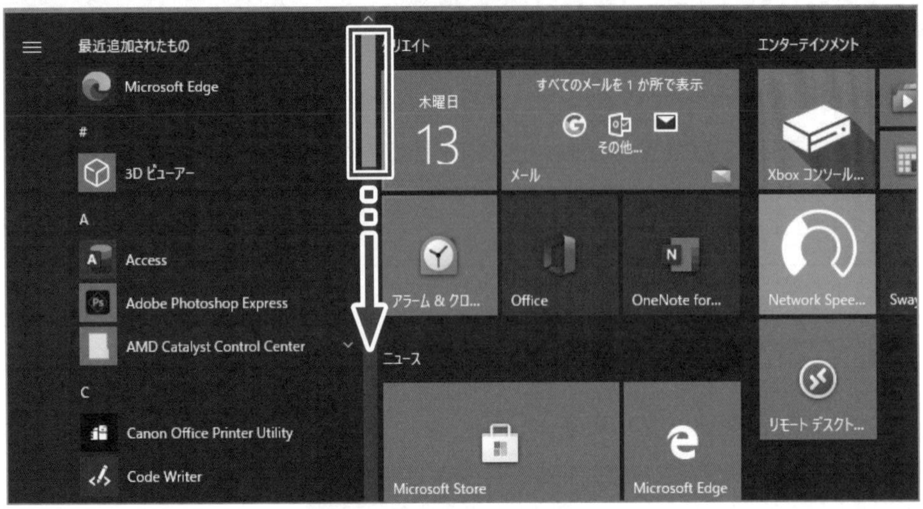

スタート画面に表示される内容は、お使いのパソコンの設定や環境によって異なります。

4 一覧から［PowerPoint］をクリックします。

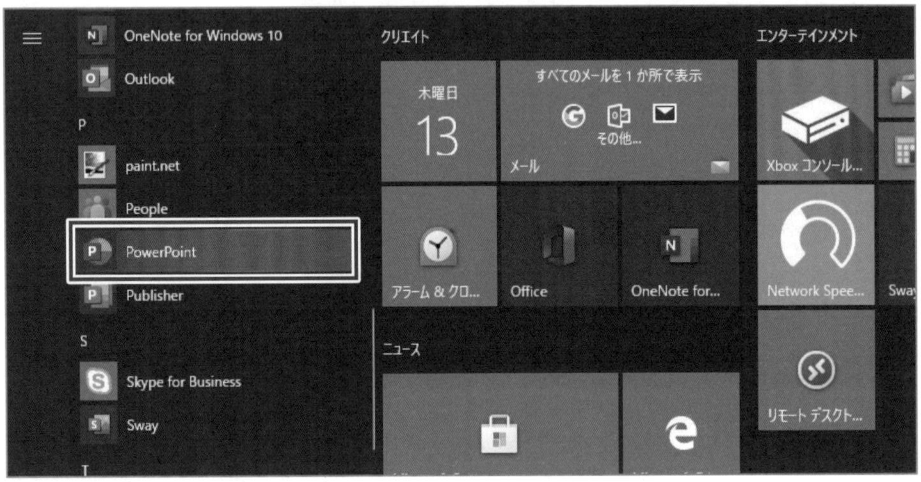

PowerPoint の位置は左図と異なっていても問題はありません。

一覧を探しても見つからない場合、パソコンに PowerPoint がインストールされていない可能性があります。

→ PowerPoint が起動し、［ホーム］画面が表示されました。

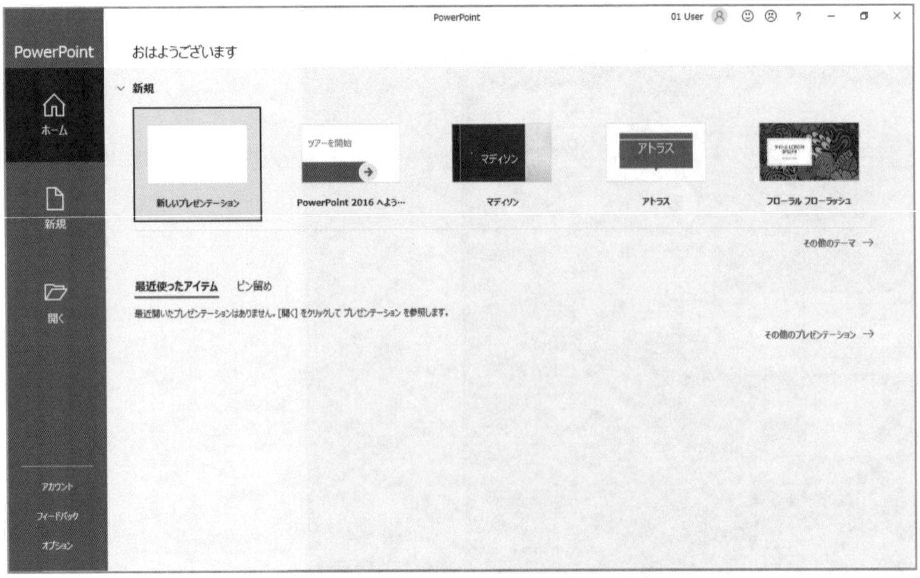

［ホーム］画面に表示されるテーマやアイテムは、PowerPoint でプレゼンテーションファイルを作成や操作したり、更新プログラムなどによって変わります。

LESSON 2 プレゼンテーションファイルを開く

本書で作成するプレゼンテーションファイルの完成サンプルを開いて、PowerPoint のプレゼンテーションファイルがどのようなものか確認してみます。
開くとは、作成されたプレゼンテーションファイルを画面上に呼び出して、編集や確認ができる状態にすることです。

STEP プレゼンテーションファイルを開く

1 ［開く］をクリックします。

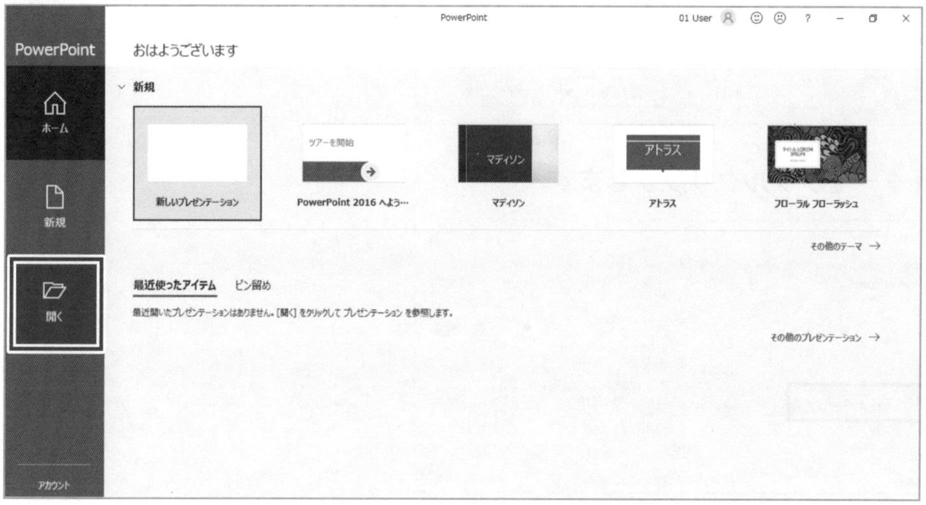

［ホーム］画面が表示されていない場合は、［ファイル］タブをクリックします。

→ ファイルに関する操作を行うための［開く］画面が表示されます。

2 ［参照］をクリックします。

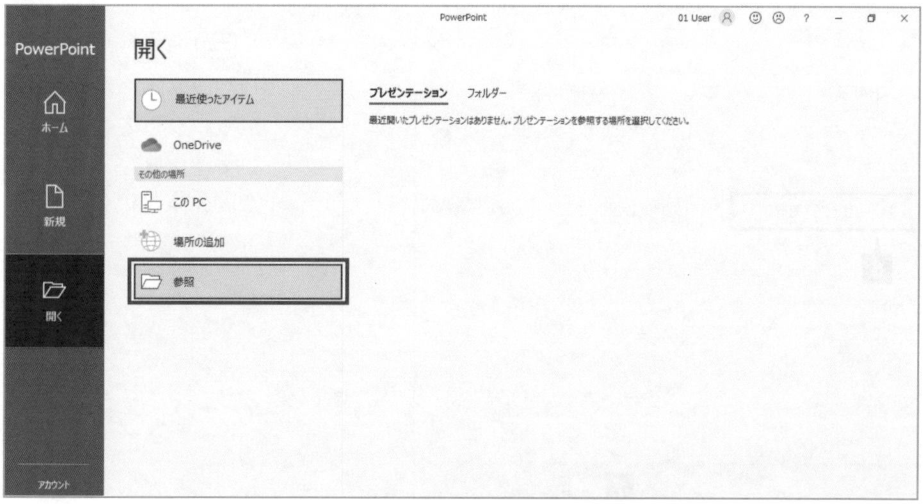

→［ファイルを開く］ダイアログボックスが表示されます。

3 フォルダーの一覧から［ドキュメント］をクリックします。

4 ［スクール_PowerPoint2019］フォルダーをダブルクリックします。

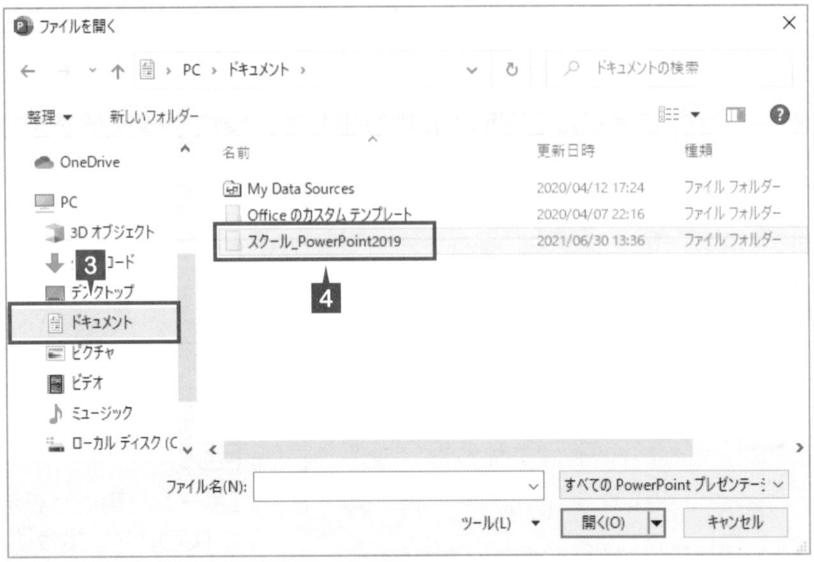

［ドキュメント］フォルダーに［スクール_PowerPoint2019］フォルダーがない場合は、サンプルファイルのダウンロードを行ってください（P. (4) を参照）。

5 ［CHAPTER1］フォルダーをダブルクリックします。

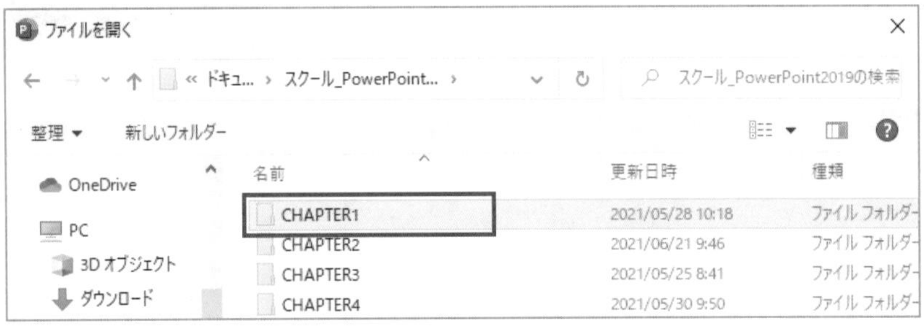

6 「Chap1_ペットボトルリサイクル_完成例」をクリックします。

7 ［開く］をクリックします。

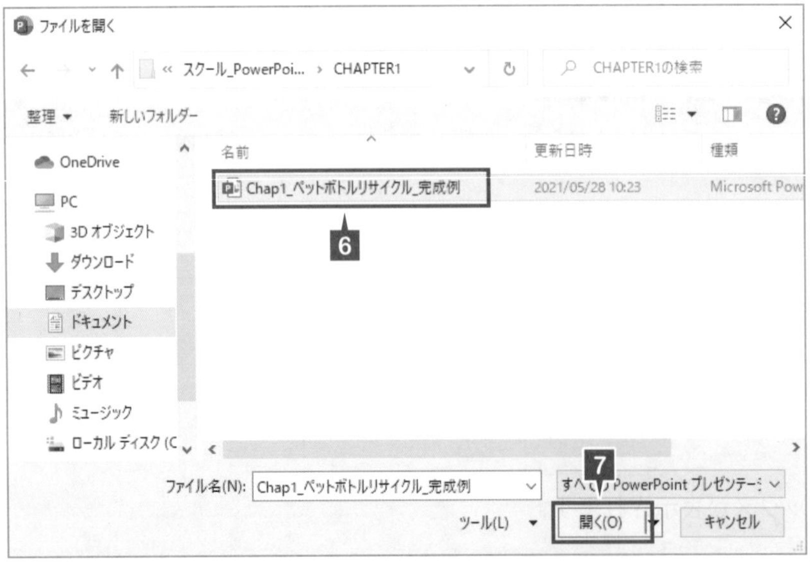

ファイル名をダブルクリックしてもプレゼンテーションファイルを開くことができます。

→ プレゼンテーションファイルを開くことができました。

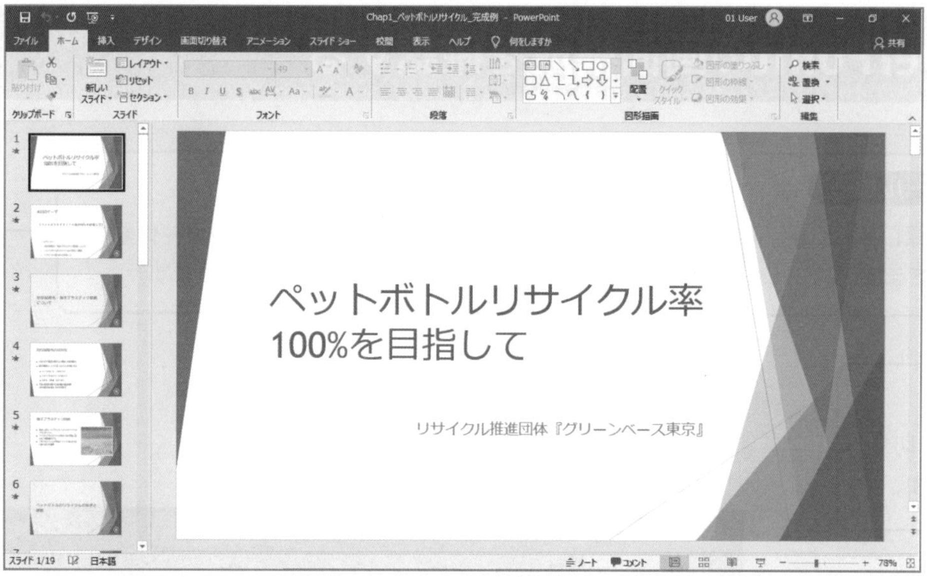

今回はサンプルファイルを開きましたが、自分で作成したプレゼンテーションファイルを開くときも同じ手順で行います。

OnePoint その他の方法でファイルを開くには

ファイルを開く操作は PowerPoint の画面からだけでなく、Windows のエクスプローラーから行うこともできます。

タスクバーの［エクスプローラー］のアイコンをクリックして、開きたいファイルが保存されているフォルダーをクリックします（下図ではドキュメント）。さらに、その中にフォルダーがある場合はダブルクリックして開き、ファイルを探します。ファイルが見つかったらダブルクリックして開きます。

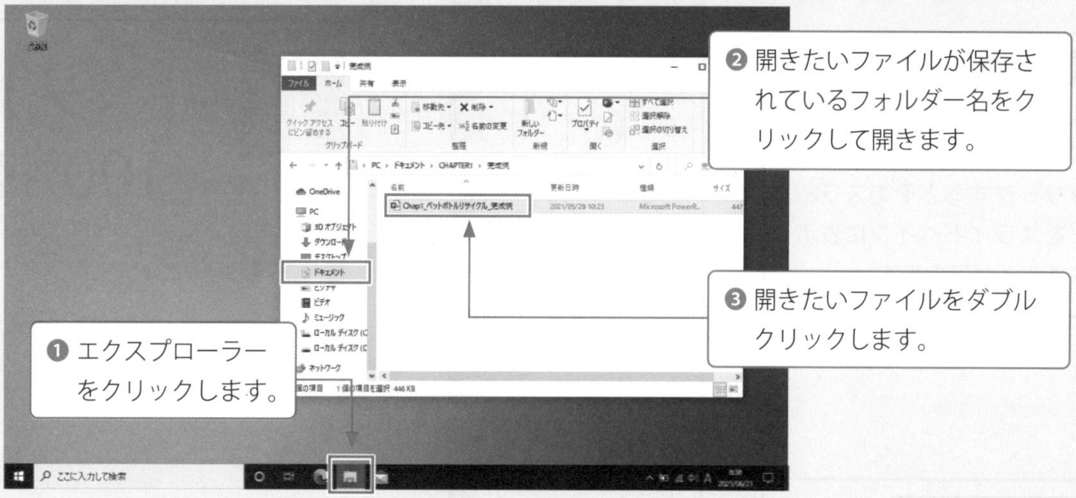

❶ エクスプローラーをクリックします。
❷ 開きたいファイルが保存されているフォルダー名をクリックして開きます。
❸ 開きたいファイルをダブルクリックします。

LESSON 3 PowerPointの画面構成を確認する

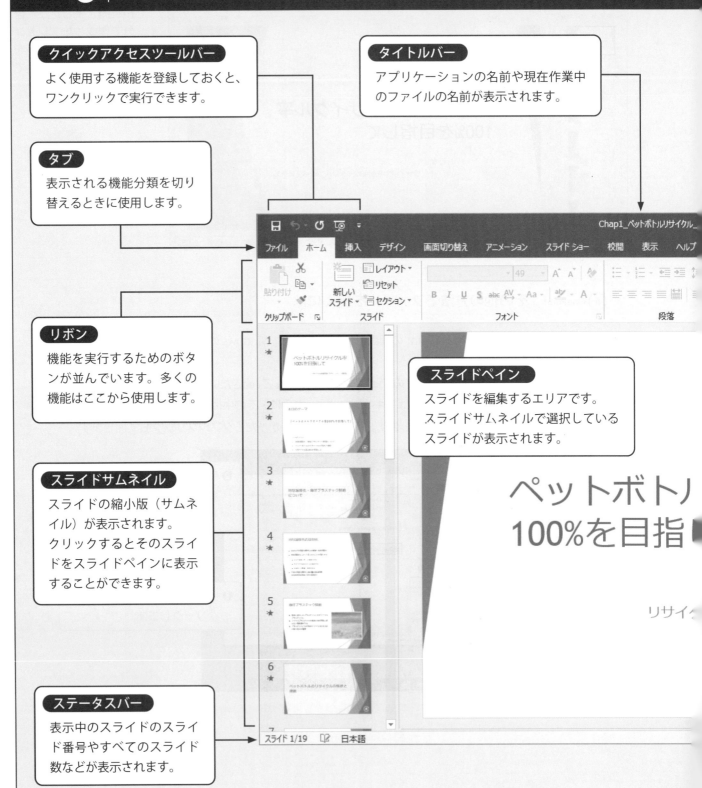

クイックアクセスツールバー

よく使用する機能を登録しておくと、ワンクリックで実行できます。

タイトルバー

アプリケーションの名前や現在作業中のファイルの名前が表示されます。

タブ

表示される機能分類を切り替えるときに使用します。

リボン

機能を実行するためのボタンが並んでいます。多くの機能はここから使用します。

スライドペイン

スライドを編集するエリアです。スライドサムネイルで選択しているスライドが表示されます。

スライドサムネイル

スライドの縮小版（サムネイル）が表示されます。クリックするとそのスライドをスライドペインに表示することができます。

ステータスバー

表示中のスライドのスライド番号やすべてのスライド数などが表示されます。

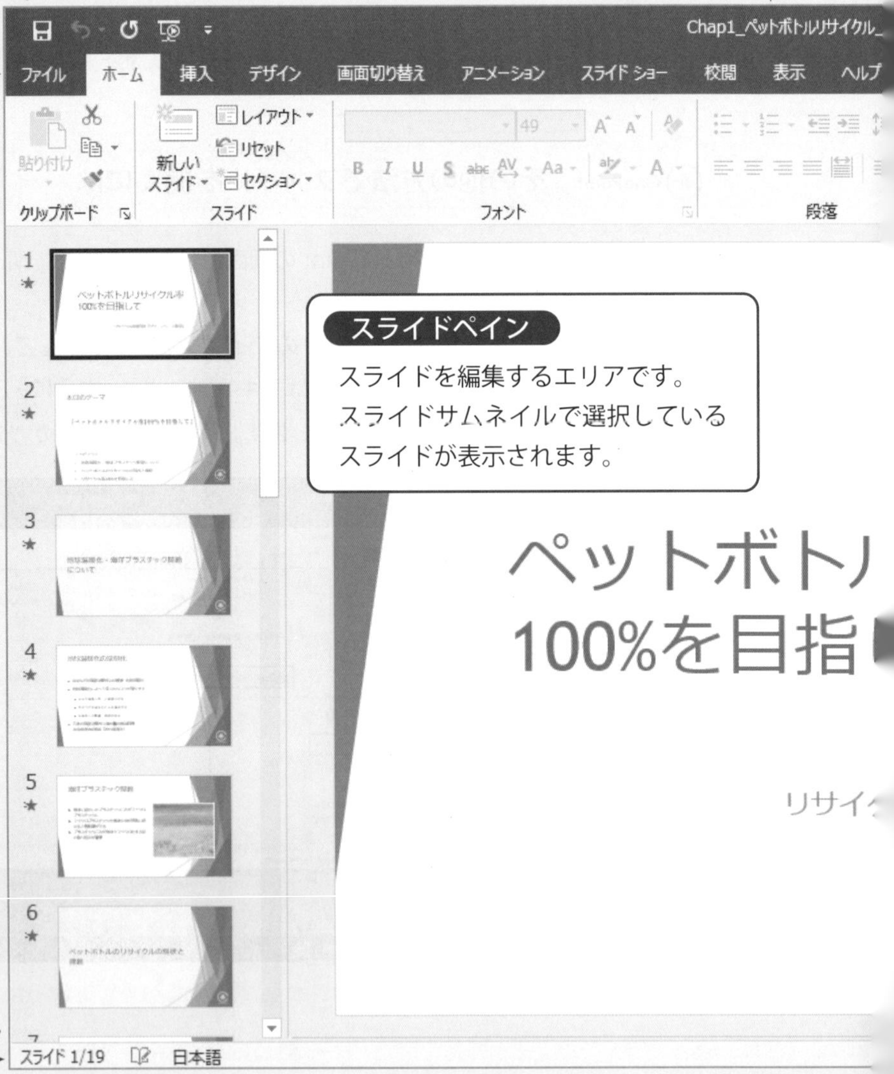

※本書では Microsoft Office Professional Plus 2019 で PowerPoint 2019 をインストールした環境（2021 年 5 月時点）で画面取得および動作検証をしています。それ以外の環境をお使いの場合は、表示されるメニューなどが異なることがあります。また使用する時期によってはアップデート（更新）による変更が生じることもあります。

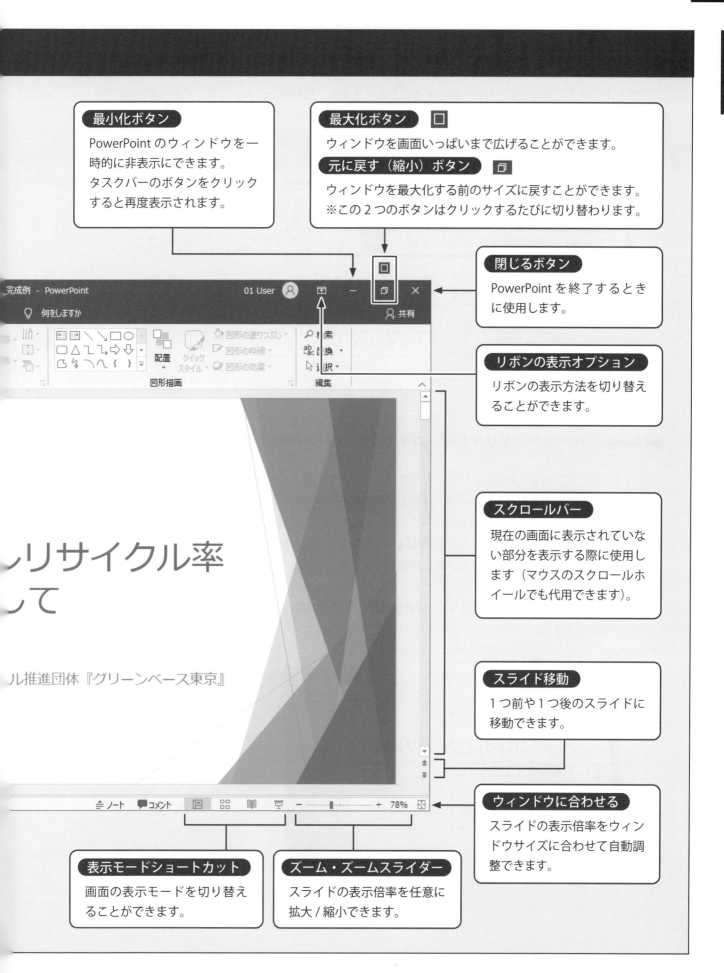

最小化ボタン

PowerPoint のウィンドウを一時的に非表示にできます。
タスクバーのボタンをクリックすると再度表示されます。

最大化ボタン □

ウィンドウを画面いっぱいまで広げることができます。

元に戻す（縮小）ボタン ⧉

ウィンドウを最大化する前のサイズに戻すことができます。
※この 2 つのボタンはクリックするたびに切り替わります。

閉じるボタン

PowerPoint を終了するときに使用します。

リボンの表示オプション

リボンの表示方法を切り替えることができます。

スクロールバー

現在の画面に表示されていない部分を表示する際に使用します（マウスのスクロールホイールでも代用できます）。

スライド移動

1 つ前や 1 つ後のスライドに移動できます。

ウィンドウに合わせる

スライドの表示倍率をウィンドウサイズに合わせて自動調整できます。

表示モードショートカット

画面の表示モードを切り替えることができます。

ズーム・ズームスライダー

スライドの表示倍率を任意に拡大 / 縮小できます。

OnePoint スライドの表示倍率（ズーム）を調整するには

スライドの表示倍率は自由に拡大 / 縮小することができます。画面右下のズームスライダーを使用する方法や、[表示] タブの [ズーム] ボタンや [ウィンドウに合わせる] ボタンを使用する方法があります。また、Ctrl キーを押しながらマウスのスクロールホイールを前後に転がすことでも表示倍率を変更することができます。

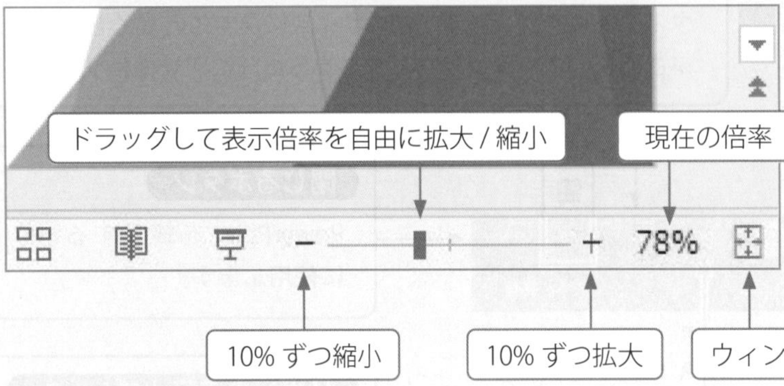

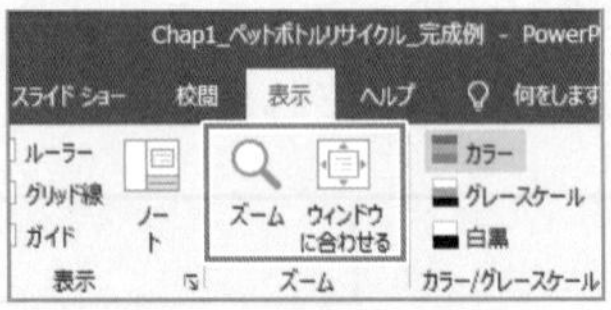

OnePoint ルーラー、グリッド線、ガイドを表示するには

スライドは、文字や表、画像などさまざまなオブジェクトを配置して作成していきます。このときオブジェクトをより正確に配置したければ、目安となる線を表示することができます。このようなガイドやグリッドの線を表示するには、[表示] タブの [グリッド線] チェックボックスや [ガイド] チェックボックスをオンにします。グリッド線などの間隔は [グリッドの設定] をクリックして表示される [グリッドとガイド] ダイアログボックスで詳細な設定が可能です。

また、[ルーラー] チェックボックスをオンにすると、選択している文字枠（プレースホルダー）の1行の文字数を確認することができます（文字枠を選択していない場合は、スライドの中心を0としたルーラーが表示されます）。

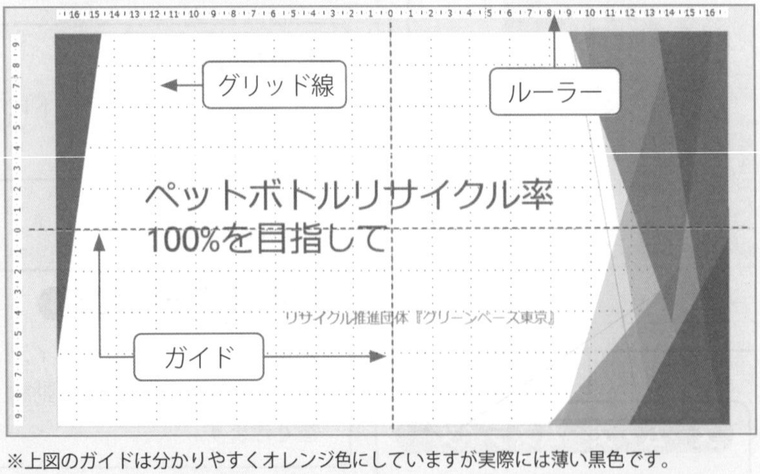

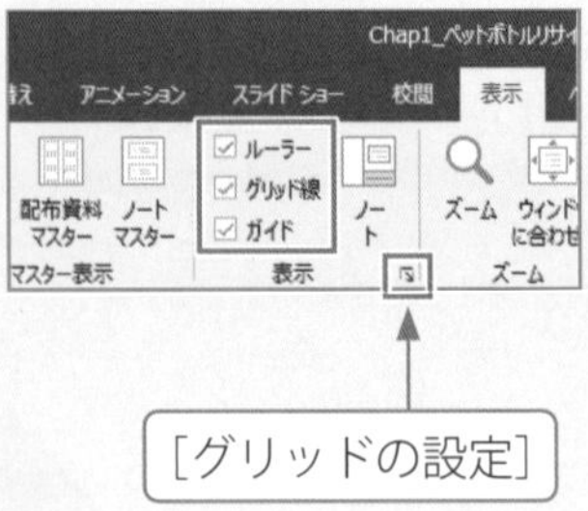

※上図のガイドは分かりやすくオレンジ色にしていますが実際には薄い黒色です。

LESSON 4 スライドショーを実行して確認する

PowerPoint で作成したプレゼンテーションファイルは最終的にスライドショーという形で発表を行います。スライドショーでは、クリックするたびに作成したスライドが 1 枚ずつ順番に表示され、紙芝居のように進んでいきます。ここではサンプルのスライドショーを実行して、本書で作成するプレゼンテーションファイルの完成形を確認します。

STEP スライドショーの実行方法やスライドの進め方を確認する

1 クイックアクセスツールバーの［先頭から開始］ボタンをクリックします。

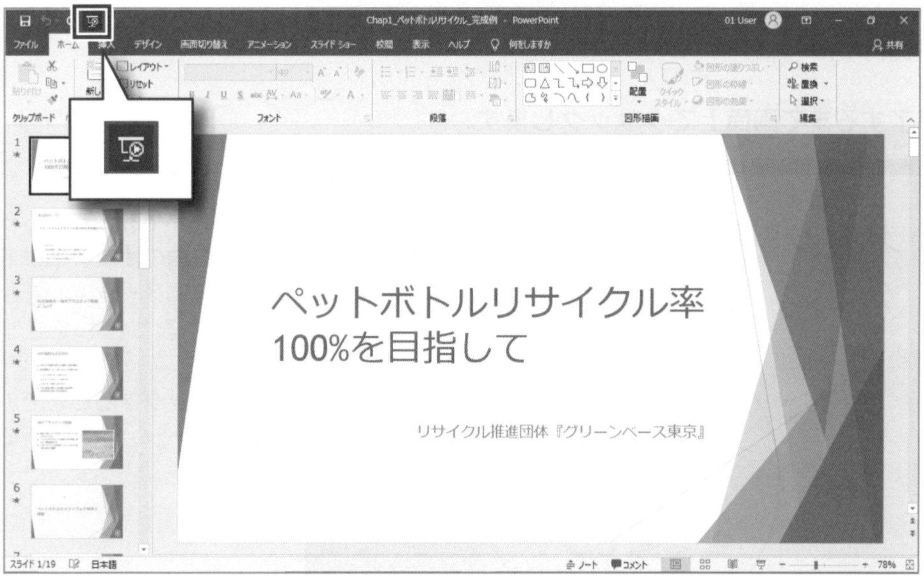
Chap1_ペットボトルリサイクル_完成例 - PowerPoint
ペットボトルリサイクル率
100%を目指して
リサイクル推進団体『グリーンベース東京』
スライド 1/19
日本語

スライドショーを実行するには、クイックアクセスツールバー以外にもさまざまな方法が用意されています。詳しくは CHAPTER8 で紹介します。

→ スライドショーが実行され、1 枚目のスライドが表示されます。

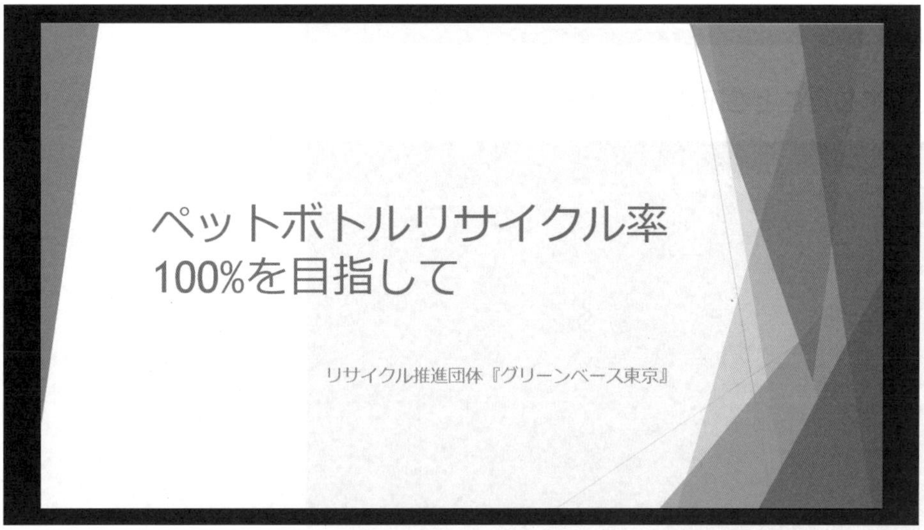
ペットボトルリサイクル率
100%を目指して
リサイクル推進団体『グリーンベース東京』

スライドが画面いっぱいに表示されます。環境によってはスライドがこのようにならない場合もありますが、学習に問題はありませんのでそのまま進めてください。

2 画面上の任意の場所でクリックします。

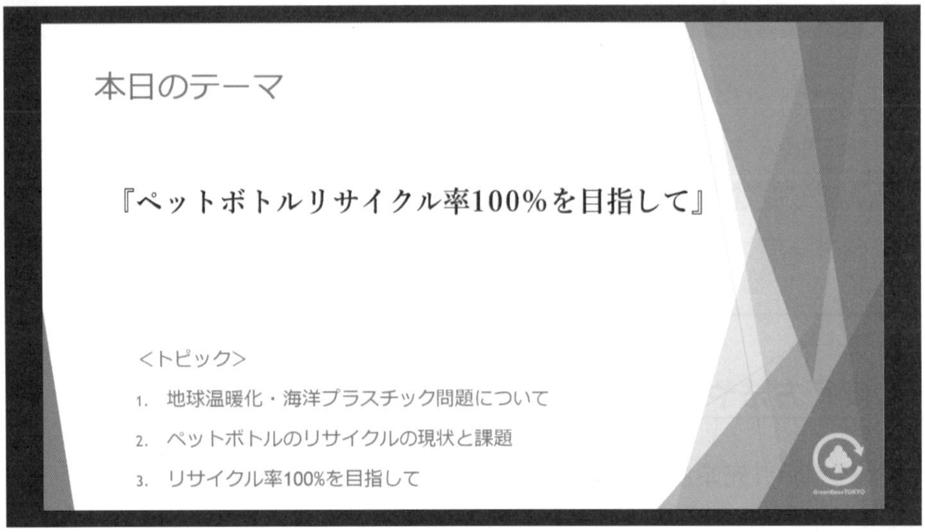
本日のテーマ
『ペットボトルリサイクル率100%を目指して』
<トピック>
1. 地球温暖化・海洋プラスチック問題について
2. ペットボトルのリサイクルの現状と課題
3. リサイクル率100%を目指して

→ 次のスライドが表示されます。

クリックするときにマウスポインターは表示されていなくてもかまいません。また、Enter キーを押しても次のスライドを表示することができます。

PowerPoint ではスライドが切り替わるときの視覚効果を設定することもできます。

3 スライドがすべて終了するまで画面上でクリックします。

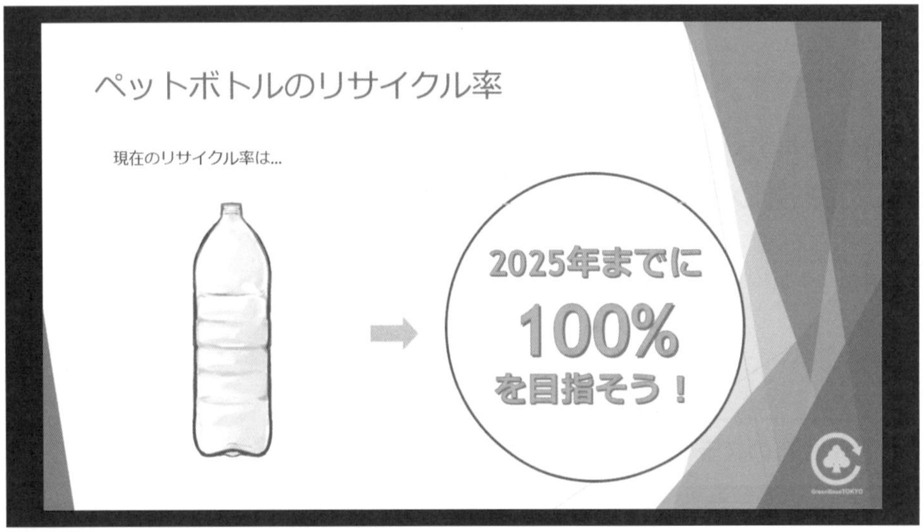
ペットボトルのリサイクル率
現在のリサイクル率は...
2025年までに
100%
を目指そう！

PowerPoint ではスライド内のオブジェクトにアニメーションを設定することもできます。
クリックすることでアニメーションを進行できます。

4 最後のスライドまで終了したことを示すメッセージが表示されたらクリックします。

スライド ショーの最後です。クリックすると終了します。

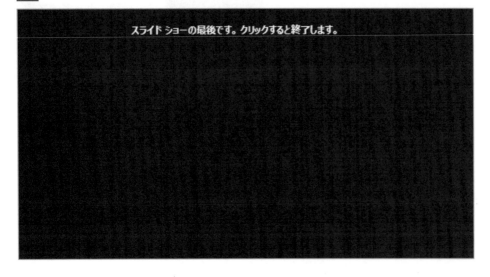

この画面でクリックすると通常の画面に戻ります。
また、Enter キーを押してもスライドショーを終了することができます。

→ スライドショーを確認できました。

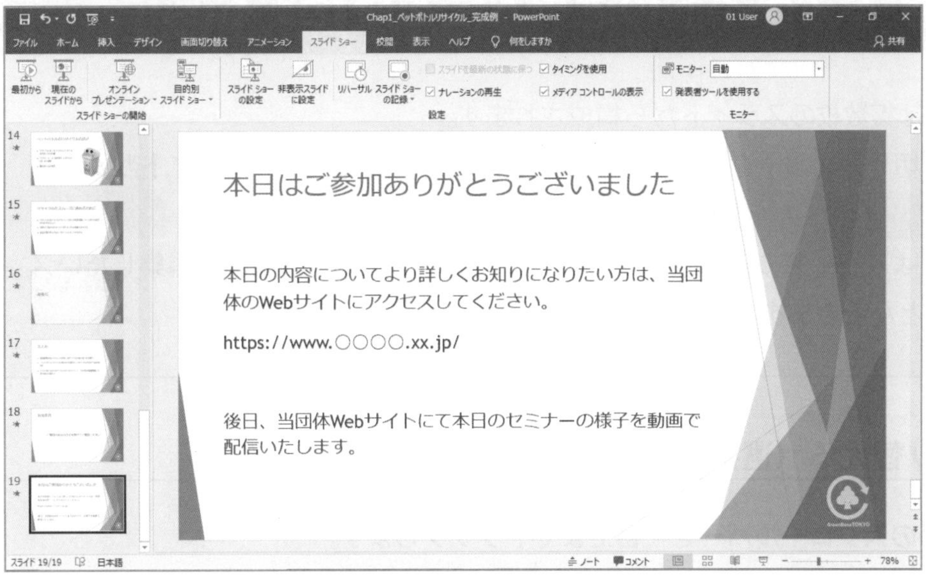
Chap1_ペットボトルリサイクル_完成例 - PowerPoint
本日はご参加ありがとうございました
本日の内容についてより詳しくお知りになりたい方は、当団体のWebサイトにアクセスしてください。
https://www.○○○○.xx.jp/
後日、当団体Webサイトにて本日のセミナーの様子を動画で配信いたします。
スライド 19/19

本書のCHAPTER2以降では、このプレゼンテーションファイルを作成します。

OnePoint プロジェクターなどに接続している場合（発表者ツール）

パソコンをプロジェクターなどに接続している場合は、スライドショーを実行したときに " 発表者ツール " が起動することがあります。発表者ツールを起動したくない場合は、[スライドショー] タブの [発表者ツールを使用する] チェックボックスをオフにしてから、スライドショーを実行します（発表者ツールについては CHAPTER8 で学習します）。

0:00:04
8:59
次のスライド
本日のテーマ
ペットボトルリサイクル率100%を目指して
リサイクル推進団体『グリーンベース東京』
ノートはありません。
スライド 1/19

LESSON 5 ｜ 編集するスライドの選択方法を確認する

通常、スライドショーは複数枚のスライドから構成されます。
編集したいスライドに切り替える（選択する）には、画面左側に並んでいるスライドサムネイルを使用します。
スライドサムネイルとはスライドの縮小版のことで、これをクリックすることで編集したいスライドに切り替えることができます。

STEP スライドを切り替える（選択する）

1 スライドサムネイルのスクロールバーを一番上までドラッグします。

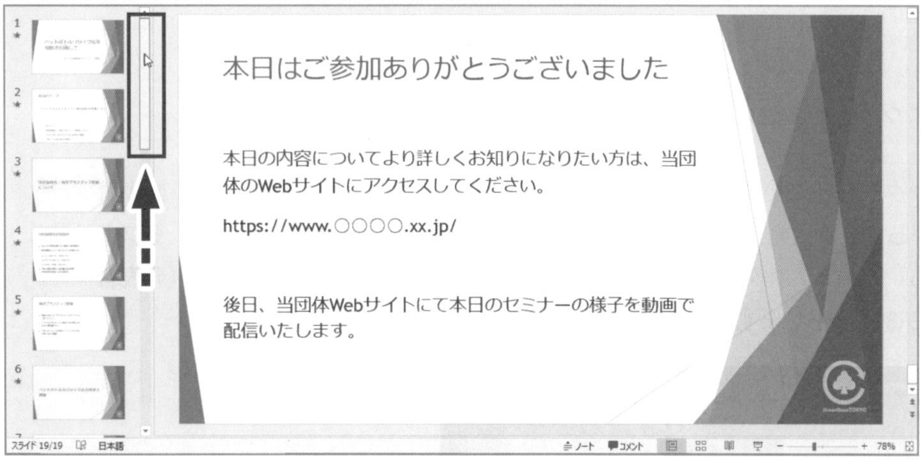

本日はご参加ありがとうございました
本日の内容についてより詳しくお知りになりたい方は、当団体のWebサイトにアクセスしてください。
https://www.○○○○.xx.jp/
後日、当団体Webサイトにて本日のセミナーの様子を動画で配信いたします。
スライド 19/19
日本語
ノート
コメント
78%

“サムネイル”という言葉の語源は、“親指の爪（thumb nail）ほどの大きさ”からきています。
PowerPoint のスライドに限らず、画像などの縮小版を表すときに使用される用語です。

2 スライドサムネイルのスライド 1 をクリックします。

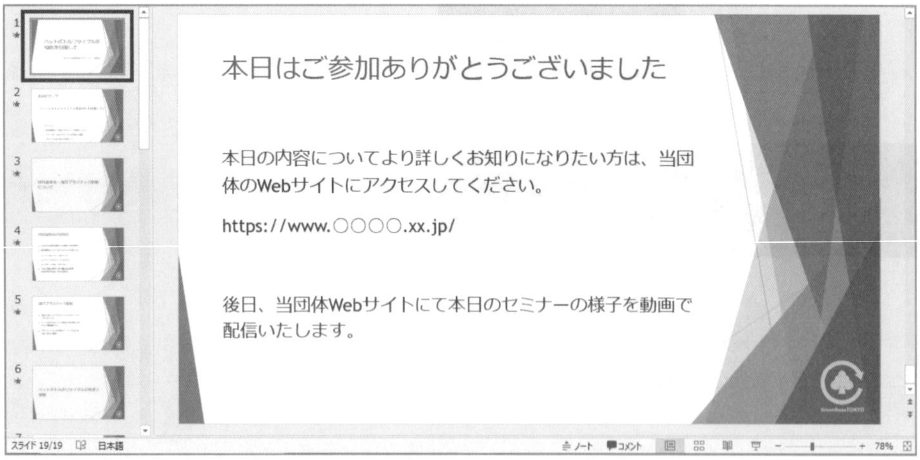

本日はご参加ありがとうございました
本日の内容についてより詳しくお知りになりたい方は、当団体のWebサイトにアクセスしてください。
https://www.○○○○.xx.jp/
後日、当団体Webサイトにて本日のセミナーの様子を動画で配信いたします。
スライド 19/19
日本語
ノート
コメント
78%

→ スライド 1 がスライドペインに表示されました。

この状態は、スライド1を選択している状態でもあります。
スライドの編集や削除を行う際には、このようにして対象のスライドを選択する必要があります。

OnePoint その他の方法でスライドを切り替えるには

スライドを切り替えるには、スライドサムネイルを使用する以外に、画面右端の垂直スクロールバーをドラッグする方法や、マウスのスクロールホイールを前後に転がす方法があります。

OnePoint 複数のスライドを選択するには

複数のスライドを編集や削除したい場合は、それらのスライドをまとめて選択すると操作が一度で済みます。複数のスライドを選択する方法には以下の 2 種類があります。

● **連続した複数のスライドを選択する方法**

スライドサムネイルで選択したい最初のスライドをクリックした後、選択したい最後のスライドを Shift キーを押しながらクリックします。

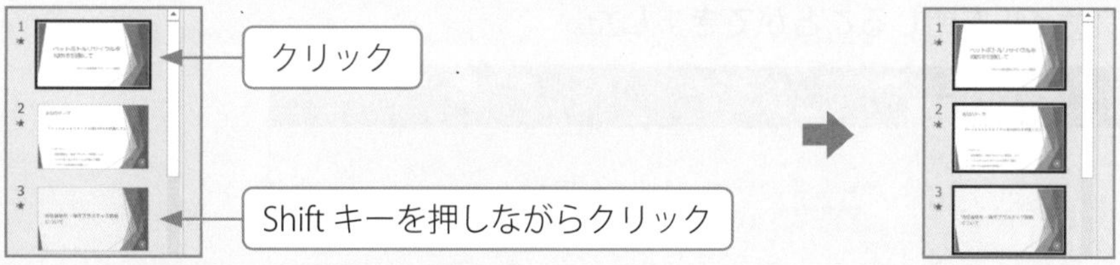

● **離れた複数のスライドを選択する方法**

スライドサムネイルで選択したい 1 つ目のスライドをクリックした後、2 つ目のスライドを Ctrl キーを押しながらクリックします。3 つ目以降も同様に Ctrl キーを押しながらクリックします。

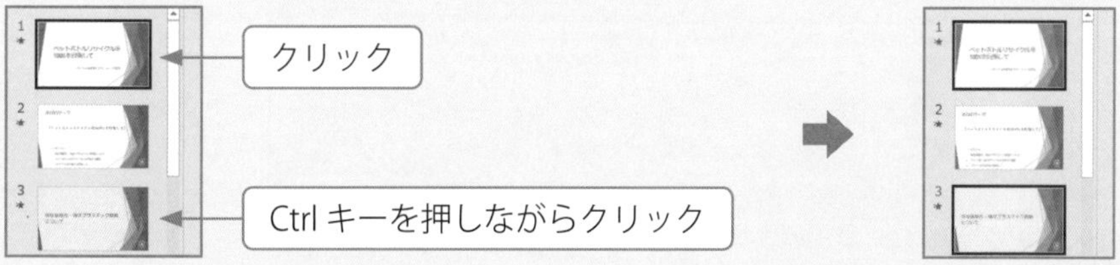

LESSON 6 プレゼンテーションファイルを閉じる

現在開いているプレゼンテーションファイルを閉じて終了します。PowerPoint を終了する操作と、ファイルのみを閉じる操作がありますが、ここではまずファイルのみを閉じる操作を行ってから PowerPoint を終了します。

STEP 開いているプレゼンテーションファイルを閉じる

1 ［ファイル］タブをクリックします。

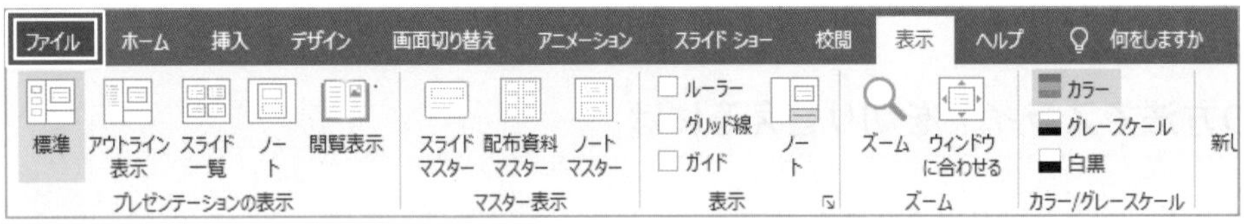

2 ［閉じる］をクリックします。

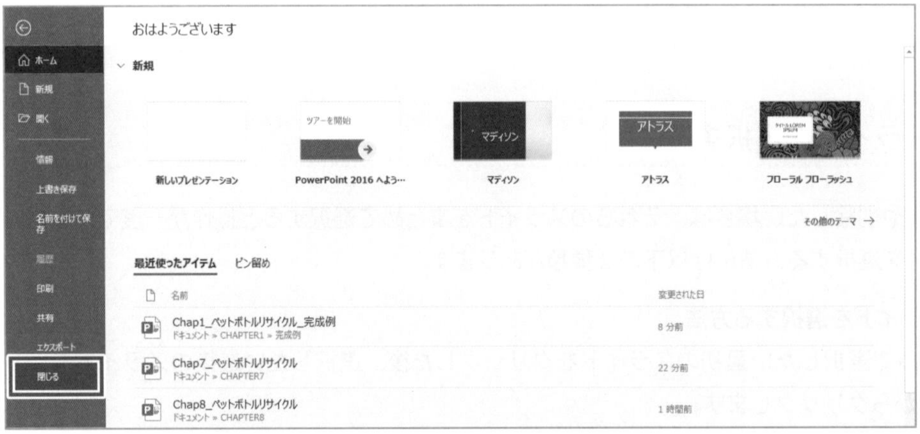

→ プレゼンテーションファイルを閉じることができました。

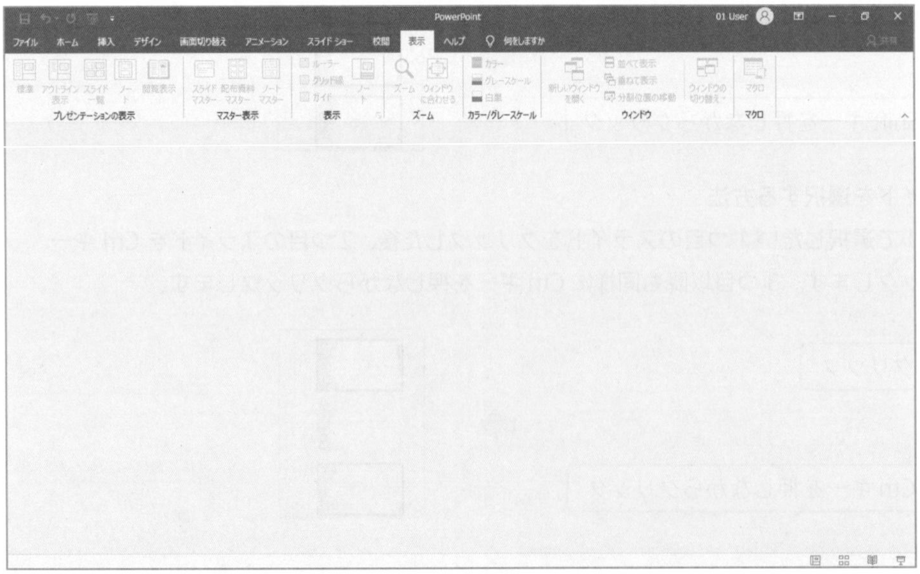

OnePoint ファイルの保存のメッセージが表示された場合

プレゼンテーションファイルや PowerPoint を閉じたときに、下図のメッセージが表示されることがあります。これはファイルに変更を加えて保存せずに閉じたときに表示されるメッセージです（保存については CHAPTER2 で学習します）。

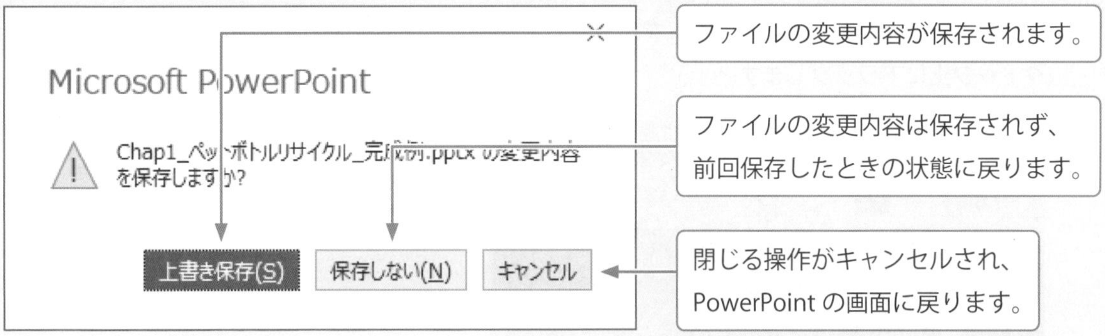
Microsoft PowerPoint
Chap1_ペットボトルリサイクル_完成例.pptx の変更内容を保存しますか?
上書き保存(S)
保存しない(N)
キャンセル
ファイルの変更内容が保存されます。
ファイルの変更内容は保存されず、前回保存したときの状態に戻ります。
閉じる操作がキャンセルされ、PowerPoint の画面に戻ります。

STEP PowerPointを終了する

1 画面右上の閉じるボタンをクリックします。

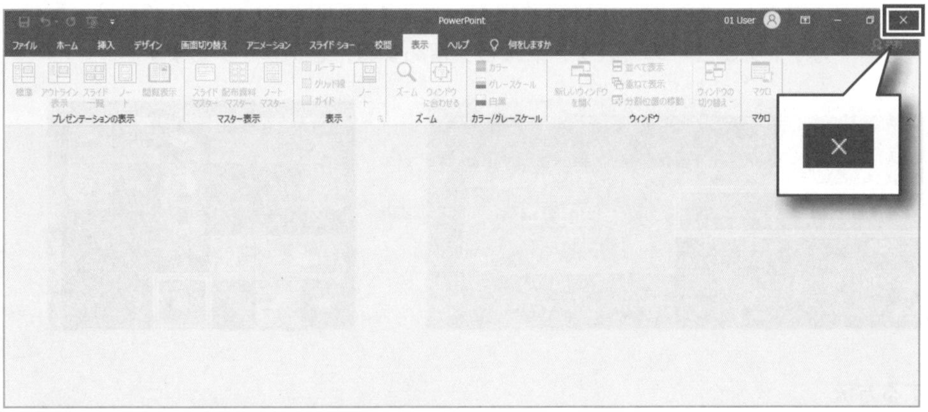

ここでは練習のためにあらかじめプレゼンテーションファイルを閉じましたが、PowerPoint を終了すれば開いていたプレゼンテーションファイルも一緒に閉じます。

→ PowerPoint を閉じることができました。

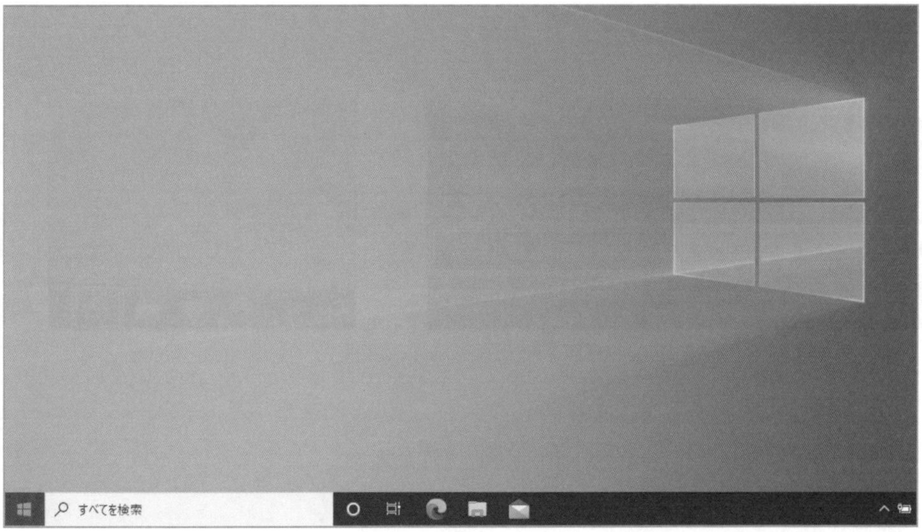

OnePoint PowerPoint の起動ショートカットを作成するには

PowerPoint をよく使用するのであれば、起動を簡単に行うための起動ショートカットを作成すると便利です。起動ショートカットは、デスクトップ、スタート画面、タスクバーに作成できます。

● デスクトップに作成する方法

デスクトップに起動ショートカットを作成するには、スタート画面の PowerPoint のアイコンをデスクトップ上にドラッグします。

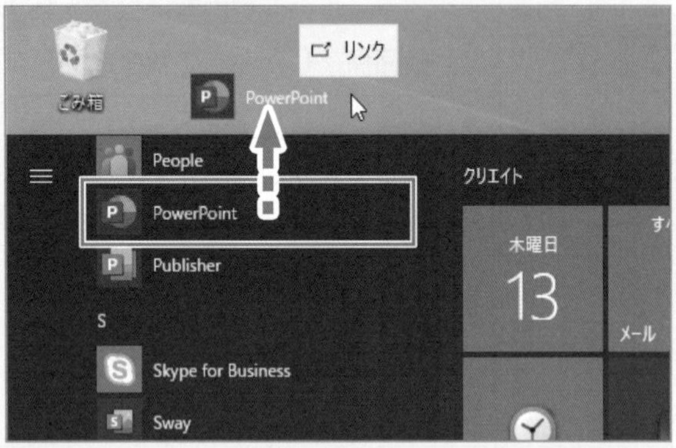

● スタート画面に作成する方法

スタート画面に起動ショートカットを作成するには、スタートメニューの PowerPoint のアイコンを右クリックして、ショートカットメニューの［スタートにピン留めする］をクリックします。

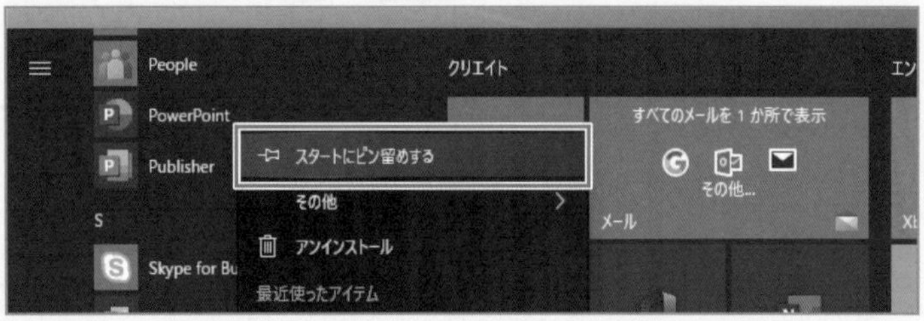

● タスクバーに作成する方法

タスクバーに起動ショートカットを作成するには、スタートメニューの PowerPoint のアイコンを右クリックして、ショートカットメニューの［その他］にマウスポインターを合わせて、［タスクバーにピン留めする］をクリックします。

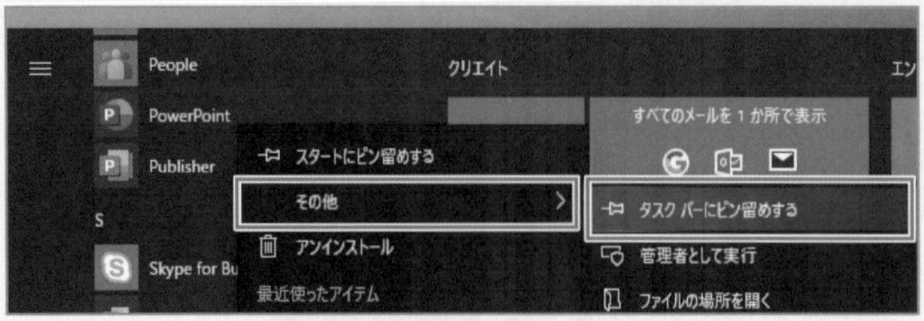

学習のまとめ CHAPTER 1 章末練習問題

【章末練習問題 1】PowerPoint の基本操作の確認

スクール _PowerPoint 2019 ▶ CHAPTER1 ▶ 章末練習問題 ▶ P「Chap1_ コワーキングスペースのご案内」

1 PowerPoint を起動しましょう。

2 ファイル「Chap1_ コワーキングスペースのご案内」を開きましょう。

3 スライドショーを先頭から開始し、最後のスライドまで進めましょう。

4 スライドサムネイルを使って、スライド 1 を選択しましょう。

5 スライドサムネイルを使って、スライド 2 とスライド 4 を選択しましょう。

6 プレゼンテーションファイルを閉じましょう。

7 PowerPoint を終了しましょう。

CHAPTER 2

プレゼンテーションを新規作成する

CHAPTER2 では新規のプレゼンテーションファイルを作成する方法を学習します。プレゼンテーションの内容のイメージに合うデザインを選び、スライドに文字を入力するといった基本的な操作を行います。

2-1 スライドのデザインを設定する

スライドのデザインは資料の第一印象を決める大切な要素です。PowerPoint でスライドを作成するときはプレゼンテーションの内容に合うデザインを選ぶところから始めます。

全体のデザインを決めるテーマの利用

スライドは白紙から作成することもできますが、PowerPoint に用意されているテーマの中からデザインを選ぶと、よりプレゼンテーションの内容に合ったスライドを作成することができます。テーマは、あらかじめ定義された色、フォント、視覚的な効果がセットになっていて、統一されたデザインを簡単にプレゼンテーションに設定できます。

テーマの一例

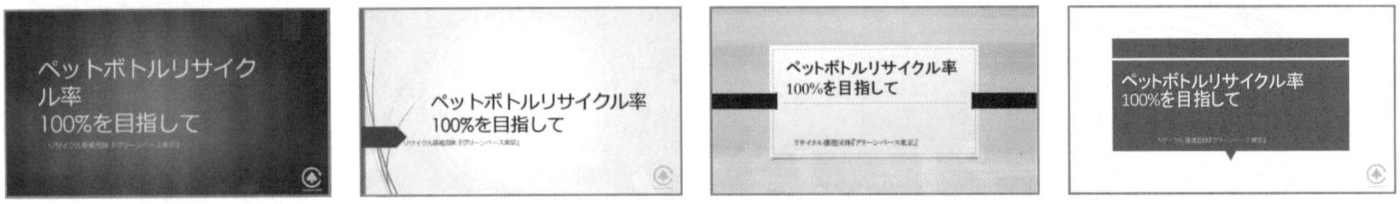
ペットボトルリサイク
ル率
100%を目指して
ペットボトルリサイクル率
100%を目指して
ペットボトルリサイクル率
100%を目指して
ペットボトルリサイクル率
100%を目指して

テーマのデザインは数多く用意されていますが、その中から選ぶときに気を付けたいのは " 見やすさ " です。美しい装飾や目立つ配色だけでデザインを選んでしまうと、肝心の伝えたい情報が見えにくくなったり、参加者の気が散ってしまうことになりかねません。

ペットボトルリサイクル率
100%を目指して
読みにくい
話に集中できない

参加者や会場の広さに合わせた文字のサイズ

スライドで使う文字のサイズも重要なポイントです。参加者に合わせたサイズを設定しましょう。また、あらかじめプレゼンテーションを実施する会場の広さが分かっている場合は参加者からスクリーンまでの距離も考慮に入れておきます。

地球温暖化の深刻化
文字が小さいなあ…

LESSON 1 新規のプレゼンテーションを作成する

新しいプレゼンテーションを作成するには、プレゼンテーションの新規作成の操作を行います。最初からテーマを選択してデザインを設定することもできますが、ここではまず白紙のプレゼンテーションを選択して、その後でデザインを設定します。

STEP プレゼンテーションを新規作成する

1 PowerPoint を起動します。

2 ［ホーム］画面の［新しいプレゼンテーション］をクリックします。

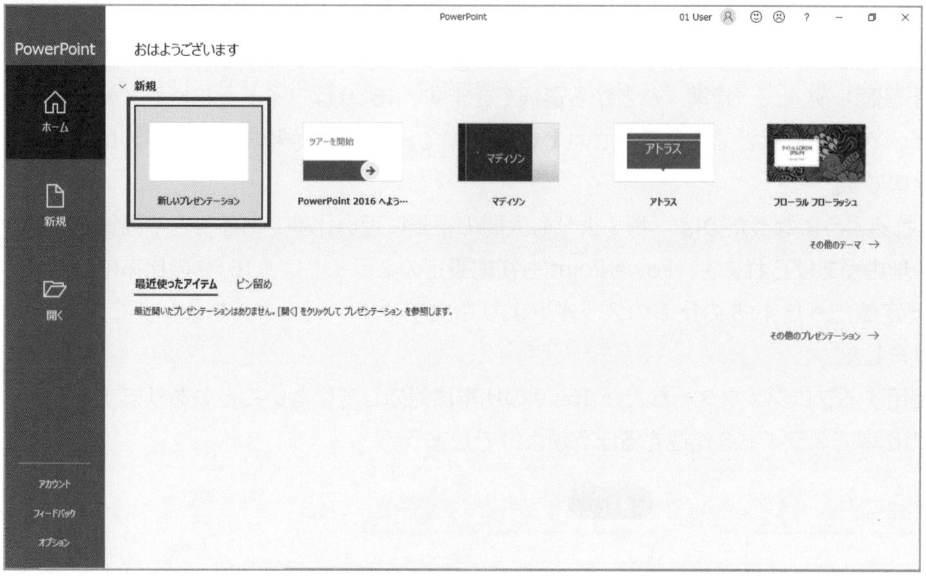

［ホーム］画面が表示されていない場合は、［ファイル］タブをクリックします。

左側の［新規］をクリックしても［新しいプレゼンテーション］は表示されます。どちらを使用してもかまいません。

→ 新規のプレゼンテーションを作成できました。

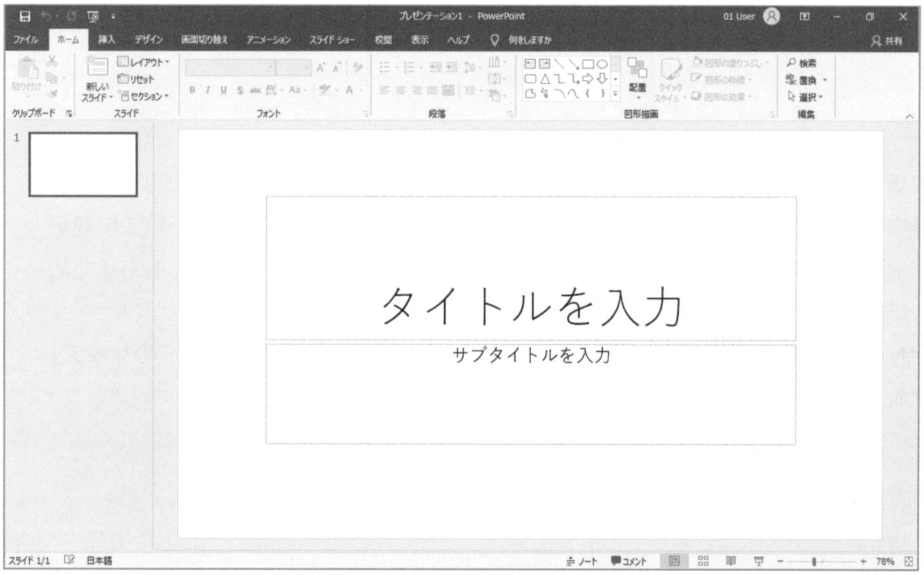

スライドにはいくつか種類（レイアウト）があります。
現在のスライドは、“タイトルスライド”というレイアウトです。

OnePoint デザインアイデアが表示された場合

新規のプレゼンテーションを作成した際に、自動的に［デザインアイデア］作業ウィンドウが画面右端に表示されることがあります。これは、スライドのデザインのヒントとなるもので、アイデアの一覧から好みのものがあればクリックして使用することができます。

使用しない場合は、［デザインアイデア］作業ウィンドウの右上の × 閉じるボタンをクリックして閉じておきます。

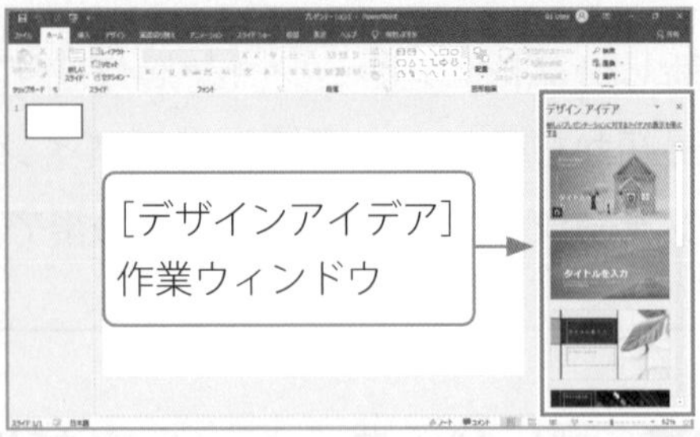

OnePoint スライドのサイズを変更するには

PowerPointのスライドのサイズは縦横比で指定できます。この比率のことを"画面比率（アスペクト比）"といい、16:9（ワイド画面）や4:3（標準）などから選択できます。16:9はワイドテレビやノートパソコンのディスプレイ、YouTubeなどで主に使用されている比率で、4:3は従来のアナログテレビなどで使用されていた比率です。

16:9の比率が使用されるようになったのは、4:3よりも人間の視野に近い比率であることや画質がきれいになるからなどの理由があげられます。PowerPointも初期設定のスライドは、16:9の比率になっており、これまでの既定値だった4:3の比率のスライドよりも文字やオブジェクトをより多く入力、配置できるようになりました。

しかし、発表の際に使用するプロジェクターなどが16:9の比率に対応していないこともあります。そのような場合は4:3の比率でスライドを作成するほうがよいでしょう。

16:9

4:3

スライドのサイズを変更するには、［デザイン］タブの［スライドのサイズ］ボタンを使用します。

スライドのサイズは途中から変更することもできますが、16:9で作成していたスライドを4:3に変更すると、内容がスライドに収まりきらなかったり、レイアウトが崩れてしまったりすることもあるため注意が必要です。

なお、A4などの用紙サイズや独自のサイズを指定したい場合は、［ユーザー設定のスライドのサイズ］をクリックして表示される［スライドのサイズ］ダイアログボックスで設定します。

LESSON 2 テーマを設定する

新規のプレゼンテーションを用意したら、次に行うのはテーマ（デザイン）の設定です。テーマを選ぶときにはプレゼンテーションの内容に合うデザインを選択します。見栄えも大事ですが、見やすさを意識して選ぶようにします。今回は“ファセット”というテーマを使用します。

STEP テーマを変更する

1 ［デザイン］タブをクリックします。

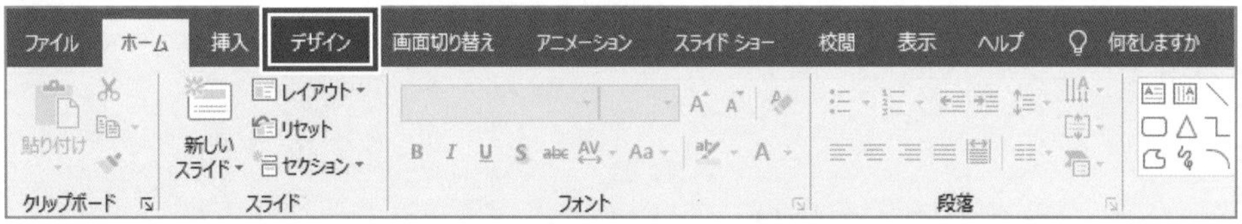

→ リボンの内容がデザインに関する機能に切り替わります。

2 ［テーマ］ボックスの［その他］ボタンをクリックします。

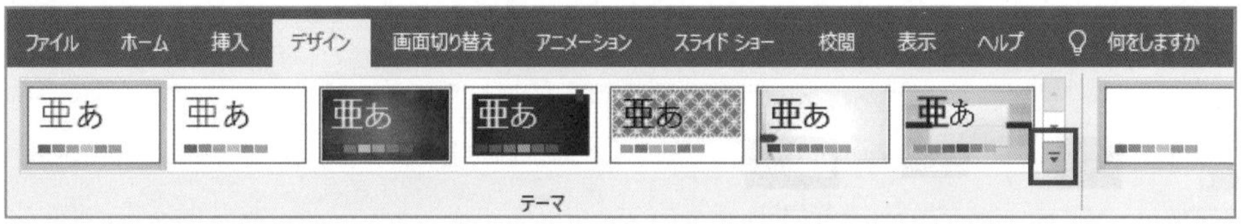

→ テーマの一覧が表示されます。

3 テーマの一覧から［ファセット］をクリックします。

それぞれのテーマにマウスポインターを合わせると、テーマのプレビューがスライド上で確認できます。

テーマの一覧に“ファセット”が2つある場合は、どちらをクリックしてもかまいません。

→ スライドにテーマ "ファセット" を設定できました。

ここで選択したテーマは、この後作成するすべてのスライドに適用されます。

テーマはいつでも変更することができます。

One Point 新規作成時にテーマを選択するには

プレゼンテーションの新規作成時にテーマを設定したい場合は、［ホーム］画面の［その他のテーマ］をクリックし、一覧から選択します。

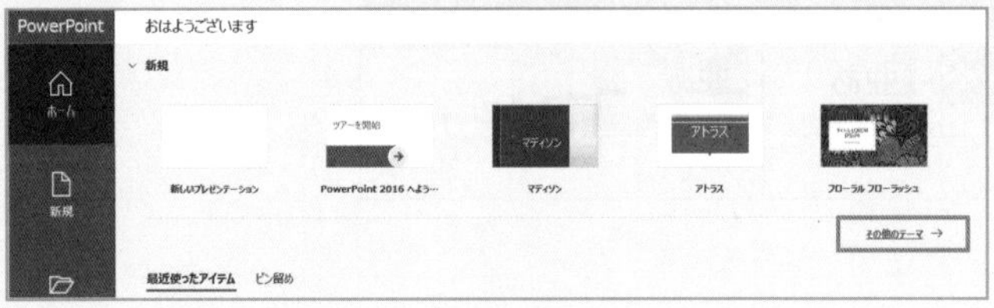

One Point 特定のスライドのみテーマを変更するには

テーマはスライド全体で共通のものですが、特定のスライドだけ別のテーマを設定することもできます。対象のスライドを選択した状態で、テーマの一覧から設定したいテーマを右クリックし、ショートカットメニューの［選択したスライドに適用］をクリックします。

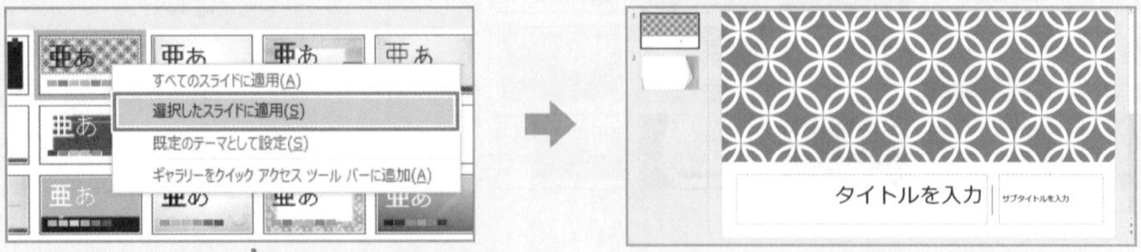

ただし、1つのプレゼンテーションの中で多くのテーマを使ってしまうと、まとまりのない印象になってしまうので注意が必要です。特定のスライドのテーマを変更するのであれば、話の内容が大幅に変わるスライドや特に強調したい重要な内容のスライドだけにするなど、プレゼンテーション全体のバランスを崩さないようにしましょう。

LESSON 3 テーマのバリエーションを設定する

テーマで設定したデザインに独自性を加えたい場合は、バリエーションを設定して配色などをカスタマイズします。
たとえば、「デザインは"ファセット"を使いたいが、初期設定の色がプレゼンテーションのイメージに合わない」といった場合には"ファセット"のテーマのまま配色のみを変更するといったことができます。

STEP テーマの配色を変更する

1 ［デザイン］タブの［バリエーション］ボックスの［その他］ボタンをクリックします。

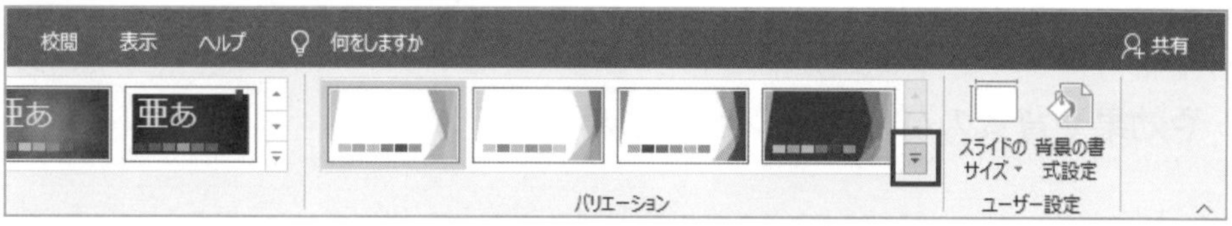

→ 設定できるバリエーションの種類が表示されます。

2 種類の一覧から［配色］にマウスポインターを合わせます。

3 一覧から［青］をクリックします。

→ スライドの配色を青に変更できました。

このように配色は後から変更できるので、テーマを選ぶときは色よりもそれ以外の部分のデザインや文字のレイアウトなどに着目しましょう。

OnePoint フォントや効果や背景のバリエーションを変更するには

配色の変更と同様の操作で、テーマのフォント（書体）、効果、背景を変更することもできます。これらを変更すると、テーマをよりカスタマイズすることができます。

テーマのフォント

すべてのスライドのフォントが変更されます。

テーマの効果

立体感や光沢感のあるデザイン、フラットなデザインなどに変更することができます。ただし、選んでいるテーマによっては効果を変更しても分かりにくいものもあります。

テーマの背景のスタイル

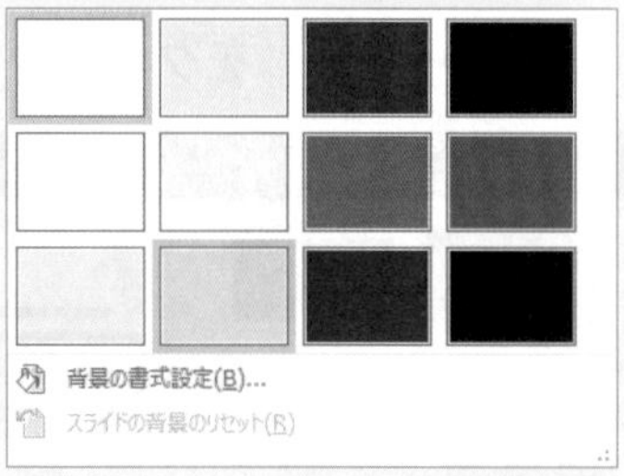

スライドの背景色の濃淡やグラデーションの有無などを変更することができます。
また、独自の背景設定（テクスチャ、画像、グラデーションなど）を設定することも可能です。

OnePoint カスタマイズしたテーマを保存するには

カスタマイズしたテーマは保存することもできます。何度も同じデザインのスライドを作成するのであれば現在のテーマを保存しておくと便利です。

テーマを保存するには、[デザイン] タブの [テーマ] ボックスの [その他] ボタンをクリックして、[現在のテーマを保存]をクリックします。[現在のテーマを保存]ダイアログボックスで保存先のフォルダーは変更せず、任意の名前を付けて保存します。

保存したテーマはテーマの一覧に表示されるようになるので、次からは簡単に使えるようになります。

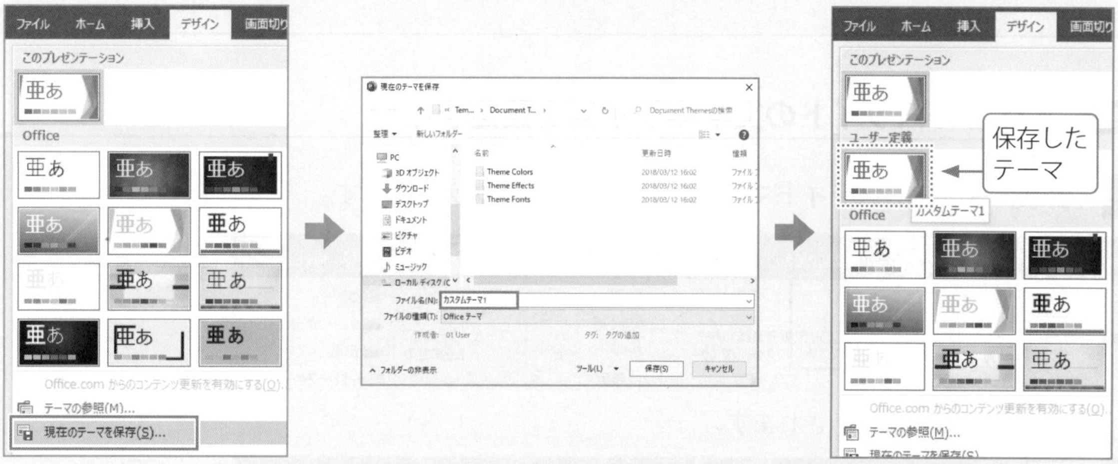

OnePoint 別のプレゼンテーションで使用しているテーマを読み込むには

別のプレゼンテーションに設定されているテーマを現在作成中のプレゼンテーションに読み込むこともできます。

[デザイン] タブの [テーマ] ボックスの [その他] ボタンをクリックして、[テーマの参照] をクリックします。[テーマまたはテーマドキュメントの選択] ダイアログボックスで読み込みたいプレゼンテーションファイルを選択して [適用] をクリックします。

LESSON 4 スライド全体の文字のサイズを設定する

スライド全体の文字のサイズ（フォントサイズ）は、最初に設定しておくほうがその後の作成を効率よく進めることができます。
ただし、この操作のためには“スライドマスター”という、この時点では少し難しい機能を使用しなければなりません。スライドマスターについてはCHAPTER5で詳しく学習するので、ここでは文字のサイズを設定する操作を理解しましょう。

STEP すべてのスライドの文字のサイズを設定する

1 ［表示］タブの［スライドマスター］ボタンをクリックします。

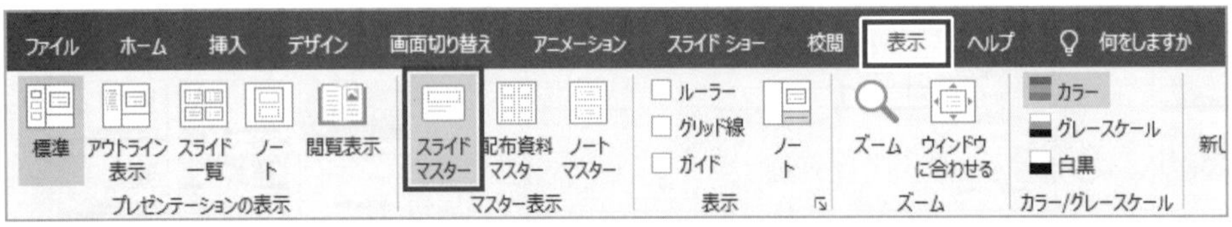

→ スライドマスターが表示されます。

スライドマスターはスライド全体に適用する変更を行うためのスライドです。

2 左側のスライドサムネイルのスクロールバーを一番上までドラッグします。

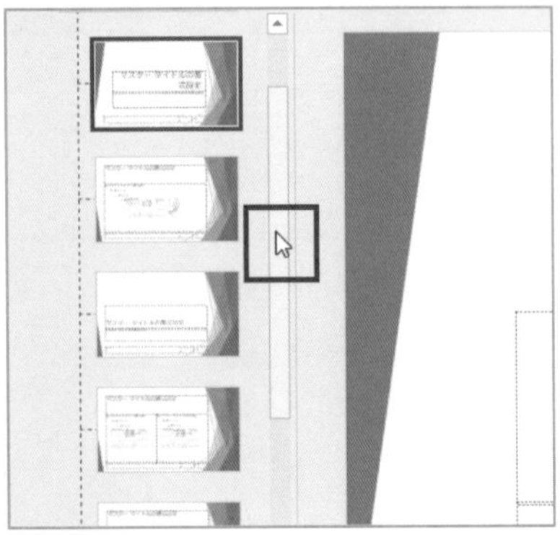

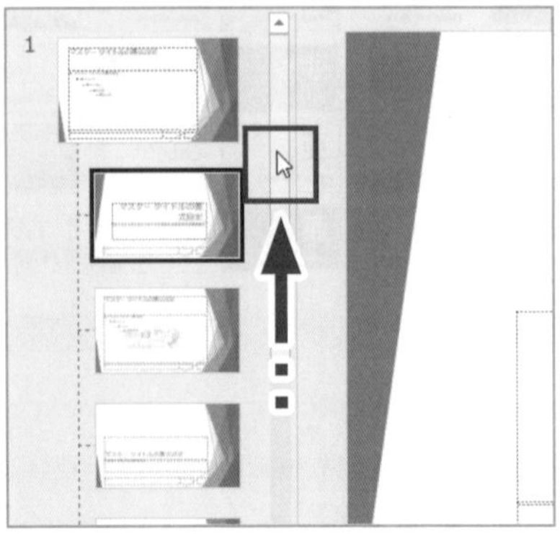

3 一番上のスライド（スライドマスター）をクリックします。

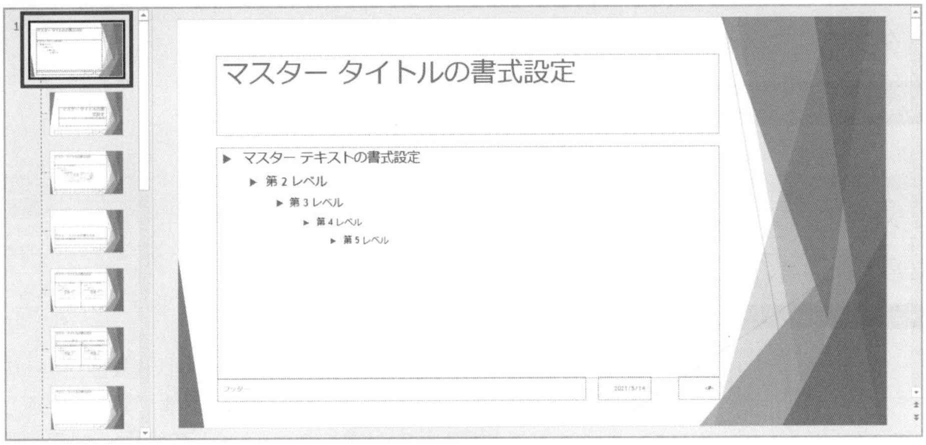

一番上のスライドがすべてのスライドに影響を与えるスライドマスターです。
ここで行った変更はすべてのスライドに適用されます。

4 “マスターテキストの書式設定”の枠線にマウスポインターを合わせて、✥ に変わったらクリックします。

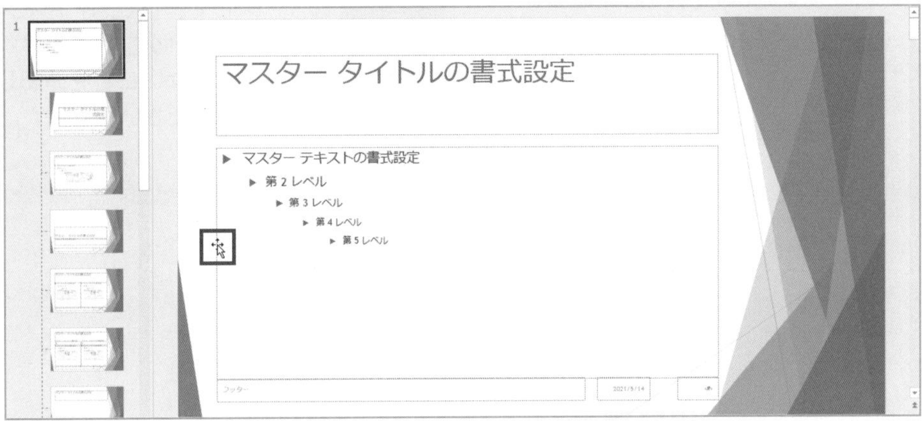

→ “マスターテキストの書式設定”が選択された状態になります。

5 ［ホーム］タブの［フォントサイズの拡大］ボタンをクリックします。

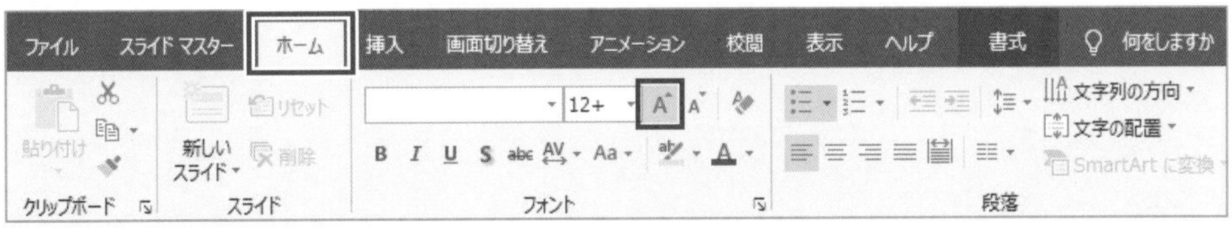

→ すべてのスライドの文字のサイズを 1 段階大きく設定できました。

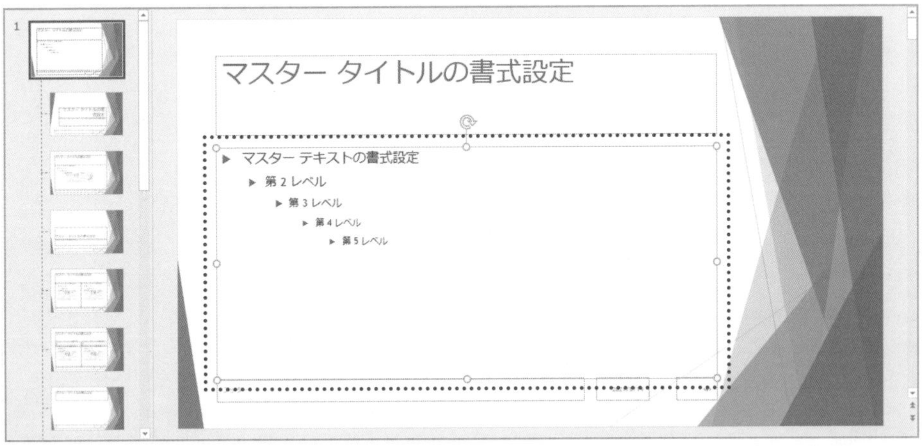

STEP スライドマスターを閉じる

1 ［スライドマスター］タブの［マスター表示を閉じる］ボタンをクリックします。

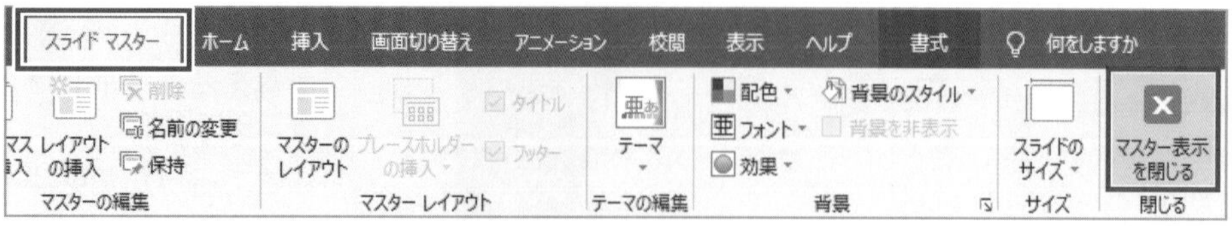

→ スライドマスターが閉じられ、通常の画面に戻りました。

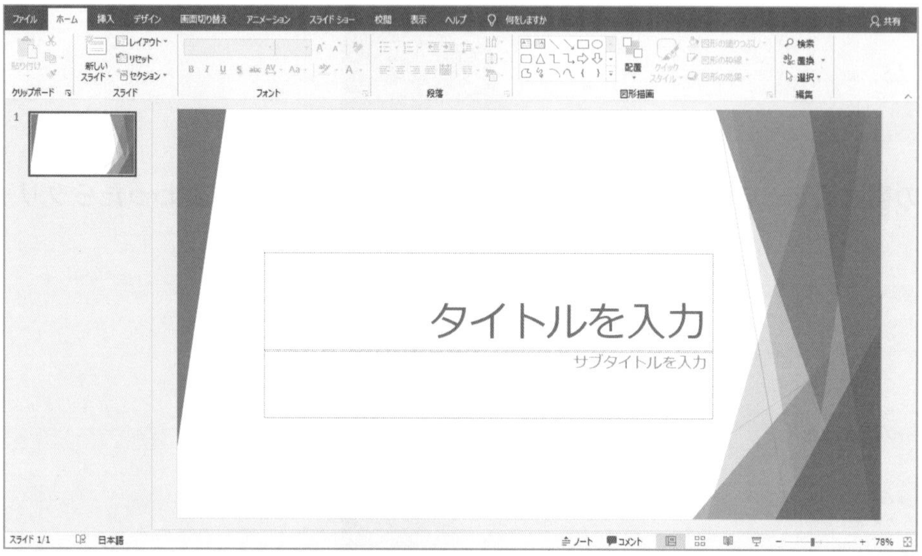

スライドマスターの画面は、通常のスライドの画面と似ているので、作業終了後は［マスター表示を閉じる］ボタンをクリックして、［スライドマスター］タブが表示されていないことを確認してください。

LESSON 5 表紙のスライドにタイトルを入力する

スライドにはプレースホルダーという“文字やコンテンツを入力するための枠”があらかじめ表示されています（スライドの種類によってその有無や用途は異なります）。
現在のスライド（タイトルスライド）には、“タイトルを入力”と“サブタイトルを入力”の2つのプレースホルダーが表示されています。
プレースホルダーがあることで、作成者は入力する位置に迷うことなく、要領よくスライドを作成していくことができます。それぞれのプレースホルダーには文字のサイズや色なども設定されており、文字を入力するだけで見栄えのよいスライドを作ることができます。

STEP スライドにタイトルを入力する

1 “タイトルを入力”のプレースホルダー内にマウスポインターを合わせ、Ｉに変わったらクリックします。

“プレースホルダー”という言葉には、“仮に確保した領域”という意味があります。

→“タイトルを入力”のプレースホルダー内にカーソルが表示されます。

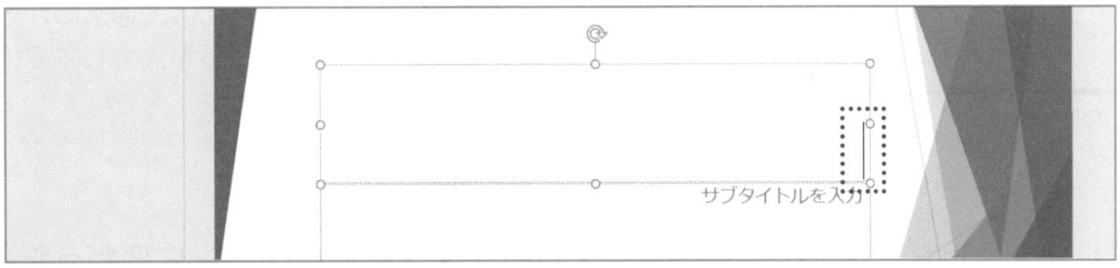

2 「ペットボトルリサイクル率」と入力します。

自分でEnterキーを押す必要はありません。プレースホルダーの端まで文字が入力されたら自動的に改行されます。

3 「100% を目指して」と入力します。

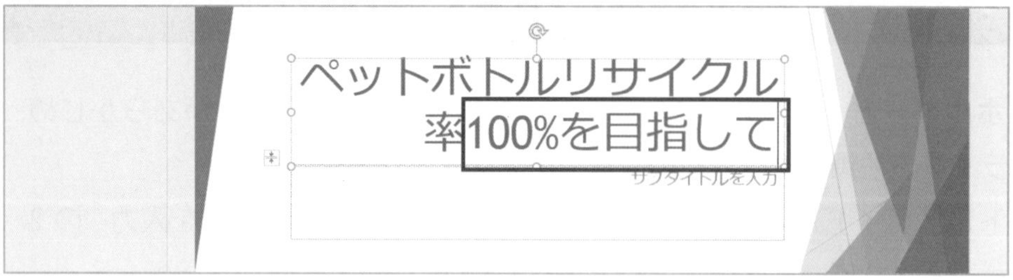
ペットボトルリサイクル
率100%を目指して
サブタイトルを入力

→ タイトルを入力できました。

STEP スライドにサブタイトルを入力する

1 “サブタイトルを入力”のプレースホルダー内にマウスポインターを合わせ、I に変わったらクリックします。

ペットボトルリサイクル
率100%を目指して

タイトルを入力したときと同様の操作です。

→ サブタイトルのプレースホルダー内にカーソルが表示されます。

2 「リサイクル推進団体『グリーンベース東京』」と入力します。

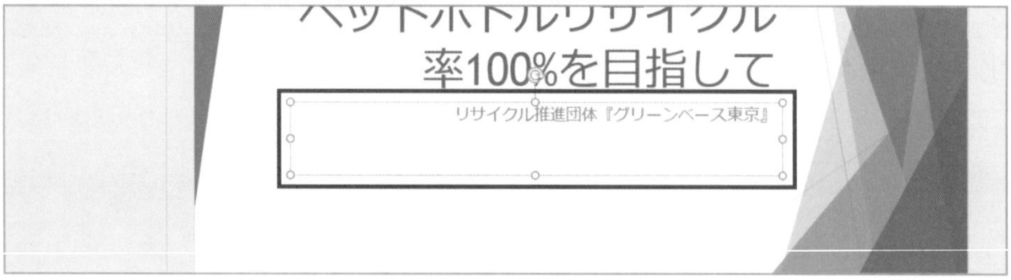
率100%を目指して
リサイクル推進団体『グリーンベース東京』

二重かぎかっこを入力するには、通常のかぎかっこを入力して変換します。

3 入力が終了したらプレースホルダー以外の場所にマウスポインターを合わせ、↖ に変わったらクリックします。

率100%を目指して
リサイクル推進団体『グリーンベース東京』

→ サブタイトルを入力できました。

OnePoint プレースホルダーに何も入力しなかった場合

未入力のプレースホルダーには“タイトルを入力”、“サブタイトルを入力”、“テキストを入力”などと表示されていますが、これらはスライドショーの実行時には非表示になります。そのため、未入力のプレースホルダーはそのままの状態でも特に問題はありません。

OnePoint 操作を元に戻すには

クイックアクセスツールバーの［元に戻す］ボタンを利用すると、ボタンをクリックするたびに操作の履歴がたどられ、操作前の状態に戻していくことができます。また、操作を戻しすぎてしまったときに使用する［やり直し］ボタンも用意されています。なお、［元に戻す］ボタンの右側の▼をクリックすると、一度に複数の手順、操作を戻すことができます。

［元に戻す］ボタン
操作前の状態に戻ります。

［やり直し］ボタン
［元に戻す］ボタンで操作を戻しすぎたときに使用します。

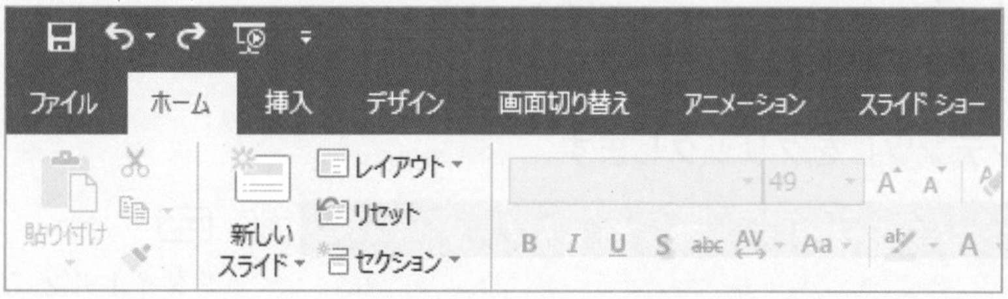

LESSON 6 新しいスライドを追加する

スライドにはさまざまなレイアウトが用意されています。新しいスライドを追加するときはその中から選んで追加できます。また、追加後もレイアウトを変更することができます。

スライドのレイアウトの一例

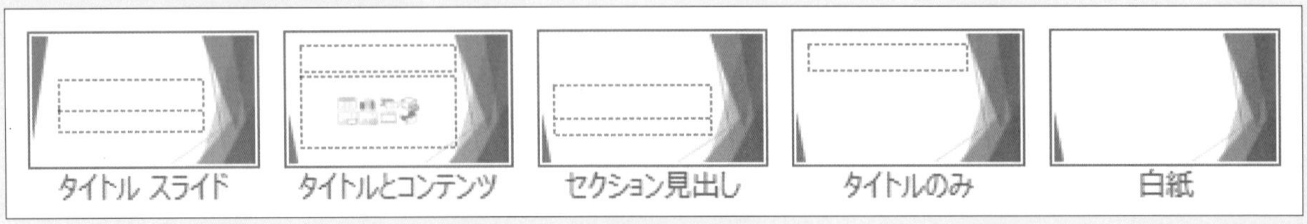

- タイトルスライド …… スライドショーの表紙に利用します。
- タイトルとコンテンツ …… タイトルと内容の構成です。最も使用されるレイアウトです。
- セクション見出し …… スライドショーをセクション分けしたときの各表紙に使います。
- タイトルのみ …… タイトルのみの構成です。空いているスペースを自由に使用できます。
- 白紙 …… 白紙の構成です。全体を自由に使用できます。

STEP レイアウトを選択してスライドを追加する

1 ［ホーム］タブの［新しいスライド］ボタンの▼をクリックします。

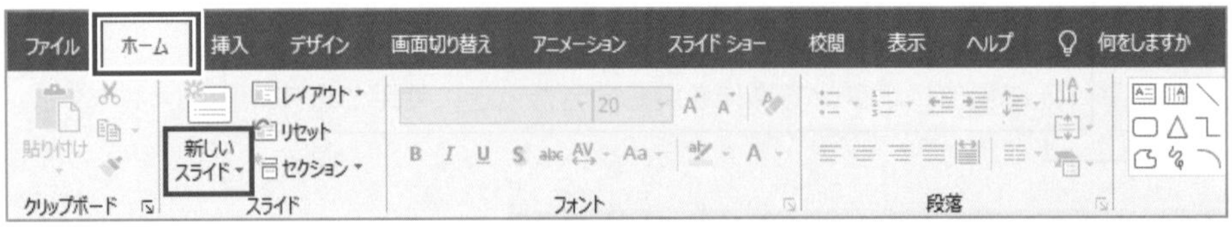

→ スライドのレイアウトの一覧が表示されます。

2 一覧から［タイトルとコンテンツ］をクリックします。

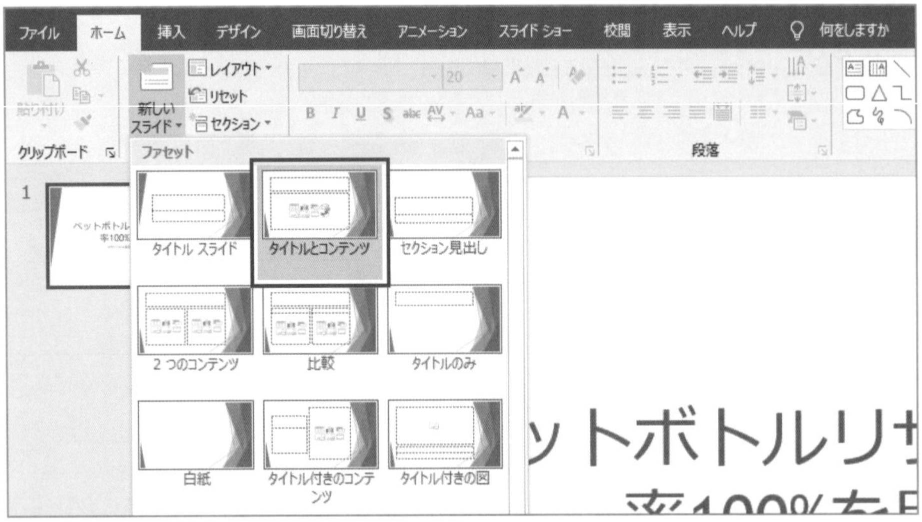

"タイトルとコンテンツ"は使用頻度の高いレイアウトです。

→ " タイトルとコンテンツ " のレイアウトのスライドが追加できました。

" タイトルを入力 " と " テキストを入力 " のプレースホルダーが表示されています。
" テキストを入力 " のプレースホルダーには文字以外にも図やグラフ、表や図なども挿入できます。

3 " タイトルを入力 " のプレースホルダーに「本日のテーマ」と入力します。

4 ［ホーム］タブの［新しいスライド］ボタンのアイコンをクリックします。

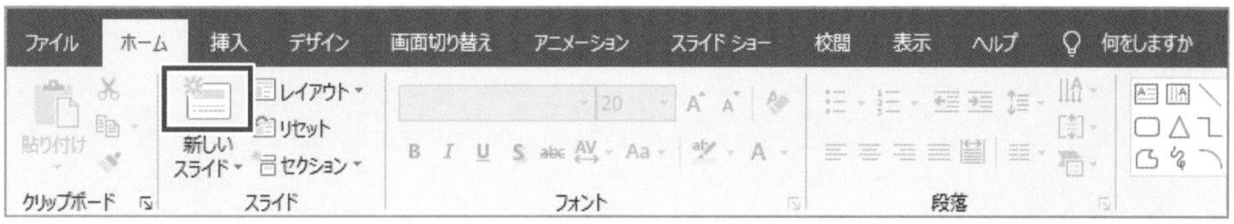

→ 現在のスライドと同じ " タイトルとコンテンツ " のスライドが追加できました。

現在のレイアウトと同じスライドを挿入する場合は、［新しいスライド］ボタンのアイコンをクリックします。レイアウトを選択したい場合は、［新しいスライド］ボタンの▼をクリックして、一覧から選択します。

5 “タイトルを入力”のプレースホルダーに「地球温暖化の深刻化」と入力します。

OnePoint 表紙（タイトル）のスライドを選択して新しいスライドを挿入した場合

［ホーム］タブの［新しいスライド］ボタンのアイコンをクリックしてスライドを追加した場合、通常はそのとき選択していたスライドと同じレイアウトで追加されますが、タイトルスライドを選択していた場合は、同じタイトルスライドのレイアウトではなく、“タイトルとコンテンツ”のレイアウトのスライドが挿入されます。

OnePoint その他の方法でスライドを挿入するには

スライドサムネイルをクリックしてスライドを選択した状態でEnterキーを押すと、同じレイアウトのスライドが1枚追加されます。

STEP スライドの間に新しいスライドを挿入する

1 スライドサムネイルのスライド2をクリックして選択します。

新しいスライドはこのとき選択しているスライドの次に挿入されます。

2 ［ホーム］タブの［新しいスライド］ボタンの▼をクリックします。

3 一覧から［セクション見出し］をクリックします。

→ スライド 2 の次に " セクション見出し " のレイアウトのスライドが挿入できました。

" セクション見出し " のスライドはプレゼンテーションをセクションごとに分ける構造にしたときに、利用することが多いレイアウトです。

OnePoint 不要なスライドを削除するには

不要なスライドを削除するには、スライドサムネイルで対象のスライドをクリックして選択し、Delete キーを押します。
複数のスライドを選択して一度に削除することもできます（複数のスライドの選択は P.17 の OnePoint を参照）。

One Point データ入力後のスライドのレイアウトを変更するには

スライドのレイアウトは後から変更することもできます。たとえば、文字を入力したり図や表などのオブジェクトを配置した後のスライドでもレイアウトは変更可能です。
スライドのレイアウトを変更するには、レイアウトを変更したいスライドを選択し、[ホーム] タブの [レイアウト] ボタンをクリックします。表示されたレイアウトの一覧から変更したいレイアウトをクリックします。

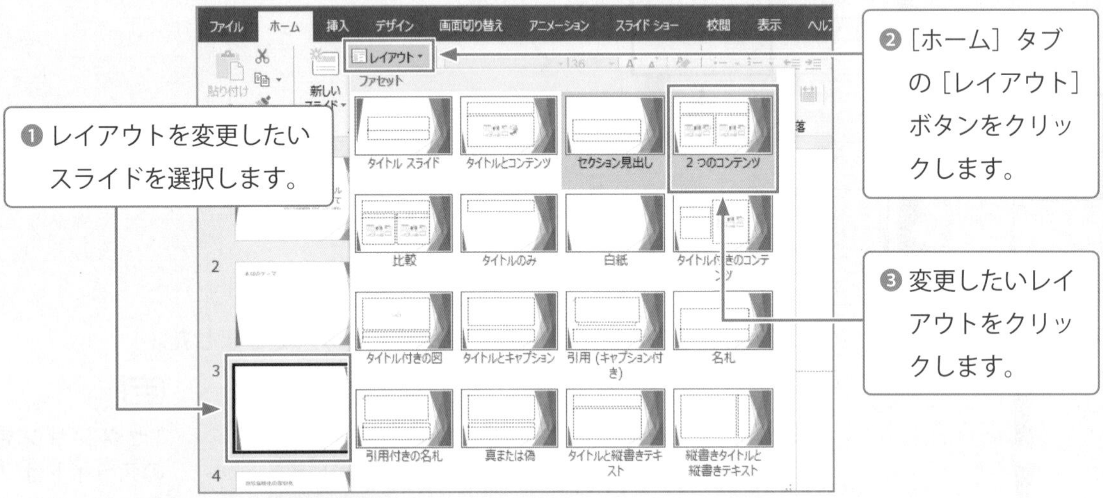

LESSON 7 プレゼンテーションに名前を付けて保存する

作成しているプレゼンテーションをファイルとして残しておくために**保存**という作業が必要です。保存したファイルは開く操作（P.7 を参照）をすることで、いつでも閲覧や編集をすることができます。保存の作業は次の 3 点に気を付けて行います。

保存する場所	保存する場所には " フォルダー " と呼ばれる仮想の入れ物を指定します。フォルダーは自分で作成することもできるため、分かりやすい名前を付けて管理します。
ファイル名	ファイルの内容に適した名前（ファイル名）を自分で付けます。後でファイルを開くときに中身が推測しやすい名前を付けます。
ファイルの種類	通常は "PowerPoint プレゼンテーション " という種類を選択します。それ以外にも多くの種類が用意されており、状況に応じて使い分けます。

本書では以下の設定で作成中の文書を保存します。
・保存する場所 ……［スクール _PowerPoint2019］フォルダーの［CHAPTER2］フォルダー
・ファイル名 ……「ペットボトルリサイクル」
・ファイルの種類 …… PowerPoint プレゼンテーション形式

STEP プレゼンテーションをファイルとして保存する

1 ［ファイル］タブをクリックします。

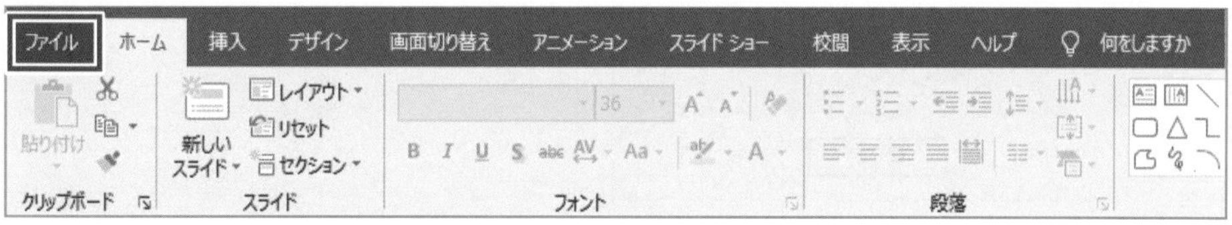

→［ホーム］画面が表示されます。

2 ［名前を付けて保存］をクリックします。

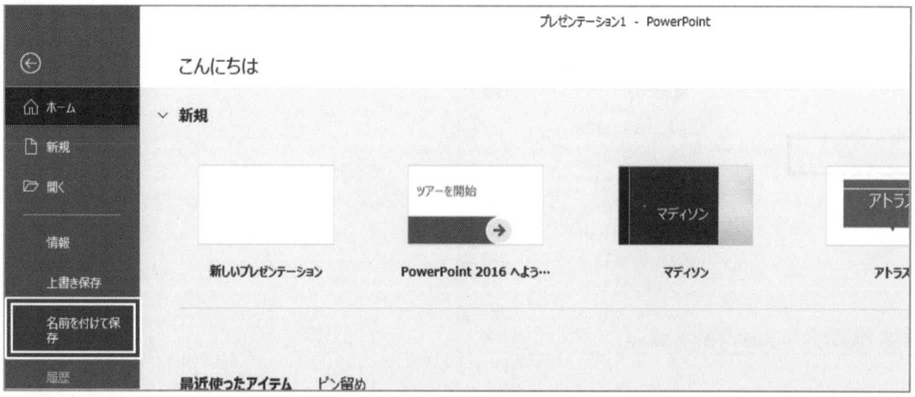

3 ［参照］をクリックします。

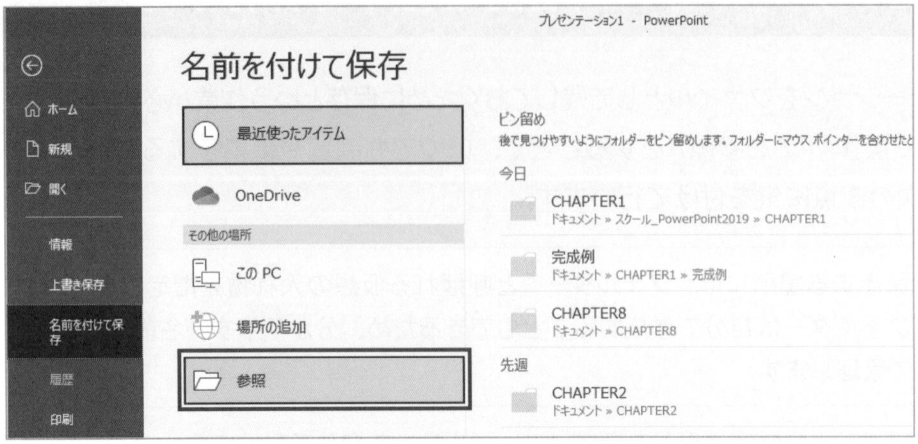

→［名前を付けて保存］ダイアログボックスが表示されます。

4 ［ドキュメント］をクリックします。

5 ［スクール _PowerPoint2019］のフォルダーをダブルクリックします。

6 ［CHAPTER2］のフォルダーをダブルクリックします。

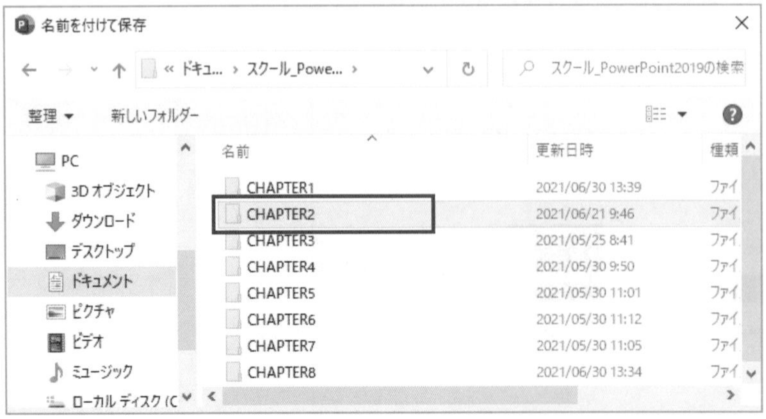

7 ［ファイル名］ボックス内をクリックします

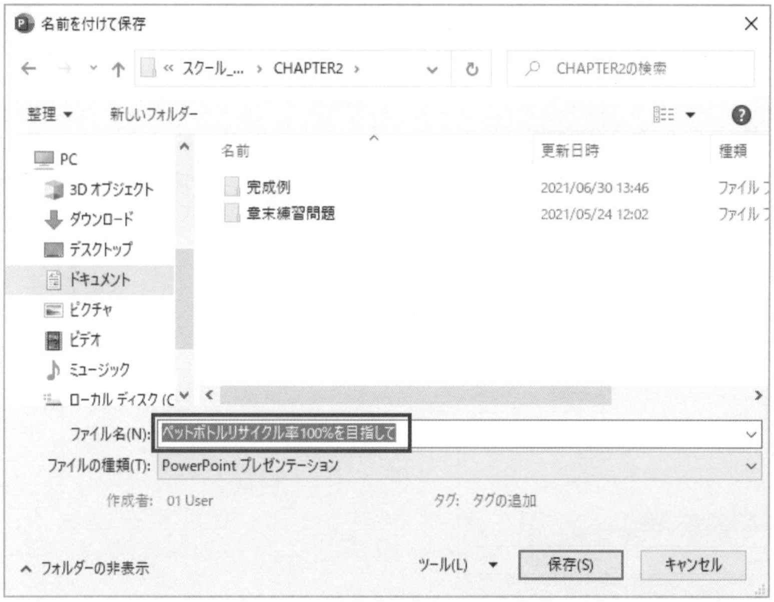

→［ファイル名］ボックス内の文字列が青色で選択されます。

この時点の［ファイル名］ボックスには、仮の名前として、表紙のスライドの"タイトルを入力"のプレースホルダーに入力した文字列が表示されています。

8 Backspace キーを押して［ファイル名］ボックス内の文字列を削除します。

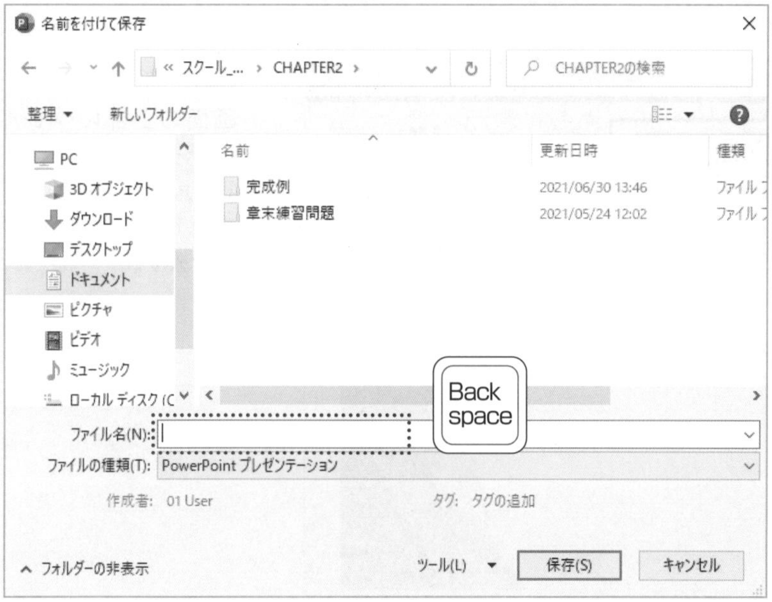

9 「ペットボトルリサイクル」と入力します。

10 ［ファイルの種類］ボックスに［PowerPoint プレゼンテーション］と表示されていることを確認します。

11 ［保存］をクリックします。

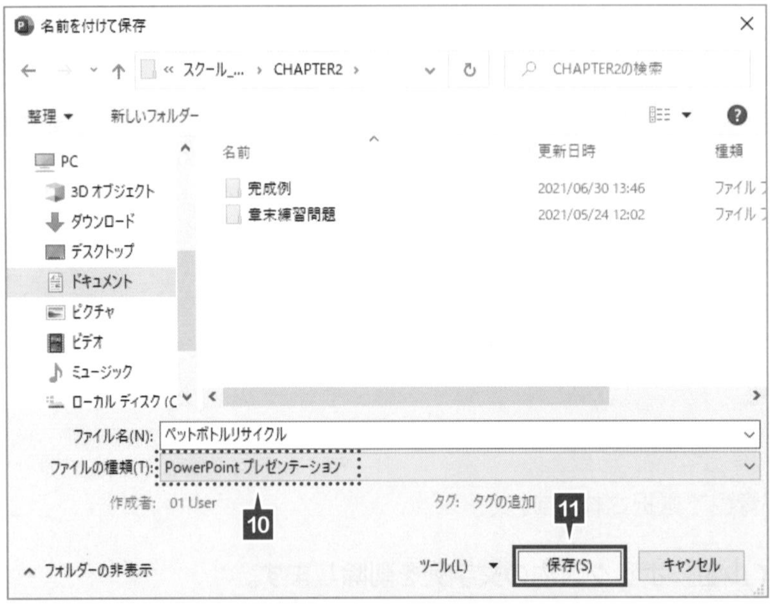

→ プレゼンテーションを「ペットボトルリサイクル」という名前で保存できました。

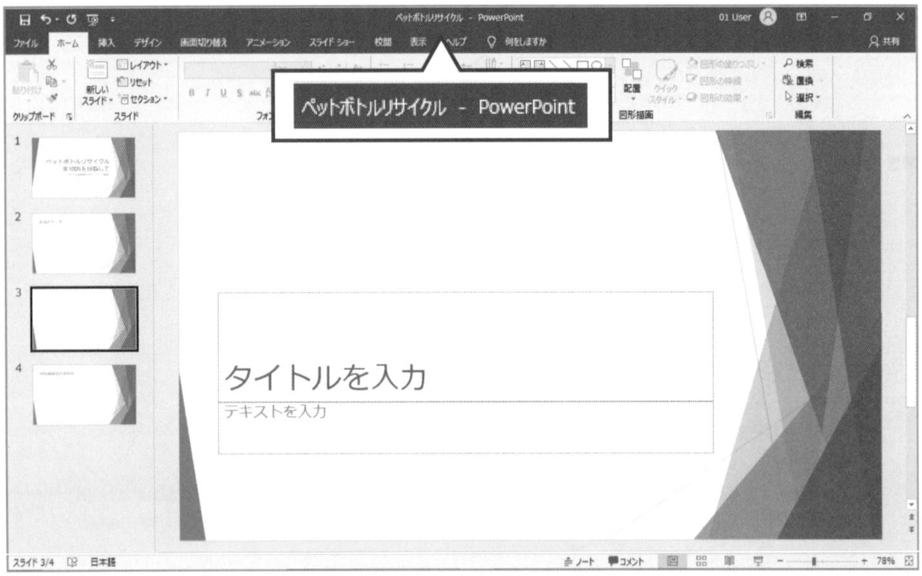

画面の上部にプレゼンテーションの名前（ファイル名）が表示されていることが確認できます。

OnePoint ［名前を付けて保存］ダイアログボックスのショートカットキー

［名前を付けて保存］ダイアログボックスは、F12 キーを押すと、より簡単に表示できます。

OnePoint 保存先のフォルダーを変更するには

本書では、ファイルを［ドキュメント］フォルダー内にあるフォルダーに保存しましたが、デスクトップや［ピクチャ］などの他のフォルダーや、フラッシュメモリ（USBメモリやSDカード）などの他のドライブ、OneDriveなどのクラウドストレージに保存したい場合は、［名前を付けて保存］ダイアログボックスのナビゲーションウィンドウから保存する場所を選択します。

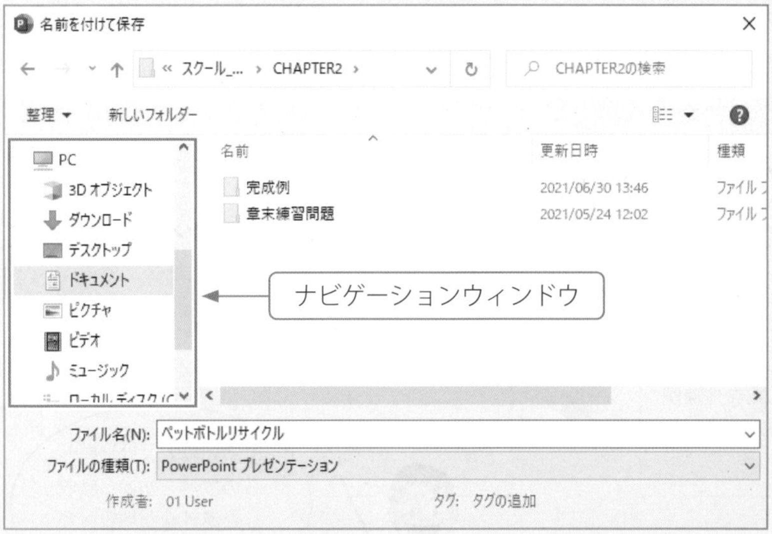

OnePoint 保存先が分からなくなったファイルを探すには

ファイルを保存した場所が分からなくなった場合は、ファイルの検索機能を使って探すことができます。［ファイル］タブの［開く］をクリックして、［開く］画面の［参照］をクリックします。［ファイルを開く］ダイアログボックスのナビゲーションウィンドウからファイルを検索する場所を指定します（例：ドキュメント）。

ダイアログボックス右上の［検索］ボックス内に探したいファイルの名前の一部を入力してEnterキーを押します。しばらく待つと検索結果が表示されるので、開きたいファイルをクリックして選択し、［開く］をクリックします。

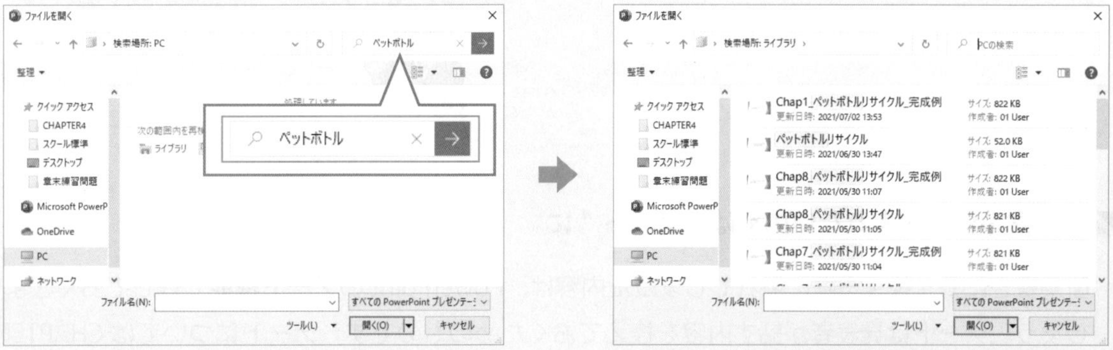

2-2 文字で伝えるスライドを作成する

スライドに入力する文章は、簡潔に書き表せる**箇条書き**が向いています。
要点のみを表記した箇条書きは、参加者にとっては結論を把握しやすく、発表者にとっては話に集中してもらいやすいという利点があります。
PowerPoint には箇条書きを入力できるスライドのレイアウトがいくつも用意されており、簡単に箇条書きのスライドを作成できます。

箇条書きに変換するポイント －『要約する』

どうしても文章が長くなってしまいがちな場合は、**いったん書きたいことをすべて入力し終えてから要点だけを抜き出します**。それ以外の部分は口頭で補完するようにします。

CO_2 などの温室効果ガスが増えると、それらが地表からの放熱を妨げ、吸収した赤外線が地表へと放出される。これにより地球温暖化が進む。
・CO_2 などの温室効果ガスの増加→地球温暖化
温室効果ガスは地表からの放熱を妨げ、吸収した赤外線が地表へと放出されます。

箇条書きに変換するポイント －『参加者の興味を惹く文言に変える』

「なぜだろう？」と参加者が興味を惹かれる書き方に変換します。発表者の解説を早く聞きたいと思わせる効果があります。ただし、乱用すると参加者は自分が試されているように感じるなど、印象を悪くしてしまうこともあるため注意が必要です。

化学合成繊維を原料とする衣類を洗濯することで排水に混ざり込んだマイクロプラスチックが海へと放出される。
・海洋プラスチックは日常の家事からも発生
化学合成繊維を原料とする衣類を洗濯すると排水にマイクロプラスチックが混ざり込むからです。

箇条書きに書ききれない内容は“ノート”に

箇条書きに書き換える際に溢れてしまった内容は、PowerPoint の**ノート機能**で残しておくとよいでしょう。ノートは発表者が話す内容を控えておくためのものです。ノートについては CHAPTER7 で学習します。

LESSON 1 箇条書きを入力する

プレースホルダーに文字を入力すると、自動的に段落の先頭に記号（行頭文字）が付くことがあります。これは、そのプレースホルダーの設定があらかじめ**箇条書き**のスタイルになっているからです。箇条書きは情報を簡潔に記述するのに適しているのでプレゼンテーションではよく使用されます。

箇条書きには段落ごとにレベルを設定できます。標準は第 1 レベル（最上位）になっており、そこから第 2 レベル、第 3 レベルと**階層構造**になっていきます。箇条書きのレベルは 9 レベルまで用意されています。

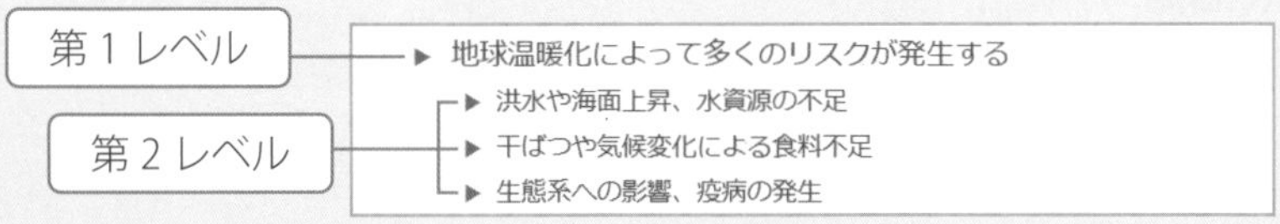
第 1 レベル
第 2 レベル
地球温暖化によって多くのリスクが発生する
洪水や海面上昇、水資源の不足
干ばつや気候変化による食料不足
生態系への影響、疫病の発生

STEP スライドに箇条書きの文章を入力する

1 スライドサムネイルのスライド 2 をクリックして選択します。

2 “テキストを入力” のプレースホルダー内をクリックします。

本日のテーマ
テキストを入力
1
2

“テキストを入力” のプレースホルダーは文字の入力やコンテンツの挿入が行えます。中央にはコンテンツを挿入するためのアイコンが 8 つ表示されていますが、箇条書きを入力するときは使用しません。

→ “テキストを入力” のプレースホルダー内にカーソルが表示されます。

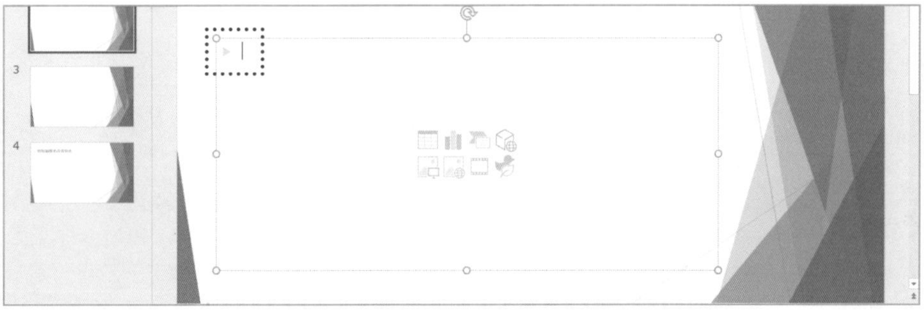

3 「ペットボトルのリサイクルの現状と課題」と入力します。

ペットボトルのリサイクルの現状と課題

文字の入力を始めると、プレースホルダー内に表示されていたコンテンツを挿入するためのアイコンは非表示になります。

4 行末で Enter キーを押します。

ペットボトルのリサイクルの現状と課題

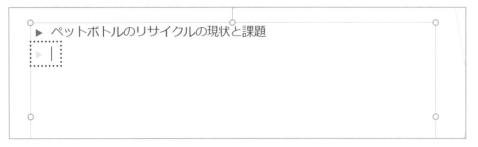

→ 改行されて、新しい箇条書きの行が表示されます。

5 同様の方法で、下図のように入力します。

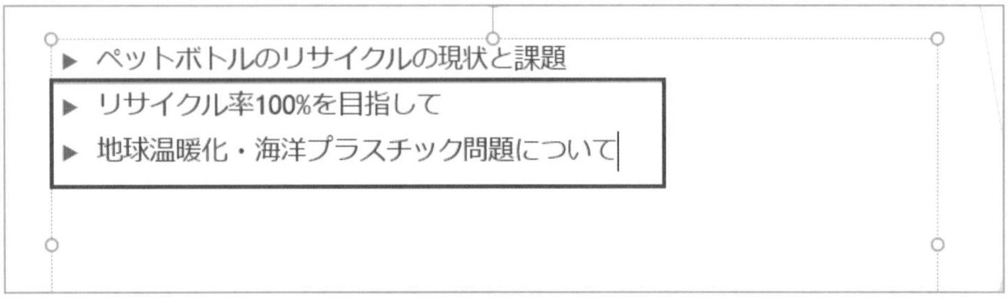
ペットボトルのリサイクルの現状と課題
リサイクル率100%を目指して
地球温暖化・海洋プラスチック問題について

6 プレースホルダー以外の場所をクリックします。

本日のテーマ
ペットボトルのリサイクルの現状と課題
リサイクル率100%を目指して
地球温暖化・海洋プラスチック問題について

→ 箇条書きの文章を入力できました。

STEP スライドに第 2 レベルの箇条書きを入力する

1 スライドサムネイルのスライド 4 をクリックして選択します。

地球温暖化の深刻化
テキストを入力

2 下図のように、"テキストを入力"のプレースホルダーに文字列を入力します。

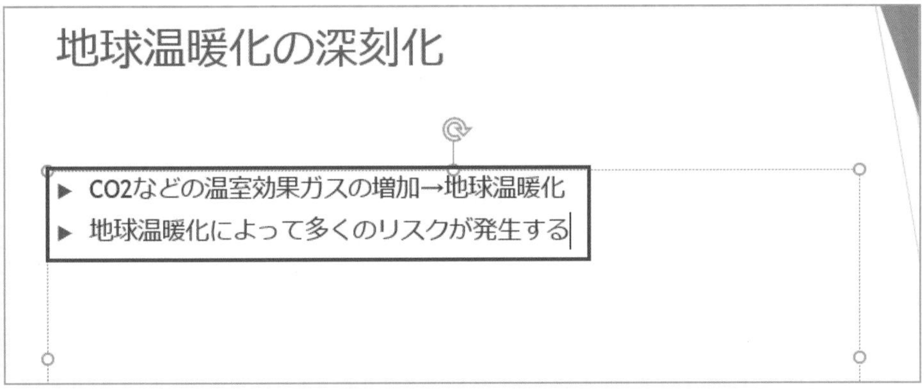
地球温暖化の深刻化
CO2などの温室効果ガスの増加→地球温暖化
地球温暖化によって多くのリスクが発生する

"→"の記号は「やじるし」または「みぎ」と入力して変換します。

3 行末で Enter キーを押します。

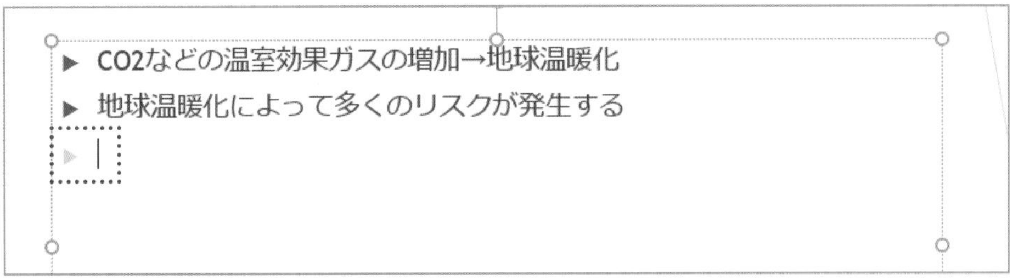
CO2などの温室効果ガスの増加→地球温暖化
地球温暖化によって多くのリスクが発生する

→ 改行されて、新しい箇条書きの行が表示されます。

4 Tab キーを押します。

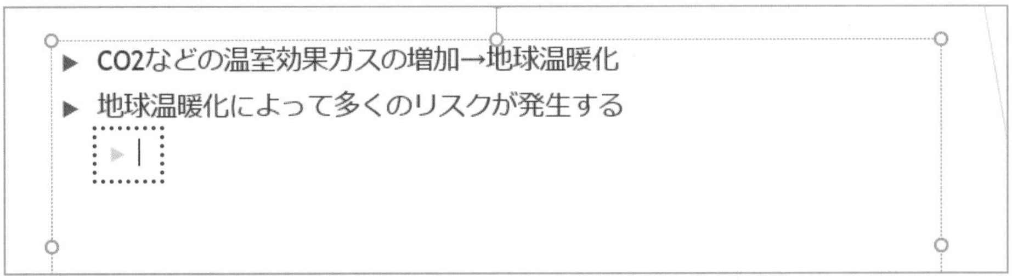
CO2などの温室効果ガスの増加→地球温暖化
地球温暖化によって多くのリスクが発生する

→ 箇条書きのレベルが 1 つ下がり、第 2 レベルの箇条書きを入力することができます。

5 下図のように入力します。

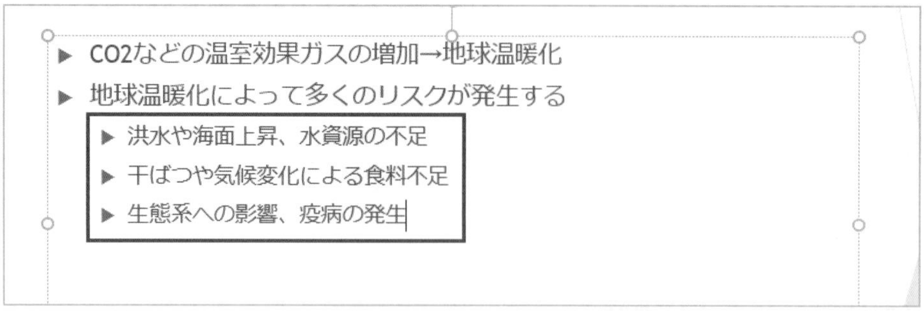

以降の箇条書きは同じ第 2 レベルで入力されていきます。

6 行末で Enter キーを押します。

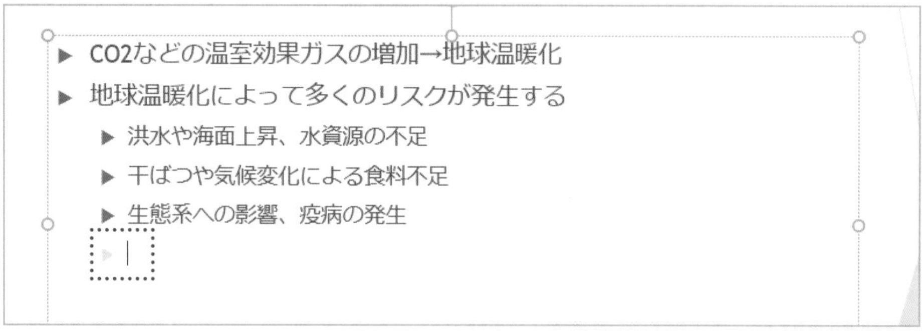

→ 改行されて、新しい箇条書きの行が表示されます。

7 Shift + Tab キーを押します。

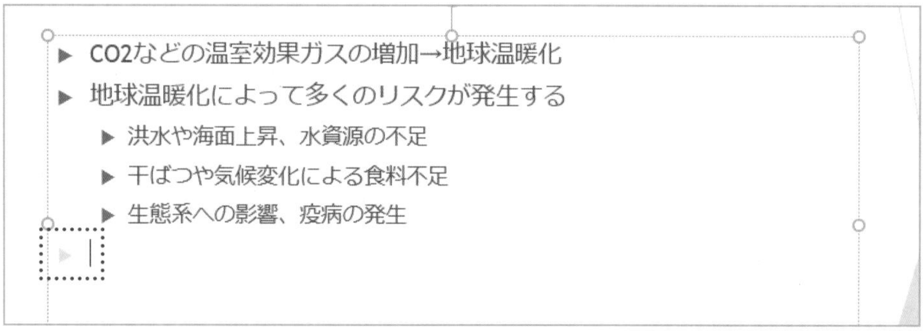

→ 箇条書きのレベルが 1 つ上がり、第 1 レベルの箇条書きを入力することができます。

8 下図のように入力します。

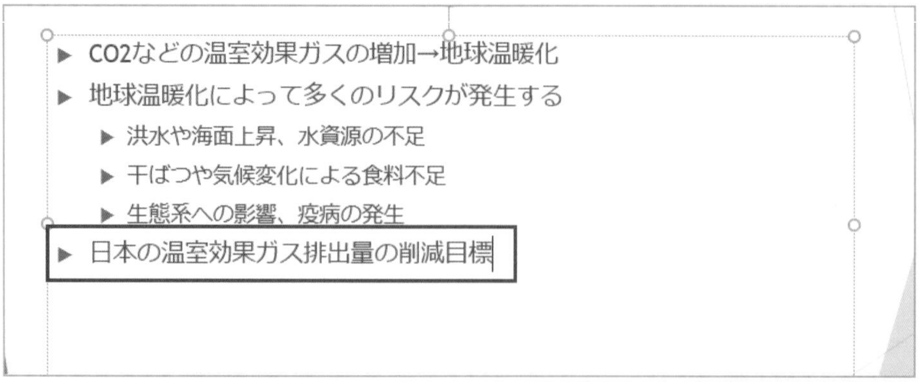

CO2などの温室効果ガスの増加→地球温暖化
地球温暖化によって多くのリスクが発生する
洪水や海面上昇、水資源の不足
干ばつや気候変化による食料不足
生態系への影響、疫病の発生
日本の温室効果ガス排出量の削減目標

9 Shift + Enter キーを押します。

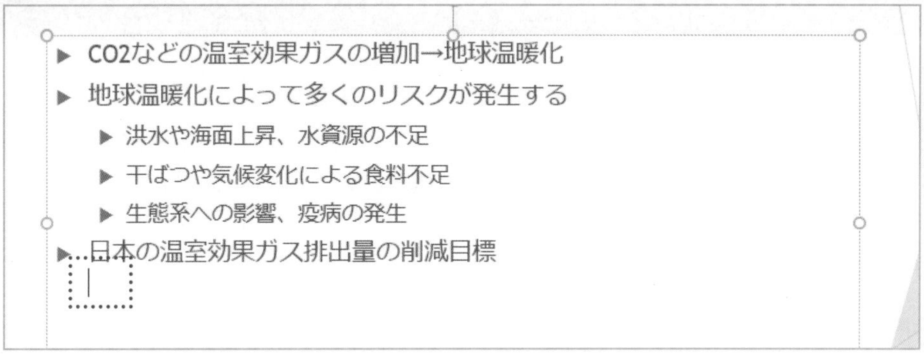
▶ CO2などの温室効果ガスの増加→地球温暖化
▶ 地球温暖化によって多くのリスクが発生する
▶ 洪水や海面上昇、水資源の不足
▶ 干ばつや気候変化による食料不足
▶ 生態系への影響、疫病の発生
▶ 日本の温室効果ガス排出量の削減目標

Enter キーで改行すると下図のように新しい段落になってしまいます。

▶ 日本の温室効果

→ 入力している箇条書きの 2 行目になります。

10 下図のように入力します。

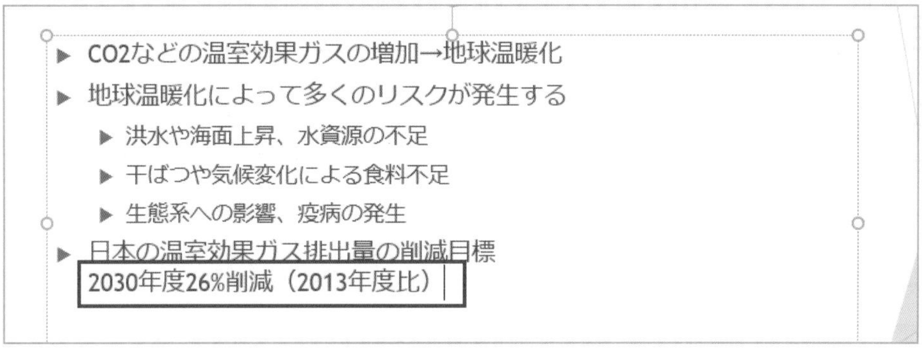
▶ CO2などの温室効果ガスの増加→地球温暖化
▶ 地球温暖化によって多くのリスクが発生する
▶ 洪水や海面上昇、水資源の不足
▶ 干ばつや気候変化による食料不足
▶ 生態系への影響、疫病の発生
▶ 日本の温室効果ガス排出量の削減目標
2030年度26%削減（2013年度比）

11 プレースホルダー以外の場所をクリックします。

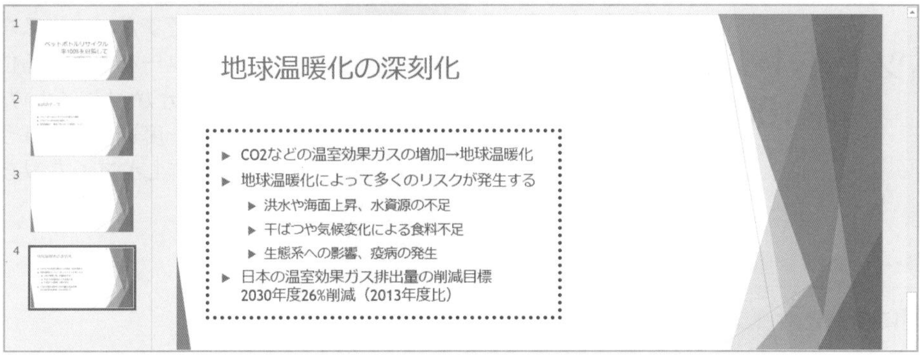
地球温暖化の深刻化
▶ CO2などの温室効果ガスの増加→地球温暖化
▶ 地球温暖化によって多くのリスクが発生する
▶ 洪水や海面上昇、水資源の不足
▶ 干ばつや気候変化による食料不足
▶ 生態系への影響、疫病の発生
▶ 日本の温室効果ガス排出量の削減目標
2030年度26%削減（2013年度比）

→ 第 2 レベルを含む箇条書きを入力できました。

One Point 箇条書きの段落を選択するには

箇条書きの段落の先頭の記号（▶など）をクリックすると、その箇条書きの下位レベルの文字列をまとめて範囲選択することができます。

LESSON 2 プレースホルダーの配置を調整する

プレースホルダー内をクリックして選択すると、周囲に枠線とサイズ変更ハンドルが表示されます。枠線にマウスポインターを合わせてドラッグするとプレースホルダーを移動できます。また、サイズ変更ハンドルをドラッグするとプレースホルダーのサイズを変更できます。

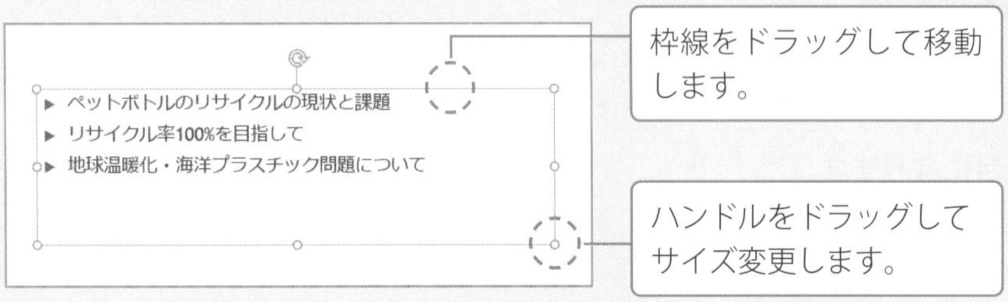

ペットボトルのリサイクルの現状と課題
リサイクル率100%を目指して
地球温暖化・海洋プラスチック問題について
枠線をドラッグして移動します。
ハンドルをドラッグしてサイズ変更します。

STEP プレースホルダーを移動する

1 スライドサムネイルのスライド１をクリックして選択します。

2 サブタイトルのプレースホルダー内をクリックします。

ペットボトルリサイクル
率100%を目指して
リサイクル推進団体『グリーンベース東京』
1
2

選択していない状態からでも移動することは可能ですが、マウスポインターを合わせる位置が分かりにくいため、一度選択したほうが操作しやすくなります。

→ プレースホルダーの周囲に枠線とサイズ変更ハンドルが表示されます。

3 プレースホルダーの下の枠線にマウスポインターを合わせます。

ペットボトルリサイクル
率100%を目指して
リサイクル推進団体『グリーンベース東京』

下の枠線以外でも、プレースホルダーの枠線上であればかまいません。

→ マウスポインターの形が に変わります。

4 下図のように下方向へドラッグします。

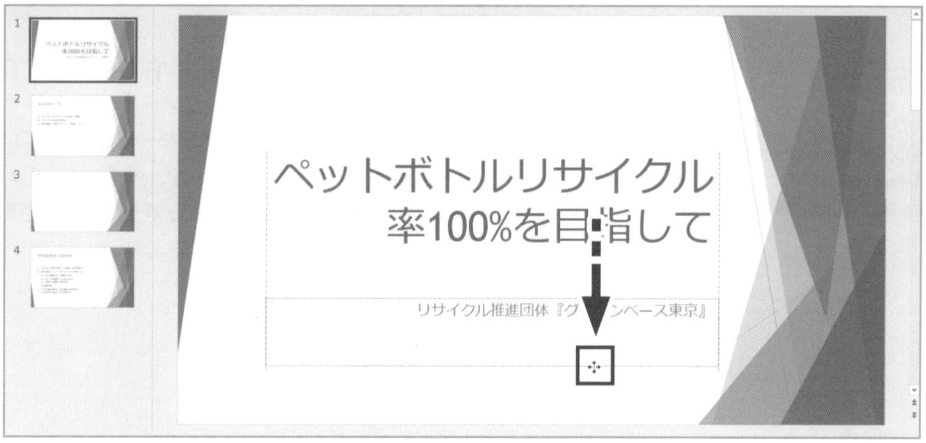
ペットボトルリサイクル
率100%を目指して
リサイクル推進団体『グ　ンベース東京』

ドラッグすると赤色の点線が表示されます。これは他のオブジェクトとの位置を揃えたいときの目安となるガイドです。

→ プレースホルダーを移動できました。

ペットボトルリサイクル
率100%を目指して
リサイクル推進団体『グリーンベース東京』

STEP プレースホルダーのサイズを変更する

1 スライドサムネイルのスライド 2 をクリックして選択します。

2 箇条書きのプレースホルダー内をクリックします。

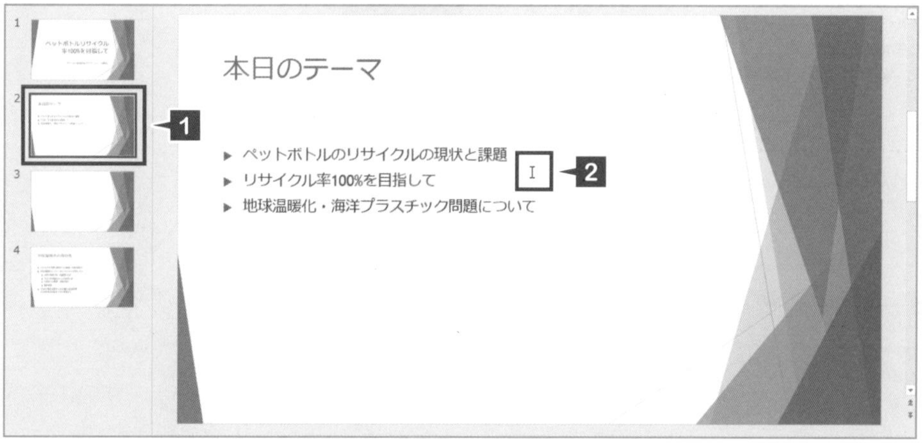
本日のテーマ
ペットボトルのリサイクルの現状と課題
リサイクル率100%を目指して
地球温暖化・海洋プラスチック問題について
1
2

→ プレースホルダーの周囲に枠線とサイズ変更ハンドルが表示されます。

3 プレースホルダーの右下のサイズ変更ハンドルにマウスポインターを合わせます。

本日のテーマ
ペットボトルのリサイクルの現状と課題
リサイクル率100%を目指して
地球温暖化・海洋プラスチック問題について

今回は右下のサイズ変更ハンドルにマウスポインターを合わせていますが、それ以外のハンドルでもサイズ変更は可能です。

→ マウスポインターの形が ⤡ に変わります。

4 下図のようにプレースホルダーの内側に向かってドラッグします。

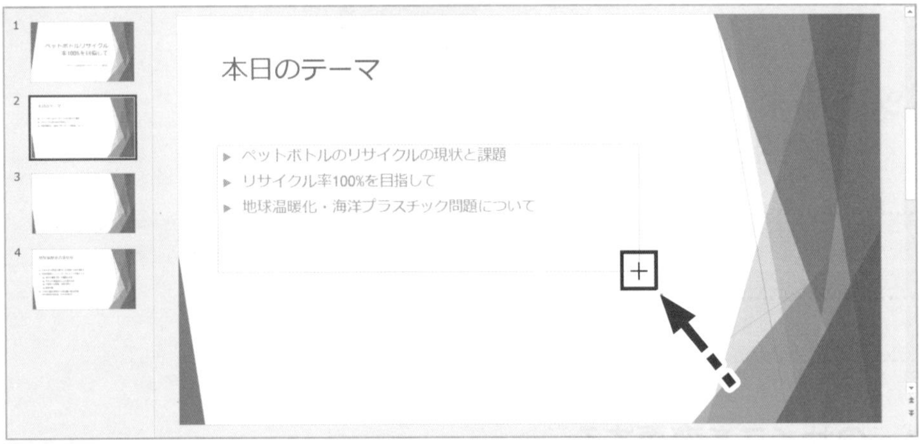
本日のテーマ
ペットボトルのリサイクルの現状と課題
リサイクル率100%を目指して
地球温暖化・海洋プラスチック問題について

左図とまったく同じサイズである必要はありません。
ただし、この後の操作で文字のサイズを大きくするため、その分の余白を空けておきます。

→ プレースホルダーのサイズを変更できました。

本日のテーマ
ペットボトルのリサイクルの現状と課題
リサイクル率100%を目指して
地球温暖化・海洋プラスチック問題について

5 下図のようにプレースホルダーをドラッグして移動します。

本日のテーマ
ペットボトルのリサイクルの現状と課題
リサイクル率100%を目指して
地球温暖化・海洋プラスチック問題について

左図とまったく同じ位置である必要はありません。

OnePoint プレースホルダーを回転するには

プレースホルダーは回転して角度を設定することもできます。ダイナミックさや勢いを演出したいときなどに設定します。プレースホルダーを回転するにはプレースホルダーを選択したときに表示される回転ハンドルをドラッグします。

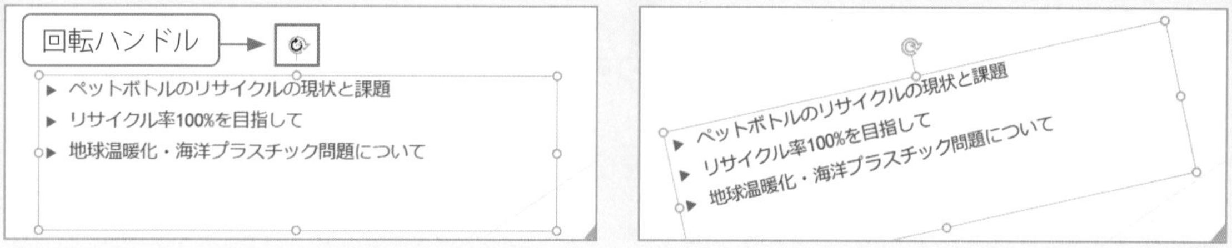
回転ハンドル
ペットボトルのリサイクルの現状と課題
リサイクル率100%を目指して
地球温暖化・海洋プラスチック問題について
ペットボトルのリサイクルの現状と課題
リサイクル率100%を目指して
地球温暖化・海洋プラスチック問題について

OnePoint プレースホルダーをリセットするには

プレースホルダーのサイズや位置を初期状態に戻したい場合は、対象のスライドを選択して、［ホーム］タブの［リセット］ボタンをクリックします。
リセットはスライド単位で行われるため、特定のプレースホルダーのみを選択していても、スライド内のすべてのプレースホルダーが初期状態に戻ります。

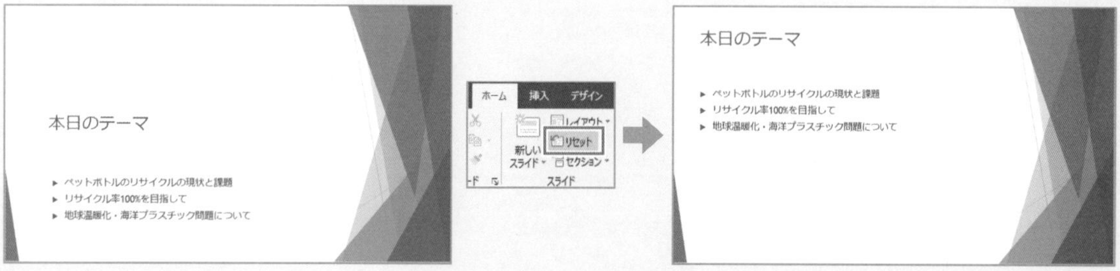
本日のテーマ
ペットボトルのリサイクルの現状と課題
リサイクル率100%を目指して
地球温暖化・海洋プラスチック問題について
ホーム
挿入
デザイン
レイアウト
リセット
新しい
スライド
セクション
スライド
本日のテーマ
ペットボトルのリサイクルの現状と課題
リサイクル率100%を目指して
地球温暖化・海洋プラスチック問題について

OnePoint プレースホルダーを削除するには

プレースホルダーを削除するには、対象のプレースホルダーの枠線をクリックして選択し、Delete キーを押します。しかし、この操作だけではプレースホルダーの内容は削除されますが、プレースホルダー自体は残っています。

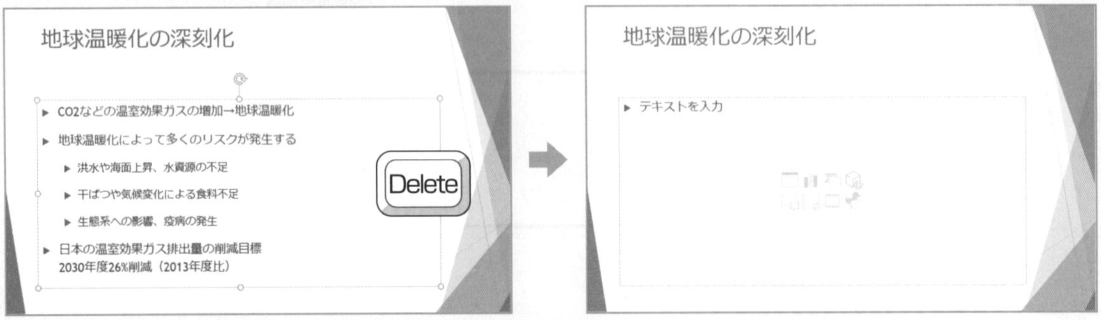
地球温暖化の深刻化
CO2などの温室効果ガスの増加→地球温暖化
地球温暖化によって多くのリスクが発生する
洪水や海面上昇、水資源の不足
干ばつや気候変化による食料不足
生態系への影響、疫病の発生
日本の温室効果ガス排出量の削減目標
2030年度26%削減（2013年度比）
Delete
地球温暖化の深刻化
テキストを入力

プレースホルダー自体も削除したい場合は、空白となったプレースホルダーの枠線をクリックして再度選択し、Delete キーを押します。

地球温暖化の深刻化
テキストを入力
Delete
地球温暖化の深刻化

LESSON 3 プレースホルダー以外に文字を入力する

プレースホルダー以外の場所に文字を入力したいときはテキストボックスを挿入します。
テキストボックスは内部に文字を入力できる四角い枠で、ほぼプレースホルダーと同じように扱えます。

テキストボックスの特徴

- スライドに挿入して使用する。
- 文字の入力に合わせて枠が広がる。
- 文字列を入力するために使用する。

プレースホルダーの特徴

- スライドに初めから用意されている。
- 枠のサイズに合わせて文字列が改行される。
- 文字以外のコンテンツの挿入にも使用する。

STEP スライドにテキストボックスを挿入する

1 ［挿入］タブの［テキストボックス］ボタンをクリックします。

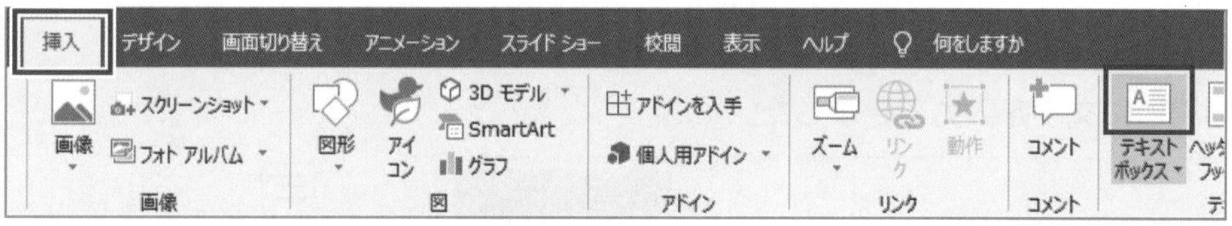

→ マウスポインターの形が↓に変わります。

2 テキストボックスを挿入したい位置でクリックします。

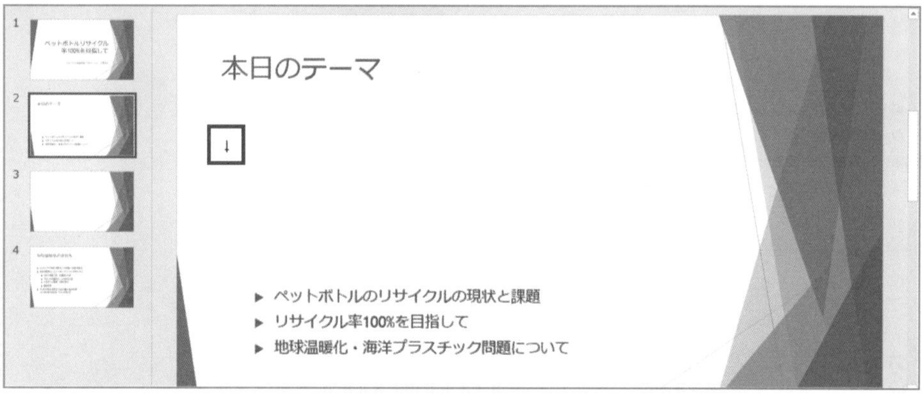

→ クリックした位置にカーソルとテキストボックスが表示されます。

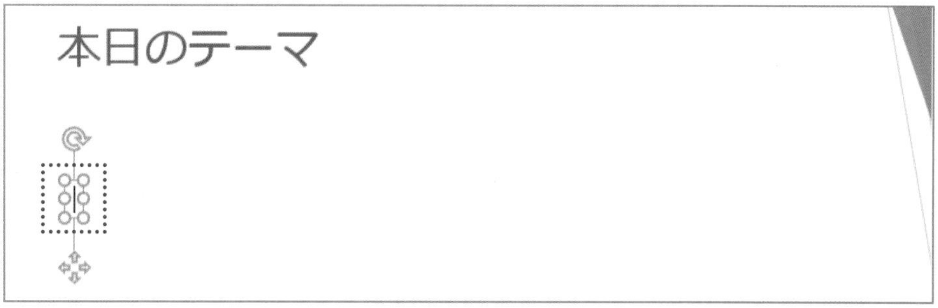

3 下図のように入力します。

本日のテーマ
『ペットボトルリサイクル率100%を目指して』

4 テキストボックス以外の場所をクリックします。

本日のテーマ
『ペットボトルリサイクル率100%を目指して』

→ プレースホルダー以外の場所に文字を入力できました。

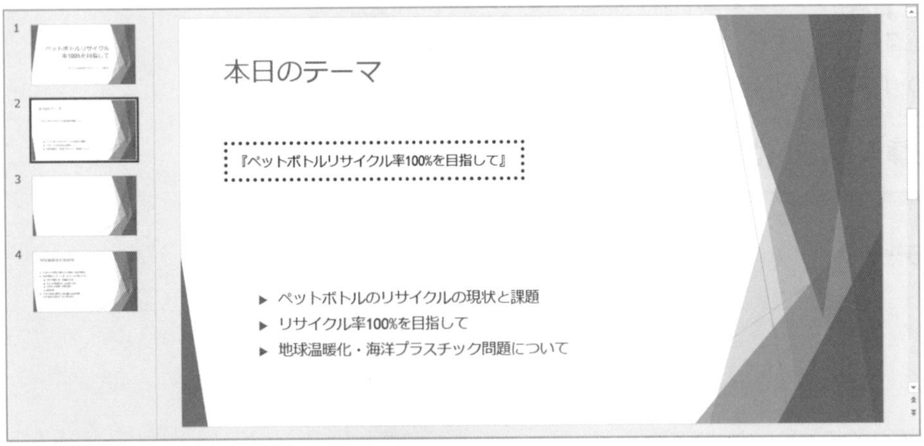
本日のテーマ
『ペットボトルリサイクル率100%を目指して』
ペットボトルのリサイクルの現状と課題
リサイクル率100%を目指して
地球温暖化・海洋プラスチック問題について

テキストボックスもプレースホルダーと同じ操作で自由に移動することができます。

OnePoint テキストボックスの文字の色

テキストボックスの文字の色は初期設定で"黒色"になっています。一方、プレースホルダーで使用されている文字の色は、テーマの種類にもよりますが、黒色よりも少し薄くなっていることが多いため、テキストボックスの文字の黒色が目立ちすぎてしまうことがあります。必要に応じて、テキストボックスの文字の色を変更するようにしましょう（文字の色の変更はP.73を参照）。

LESSON 4 文字列の移動、コピー、貼り付け

プレースホルダーやテキストボックスに入力した文字列は、別の場所に移動やコピー（複製）することができます。移動には［**切り取り**］**ボタン**を、コピー（複製）には［**コピー**］**ボタン**を使用します。どちらの操作の場合も、その後［**貼り付け**］**ボタン**を使用して操作が完了します。切り取りやコピーのボタンをクリックすると、そのとき選択していた文字列は**クリップボード**という記録スペースに一時記録されます。クリップボードに記録された内容を貼り付けるという仕組みになっています。

STEP 文字列を移動する

1 下図のプレースホルダー内をクリックします。

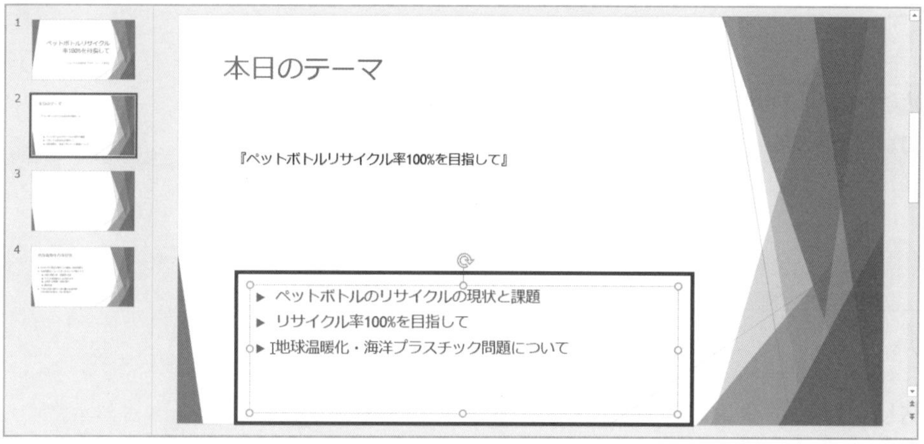
本日のテーマ
『ペットボトルリサイクル率100%を目指して』
ペットボトルのリサイクルの現状と課題
リサイクル率100%を目指して
地球温暖化・海洋プラスチック問題について

→ プレースホルダーが選択され、プレースホルダー内にカーソルが表示されます。

2 下図の位置にマウスポインターを合わせます。

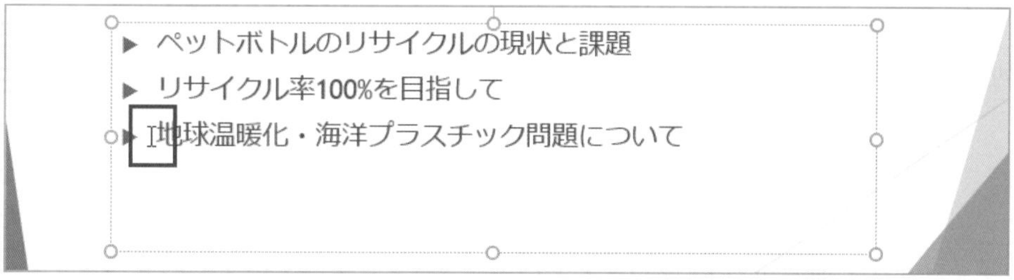
ペットボトルのリサイクルの現状と課題
リサイクル率100%を目指して
地球温暖化・海洋プラスチック問題について

3 その位置から行末まで右方向へドラッグします。

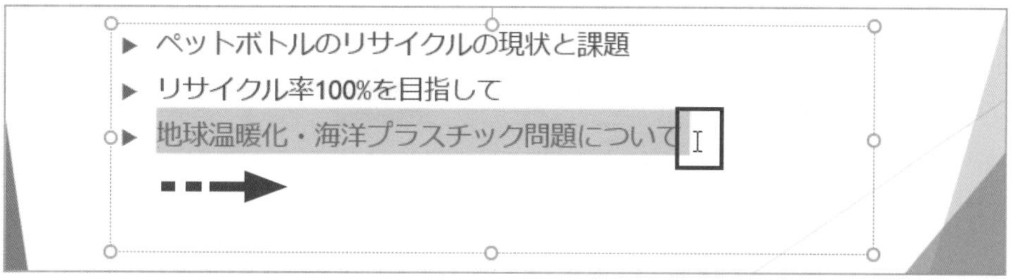
ペットボトルのリサイクルの現状と課題
リサイクル率100%を目指して
地球温暖化・海洋プラスチック問題について

この操作を“範囲選択”といいます。
操作対象の範囲を指定するための操作です。

4 ［ホーム］タブの［切り取り］ボタンをクリックします。

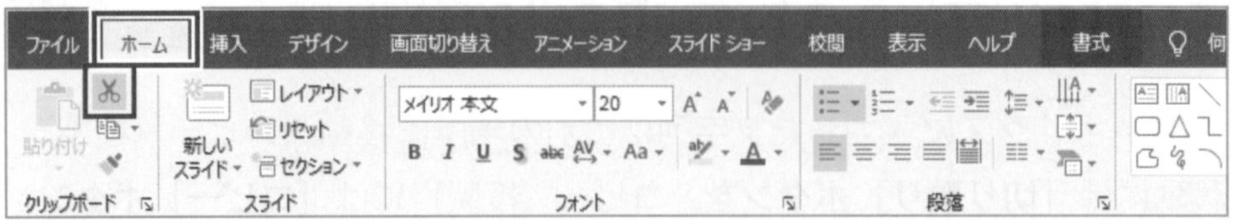

→ 選択していた文字列がクリップボードに保存され、元にあった場所から削除されます。

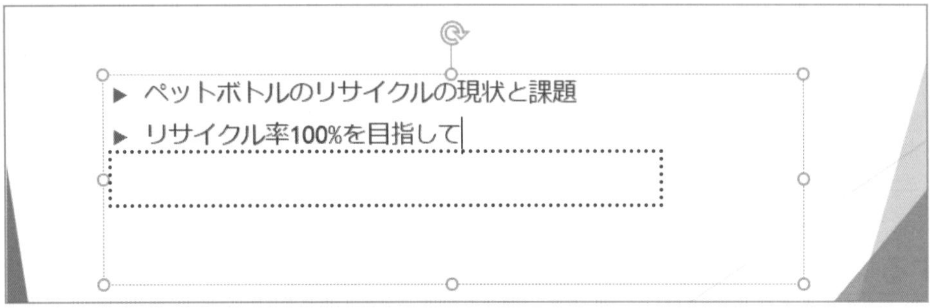

5 下図のように移動先の位置をクリックします。

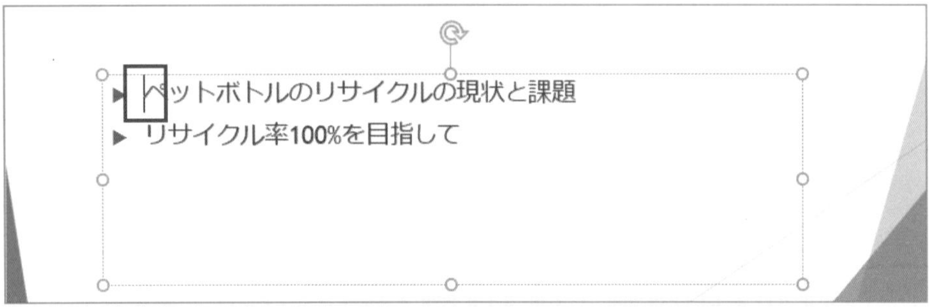

→ カーソルが表示されます。

6 ［ホーム］タブの［貼り付け］ボタンのアイコンをクリックします。

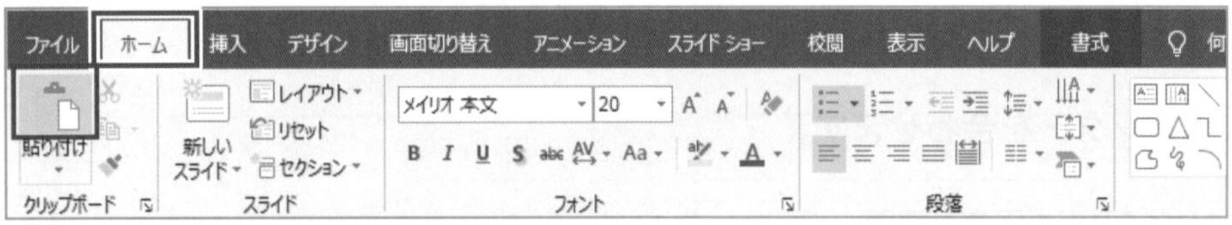

→ カーソルの位置に文字列を移動できました。

貼り付けたときに文字列の近くに表示された (Ctrl) は［貼り付けのオプション］です。このアイコンをクリックすると貼り付けの形式を変更するためのメニューが表示されます。

OnePoint 箇条書きの順番をドラッグ操作で入れ替えるには

今回のように箇条書きになっている文字列の場合は、リボンのボタンを使う以外に、マウスの操作で簡単に順番を入れ替えこともできます。
先頭にある段落の記号（または番号）にマウスポインターを合わせて、マウスポインターの形が✥に変わったら目的の場所まで上下にドラッグすると箇条書き項目が移動します。

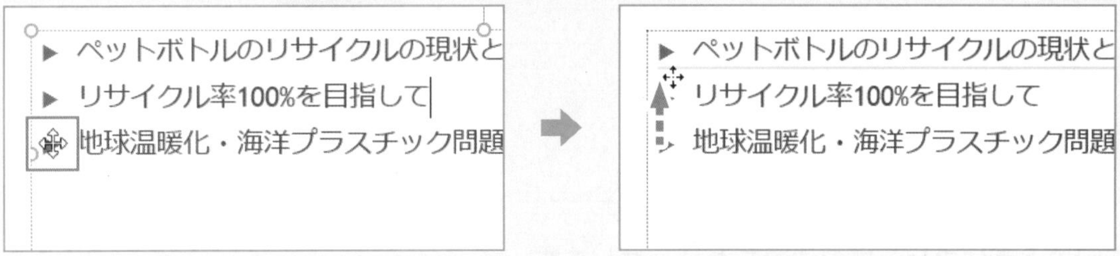
ペットボトルのリサイクルの現状と
リサイクル率100%を目指して
地球温暖化・海洋プラスチック問題
ペットボトルのリサイクルの現状と
リサイクル率100%を目指して
地球温暖化・海洋プラスチック問題

STEP 別のスライドに文字列をコピーする

1 下図のように文字列をドラッグして範囲選択します。

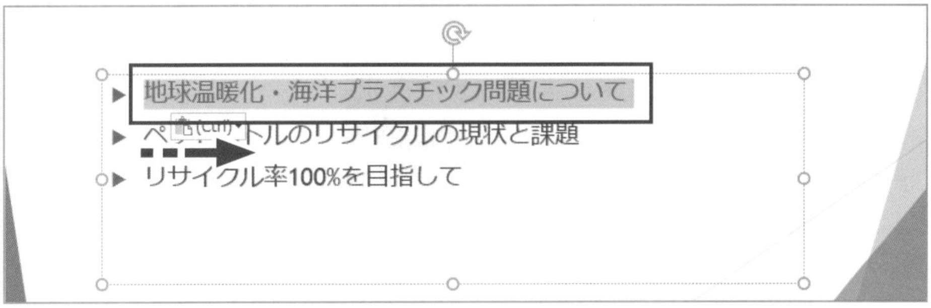
地球温暖化・海洋プラスチック問題について
ペットボトルのリサイクルの現状と課題
リサイクル率100%を目指して

2 ［ホーム］タブの［コピー］ボタンをクリックします。

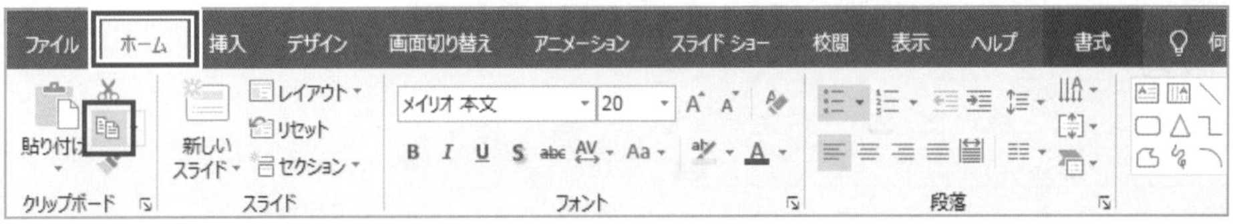
ファイル
ホーム
挿入
デザイン
画面切り替え
アニメーション
スライド ショー
校閲
表示
ヘルプ
書式
貼り付け
新しいスライド
レイアウト
リセット
セクション
メイリオ 本文
20
クリップボード
スライド
フォント
段落

→ 選択していた文字列がクリップボードに保存されます。文字列はそのままの状態です。

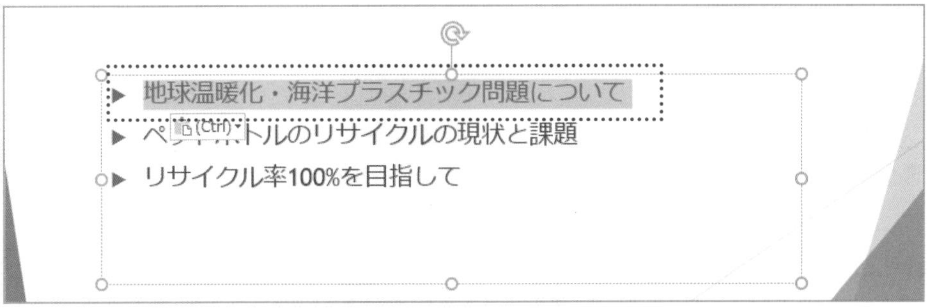
地球温暖化・海洋プラスチック問題について
ペットボトルのリサイクルの現状と課題
リサイクル率100%を目指して

3 スライドサムネイルのスライド 3 をクリックして選択します。

4 下図のようにコピー先の位置をクリックします。

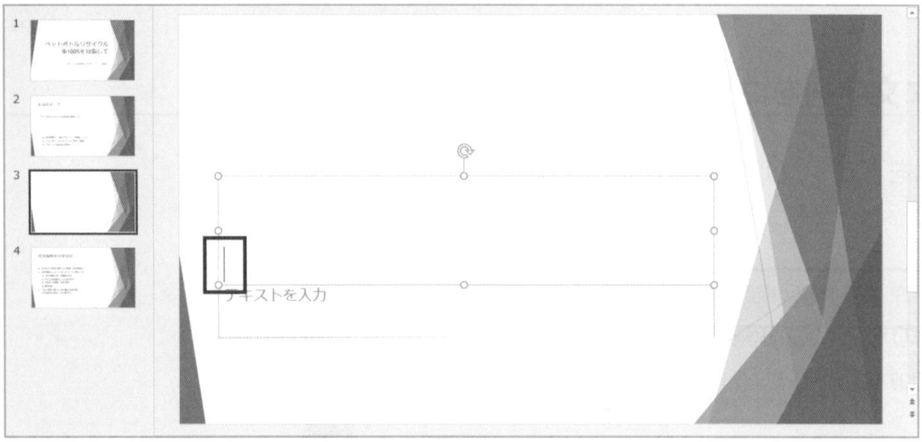

→ カーソルが表示されます。

コピー先の位置にカーソルを表示せずに貼り付けることもできます（P.65 の OnePoint を参照）。

5 ［ホーム］タブの［貼り付け］ボタンのアイコンをクリックします。

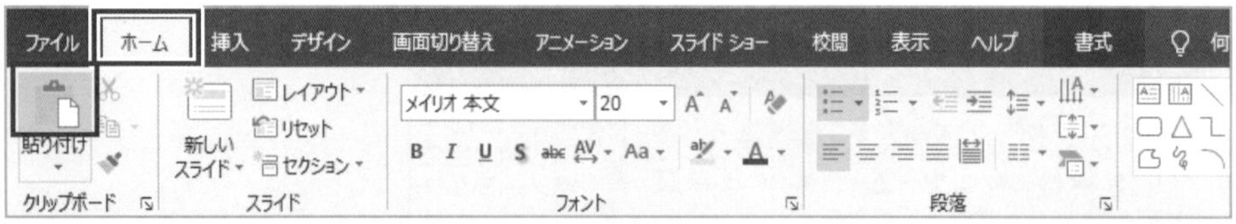

→ カーソルの位置に文字列をコピーできました。

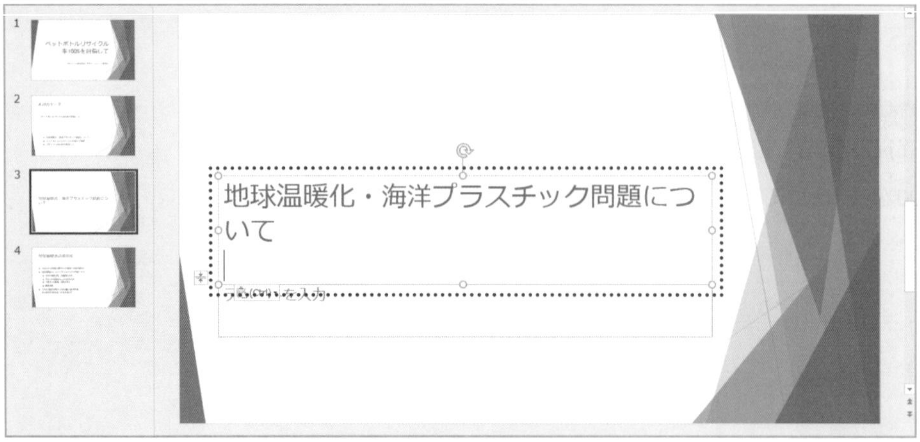

貼り付け先の書式と同じ書式になって貼り付けられます。
元の書式のまま貼り付けたい場合は、(Ctrl)［貼り付けのオプション］を使用します。

6 Backspaceキーを押して、不要な改行を削除します。

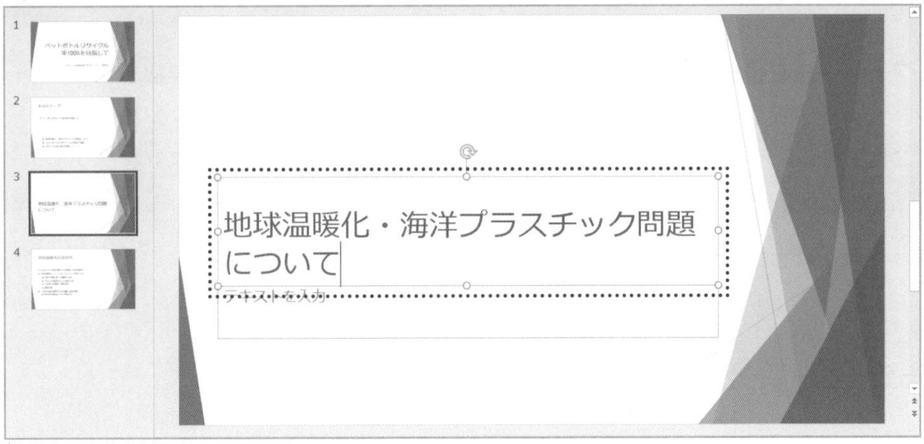
地球温暖化・海洋プラスチック問題
について
テキストを入力

コピーした際に"改行"も含んでいた場合は、不要な改行が入ってしまうことがあります。不要な改行を削除すると文字のサイズも自動的に調整されます。

OnePoint コピー、切り取り、貼り付けのショートカットキー

コピー、切り取り、貼り付けの操作は頻繁に行うため、ショートカットキーによる操作も便利です。

- コピー …… Ctrl + C キー
- 切り取り …… Ctrl + X キー
- 貼り付け …… Ctrl + V キー

OnePoint 貼り付け先にカーソルを表示しないで貼り付けた場合

コピーした文字列を貼り付ける際、プレースホルダー内にカーソルを表示せずに貼り付けると、その文字列はスライド内に新しいテキストボックスとして貼り付けられます。

OnePoint 元の書式を保持して貼り付けるには

通常の貼り付けの操作では、文字列の書式は貼り付け先に合わせて変化しますが、元の書式のまま貼り付けたい場合は、貼り付けの直後に表示される (Ctrl)▾［貼り付けのオプション］をクリックし、一覧から［元の書式を保持］をクリックします。

OnePoint　プレースホルダーを移動、コピーするには

別のスライドにプレースホルダーを移動、コピーしたい場合は、対象のプレースホルダーの枠線をクリックしてプレースホルダー全体を選択し、[ホーム] タブの [切り取り] または [コピー] のボタンをクリックします。次に移動、コピー先のスライドに切り替えて、[ホーム] タブの [貼り付け] ボタンをクリックします。

OnePoint　Web ページ（ホームページ）からのデータの貼り付け

Web ページに記載されている文字列をスライドで使いたい場合は、対象の Web ページのコピーしたい文字列をドラッグして選択し、Ctrl + C キーを押します。その後、PowerPoint に画面を切り替えて、貼り付けたいスライドを選択した状態で[ホーム]タブの[貼り付け]ボタンをクリックするか、Ctrl + V キーを押します。

Web ページに含まれる文章はもちろん、写真、イラスト、ロゴなどは著作権や肖像権などが発生しますので、利用する場合は十分な注意が必要です。Web ページから文面を転載する場合は、Web ページ管理者の許可が必要かどうかを確認するようにします。また、どの Web ページから転載した情報であるかはスライド内に記載するようにしましょう。

OnePoint　文字の検索と置換

スライドに入力した文字列は、検索機能を使って探すことができます。

[ホーム] タブの [検索] ボタンをクリックして、[検索] ダイアログボックスの [検索する文字列] ボックスに検索したい文字列を入力し、[次を検索] をクリックしていくと、順に検索結果が表示されます。

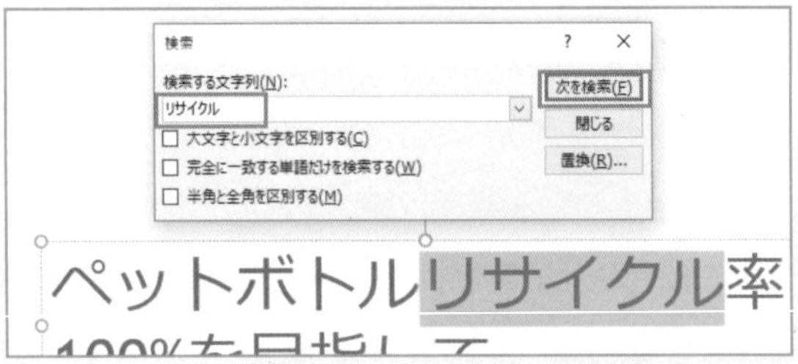

また、検索して見つかった文字列を別の文字列に置き換えることもできます。その場合は、[ホーム] タブの [置換] ボタンをクリックして、[検索] ダイアログボックスの [検索する文字列] と [置換後の文字列] のボックスにそれぞれ文字列を入力し、[置換] または [すべて置換] をクリックします。

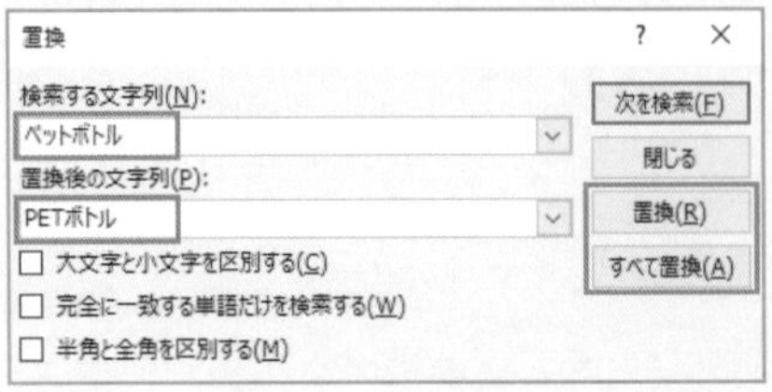

2-3 文字や段落の書式を設定する

スライドの文字列や段落に設定する書式もプレゼンテーションの印象を左右する重要なポイントです。

文字のフォント（書体）

文字のフォント（書体）は、プレゼンテーションの内容に合ったものを利用します。訴えたい内容とフォントのイメージがかけ離れていると説得力がなくなります。また、細すぎるフォントや太すぎるフォントは可読性を下げてしまうため気を付けます。

フォントの使いすぎにも注意します。同じプレゼンテーションの中で何種類もフォントを使ってしまうと、デザインにまとまりがなくなり落ち着きのない印象を与えてしまいます。

訴えたい内容とフォントが合っていない

前年度よりも
収益大幅減！
本当に深刻？

フォントを使いすぎている

地球温暖化
温室効果ガス
Co2 排出量
落ち着かないなあ

文字の色

文字の色は、参加者が読みやすい色を選ぶように心がけます。基本的にはテーマの初期設定の色を使用し、強調したい箇所のみ別の色を設定するのがよいでしょう。

また、色をたくさん使うと賑やかにはなりますが、スライド内の色の調和が崩れてまとまり感や落ち着きがなくなることがあります。色の使いすぎにも注意が必要です。

行間と段落の間隔

文章の行間が詰まっていると、読みづらい、窮屈で排他的な印象など、参加者が否定的なイメージを抱きやすくなります。また、各行の間隔だけでなく、段落と段落の間隔も重要です。段落の間隔を少し空けることで長めの文章であっても読みやすくなります。

堅苦しそう…
読む気がしない…

LESSON 1 | 文字のサイズを変更する

スライド全体の文字のサイズはCHAPTER1で変更しましたが、特定の文字列や段落に対して個別に変更することもできます。プレゼンテーションで使用する文字のサイズは少し大きいサイズを指定したほうが見やすくなります。

STEP スライドの文字のサイズを変更する

1 スライドサムネイルのスライド2をクリックして選択します。

2 下図のようにテキストボックス内の文字列をドラッグして範囲選択します。

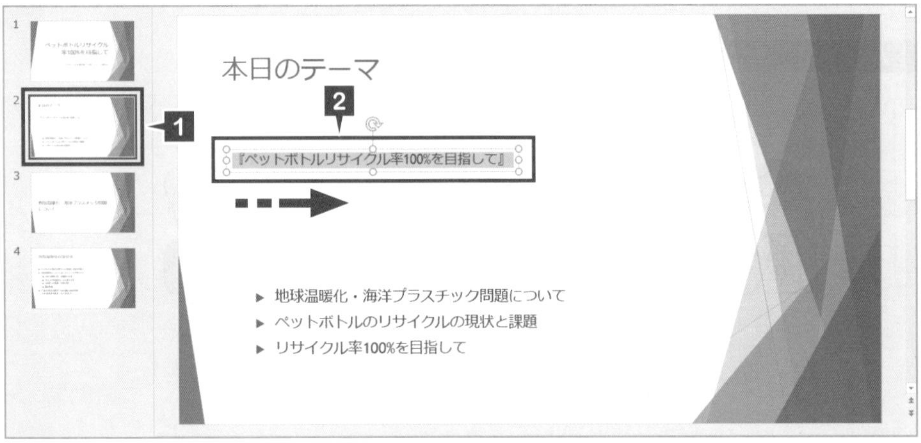

テキストボックスの枠線をクリックして、テキストボックス全体を選択してもかまいません。

文字列をトリプルクリック（3回すばやくクリック）すると段落全体を選択できます。

3 ［ホーム］タブの［フォントサイズ］ボックスの▼をクリックします。

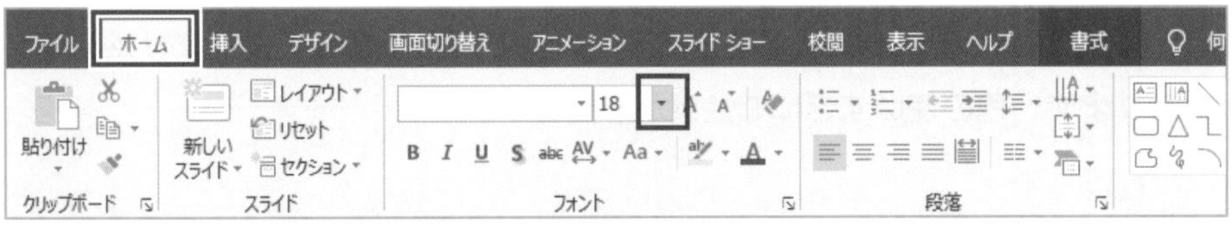

→ フォントサイズの一覧が表示されます。

4 一覧から［32］をクリックします。

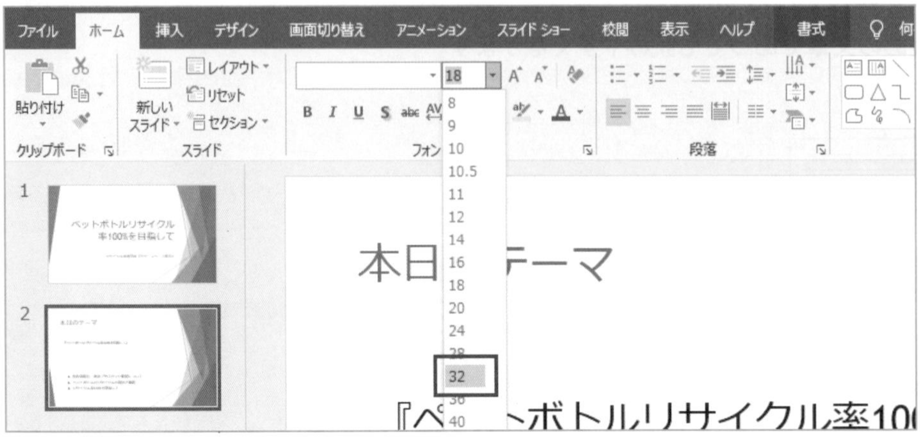

スライドショーでの見やすさを意識して、フォントサイズを選択します。
WordやExcelの標準サイズである10.5ptや11ptでは小さくて見にくいこともあります。

→ 文字のサイズを変更できました。

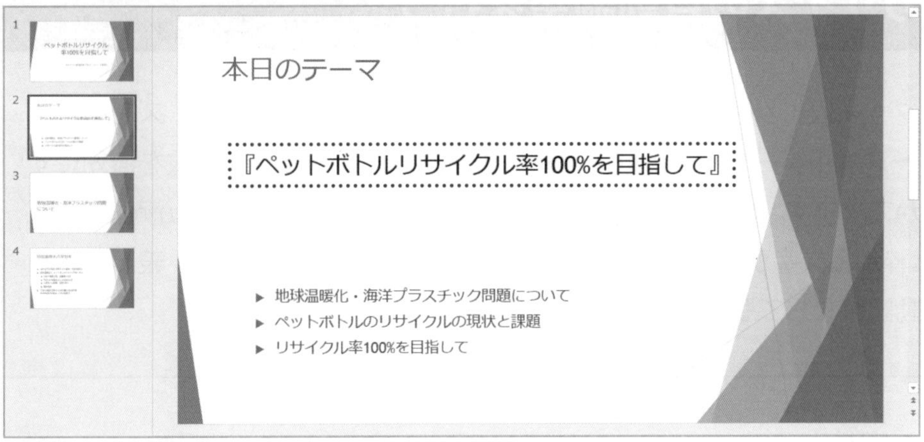
本日のテーマ
『ペットボトルリサイクル率100%を目指して』
地球温暖化・海洋プラスチック問題について
ペットボトルのリサイクルの現状と課題
リサイクル率100%を目指して

5 同様の方法で、下図の文字列の文字のサイズを "24 ポイント" に変更します。

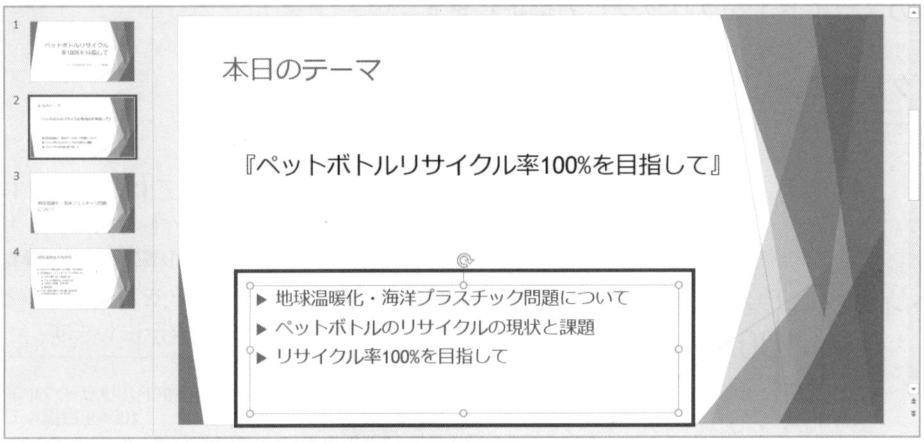
本日のテーマ
『ペットボトルリサイクル率100%を目指して』
地球温暖化・海洋プラスチック問題について
ペットボトルのリサイクルの現状と課題
リサイクル率100%を目指して

文字列がプレースホルダーに収まらなくなった場合は、プレースホルダーのサイズを調整します。

One Point 一覧にない文字のサイズを指定するには

［ホーム］タブの［フォントサイズ］ボックスの一覧にない文字のサイズを指定したい場合は、［フォントサイズ］ボックス内でクリックして、直接サイズの数値を入力して Enter キーを押します。

One Point ［フォントサイズ］ボックスに［+］が表示されている場合

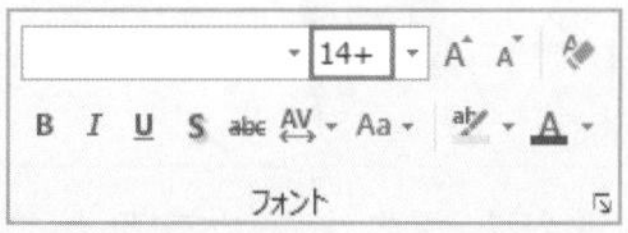
14+
フォント

プレースホルダーを選択したときに、［ホーム］タブの［フォントサイズ］ボックス内の数値の後ろに［+］が表示されることがあります。これは選択したプレースホルダーの中に複数の文字のサイズが混在していることを表しています。混在している中で最小の文字のサイズが数値で表され、それより大きなサイズが含まれていることが［+］で表されています。

なお、［ホーム］タブの A [フォントサイズの拡大］ボタン、A [フォントサイズの縮小］ボタンを使用すれば、混在している文字のサイズをそれぞれ一段階ずつ大きくしたり、小さくしたりすることができるので便利です。

LESSON 2 | 文字のサイズの自動調整を行う

文字列がプレースホルダーに収まりきらなくなったときの対処として、文字のサイズを小さく自動調整するか、プレースホルダーの枠を広げて自動調整するか、または自動調整を無効にするかを切り替えることができます。この設定はプレースホルダーごとに異なる設定が可能です。なお、PowerPoint では枠から文字がはみ出しても、文字が切れてしまうことはなく表示はされています。そのため自動調整なしでも文字列を読むことはできます。

STEP プレースホルダー内の文字のサイズを自動調整する

1 スライドサムネイルのスライド 1 をクリックして選択します。

2 下図の位置をクリックします。

ペットボトルリサイクル
率100%を目指して
リサイクル推進団体『グリーンベース東京』

ここでは、1 行目に“ペットボトルリサイクル率”、2 行目に“100% を目指して”という表示にします。

ペットボトルリサイクル率
100%を目指して

→ カーソルが表示されます。

3 Enter キーを押して改行します。

ペットボトルリサイクル
率
100%を目指して
リサイクル推進団体『グリーンベース東京』

プレースホルダーからはみ出しても文字が削除されるわけではありません。

→ 改行したことで文字列がプレースホルダーに収まらなくなり、プレースホルダーの近くに [自動調整オプション] が表示されます。

4 ［自動調整オプション］をクリックします。

ペットボトルリサイクル
率
100%を目指して
リサイクル推進団体『グリーンベース東京』

5 一覧から［テキストをプレースホルダーに自動的に収める］をクリックします。

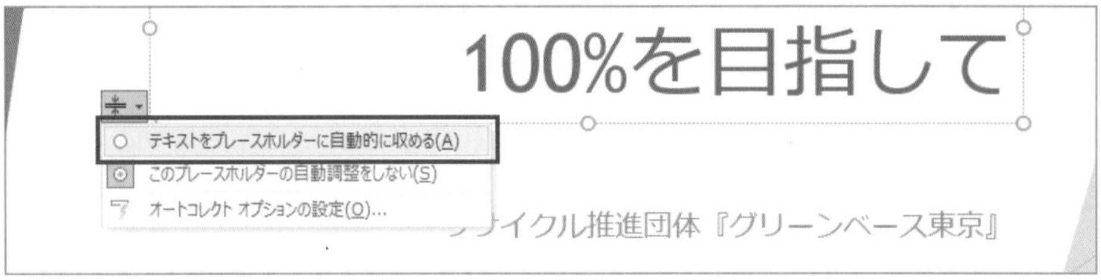
100%を目指して
テキストをプレースホルダーに自動的に収める(A)
このプレースホルダーの自動調整をしない(S)
オートコレクト オプションの設定(O)...
リサイクル推進団体『グリーンベース東京』

→ 文字列全体がプレースホルダーに収まるように文字のサイズが調整されました。

ペットボトルリサイクル率
100%を目指して
リサイクル推進団体『グリーンベース東京』

文字のサイズが少し小さくなったことで(54pt から 49pt)、改行位置も想定していた位置に変更されました。

One Point プレースホルダー内に余裕があるのに文字のサイズが小さくなる場合

プレースホルダー（テキストボックス）のサイズにはまだ余裕があるのに、文字のサイズが自動調整されて小さくなる場合は、末尾に余分な空白行があるかもしれません。

余分な空白行があるかを確認するには、文字列の末尾にカーソルを移動して↓キーを押します。カーソルが下の行に移動したら空白行があります。その空白行を Backspace キーなどで削除することで本来の文字のサイズに戻ります。

地球温暖化・海洋プラスチック問題について
テキストを入力

LESSON 3 文字列の書式を変更する

スライド全体で使用する基本のフォントはテーマの設定（P.28 の OnePoint を参照）で行うのが便利ですが、必要に応じて個別にフォントを設定することも可能です。

フォントの色（文字の色）は、スライドの背景色に似た色や長時間見ていると目が疲れるような色の使用は控えます。また、スライド全体の配色の調和を乱す色もおすすめできません。色は**テーマの色**から選ぶようにすれば基本的には調和を乱すことはありません。

他にも文字に対する書式設定は、“太字”、“斜体”、“下線”、“影”、“取り消し線”などがあります。これらも頻繁に使いすぎると重要なポイントがぼやけてしまうので注意します。

また、文字の間隔が詰まっていて読みにくい、また開きすぎて読みにくいと感じる箇所は**字間**（文字と文字の間隔）を調整することもできます。

STEP 文字のフォント（書体）を変更する

1 スライドサムネイルのスライド 2 をクリックして選択します。

2 下図のようにテキストボックス内の文字列をドラッグして範囲選択します。

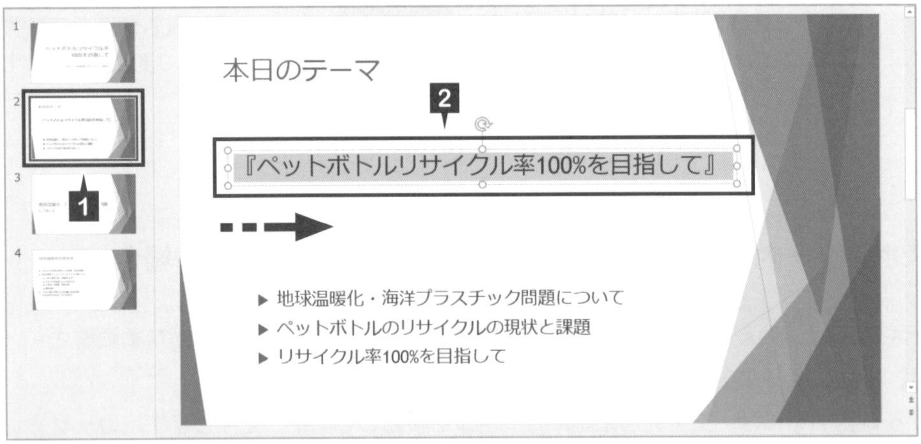

テキストボックスの枠線をクリックして、テキストボックス全体を選択してもかまいません。

3 ［ホーム］タブの［フォント］ボックスの▼をクリックします。

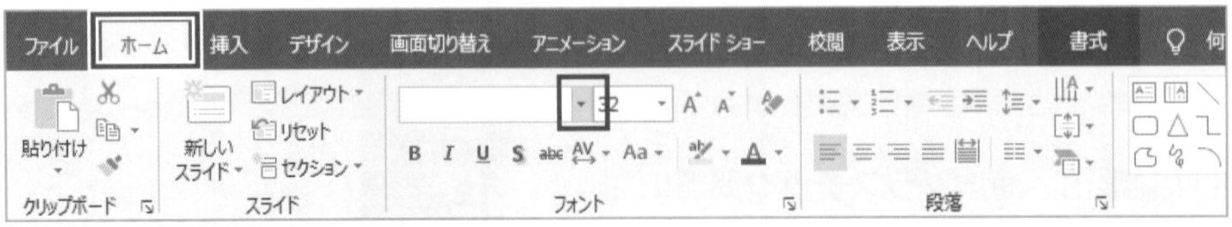

→ フォントの一覧が表示されます。

4 一覧から［游明朝 Demibold］をクリックします。

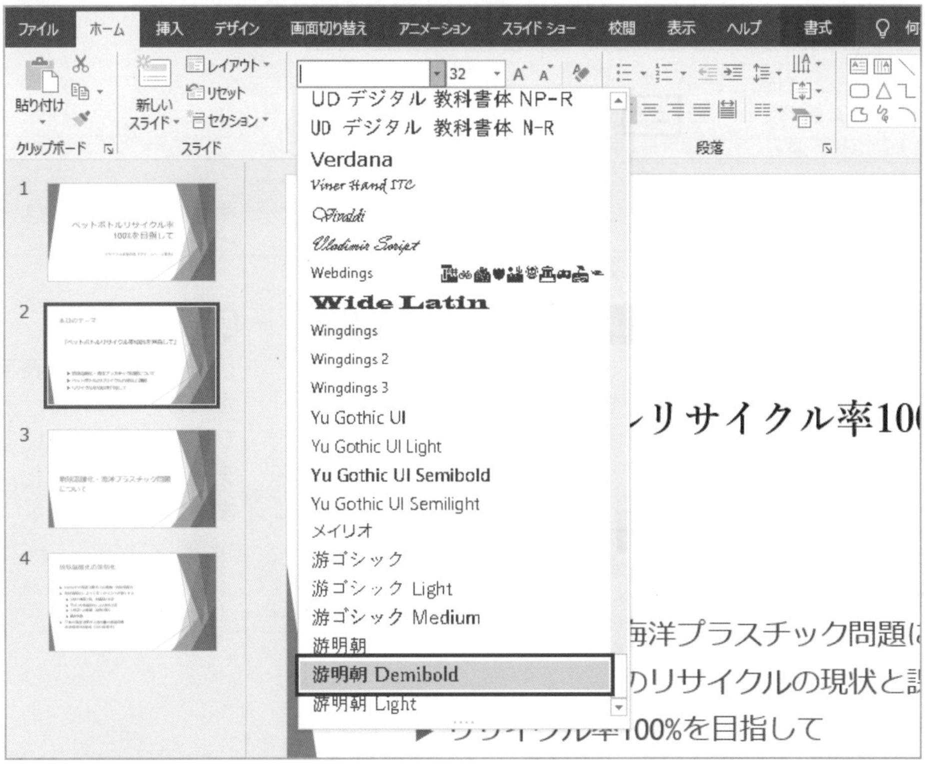

フォントの一覧の右側にあるスクロールバーを下方向にドラッグして目的のフォントを探してください。
左図のように一覧のかなり下部までスクロールしないと見つからないケースもあります。

→ 文字のフォントを変更できました。

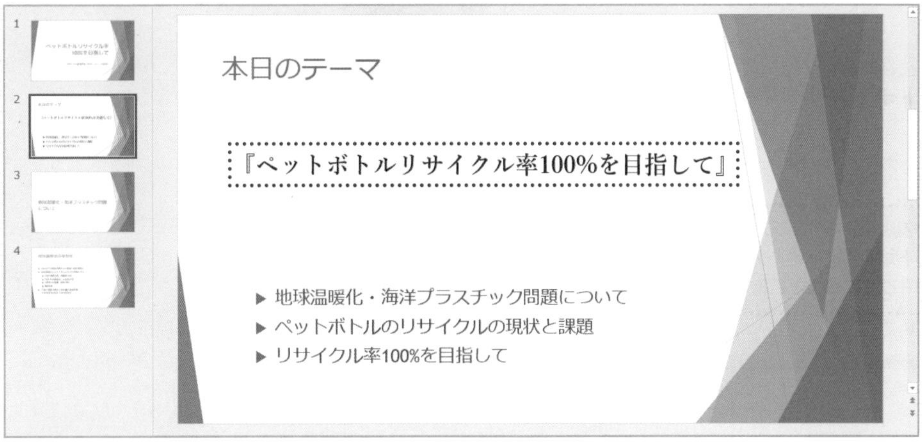

STEP 文字の色を変更する

1 下図のようにプレースホルダー内の文字列をドラッグして範囲選択します。

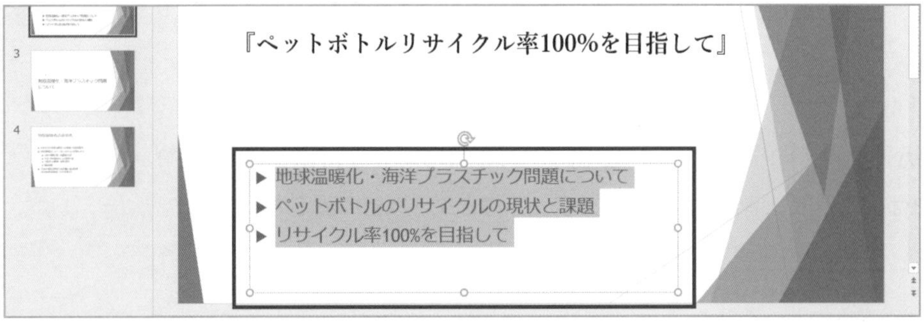

プレースホルダーの枠線をクリックして、プレースホルダー全体を選択してもかまいません。

2 ［ホーム］タブの［フォントの色］ボタンの▼をクリックします。

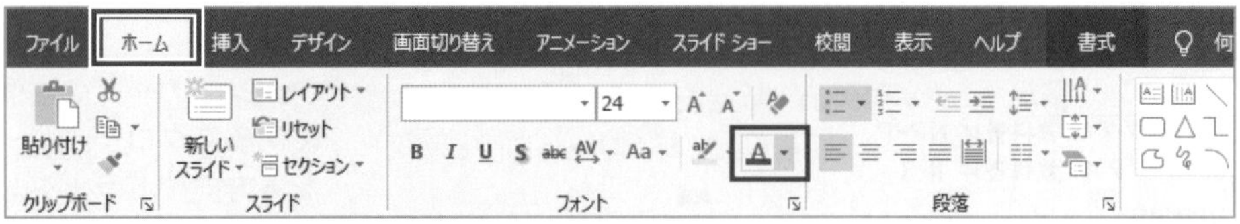

→ フォントの色の一覧が表示されます。

3 一覧から［青、アクセント 1］をクリックします。

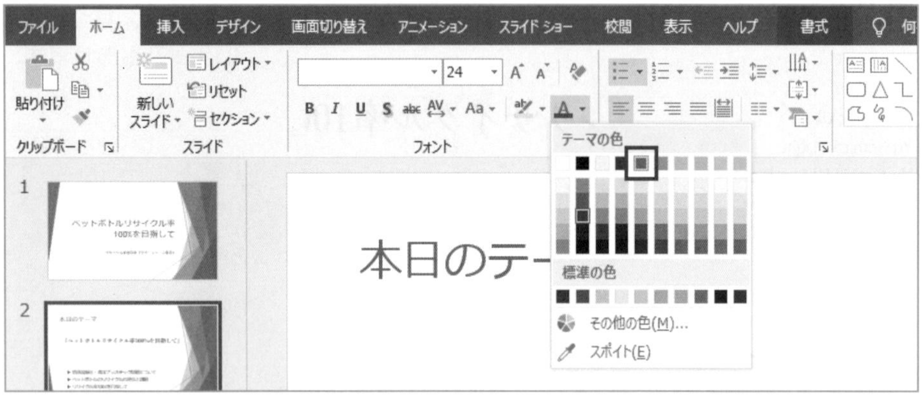

［テーマの色］に表示される色の種類は、スライドに適用しているテーマによって変化します。

→ 文字の色を変更できました。

One Point 太字、斜体、下線、影、取り消し線の文字のスタイル

文字列には、太字、斜体、下線、影、取り消し線のスタイルを設定できます。いずれも［ホーム］タブの［フォント］グループのボタンをクリックして設定できます。解除したいときは再度そのボタンをクリックします。

また、［ホーム］タブの［フォント］グループの［フォント］をクリックして、［フォント］ダイアログボックスを表示すれば、二重取り消し線、上付き文字、下付き文字などの設定も可能です。

STEP 字間を調整する

1 テキストボックス内の文字列 “100%” をドラッグして範囲選択します。

2 ［ホーム］タブの［文字の間隔］ボタンをクリックします。

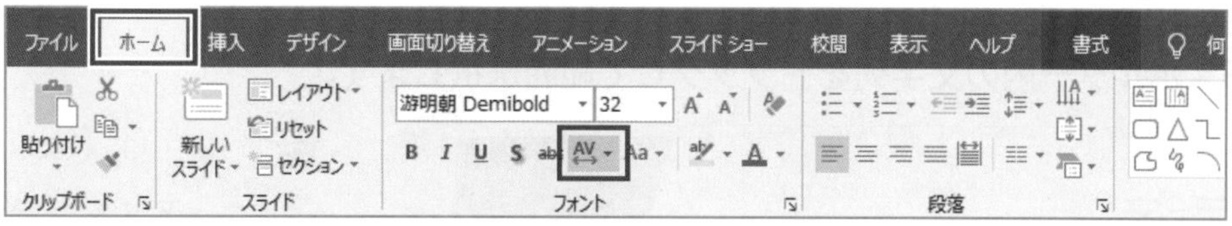

→ 字間の一覧が表示されます。

3 一覧から［広く］をクリックします。

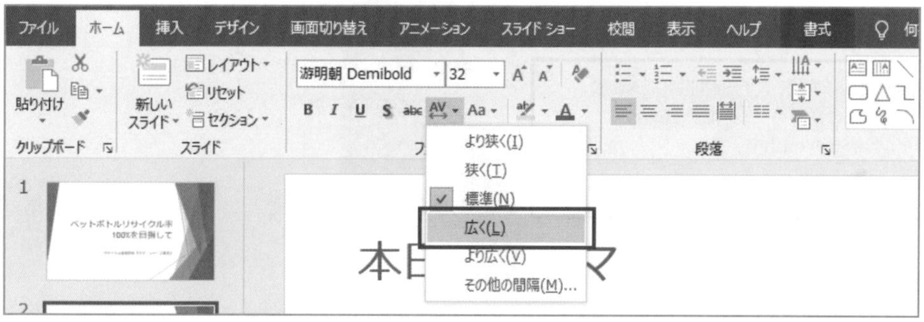

→ 字間を広く調整できました。

OnePoint より詳細に字間を調整するには

［ホーム］タブの［文字の間隔］ボタンをクリックし、一覧から［その他の間隔］をクリックします。［フォント］ダイアログボックスの［文字幅と間隔］タブで、より詳細に文字の間隔を広げたり、狭めたりする設定ができます。

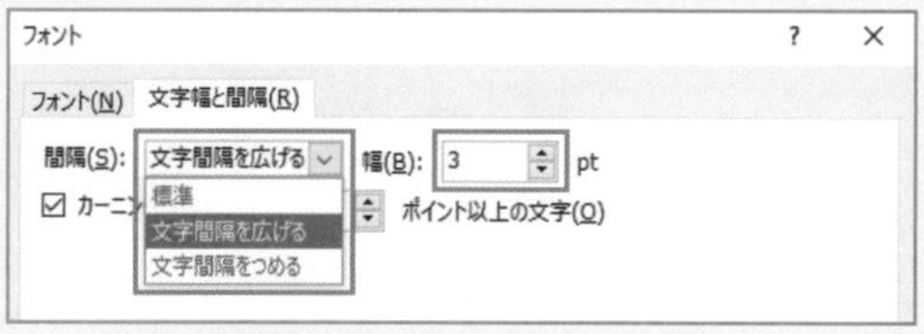

LESSON 4 │ 箇条書きの記号や数字を変更する

ここまでは箇条書きの記号を初期設定のまま使用してきましたが、別の形や数字に変更することができます。また、箇条書きにする必要のない段落は、箇条書きを解除して標準の状態に戻すこともできます。

STEP 箇条書きの段落の記号を番号に変更する

1 下図のようにプレースホルダー内の文字列をドラッグして範囲選択します。

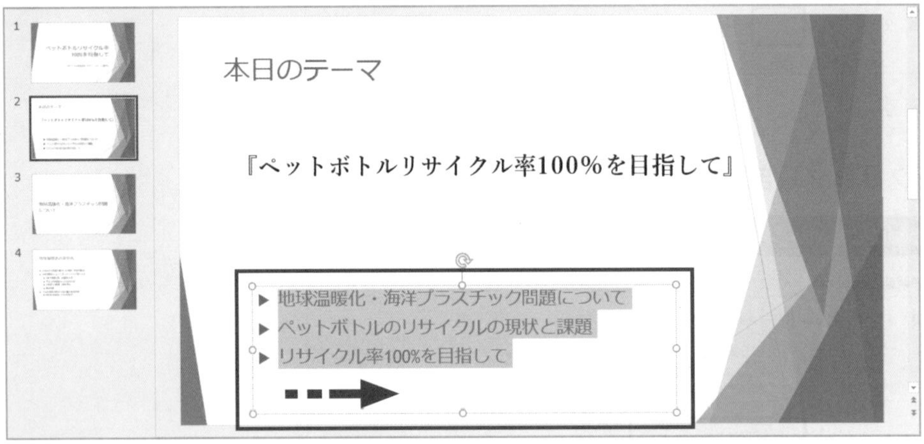

プレースホルダーの枠線をクリックして、プレースホルダー全体を選択してもかまいません。

2 ［ホーム］タブの［段落番号］ボタンの▼をクリックします。

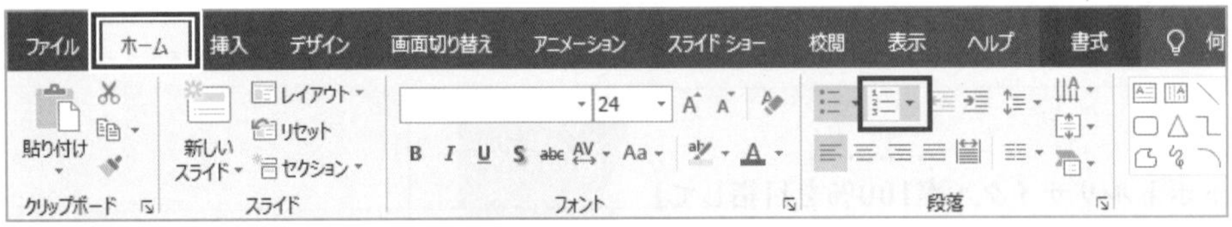

→ 段落番号の一覧が表示されます。

3 一覧から［1. 2. 3.］をクリックします。

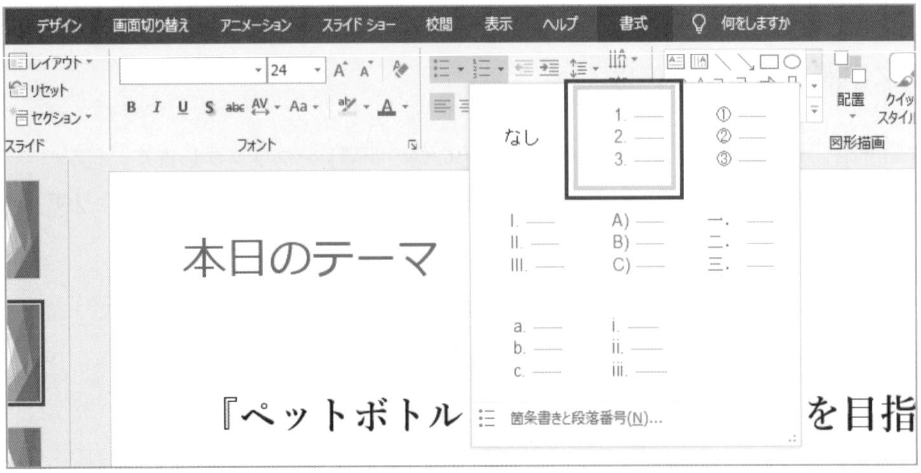

→ 箇条書きの段落の先頭の記号を番号に変更できました。

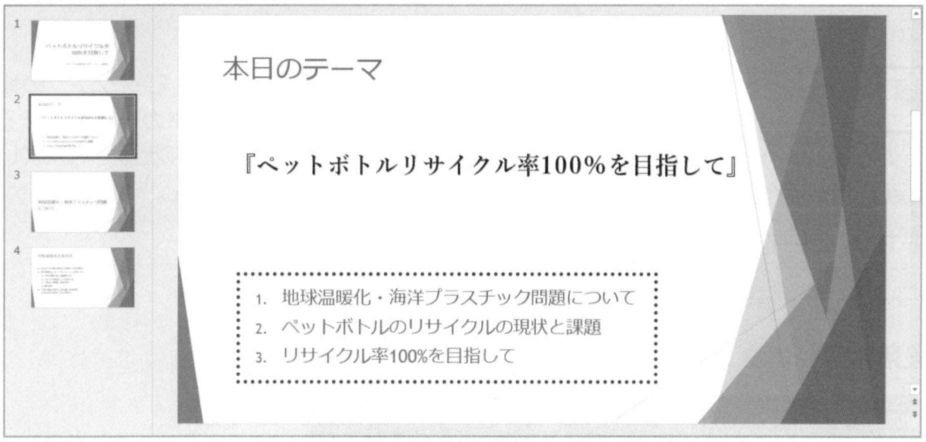
本日のテーマ
『ペットボトルリサイクル率100%を目指して』
1. 地球温暖化・海洋プラスチック問題について
2. ペットボトルのリサイクルの現状と課題
3. リサイクル率100%を目指して

STEP 箇条書きを解除する

1 下図の位置をクリックします。

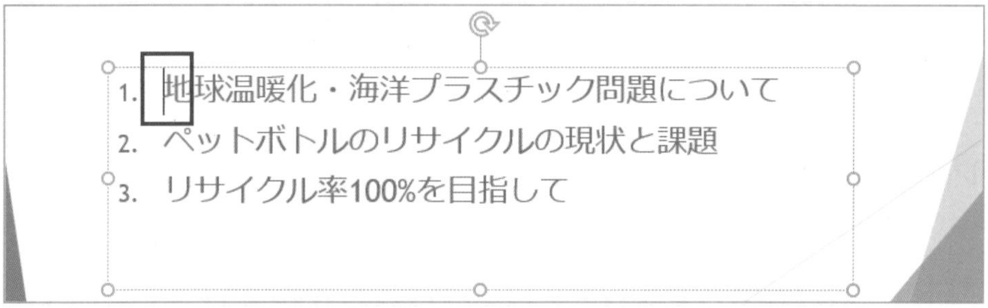
1. 地球温暖化・海洋プラスチック問題について
2. ペットボトルのリサイクルの現状と課題
3. リサイクル率100%を目指して

→ カーソルが表示されます。

2 「＜トピック＞」と入力します。

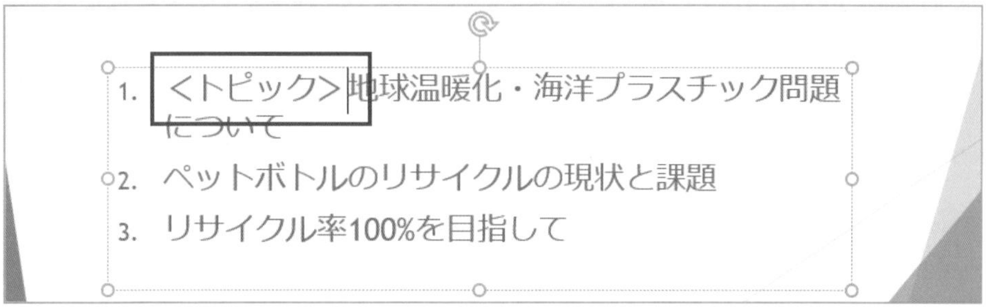
1. ＜トピック＞地球温暖化・海洋プラスチック問題について
2. ペットボトルのリサイクルの現状と課題
3. リサイクル率100%を目指して

3 Enter キーを押して改行します。

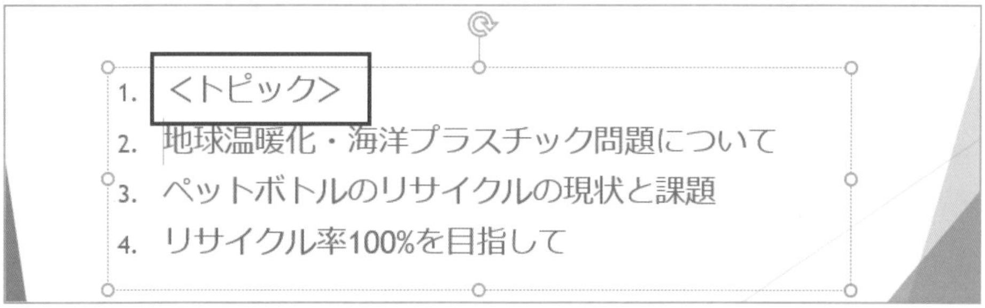
1. ＜トピック＞
2. 地球温暖化・海洋プラスチック問題について
3. ペットボトルのリサイクルの現状と課題
4. リサイクル率100%を目指して

"＜トピック＞"の先頭にも段落の番号が設定されます。

4 箇条書きを解除したい“トピック”の段落をドラッグして範囲選択します。

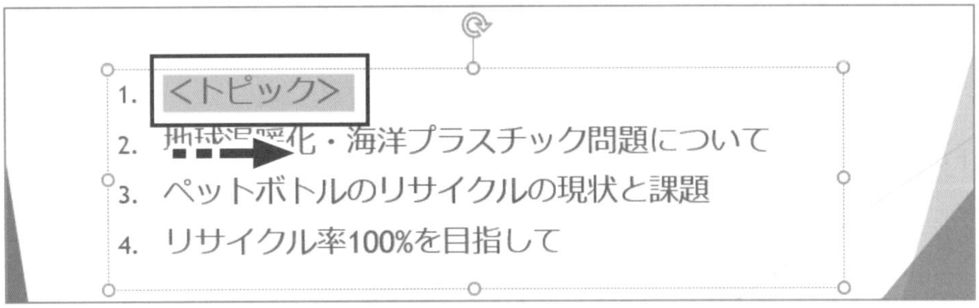

“＜トピック＞”の段落内にカーソルがあるだけの状態でもかまいません。

5 ［ホーム］タブの［段落番号］ボタンのアイコンをクリックします。

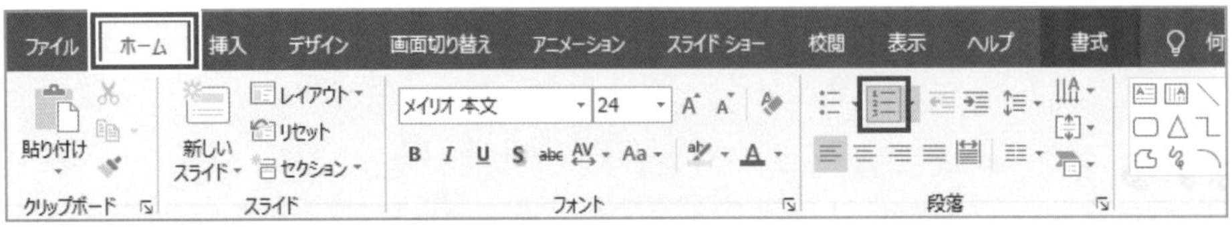

▼ではなくアイコンをクリックします。

→ 選択した段落の箇条書きを解除できました。

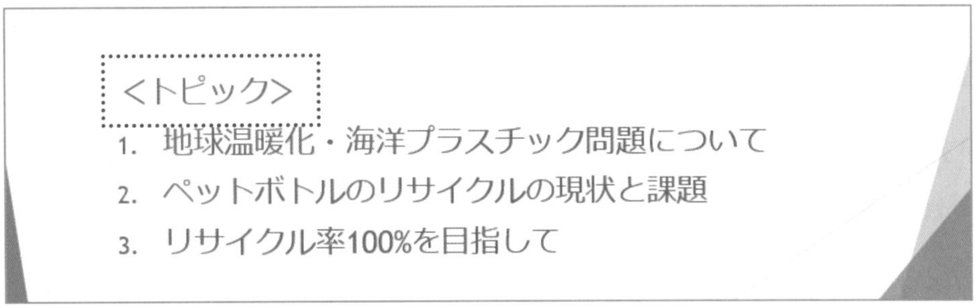

解除した段落の次の段落から番号が始まるように自動的に振り直されます。

LESSON 5 行揃えを変更する

プレースホルダーにはあらかじめ左揃え、中央揃え、右揃えなどの行揃えの設定がされていますが変更することも可能です。これらの設定は段落ごとに行うことができるので、同じプレースホルダーやテキストボックスの中でも、段落によって左揃えにしたり、右揃えにしたりと混在することが可能です。

STEP プレースホルダー内の行揃えを変更する

1 スライドサムネイルのスライド1をクリックして選択します。

2 下図のようにプレースホルダーの文字列をドラッグして範囲選択します。

プレースホルダーの枠線をクリックして、プレースホルダー全体を選択してもかまいません。

3 ［ホーム］タブの［左揃え］ボタンをクリックします。

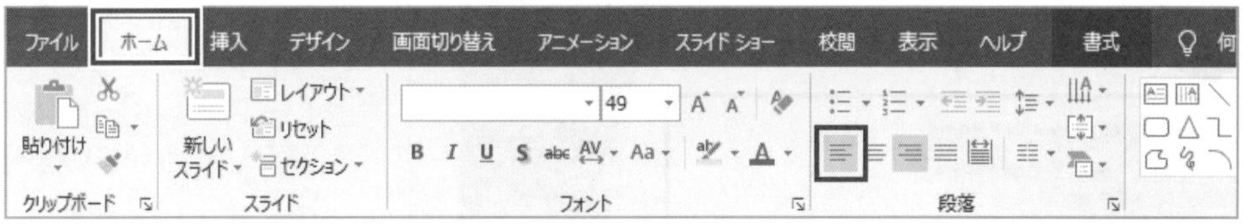

→ 選択していたプレースホルダーの文字列が左揃えになりました。

LESSON 6 行間や段落の間隔を調整する

行間の設定を変更すると選択範囲内の各行の間隔を調整できます。

段落の間隔は、段落の上下の余白を調整するための操作です。PowerPoint では Enter キーを押して改行した位置が段落の区切りとなります。その上下に間隔を設けたいときに使用するのが**段落前**、**段落後**の機能です。

なお、行間の設定と段落の間隔の設定を合わせて行うことも可能です。

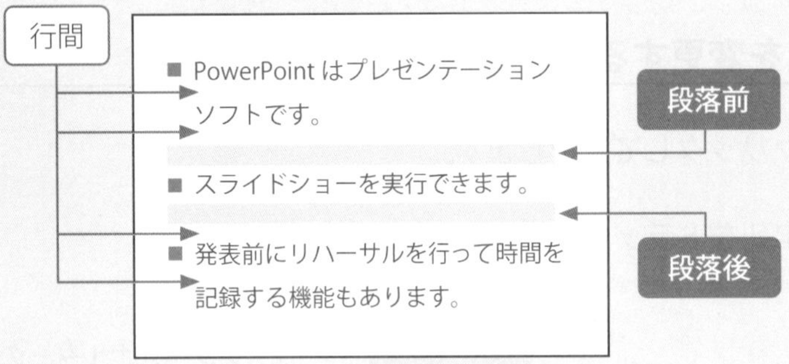

STEP 箇条書きの行間を 1.2 倍に設定する

1 スライドサムネイルのスライド 4 をクリックして選択します。

2 下図のようにプレースホルダーの文字列をドラッグして範囲選択します。

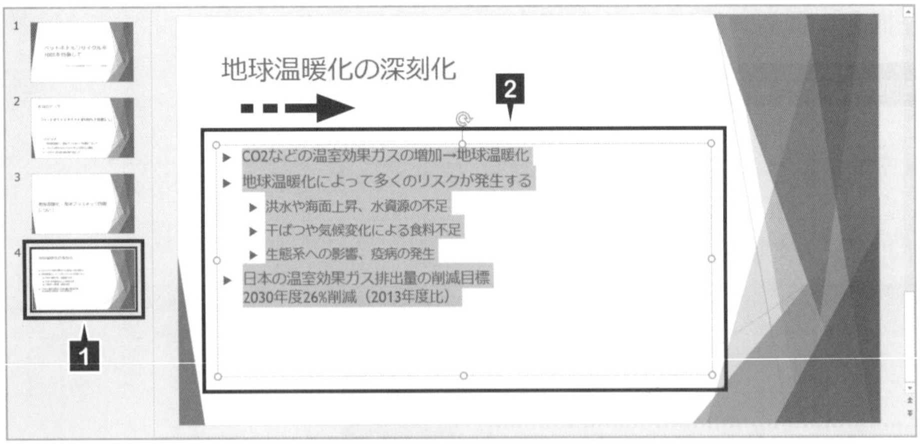

プレースホルダーの枠線をクリックして、プレースホルダー全体を選択してもかまいません。

3 ［ホーム］タブの［行間］ボタンをクリックします。

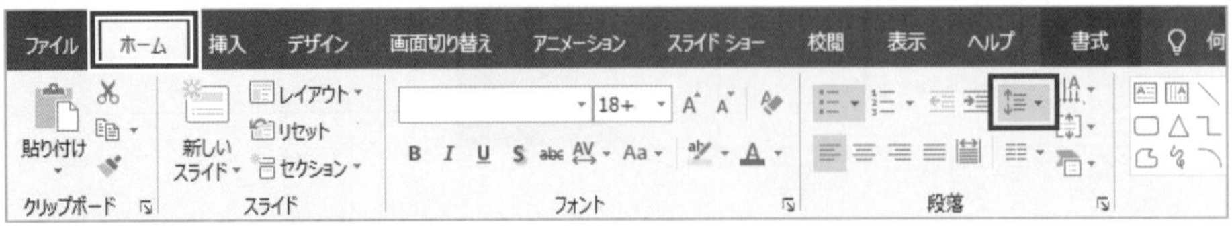

→ 行間の一覧が表示されます。

4 一覧から［行間のオプション］をクリックします。

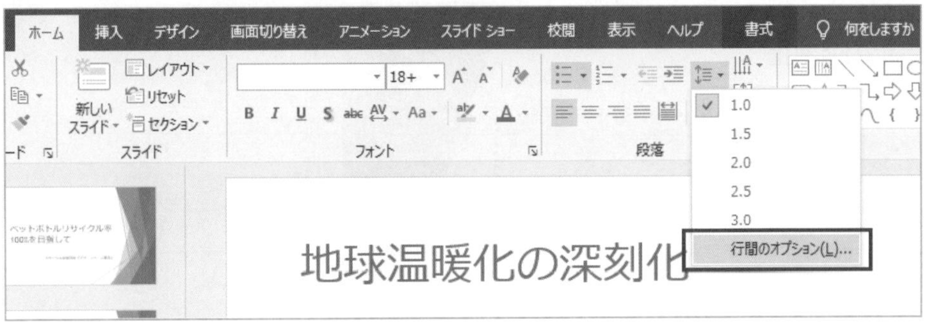

→［段落］ダイアログボックスが表示されます。

5 ［行間］ボックスの ⌄ をクリックします。

6 ［倍数］をクリックします。

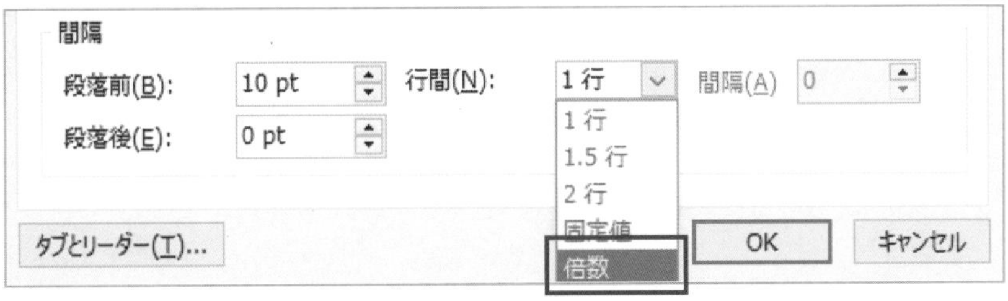

7 ［間隔］ボックス内をクリックして［1.2］と入力します。

8 ［OK］をクリックします。

▲、▼をクリックして設定すると"0.5"ずつ変化します。

→ 箇条書きの行間を 1.2 倍に変更できました。

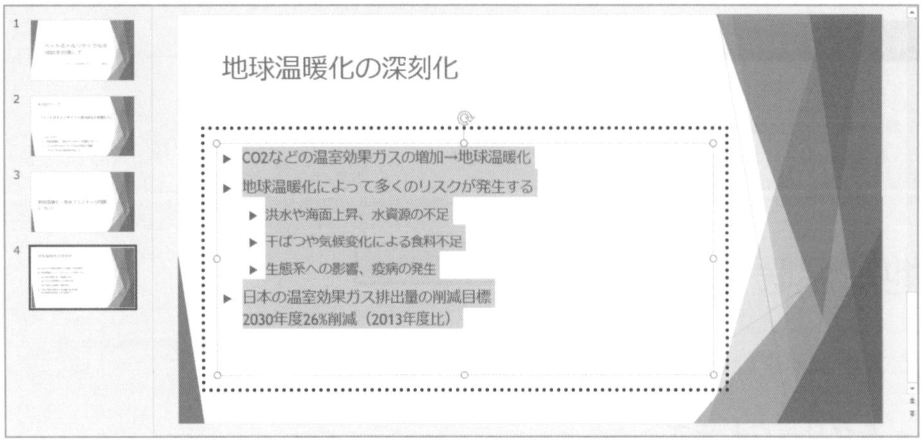
地球温暖化の深刻化
CO2などの温室効果ガスの増加→地球温暖化
地球温暖化によって多くのリスクが発生する
洪水や海面上昇、水資源の不足
干ばつや気候変化による食料不足
生態系への影響、疫病の発生
日本の温室効果ガス排出量の削減目標
2030年度26%削減（2013年度比）

One Point 倍数と固定値の違い

［段落］ダイアログボックスの［行間］ボックスの［倍数］は現在のフォントサイズ（文字の高さ）を基準に行間が設定されます。一方、［固定値］は pt（ポイント）で行間を指定するため、文字のサイズにかかわらず常に固定の行間を指定できます。ただし、指定した行間のサイズがフォントサイズを下回った場合は上の行と下の行が重なってしまうため注意が必要です。

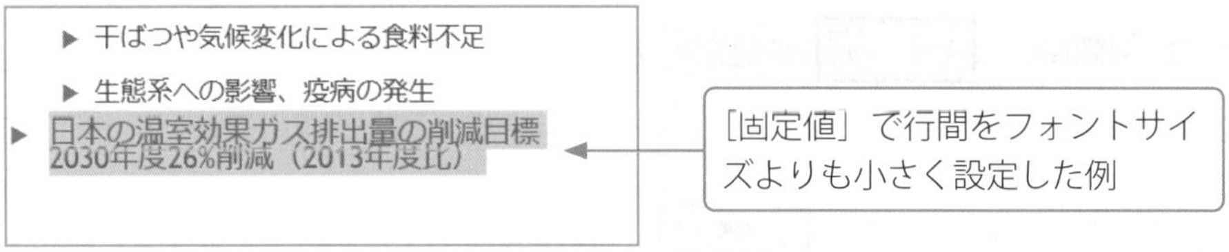
干ばつや気候変化による食料不足
生態系への影響、疫病の発生
日本の温室効果ガス排出量の削減目標
2030年度26%削減（2013年度比）
［固定値］で行間をフォントサイズよりも小さく設定した例

STEP 段落の前後の間隔を調整する

1 下図のようにプレースホルダーの文字列をドラッグして範囲選択します。

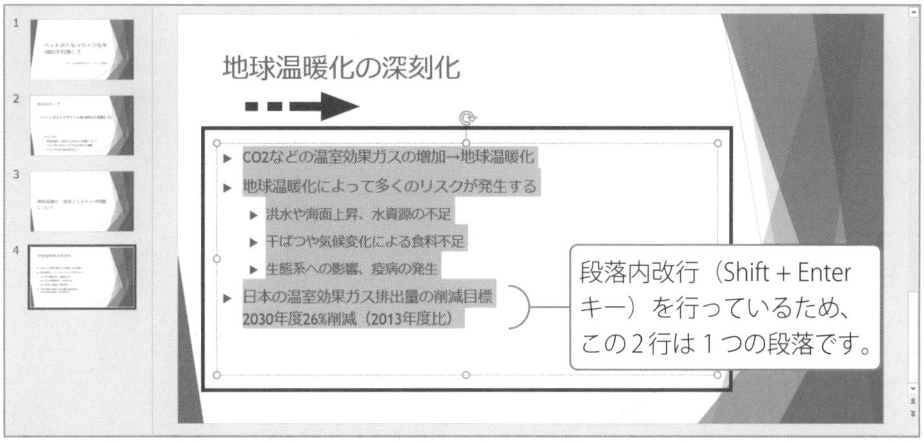

段落内改行の操作は P.53 を参照してください。

2 ［ホーム］タブの［行間］ボタンをクリックして、一覧から［行間のオプション］をクリックします。

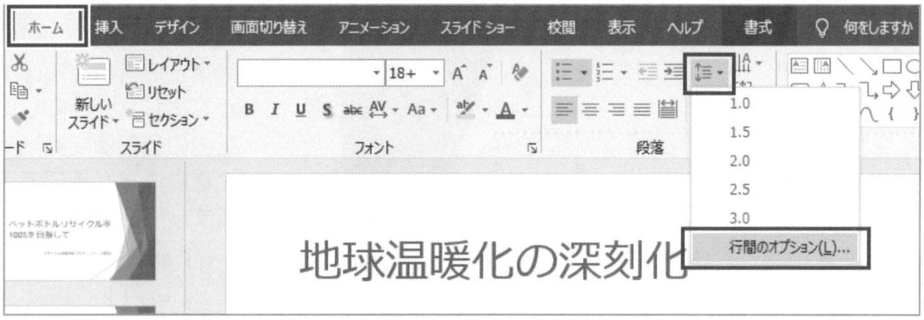

→［段落］ダイアログボックスが表示されます。

3 ［段落前］ボックスの▲をクリックします。

→ 数値が 12pt に変わります。

4 もう一度、［段落前］ボックスの▲をクリックします。

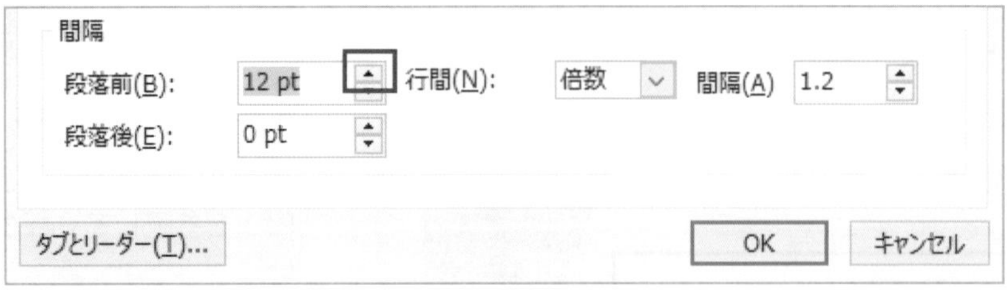

→ 数値が 18pt に変わります。

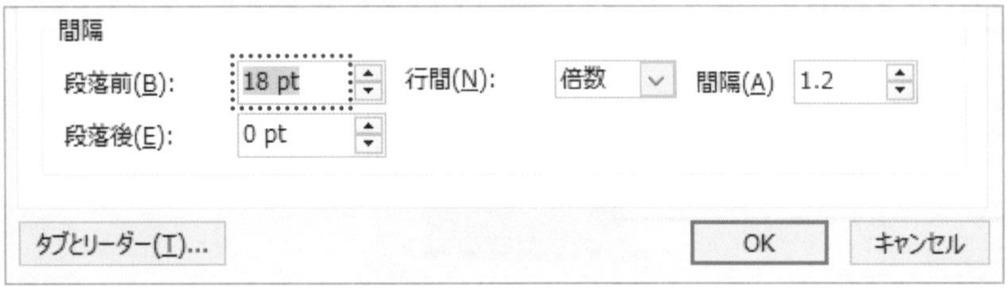

5 ［OK］をクリックします。

段落と段落の間隔は広がりましたが、同じ段落内の行間は変わっていないことが確認できます。

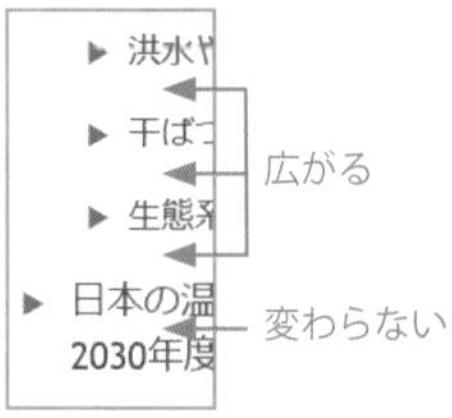

→ 段落前の間隔を 18pt に変更できました。

6 クイックアクセスツールバーの［上書き保存］ボタンをクリックします。

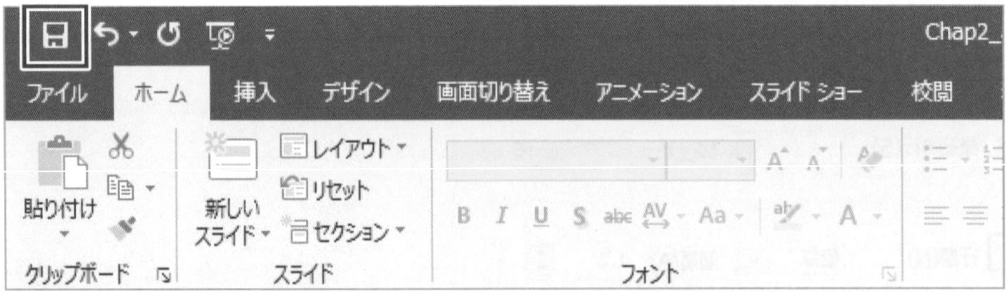

［上書き保存］ボタンをクリックすることで、最新の状態のファイルが保存されます。

7 ファイル「ペットボトルリサイクル」を閉じます。

学習のまとめ　CHAPTER 2 章末練習問題

【章末練習問題 1】新規プレゼンテーションの作成

1 PowerPoint を起動して新しいプレゼンテーションを作成しましょう。

2 テーマ "パーセル" を適用しましょう。

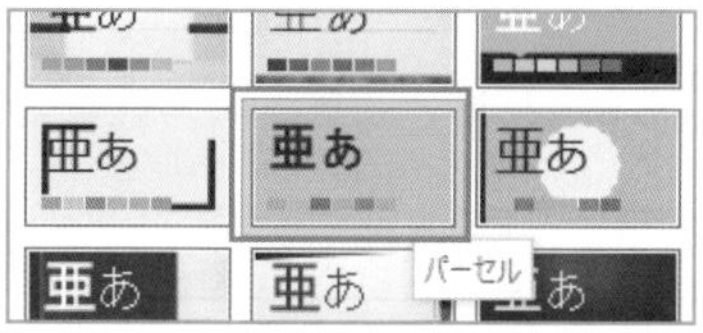

※テーマの一覧に "パーセル" がない場合は別のテーマで代用してください。

3 配色のバリエーションを "緑" に変更しましょう。

4 フォントのバリエーションを "Century Gothic" に変更しましょう。

※同じフォントがない場合は別のフォントで代用してください。

5 スライド全体（マスターテキスト）の文字のサイズを 1 段階拡大しましょう。操作後、スライドマスターを閉じましょう。

6 スライド 1 の "タイトルを入力" のプレースホルダーに「コワーキングスペース（改行）「UP」のご案内」と入力しましょう。

7 スライド 1 の "サブタイトルを入力" のプレースホルダーに「地域のビジネス発展の拠点を目指して（改行）（改行）株式会社 Follow-up 代表：宮本 亮太」と入力しましょう。

8 スライド 1 の後に "タイトルとコンテンツ" のレイアウトのスライドを追加しましょう。

9 スライド 2 の "タイトルを入力" のプレースホルダーに「本日の内容」と入力しましょう。

10 スライド 2 の後に "セクション見出し" のレイアウトのスライドを追加しましょう。

11 スライド3の後に"セクション見出し"のレイアウトのスライドを追加しましょう。さらにスライド4の後にも"セクション見出し"レイアウトのスライドを追加しましょう。

12 スライド3の後に"タイトルとコンテンツ"のレイアウトのスライドを追加しましょう。追加したスライドの"タイトルを入力"のプレースホルダーに「コワーキングスペースについて」と入力しましょう。

13 ファイルに「Chap2_コワーキングスペースのご案内_問題1完成」と名前を付けて保存して閉じましょう。

<完成例>

スライド1

スライド2

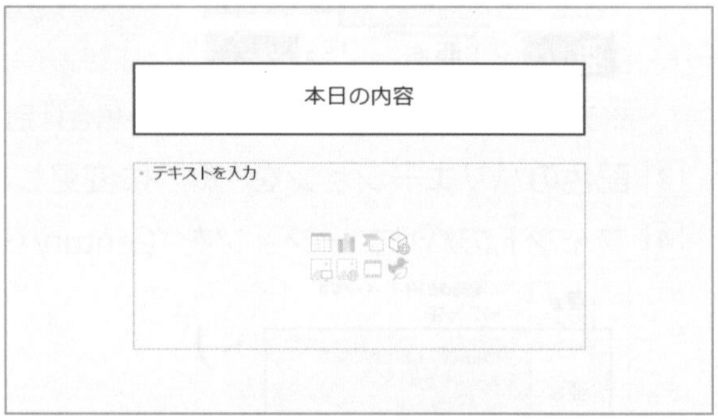

スライド3

スライド4

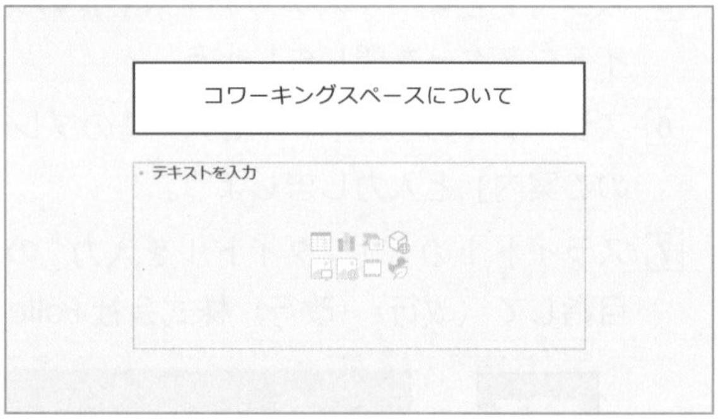

スライド5

スライド6

【章末練習問題 2】プレースホルダーの操作と書式設定

スクール _PowerPoint 2019 ▶ CHAPTER2 ▶ 章末練習問題 ▶ P 「Chap2_ コワーキングスペースのご案内 _ 問題 2」

1 ファイル「Chap2_ コワーキングスペースのご案内 _ 問題 2」を開きましょう。

2 スライド 2 の " テキストを入力 " のプレースホルダーに「コワーキングスペースとは（改行）UP のご紹介（改行）私たちの目標」と入力しましょう。

3 文字を入力したプレースホルダーのサイズと位置を以下のように調整しましょう。

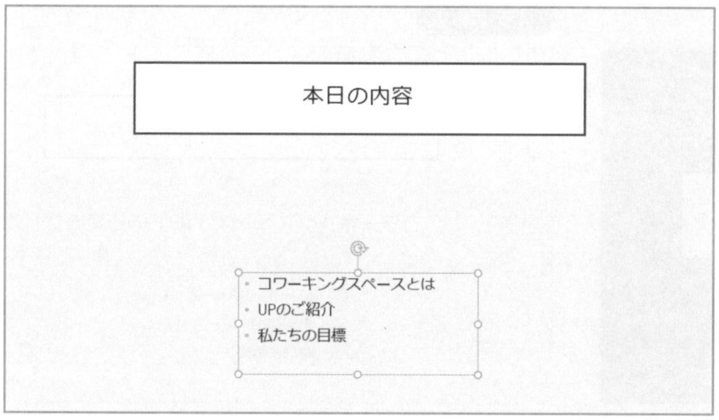
本日の内容
コワーキングスペースとは
UPのご紹介
私たちの目標

4 入力した文字列を箇条書き " ①②③ " に変更しましょう。また、行間を " 倍数：1.4" に変更しましょう。

5 スライド 4 のそれぞれのプレースホルダーに以下のように入力しましょう。
※第 2 レベルの箇条書きの箇所と箇条書きの途中で改行している箇所に気を付けて入力してください。

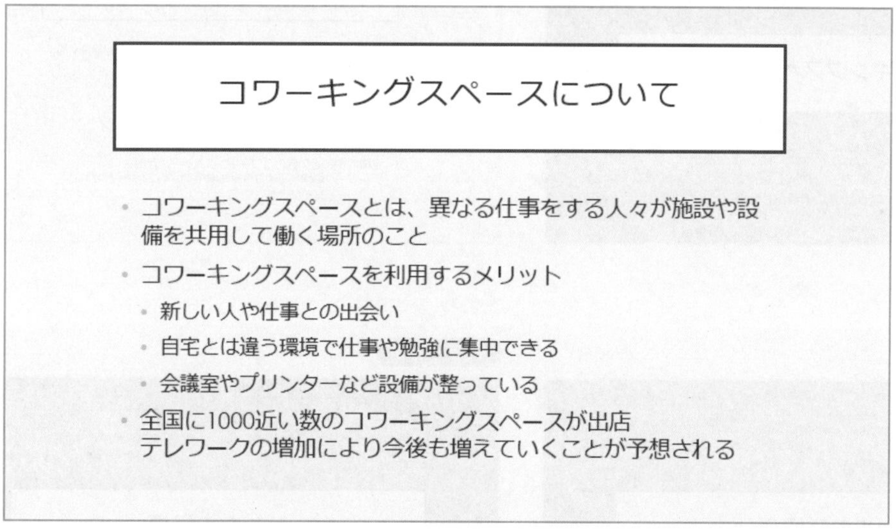
コワーキングスペースについて
コワーキングスペースとは、異なる仕事をする人々が施設や設備を共用して働く場所のこと
コワーキングスペースを利用するメリット
新しい人や仕事との出会い
自宅とは違う環境で仕事や勉強に集中できる
会議室やプリンターなど設備が整っている
全国に1000近い数のコワーキングスペースが出店
テレワークの増加により今後も増えていくことが予想される

6 スライド 2 にテキストボックスを挿入し、「コワーキングスペース「UP」のご案内」と入力しましょう。

7 テキストボックスに入力した文字のサイズを "32pt" に設定しましょう。また、文字の色を " ライム、アクセント 2" に変更して、完成例を参考に位置を調整しましょう。

8 スライド 2 の「コワーキングスペースとは」、「UP のご紹介」、「私たちの目標」の文字列を、完成例を参考にそれぞれスライド 3、5、6 の“タイトルを入力”のプレースホルダーにコピーして貼り付けましょう。

※余分な改行まで貼り付いてしまった場合は改行を削除してください。

9 ファイルに「Chap2_ コワーキングスペースのご案内 _ 問題 2 完成」と名前を付けて保存して閉じましょう。

＜完成例＞

スライド 1

コワーキングスペース
「UP」のご案内
地域のビジネス発展の拠点を目指して
株式会社Follow-up 代表：宮本 亮太

スライド 2

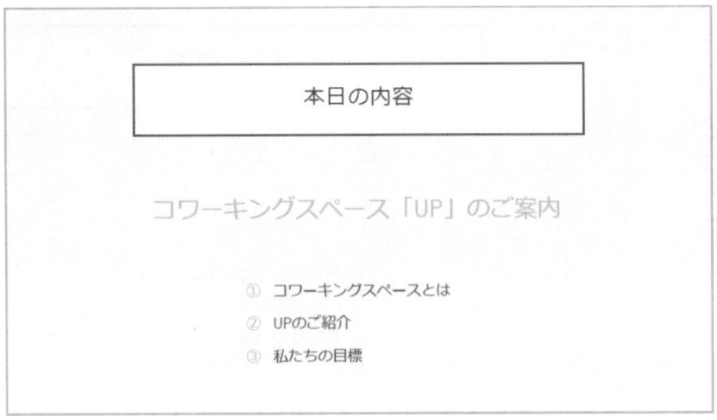

本日の内容
コワーキングスペース「UP」のご案内
① コワーキングスペースとは
② UPのご紹介
③ 私たちの目標

スライド 3

コワーキングスペースとは
テキストを入力

スライド 4

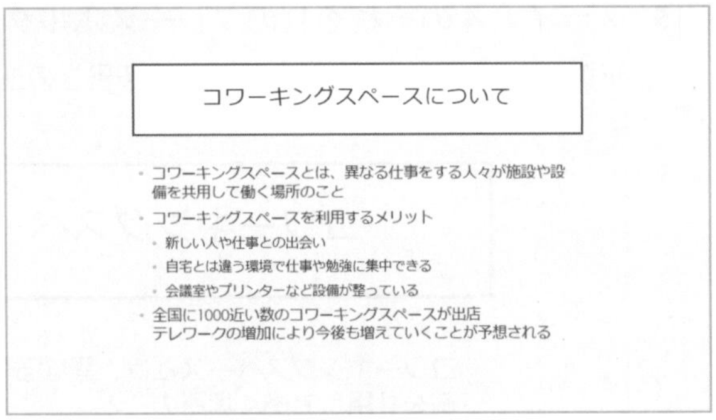

コワーキングスペースについて
コワーキングスペースとは、異なる仕事をする人々が施設や設備を共用して働く場所のこと
コワーキングスペースを利用するメリット
新しい人や仕事との出会い
自宅とは違う環境で仕事や勉強に集中できる
会議室やプリンターなど設備が整っている
全国に1000近い数のコワーキングスペースが出店
テレワークの増加により今後も増えていくことが予想される

スライド 5

UPのご紹介
テキストを入力

スライド 6

私たちの目標
テキストを入力

CHAPTER 3

スライドに表やグラフを挿入する

CHAPTER3 では、スライドに表やグラフを挿入する方法を学習します。
表やグラフを用いると、情報をまとめたり比較したりすることが視覚的に分かりやすくなるためプレゼンテーションではよく使用されます。

3-1 スライドに表を挿入する

情報（データ）をまとめるときや比較したいときは、表を利用すると分かりやすくなります。線や色で区切られたマス目に情報が整列するので非常に見やすいスライドに仕上がります。

表と箇条書きの比較

プレゼンテーションでは情報を簡潔に分かりやすく見せることが重要です。箇条書きもその方法の1つですが、次のような情報の場合は箇条書きにしても分かりやすいとはいえません。

リサイクル後の用途

- ▶ペットボトル　……　74.2 トン　構成比 24.3%
- ▶シート（食品用トレイ、工業用トレイなど）　……　132.6 トン　構成比 43.5%
- ▶繊維（衣類、インテリアなど）　……　63.1 トン　構成比 20.7%
- ▶成形品（回収ボックス、建材、ごみ袋など）　……　6.9 トン　構成比 2.3%
- ▶輸出向けペレット　……　28.1 トン　構成比 9.2%
- ▶その他（添加材、塗料用、フィルムなど）　……　0.04 トン　構成比 0.01%

このような情報は表にまとめることで見やすくなります。

リサイクル後の用途

製品	利用量（千トン）	構成比
ペットボトル	74.2	24.3%
シート（食品用トレイ、工業用トレイなど）	132.6	43.5%
繊維（衣類、インテリアなど）	63.1	20.7%
成形品（回収ボックス、建材、ごみ袋など）	6.9	2.3%
輸出向けペレット	28.1	9.2%
その他（添加材、塗料用、フィルムなど）	0.04	0.01%

情報の出典（引用元）の表記

スライドで使用する情報は主観的なものでなく誰もが納得できる客観的なものが望ましいです。これは表に限ったことではなく、スライドで使用した情報が客観的根拠に基づくものであることを参加者に理解してもらうために、その情報の出典（引用元）をスライド内に表記するか、口頭で述べるようにしましょう。

LESSON 1 表を挿入する

表は行と列で構成されています。また、それらで区切られたマス目のことをセルといいます。

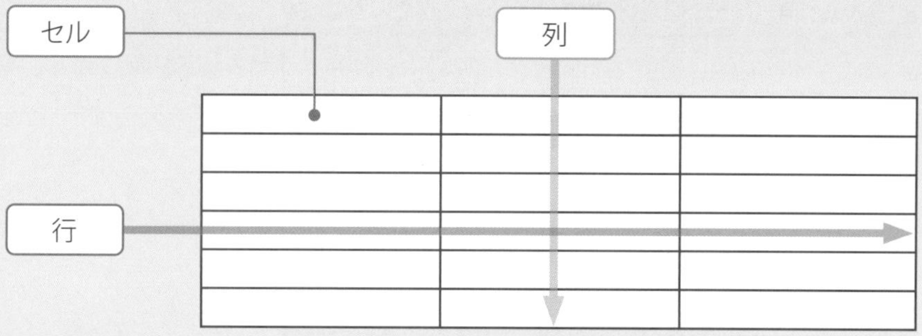

表を挿入するときは、最初に必要な行数と列数を指定してベースとなる表を作成します。ここでは6行3列の表をベースとして挿入し、そこから完成形に近づけていきます。

STEP 6行3列の表をスライドに挿入する

実習用データを開く：スクール _PowerPoint 2019 ▶ CHAPTER3 ▶ 「Chap3_ ペットボトルリサイクル」

1 スライドサムネイルのスライド8をクリックして選択します。

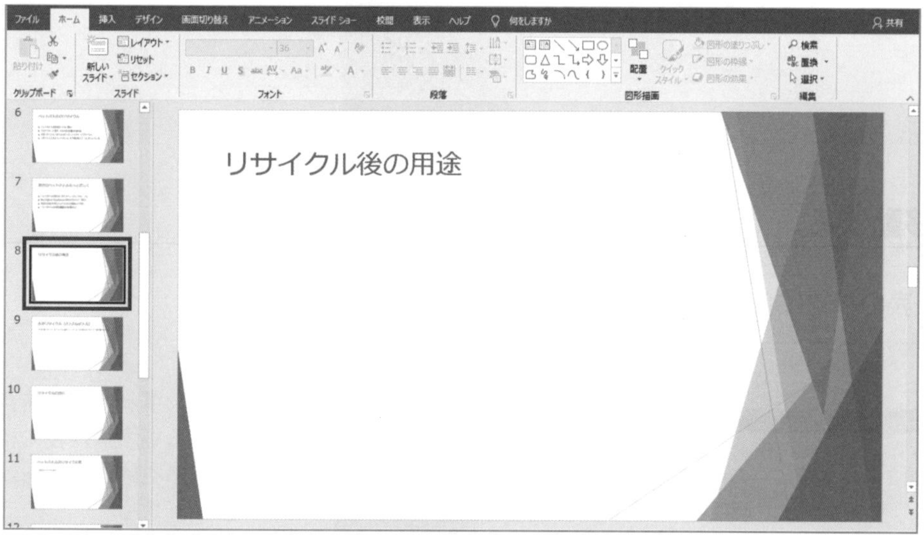

実習用データはインターネットからダウンロードできます。詳細は本書のP.（4）に記載されています。

スライド8は“タイトルのみ”のレイアウトになっています。

2 ［挿入］タブの［表］ボタンをクリックします。

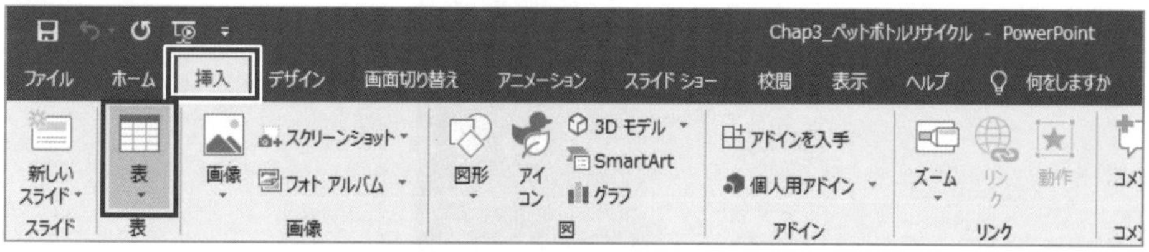

→ 表を挿入するための格子状のマスが表示されます。

3 ［6 行 × 3 列］となる位置のマスをクリックします。

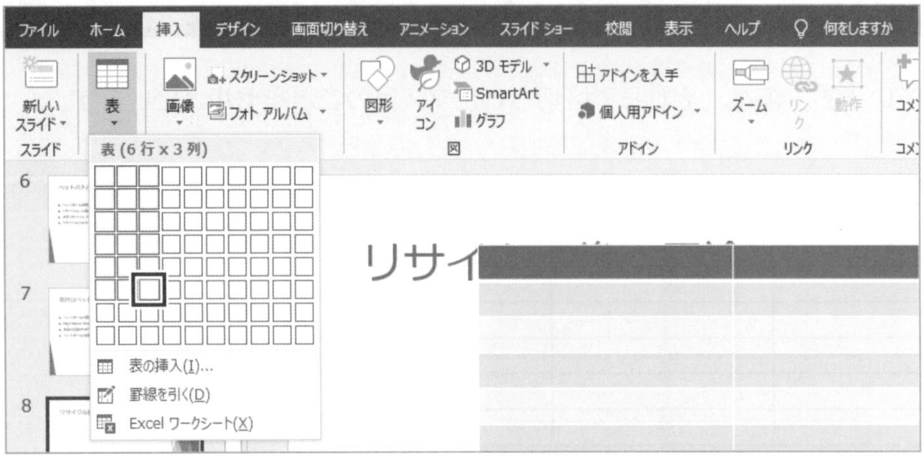

→ 6 行 3 列の表を挿入できました。

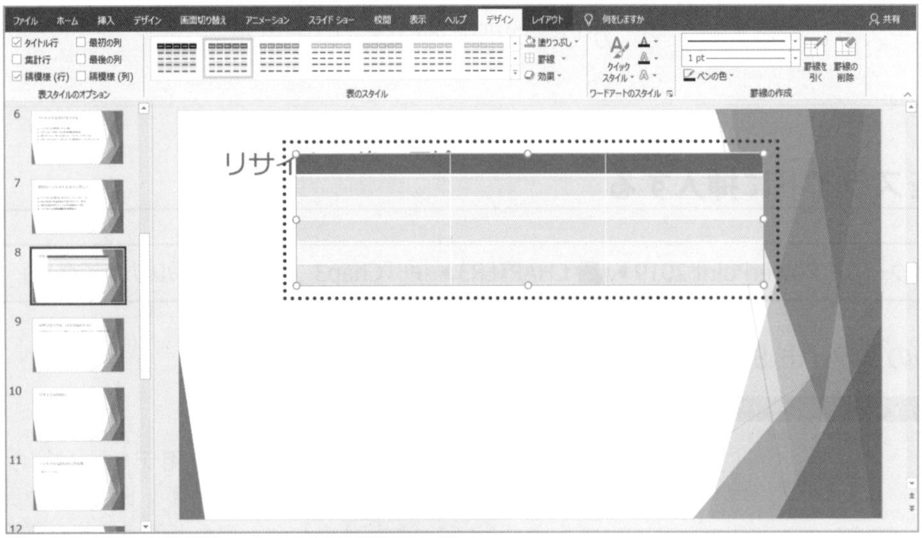

表は自分の思い通りの位置に挿入されるとは限りません。そのため挿入後には表の移動の操作が必要になります。

STEP 挿入した表を移動する

1 マウスポインターを表の枠線に合わせます。

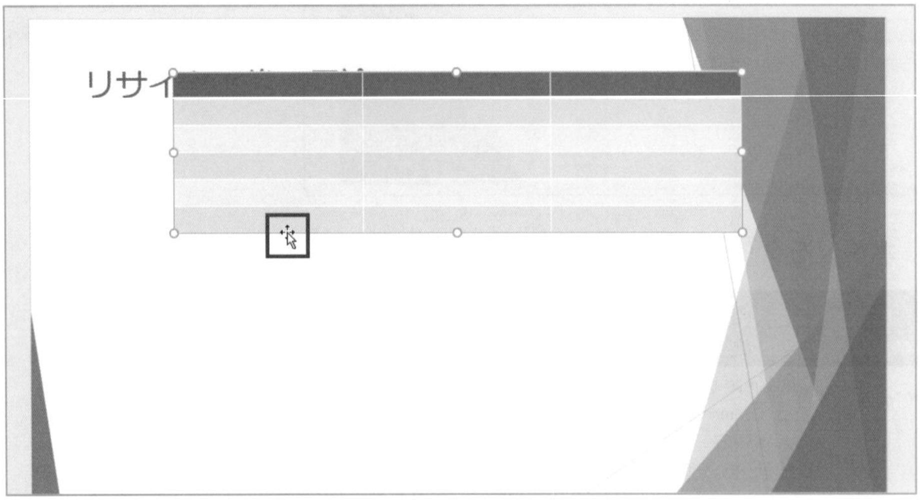

マウスポインターを合わせる場所は、表の枠線であればどこでもかまいません。

→ マウスポインターの形が ✥ に変わります。

2 下図のように移動したい位置までドラッグします。

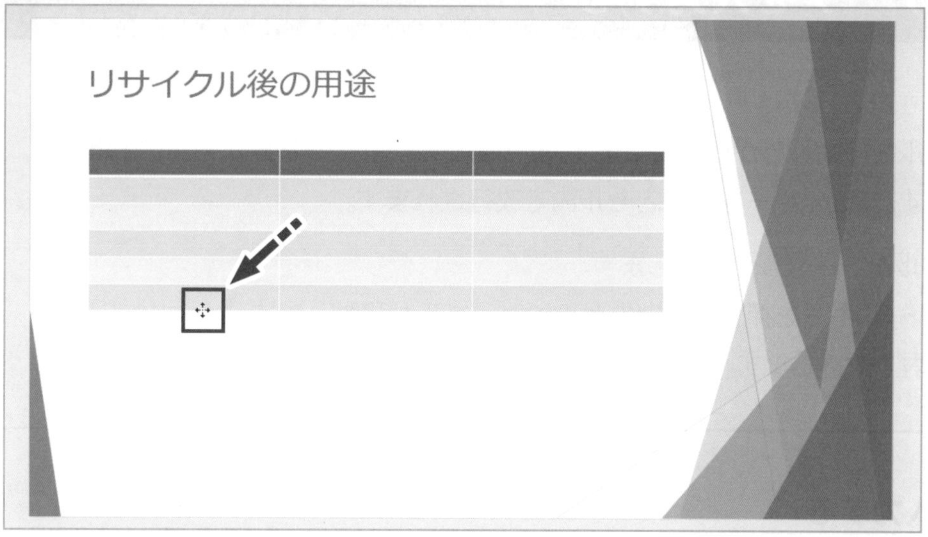

→ 表を移動できました。

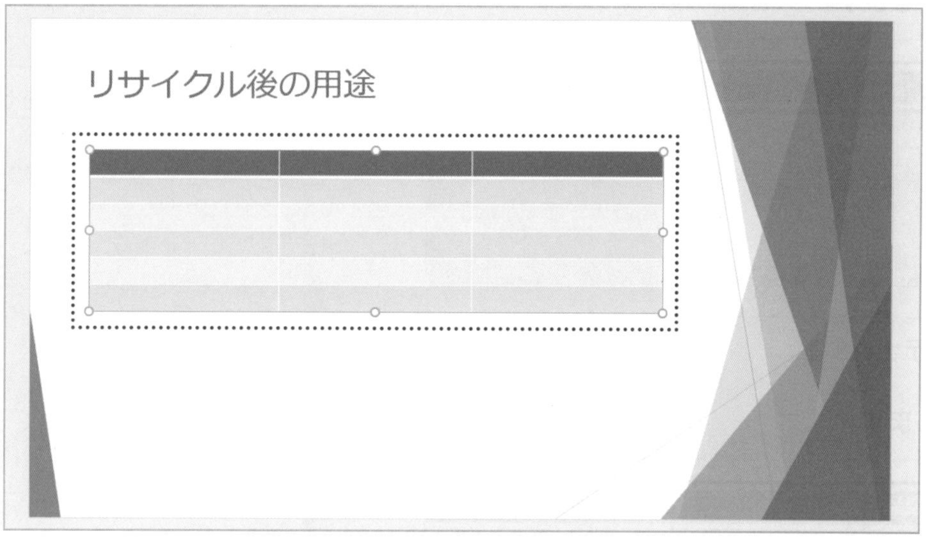

OnePoint その他の方法で表を挿入するには

本書ではスライドのレイアウトの種類を問わず表を挿入できる操作を紹介していますが、スライドのレイアウトが"タイトルとコンテンツ"や"2 つのコンテンツ"などの場合は、ここで紹介した操作よりももっと簡単に表を挿入することができます。それらのレイアウトにはプレースホルダー内に表を挿入するためのアイコンが用意されており、これをクリックするだけで簡単に表を挿入できます。

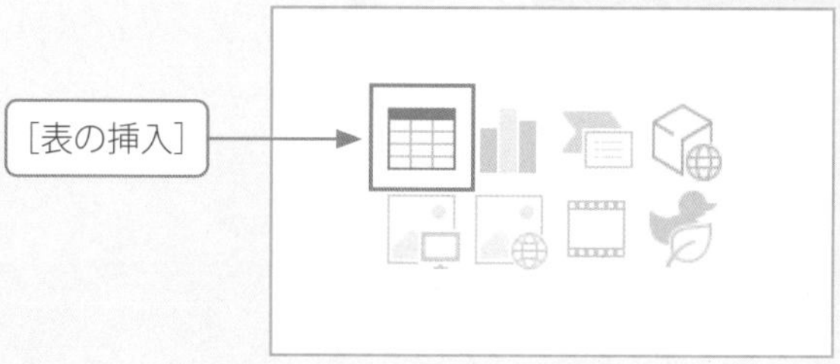

LESSON 2 表にデータを入力する

ベースとなる表が挿入されたら次はデータを入力します。表内にデータを入力するときは、入力したいセルにカーソルを移動してから入力します。セル間でカーソルを移動するには**Tab**キーや方向キーを使用します。Enterキーを押すとセル内で改行されます。

- Tabキー …… 右のセルにカーソルが移動します。
- 方向キー（←↑↓→）…… キーを押した方向のセルにカーソルが移動します。
- Enterキー …… セル内で改行します。

STEP 表にデータを入力する

1 表のセルをクリックします。

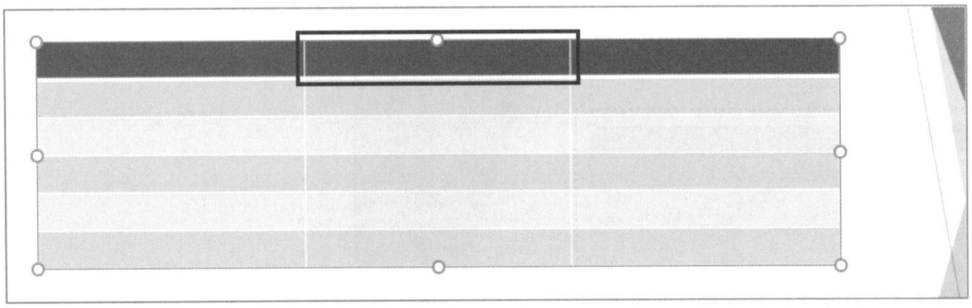

表のマス目のことをセルといいます。

→ セル内にカーソルが表示されます。

2 下図のように入力します。

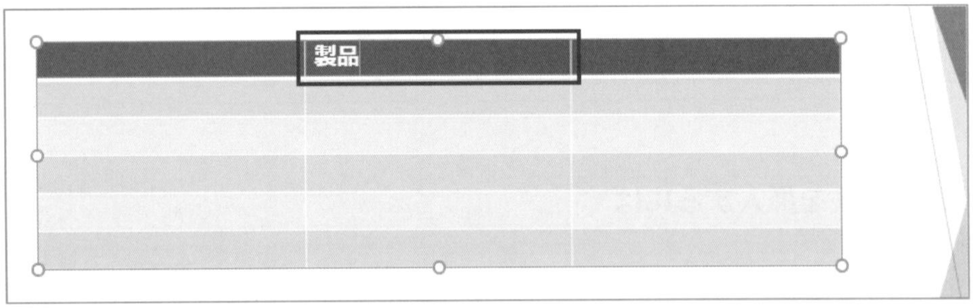

3 Tabキーまたは→キーを押します。

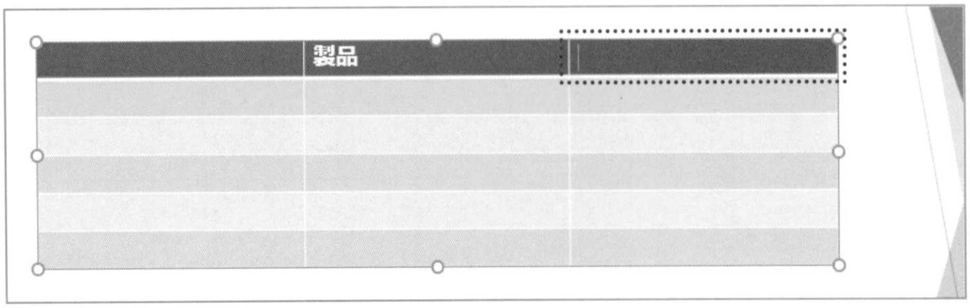

→ 右隣のセルにカーソルが移動します。

4 下図のように入力します。

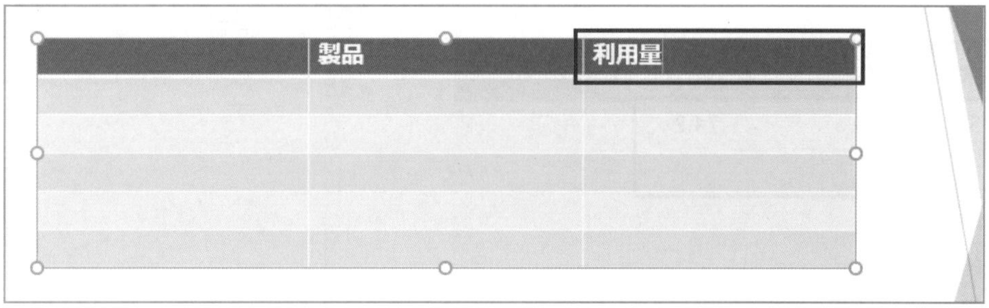

5 Enter キーを押します。

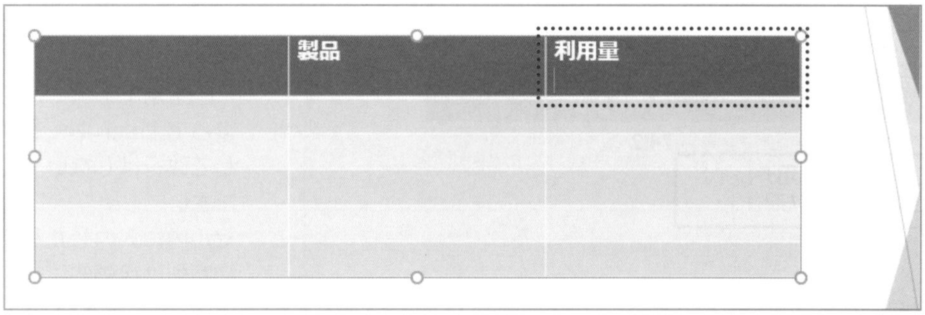

→ セル内で改行されます。

余分に改行してしまった場合は、Backspaceキーを押して改行を削除します。

6 下図のように入力します。

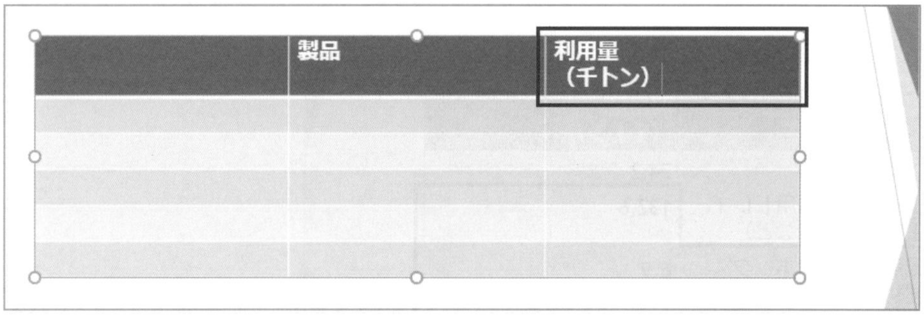

7 Tab キーまたは→キーを押します。

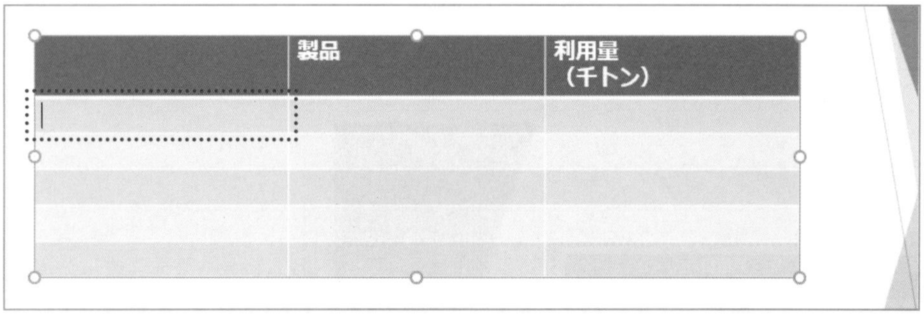

→ 1 行下の左端のセルにカーソルが移動します。

8 下図のように入力します。

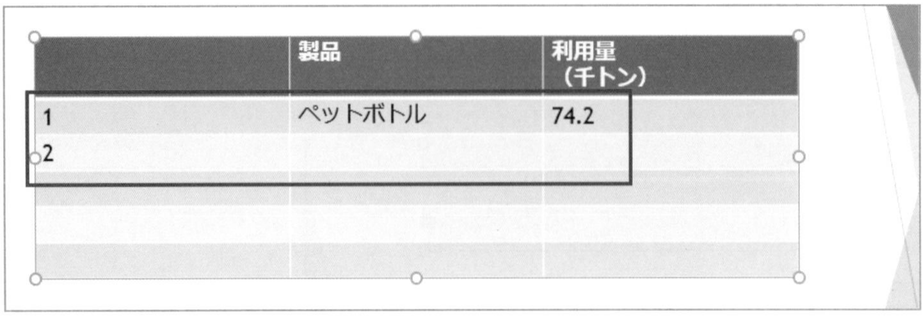

数字は半角で入力します。

9 下図のようにセル内に 2 行の文字列を入力します。

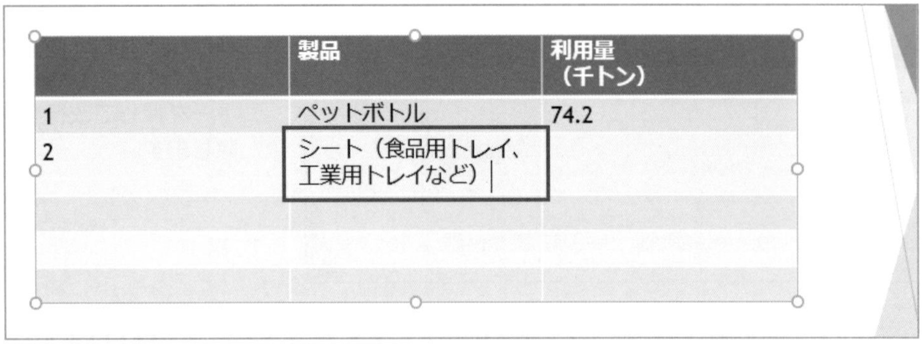

製品
利用量
（千トン）
1
ペットボトル
74.2
2
シート（食品用トレイ、
工業用トレイなど）

“ 食品用トレイ、” の後ろで Enter キーを押して改行はしないでください。
セル内に入力した長い文字列は自動的に折り返されていきます。

→ 入力した文字列に合わせて、表の行の高さが自動的に変更されます。

10 下図のように入力します。

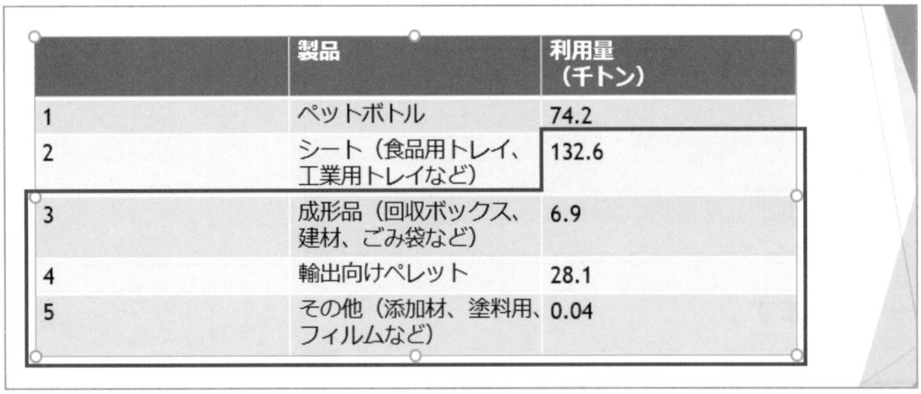

→ 表にデータを入力できました。

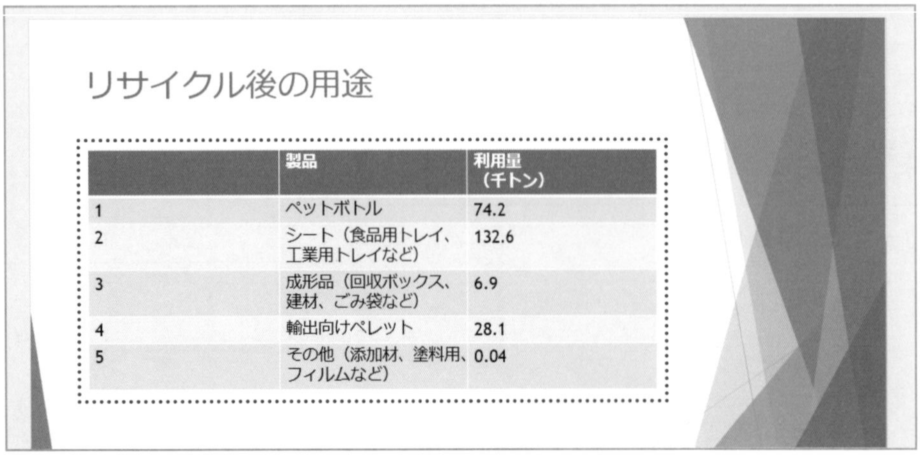

LESSON 3 表の形を整える

表を作成している途中で行や列が足りなくなったり、余ってしまったりすることもあります。その場合は簡単に行や列を追加したり削除したりすることができます。
また、セルに文字列が収まらないような場合、列の境界線上で左右にドラッグして列幅を調整することで簡単にセル内に文字列を収めることができます。

STEP 表に列を挿入する

1 3列目のセル内をクリックします。

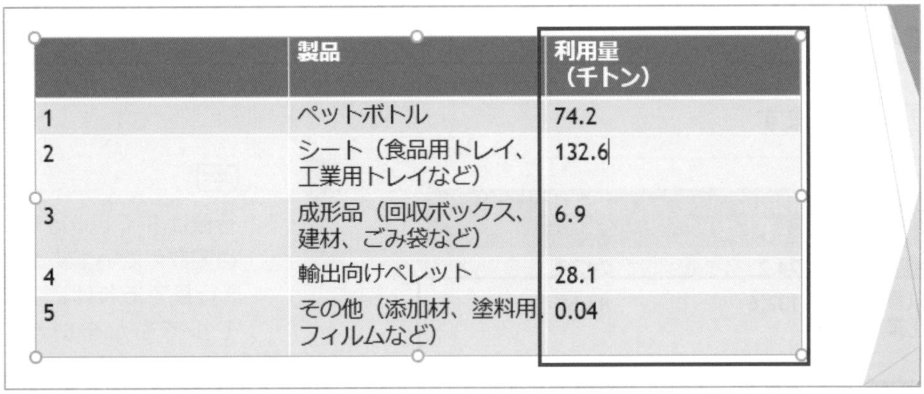

3列目であれば、どのセルでもかまいません。

→ カーソルが表示されます。

2 ［表ツール］の［レイアウト］タブの［右に列を挿入］ボタンをクリックします。

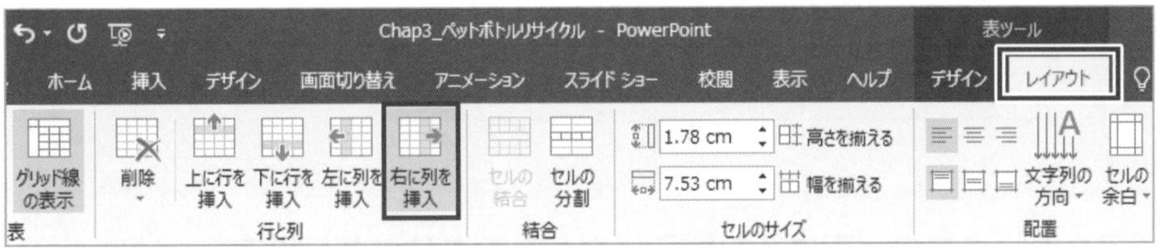

→ 3列目の右側に新しい列が1列挿入されました。

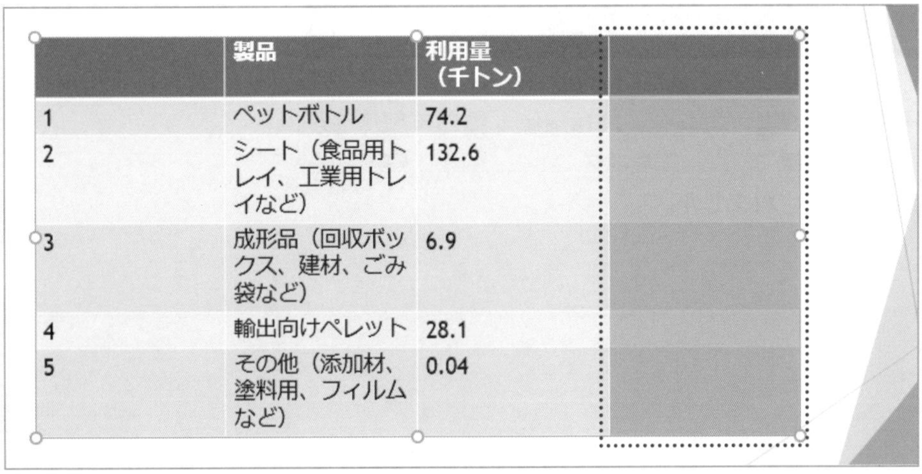

新しい列が挿入されたことで他の列の幅は狭くなります。表全体の幅は変わりません。

3 下図のように挿入した列にデータを入力します。

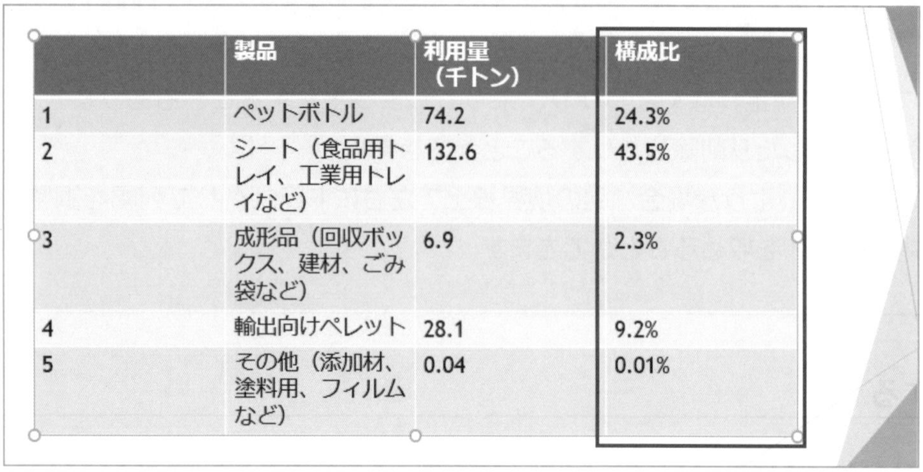

STEP 表に行を挿入する

1 3 行目のセル内をクリックします。

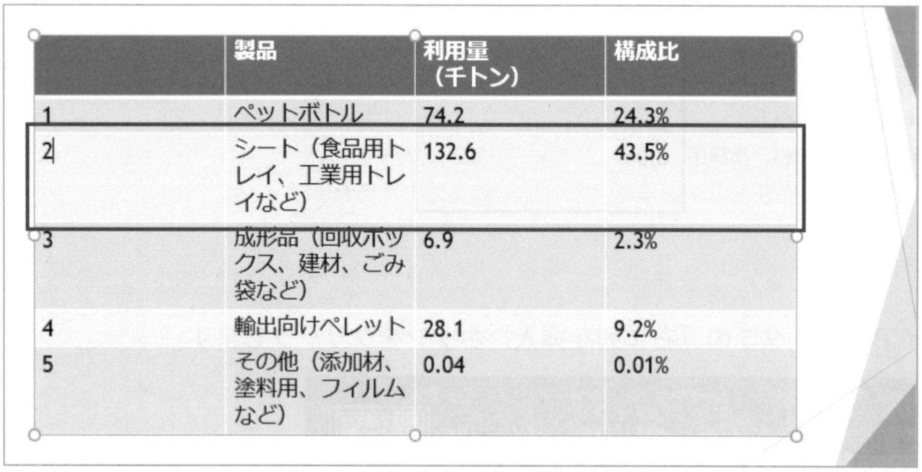

行数はタイトル行も含めて数えています。3 行目であれば、どのセルでもかまいません。

→ カーソルが表示されます。

2 ［表ツール］の［レイアウト］タブの［下に行を挿入］ボタンをクリックします。

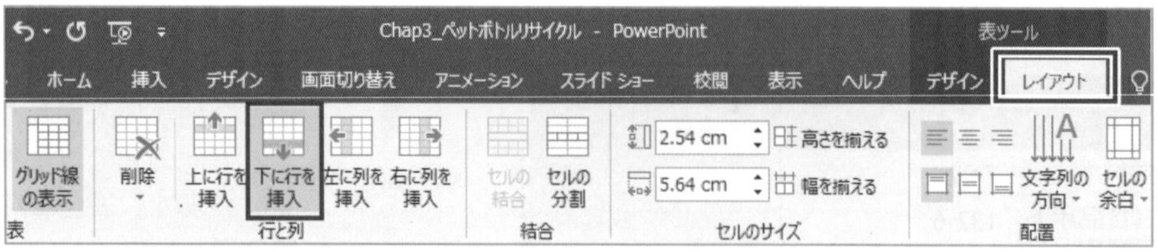

→ 3 行目の下に新しい行が 1 行挿入されました。

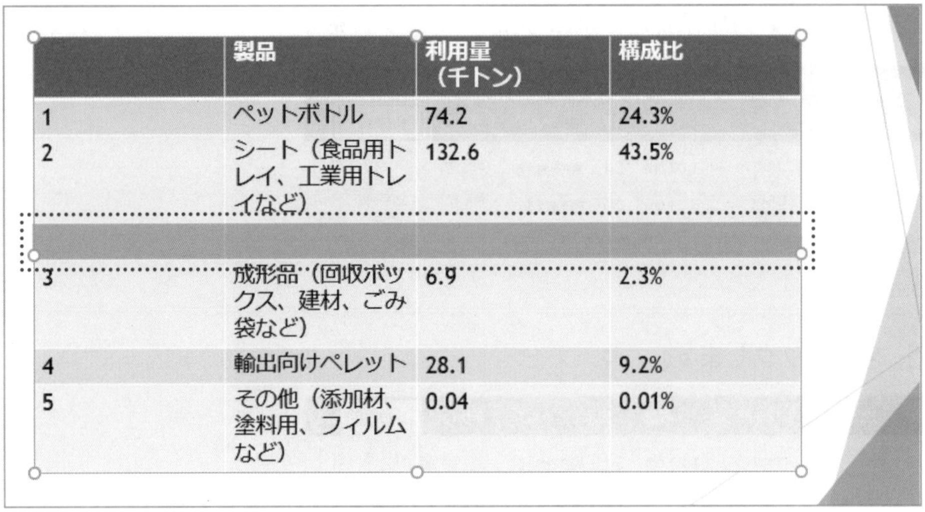

列の挿入時とは違い、新しい行が挿入されたことで表全体の高さが変わります。

3 下図のように挿入した行にデータを入力します。

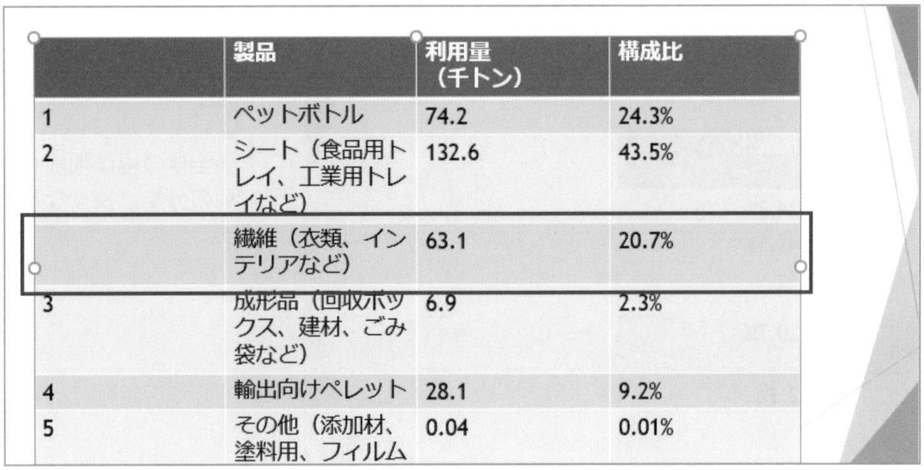

STEP 表の列を削除する

1 1列目のセル内をクリックします。

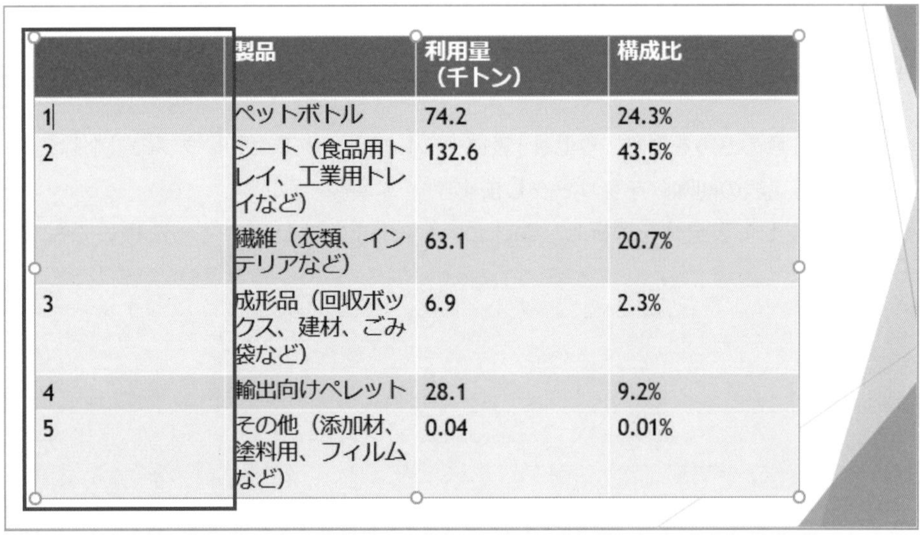

1列目であれば、どのセルでもかまいません。

→ カーソルが表示されます。

2 ［表ツール］の［レイアウト］タブの［削除］ボタンをクリックします。

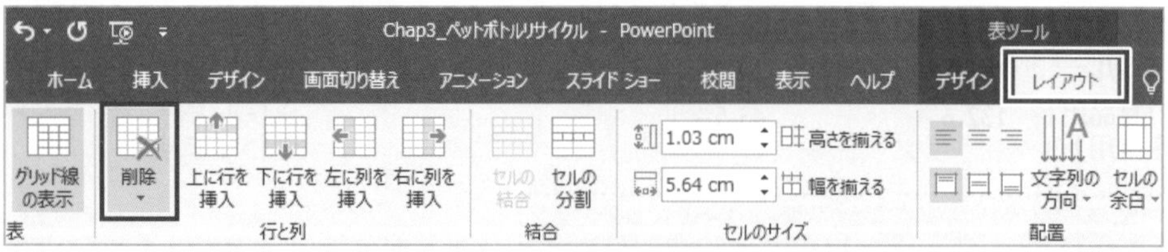

→ 削除する対象の一覧が表示されます。

3 一覧から［列の削除］をクリックします。

→ 1 列目が削除されました。

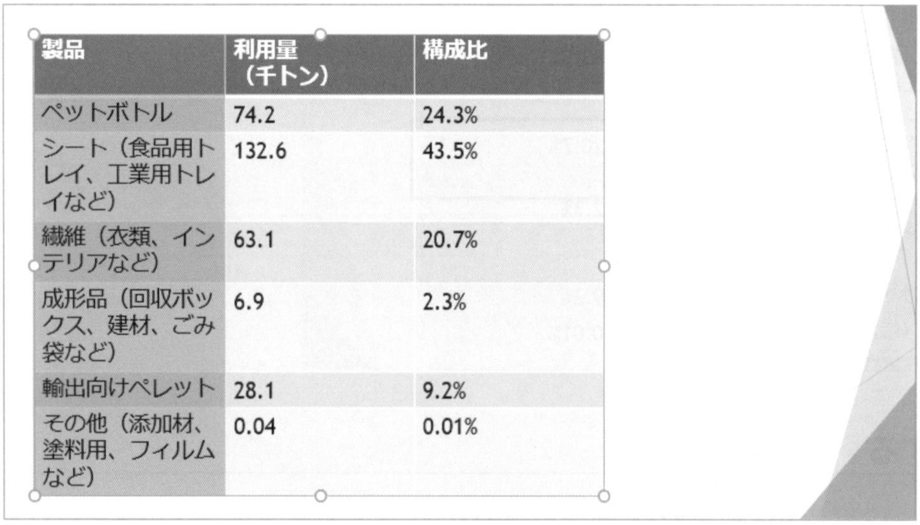

製品	利用量（千トン）	構成比
ペットボトル	74.2	24.3%
シート（食品用トレイ、工業用トレイなど）	132.6	43.5%
繊維（衣類、インテリアなど）	63.1	20.7%
成形品（回収ボックス、建材、ごみ袋など）	6.9	2.3%
輸出向けペレット	28.1	9.2%
その他（添加材、塗料用、フィルムなど）	0.04	0.01%

表全体の幅は削除した列の分だけ狭くなります。

One Point 表全体を削除するには

表全体を削除するには、表内の任意のセルをクリックし、［表ツール］の［レイアウト］タブの［削除］ボタンをクリックして、一覧から［表の削除］をクリックします。
また、表の外側の枠線をクリックして表全体を選択し、Backspace キーまたは Delete キーを押しても削除できます。

STEP 表の列幅を調整する

1 マウスポインターを 3 列目の右端に合わせます。

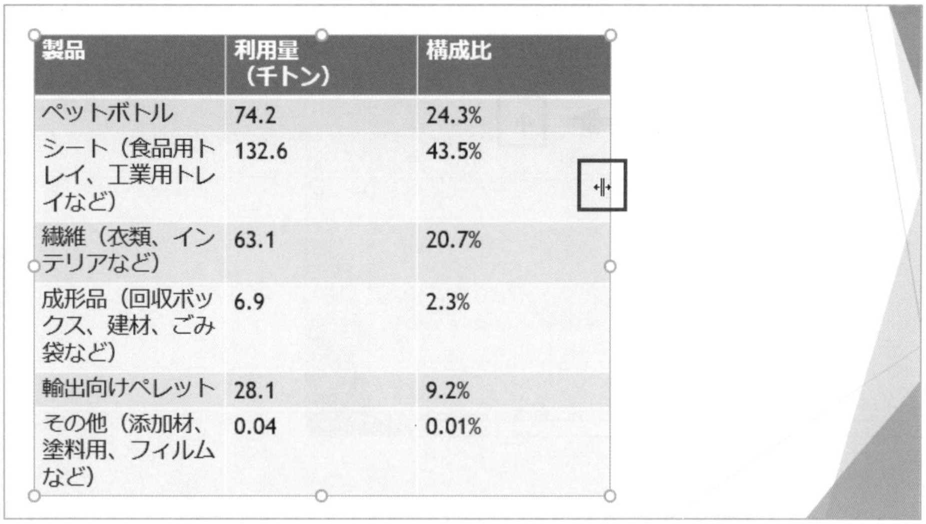

表の右端よりも少しだけ内側に合わせます。

→ マウスポインターの形が に変わります。

2 下図のようにその位置から右方向へドラッグします。

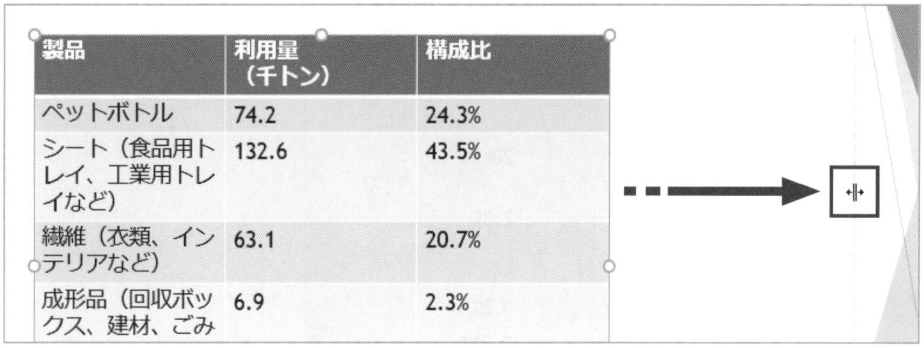

→ 3 列目の幅が広がります。

3 マウスポインターを 2 列目と 3 列目の間の罫線に合わせます。

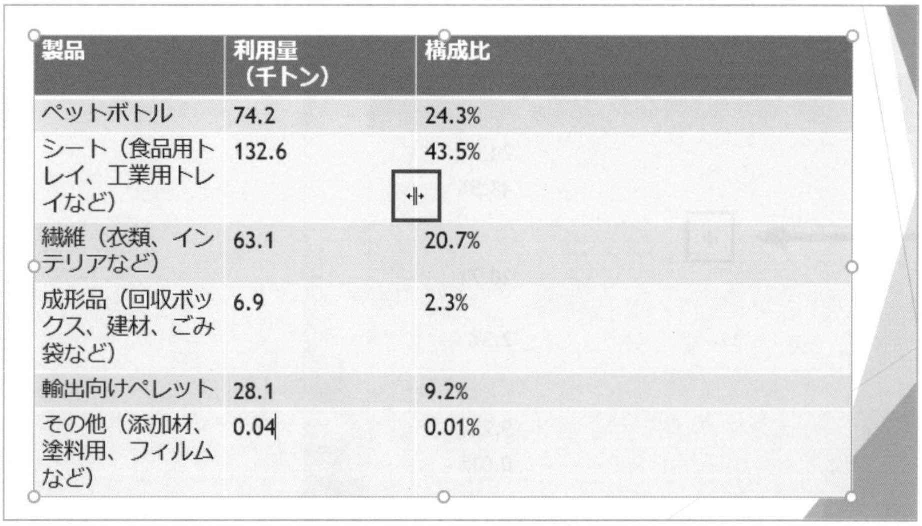

2 列目と 3 列目の境界線上であればどこでもかまいません。

→ マウスポインターの形が に変わります。

3

スライドに表やグラフを挿入する

4 下図のようにその位置から右方向へドラッグします。

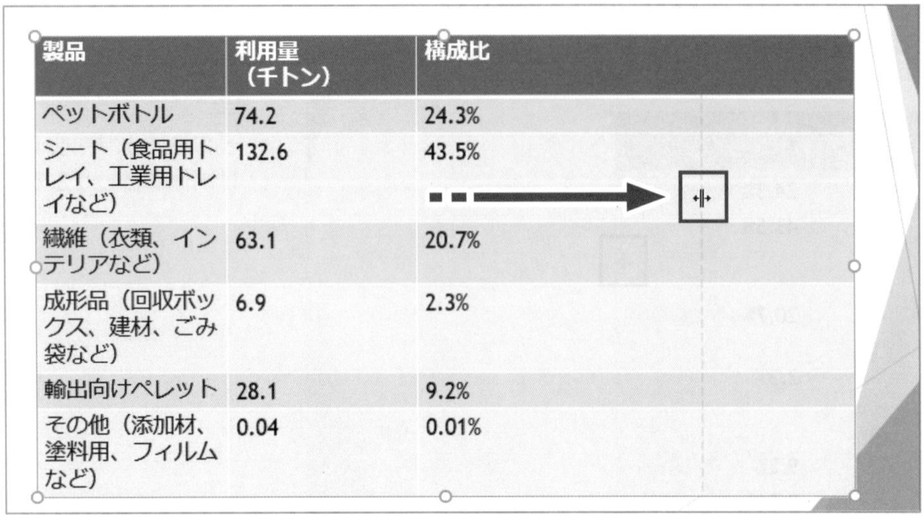

→ 2 列目の幅が広がります。

5 マウスポインターを 1 列目と 2 列目の間の罫線に合わせます。

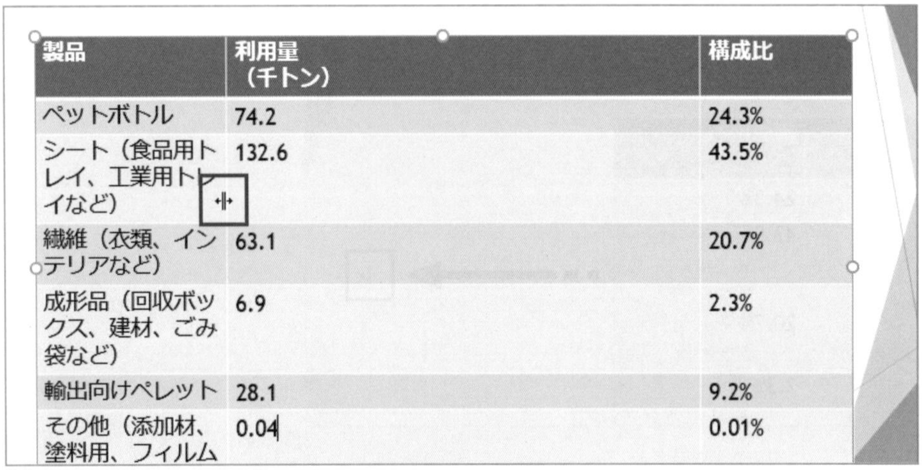

→ マウスポインターの形が ⟛ に変わります。

6 下図のようにその位置から右方向へドラッグします。

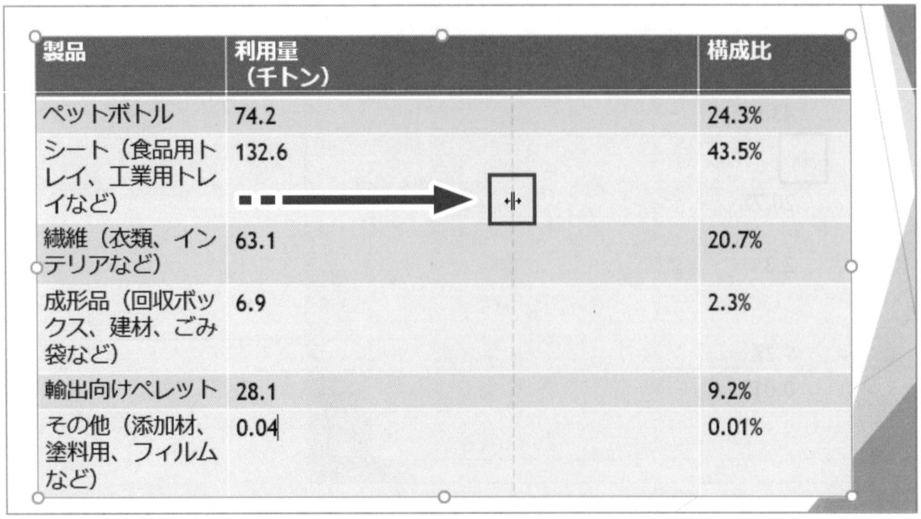

→ 表の列幅を調整することができました。

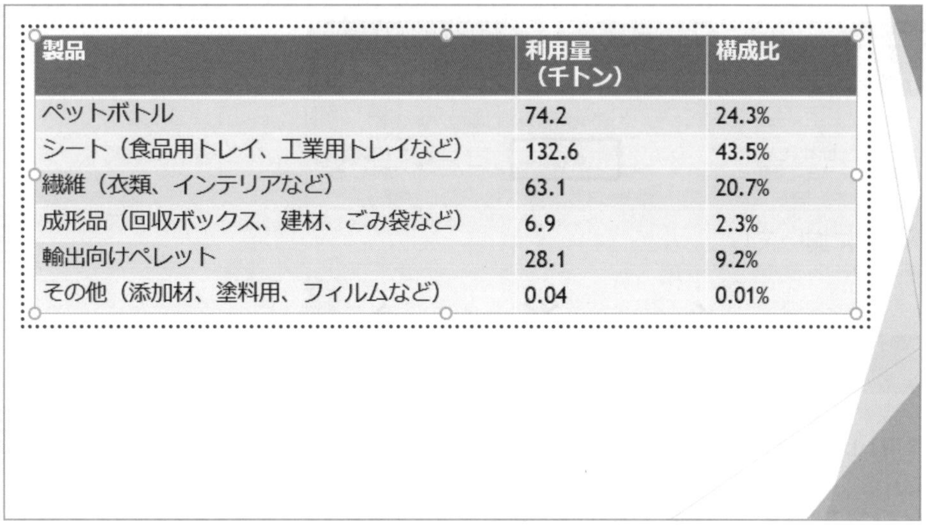

1列目の列幅を広げたことで文字列が1行に収まりました。

STEP 列幅を均等に揃える

1 マウスポインターを表の2列目の上端に合わせます。

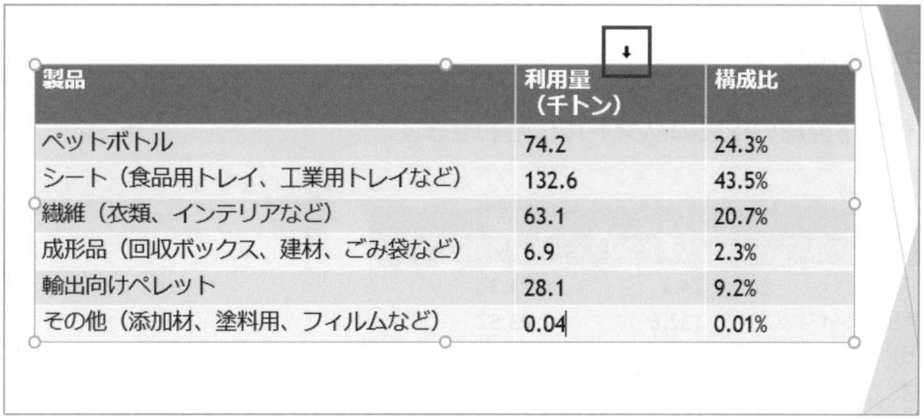

列を選択するための操作です。

→ マウスポインターの形が ⬇ に変わります。

2 その位置から右方向へドラッグして2列目と3列目を範囲選択します。

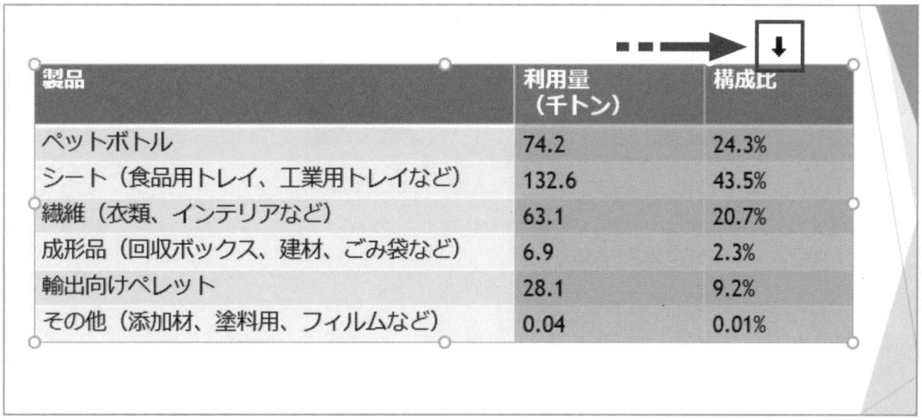

3 ［表ツール］の［レイアウト］タブの［幅を揃える］ボタンをクリックします。

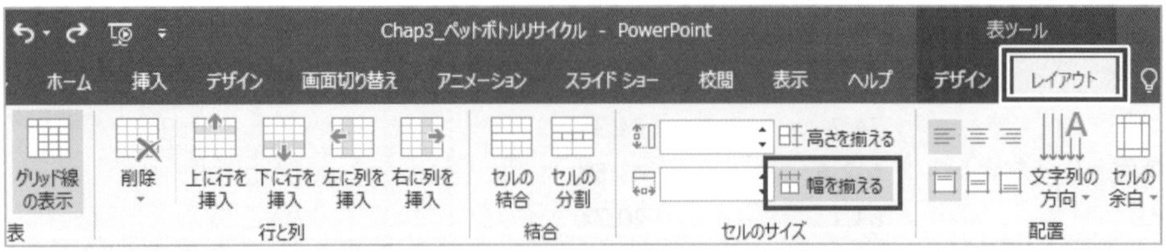

→ 2 列目と 3 列目の列幅が均等に揃いました。

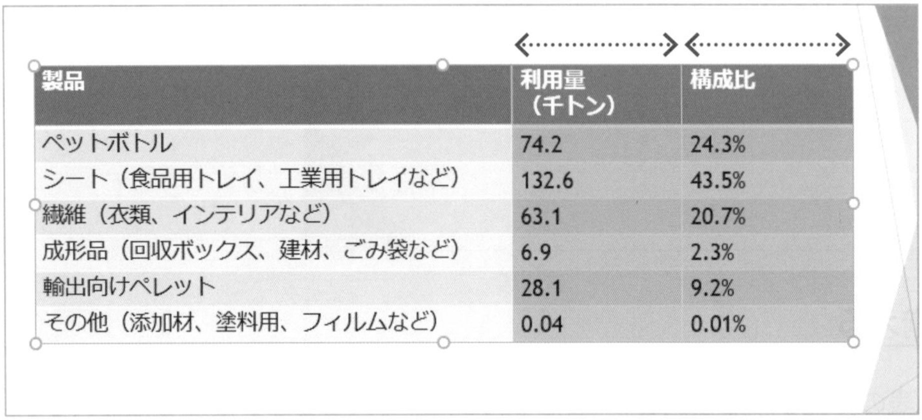

STEP 表全体の行の高さを広げる

1 マウスポインターを表の下枠線の中央のハンドルに合わせます。

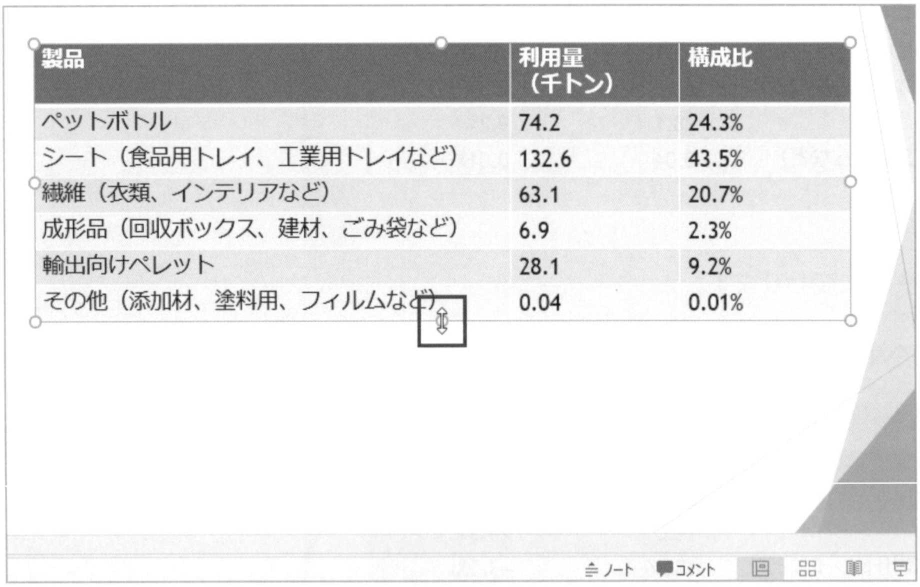

→ マウスポインターの形が ⇕ に変わります。

2 下図のようにその位置から下方向へドラッグします。

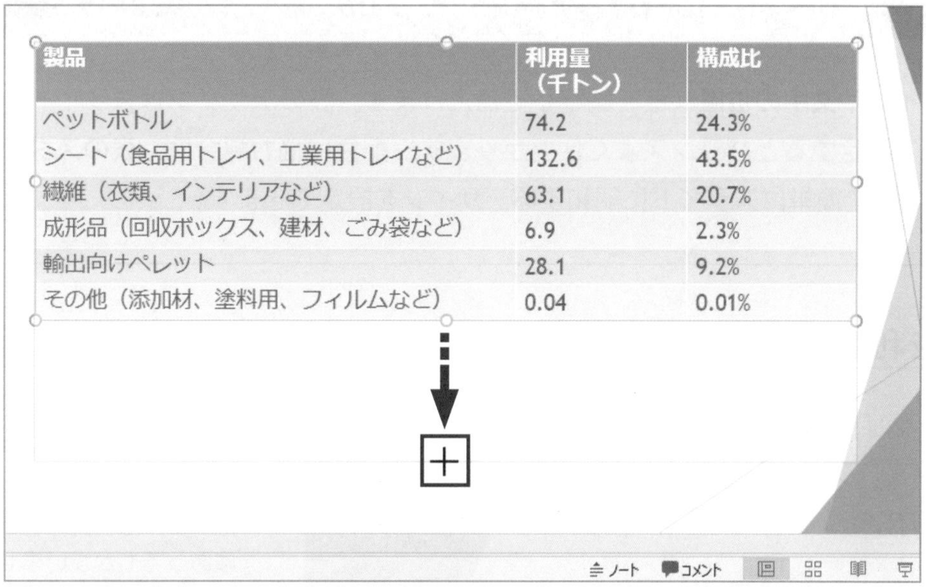

→ 表全体の高さを広げることができました。

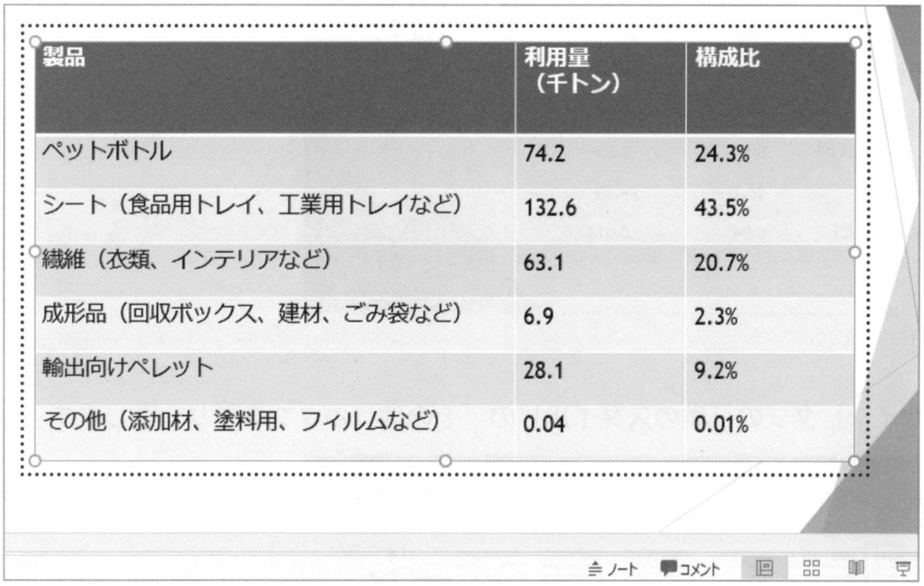

各行の高さは均等に広がります。

OnePoint 不揃いの行の高さを揃えるには

表全体の高さを変更したときは自動的に各行の高さも均等に変更されますが、個別に行の高さを調整した場合は、それぞれの行の高さが不揃いになってしまうことがあります。
この場合は、高さを揃えたい行をドラッグして範囲選択し、［表ツール］の［レイアウト］タブの［高さを揃える］ボタンをクリックします。

LESSON 4 表のデザインやレイアウトを整える

表の形を整えたらデザインや文字の位置などを調整して仕上げます。表のデザインはスライドの配色との調和を考えて設定するとバランスよく仕上がります。配色に悩む場合は、**表のスタイルの機能**を利用することで簡単にスライドに調和するデザインを設定できます。

STEP 表のスタイルを利用してデザインを変更する

1 表内の任意のセルをクリックします。

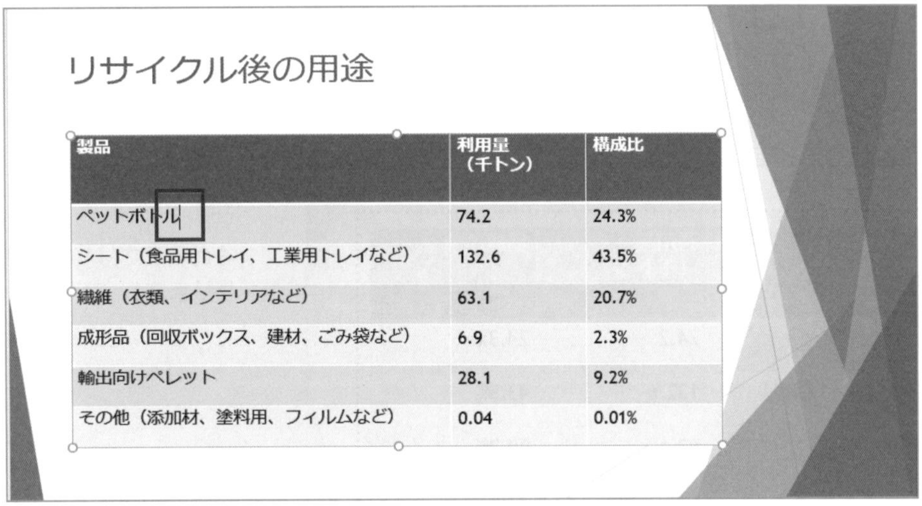

カーソルは表内のどこにあってもかまいません。

→ カーソルが表示されます。

2 ［表ツール］の［デザイン］タブの［表のスタイル］の［その他］ボタンをクリックします。

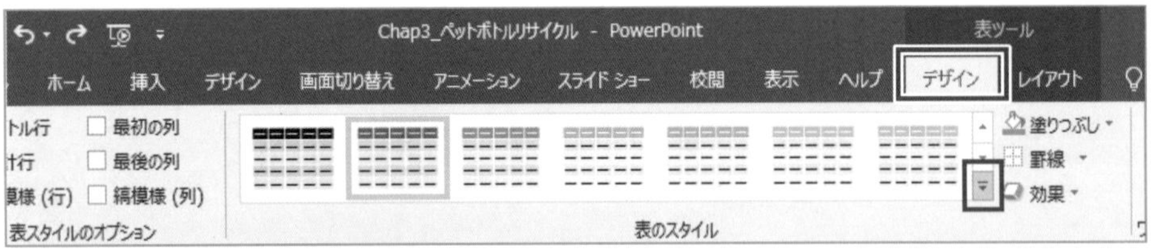

→ 表のスタイルの一覧が表示されます。

3 一覧から［中間］の［中間スタイル 1 - アクセント 3］をクリックします。

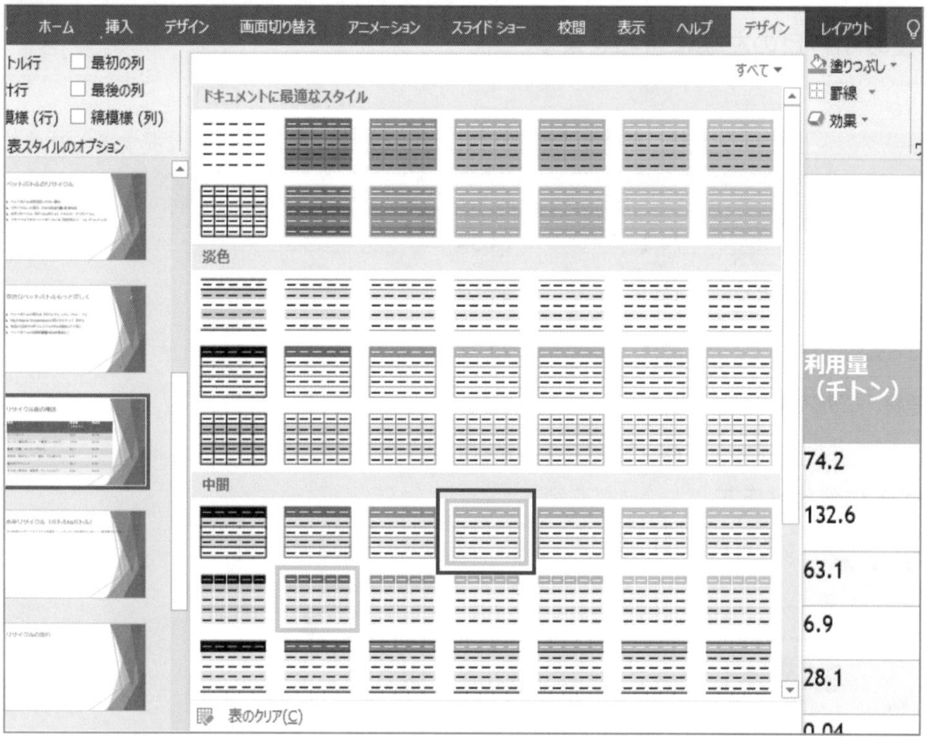

一覧のスタイルにマウスポインターを合わせると、そのスタイルが表に適用されたプレビュー表示を確認することができます。

→ 表のスタイルを設定してデザインを変更できました。

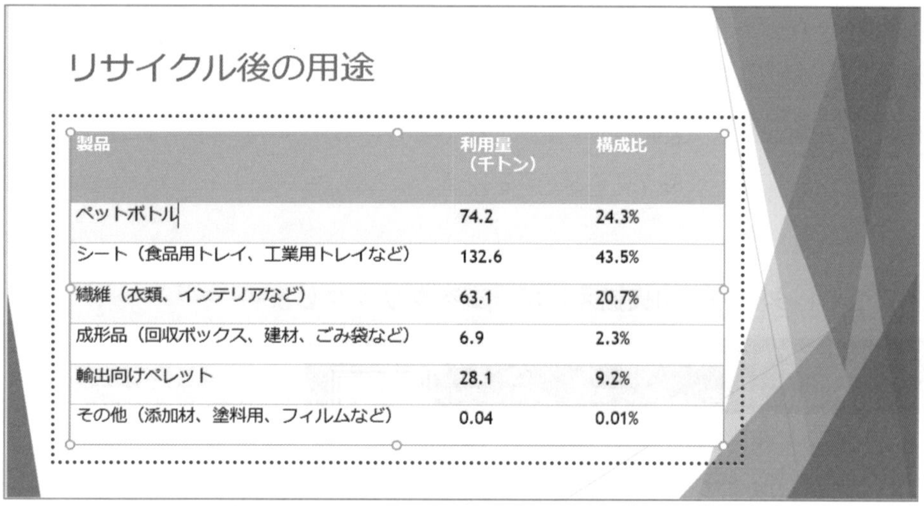

One Point 表のスタイルのオプション

［表ツール］の［デザイン］タブでは、表のスタイルのオプションをいくつか設定できます。たとえば、縞模様のオン / オフを切り替えたり、タイトル行のオン / オフを切り替えたりすることができます。

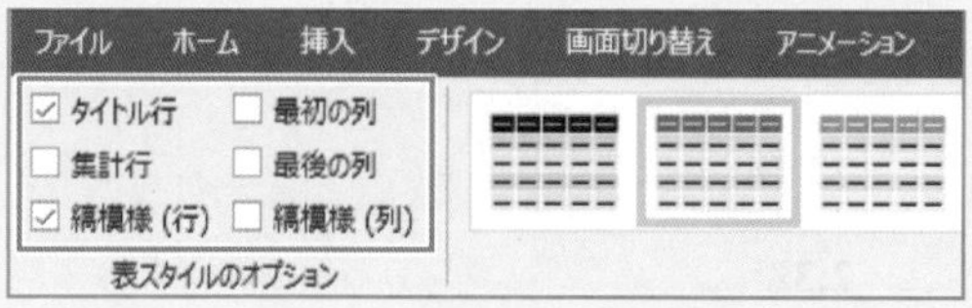

STEP セル内の文字の位置を調整する

1 マウスポインターを表の１行目の左端に合わせます。

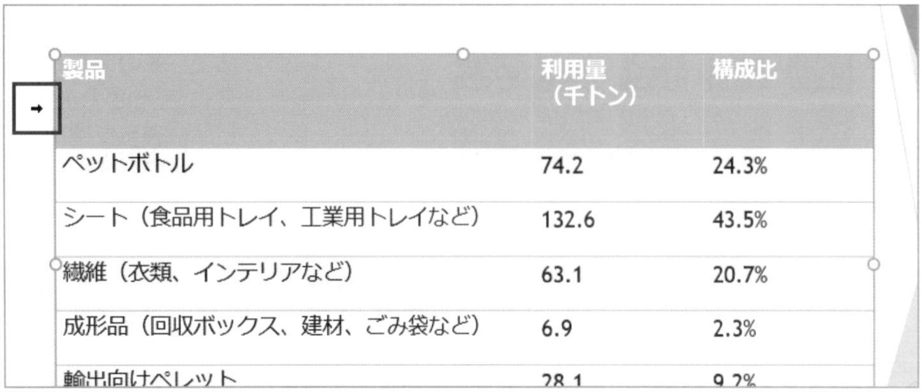

行を選択するための操作です。

→ マウスポインターの形が ➡ に変わります。

2 その位置でクリックします。

→ １行目が選択されます。

3 ［表ツール］の［レイアウト］タブの［中央揃え］ボタンをクリックします。

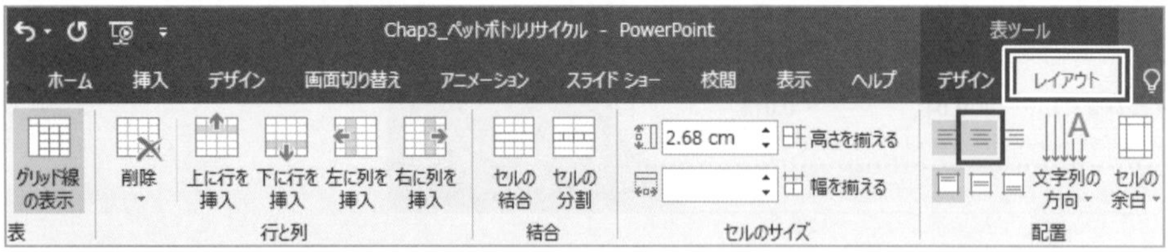

→ １行目のセル内の文字列を中央揃えにすることができました。

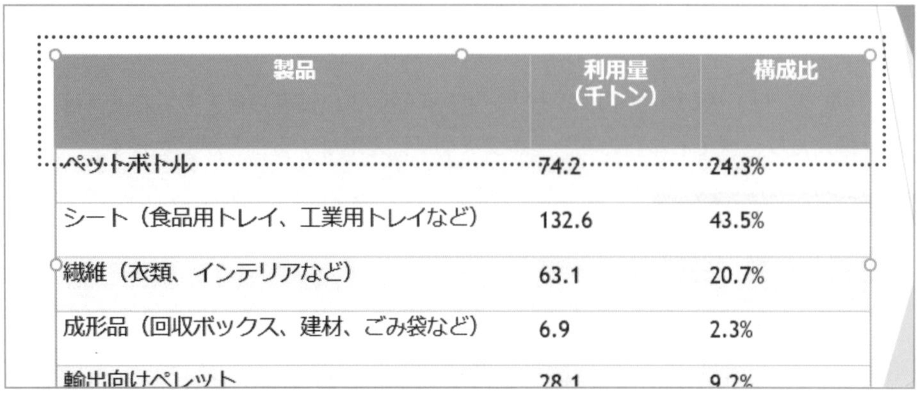

4 マウスポインターを下図のセル（左から 2 列目、上から 2 行目）に合わせます。

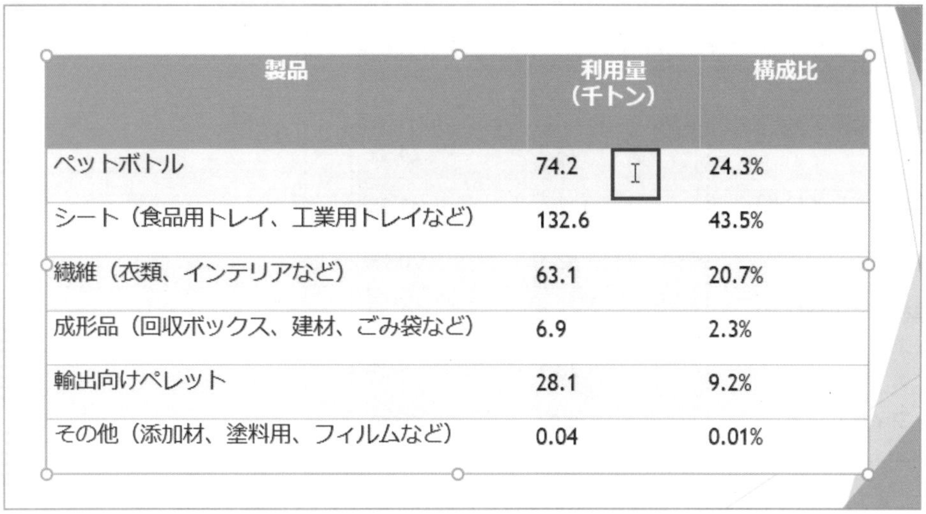

複数のセルを選択するための操作です。

→ マウスポインターの形が I に変わります。

5 その位置から下図のセル（右端の列の一番下の行）までドラッグして範囲選択します。

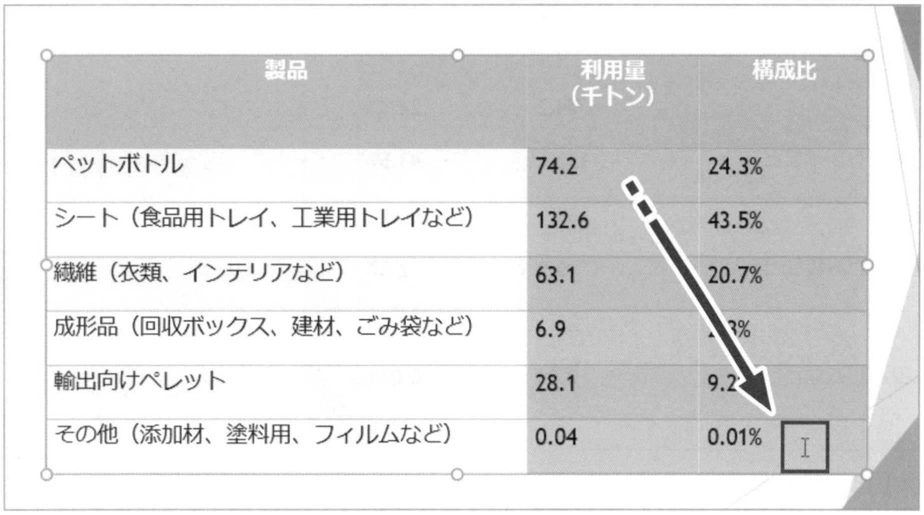

→ 複数のセルが選択されました。

6 ［表ツール］の［レイアウト］タブの［右揃え］ボタンをクリックします。

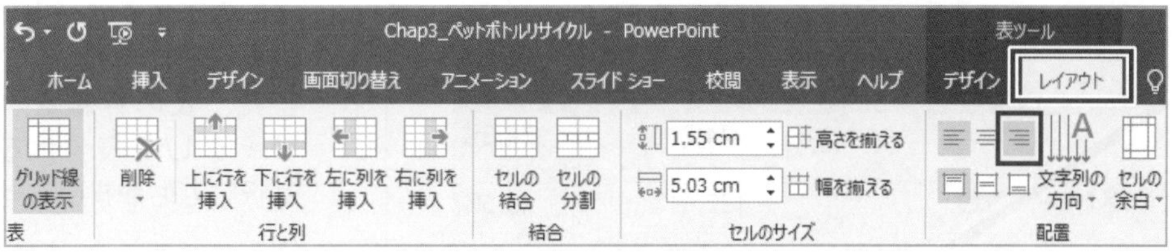

3

スライドに表やグラフを挿入する

→ 選択したセル内の文字列を右揃えにすることができました。

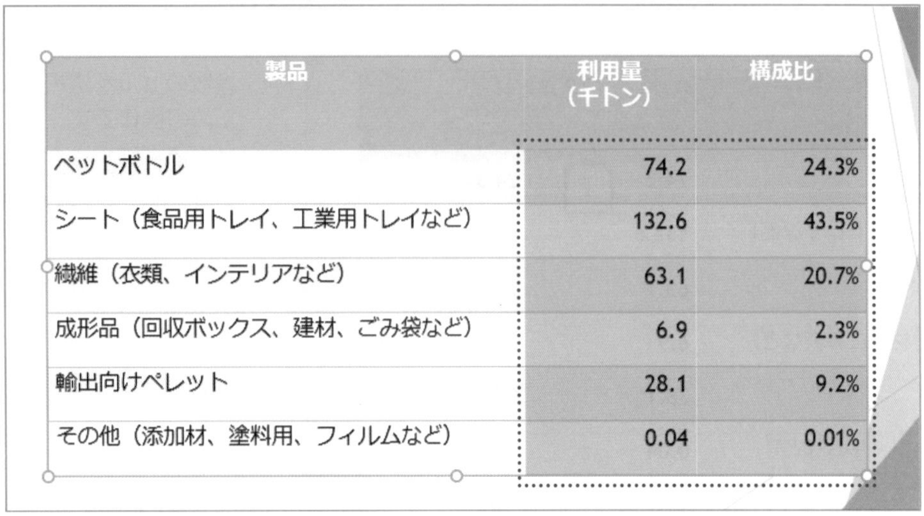

7 マウスポインターを下図のセル（左端の列の一番上の行）に合わせます。

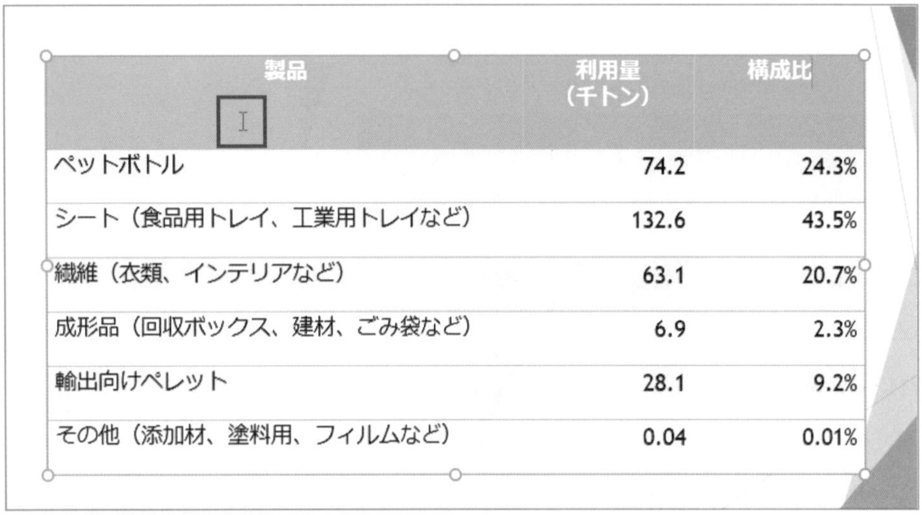

→ マウスポインターの形が I に変わります。

8 その位置から下図のセル（右端の列の一番下の行）までドラッグして範囲選択します。

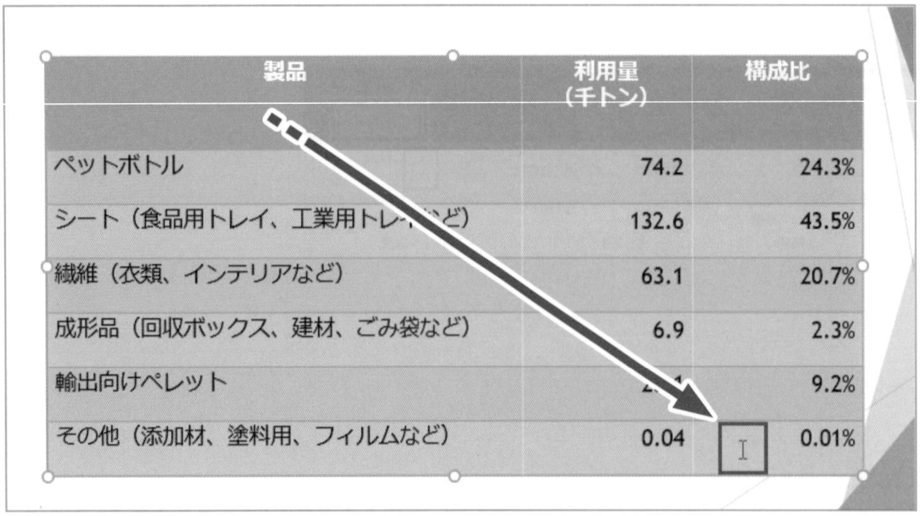

表内のすべてのセルを選択しています。
また、表の枠線をクリックして表全体を選択してもかまいません。

9 ［表ツール］の［レイアウト］タブの［上下中央揃え］ボタンをクリックします。

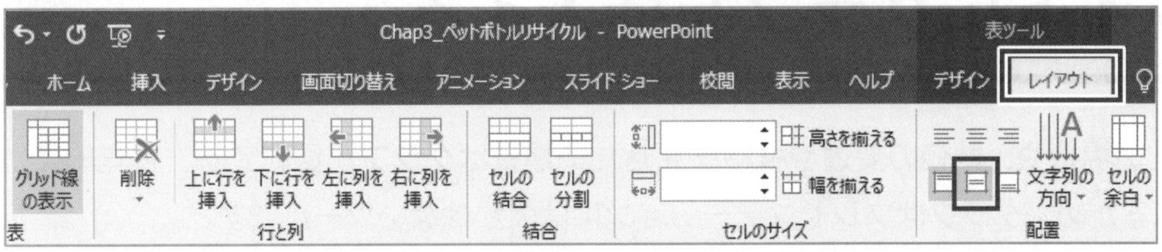

→ 文字列をセル内の上下中央位置に揃えることができました。

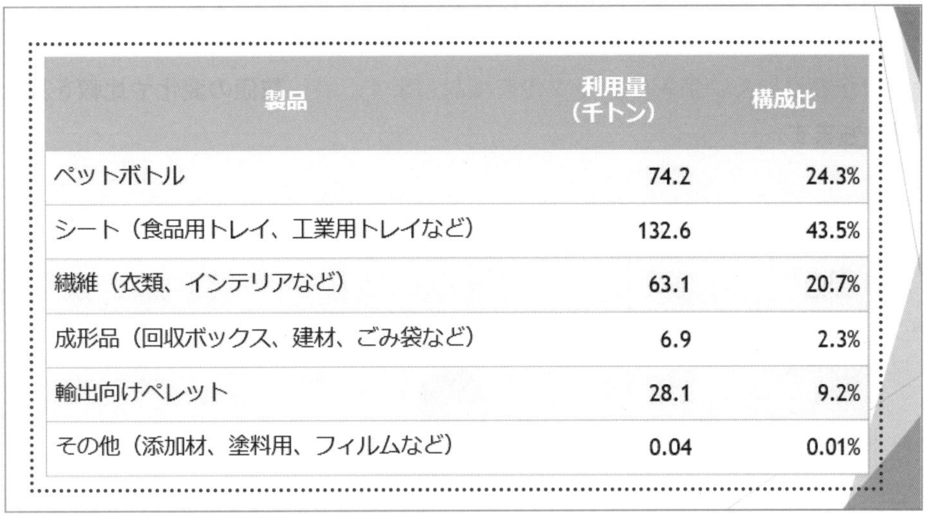

左図は表以外の場所をクリックして選択を解除した状態です。

One Point セル内の文字列を上揃えや下揃えにするには

セル内の文字列を上揃えや下揃えにしたい場合は、［表ツール］の［レイアウト］タブの［上揃え］、［下揃え］のボタンを使用します。

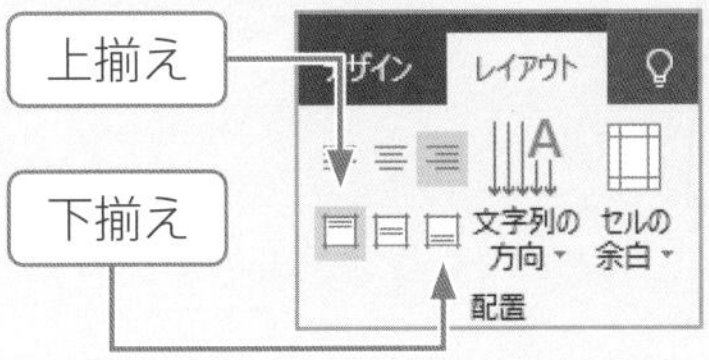

One Point データの出典（引用元）の表記

表にデータの出典（引用元）を記載したい場合は、テキストボックス（P.59を参照）を描画して、表の近くに配置します。

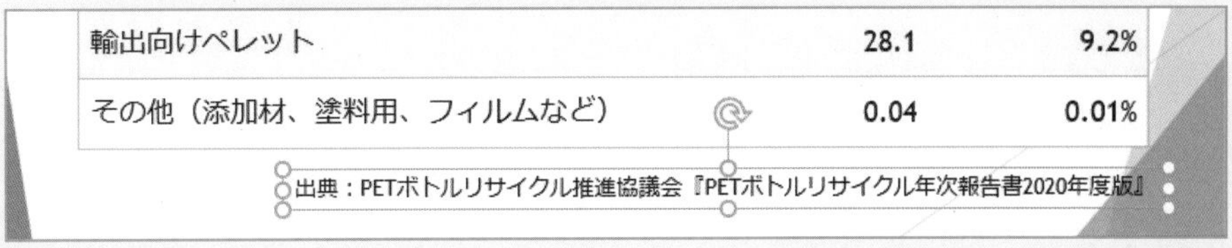

輸出向けペレット 28.1 9.2%
その他（添加材、塗料用、フィルムなど） 0.04 0.01%
出典：PETボトルリサイクル推進協議会『PETボトルリサイクル年次報告書2020年度版』

3-2 スライドにグラフを挿入する

データを比較して見せたい場合や、数値の変遷や推移を見せたい場合は**グラフ**が便利です。視覚的にデータの傾向を伝えられるため、グラフはプレゼンテーションには欠かせないツールです。

情報を視覚的に伝えるグラフの利用

以下のように文章だけでは伝わりにくい情報はグラフ化を検討します。特に**数値の変化や比較を見せたい場合はグラフが役立ちます**。

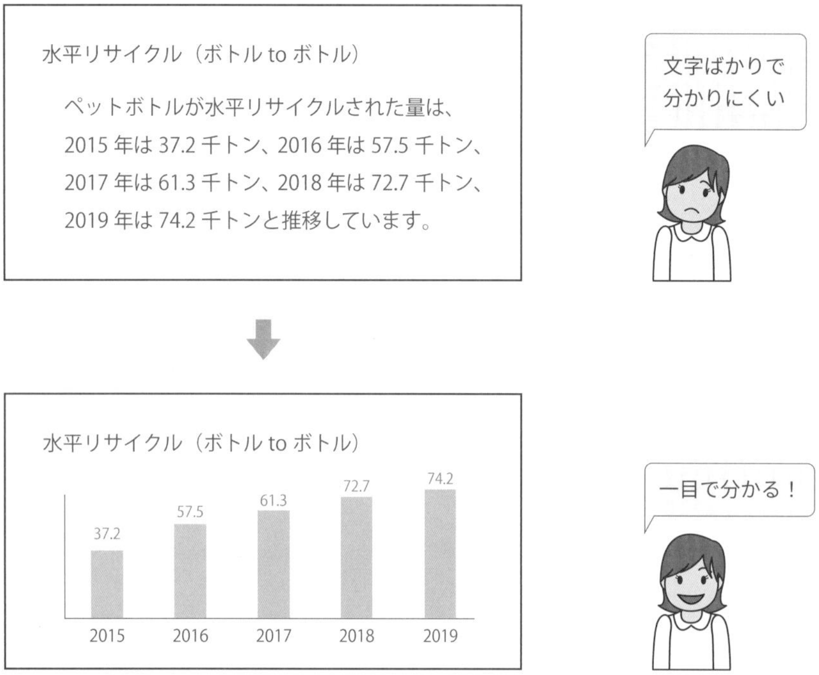

水平リサイクル（ボトル to ボトル）
ペットボトルが水平リサイクルされた量は、
2015 年は 37.2 千トン、2016 年は 57.5 千トン、
2017 年は 61.3 千トン、2018 年は 72.7 千トン、
2019 年は 74.2 千トンと推移しています。
文字ばかりで
分かりにくい
水平リサイクル（ボトル to ボトル）
37.2
57.5
61.3
72.7
74.2
2015
2016
2017
2018
2019
一目で分かる！

グラフの種類

データの見せ方によって使用するグラフはさまざまです。プレゼンテーションでは、データの比較、推移、割合などを表すことが多いため主に次のようなグラフが使用されます。

- 棒グラフ（縦棒・横棒）…… 各項目のデータの差の比較や推移を説明するのに適しています。
- 折れ線グラフ…… 時系列によるデータの変化を説明するのに適しています。
- 円グラフ…… 全体の中で各項目が占める割合を説明するのに適しています。

LESSON 1 グラフを挿入する

グラフの挿入は、**グラフの種類**を選ぶところから始まります。情報を正しく伝えることができる種類を選ぶようにします。なお、グラフの種類は後から変更することもできますが、レイアウトの修正など手間がかかることもあるので最初にしっかりと検討します。
グラフを挿入すると、自動的にデータを入力するための**データシート**が表示されます。ここにデータを入力すると、それがグラフ化されていきます。

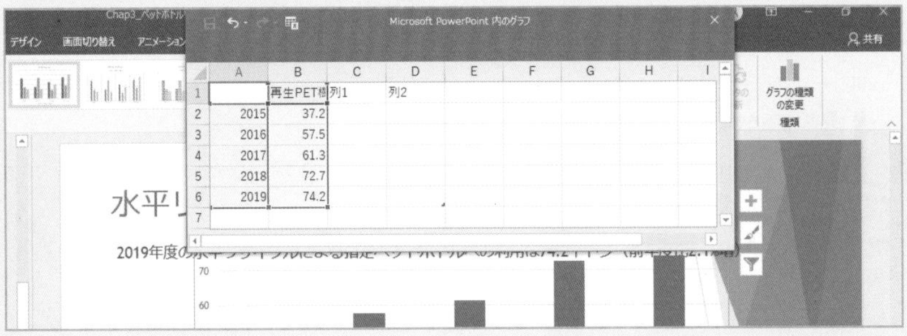

STEP スライドに縦棒グラフを挿入する

1 スライドサムネイルのスライド 9 をクリックして選択します。

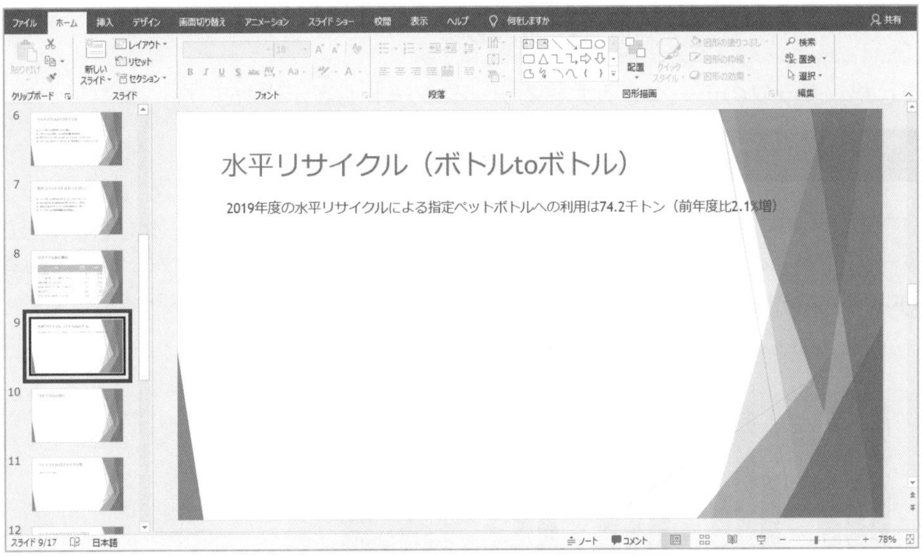

スライド 9 は“タイトルのみ”のレイアウトになっています。
タイトルの下にはテキストボックスが挿入されています。

2 ［挿入］タブの［グラフ］ボタンをクリックします。

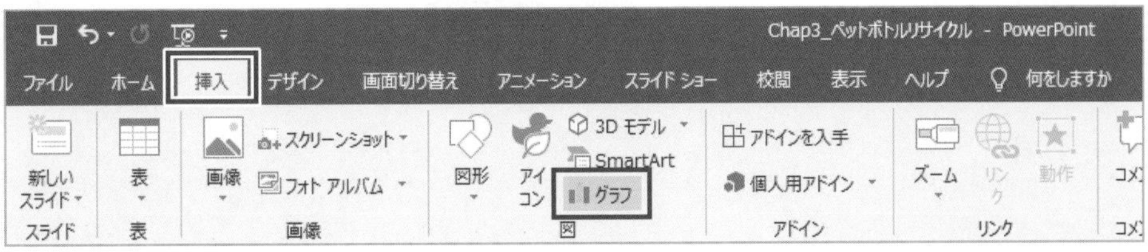

→ グラフを選択するための［グラフの挿入］ダイアログボックスが表示されます。

3 ［縦棒］が選択されていることを確認します。

4 ［集合縦棒］が選択されていることを確認します。

5 ［OK］をクリックします。

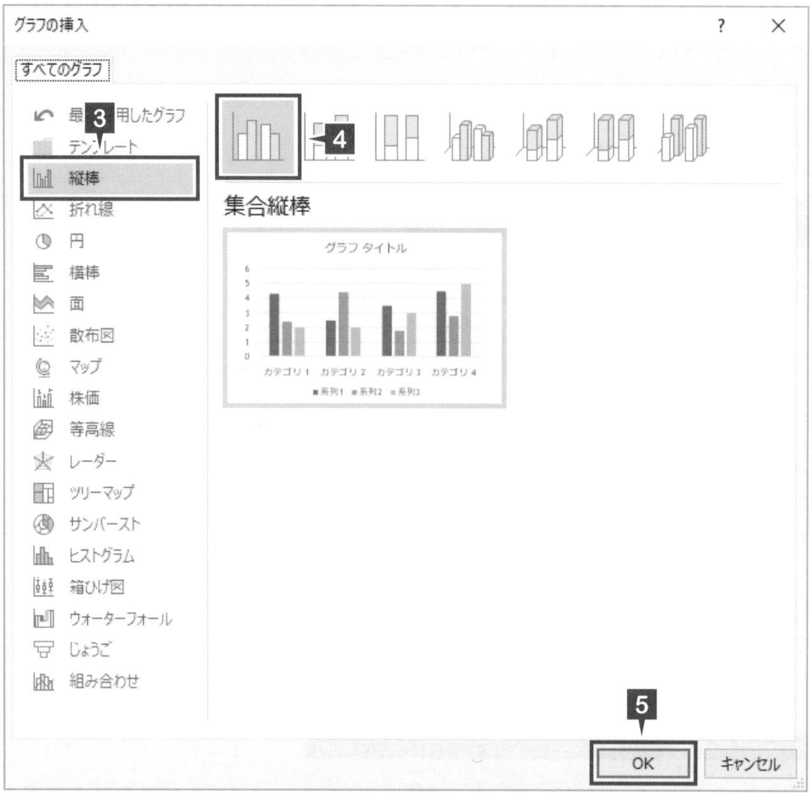

→ 縦棒グラフが挿入できました。グラフのデータを入力するデータシートも表示されます。

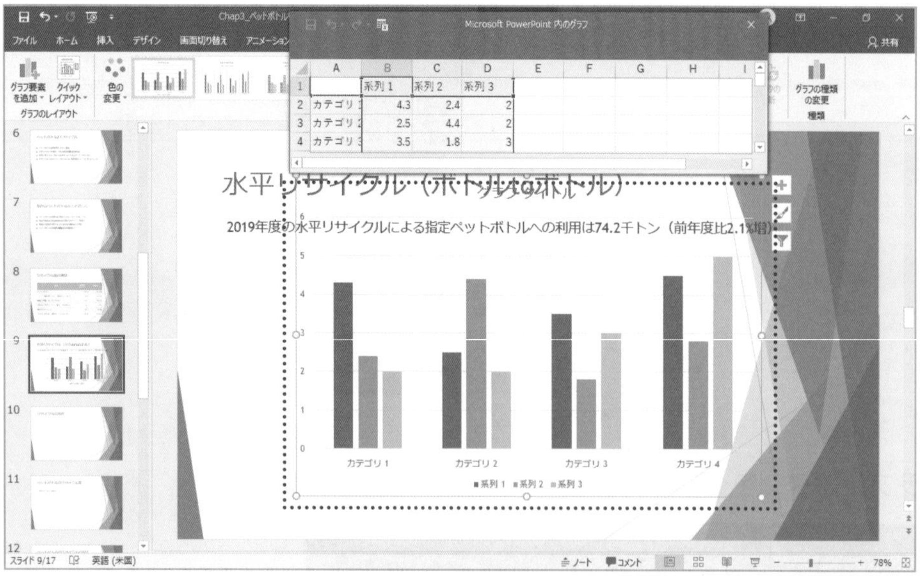

現在のグラフはサンプルデータをもとにしたグラフです。この後データを修正します。

その他の方法でグラフを挿入するには

OnePoint

スライドのレイアウトが " タイトルとコンテンツ " や "2 つのコンテンツ " などの場合は、プレースホルダー内のグラフのアイコンをクリックすることで簡単にグラフを挿入できます。

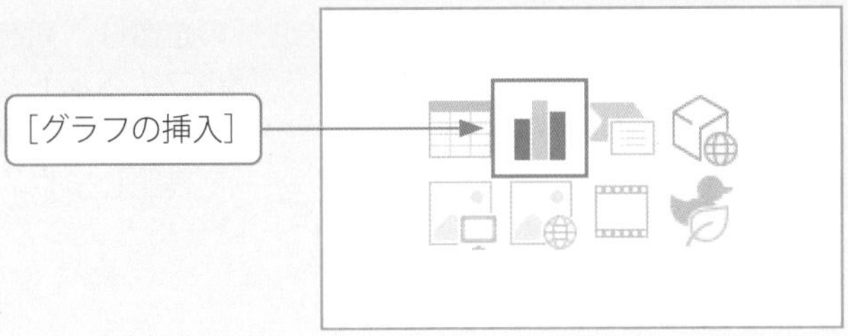

STEP データを入力しやすいようにデータシートのサイズを変更する

1 データシートのウィンドウの下部にマウスポインターを合わせます。

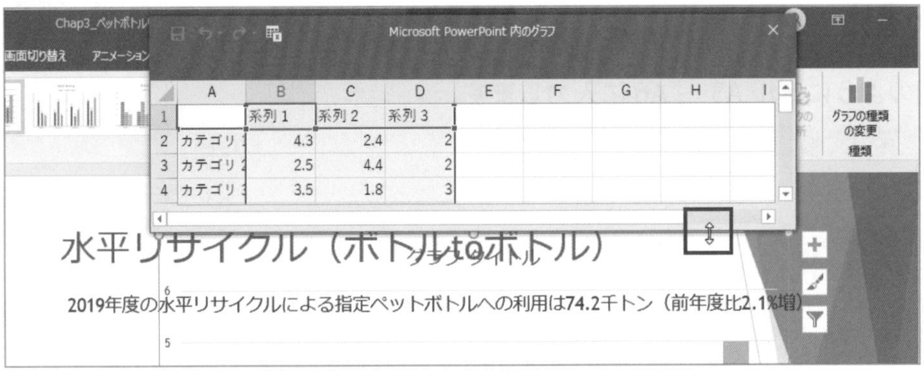

データが入力しやすいように、データシートのウィンドウを少し広げます。

→ マウスポインターの形が ⇕ に変わります。

2 下図のようにその位置から下方向へドラッグします。

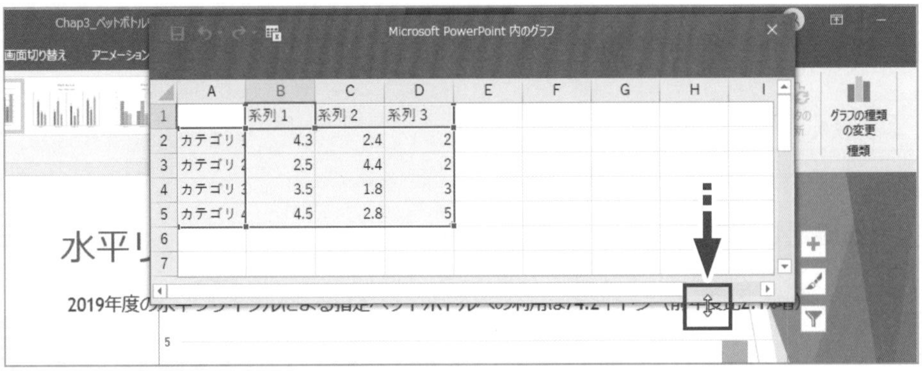

データシートのウィンドウのサイズはいつでも自由に変更できます。
また、同様の操作で横方向にも広げることも可能です。

→ データシートのウィンドウが広がり、データが見やすい状態になりました。

STEP グラフのデータを入力する

1 セル A2 をクリックして「2015」と入力します。

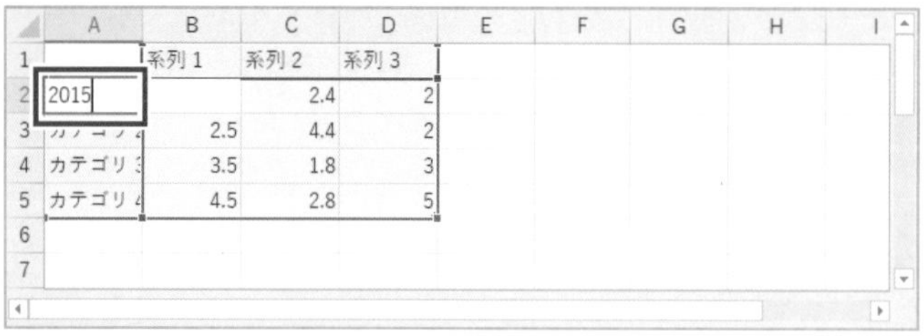

A B C D E F G H I
1 系列 1 系列 2 系列 3
2 2015 2.4 2
3 2.5 4.4 2
4 カテゴリ 3 3.5 1.8 3
5 カテゴリ 4 4.5 2.8 5
6
7

データシート内のセルの位置は、列を表すアルファベットと、行を表す数値を組み合わせて表記します。

2 Enter キーを押します。

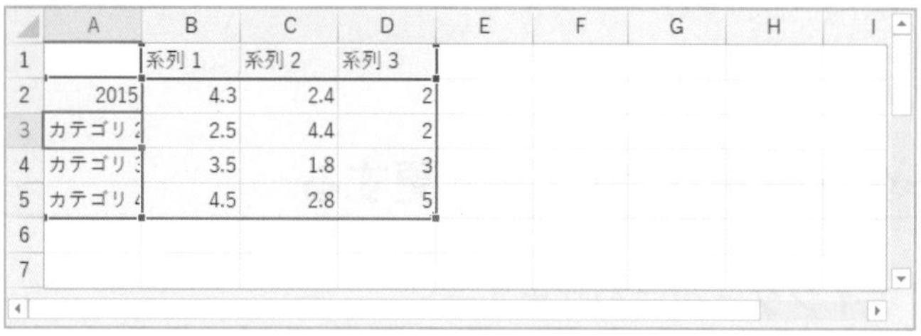

A B C D E F G H I
1 系列 1 系列 2 系列 3
2 2015 4.3 2.4 2
3 カテゴリ 2 2.5 4.4 2
4 カテゴリ 3 3.5 1.8 3
5 カテゴリ 4 4.5 2.8 5
6
7

→ セルへの入力が確定されます。

3 同様の方法で、下図のようにセル A3 ～ A6 に入力します。

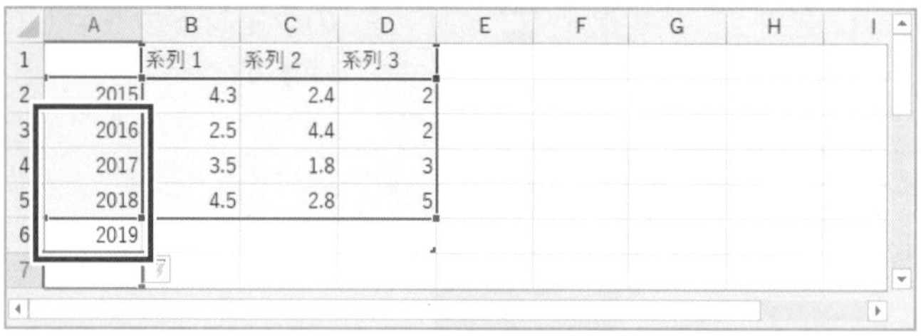

A B C D E F G H I
1 系列 1 系列 2 系列 3
2 2015 4.3 2.4 2
3 2016 2.5 4.4 2
4 2017 3.5 1.8 3
5 2018 4.5 2.8 5
6 2019
7

最後のデータは色枠の外に入力することになりますが、問題はありません。

4 セル B1 をクリックして「再生 PET 樹脂利用量」と入力します。

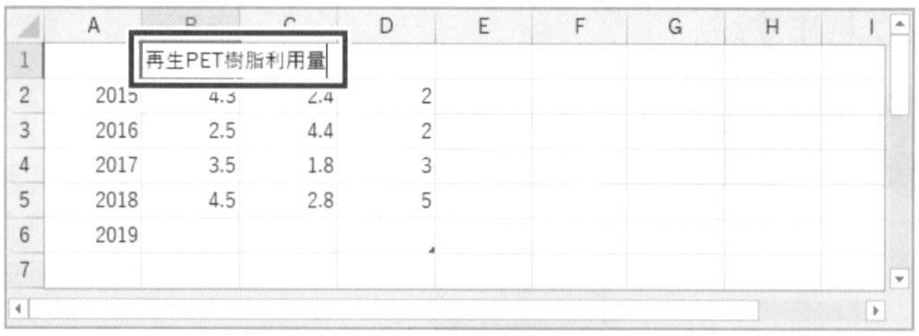

A B C D E F G H I
1 再生PET樹脂利用量
2 2015 4.3 2.4 2
3 2016 2.5 4.4 2
4 2017 3.5 1.8 3
5 2018 4.5 2.8 5
6 2019
7

入力する文字列がセル B1 からはみ出しますが問題はありません。

5 Enter キーを押して入力を確定します。

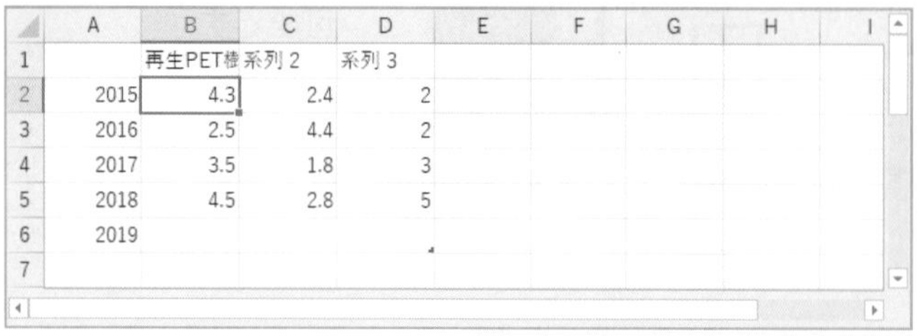

A B C D E F G H I
1 再生PET樹 系列 2 系列 3
2 2015 4.3 2.4 2
3 2016 2.5 4.4 2
4 2017 3.5 1.8 3
5 2018 4.5 2.8 5
6 2019
7

この時点では入力した文字列がセルに収まりきらないため、一部分表示されていない状態ですがグラフには問題なく表示されます。

6 下図のようにセル B2 ～ B6 にデータを入力します。

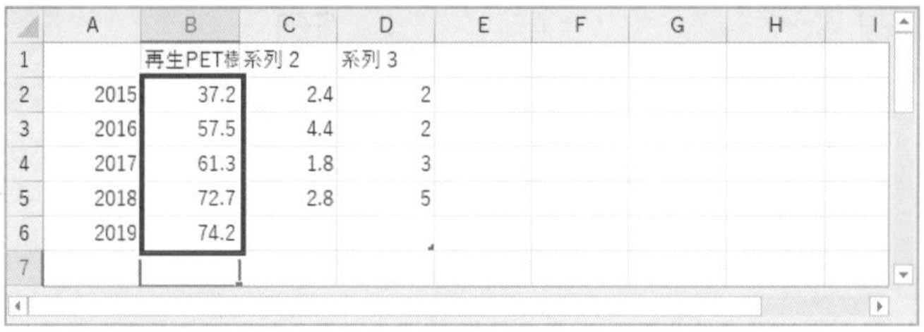

A
B
C
D
E
F
G
H
再生PET樹
系列 2
系列 3
2015 37.2 2.4 2
2016 57.5 4.4 2
2017 61.3 1.8 3
2018 72.7 2.8 5
2019 74.2

→ ここまで入力したデータがグラフにも反映されていることが確認できます。

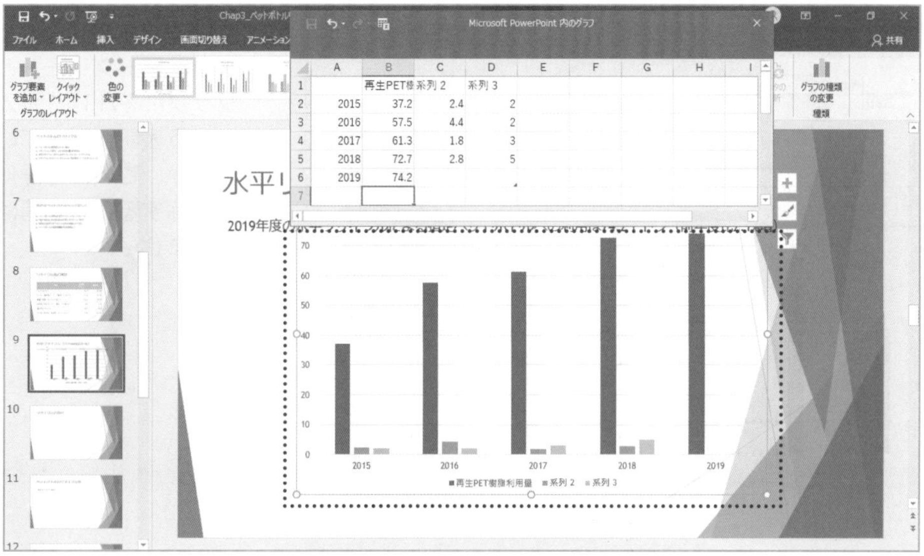

不要な "系列 2" と "系列 3" については、この後の手順で削除します。

7 セル C1 にマウスポインターを合わせます。

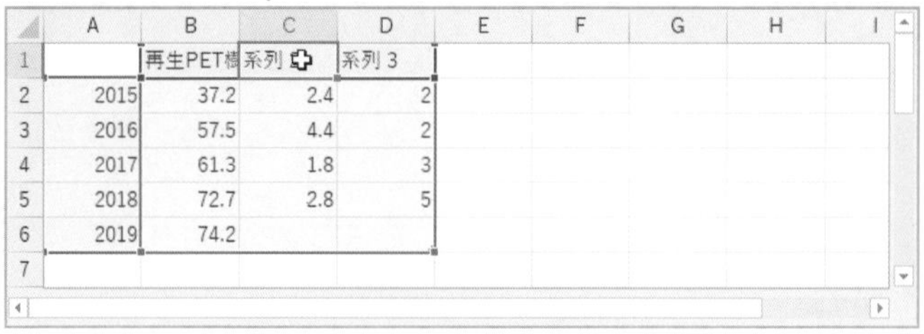

再生PET樹
系列 2
系列 3
2015 37.2 2.4 2
2016 57.5 4.4 2
2017 61.3 1.8 3
2018 72.7 2.8 5
2019 74.2

複数のセルを選択するための操作です。

→ マウスポインターの形が ✥ に変わります。

8 セル D5 までドラッグします。

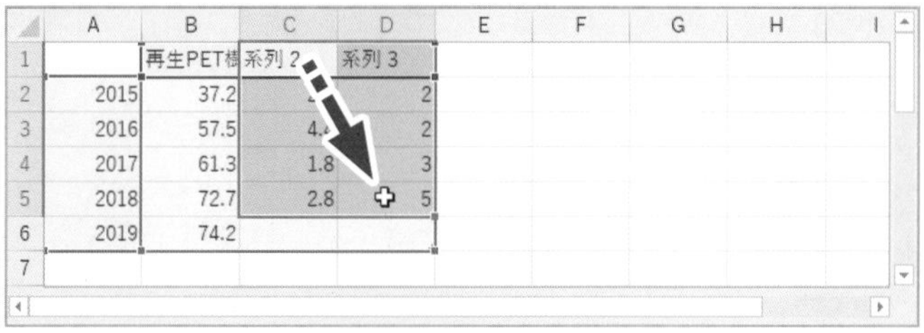

再生PET樹
系列 2
系列 3
2015 37.2 2
2016 57.5 2
2017 61.3 1.8 3
2018 72.7 2.8 5
2019 74.2

→ セル C1 ～ D5 が範囲選択されます。

9 Delete キーを押します。

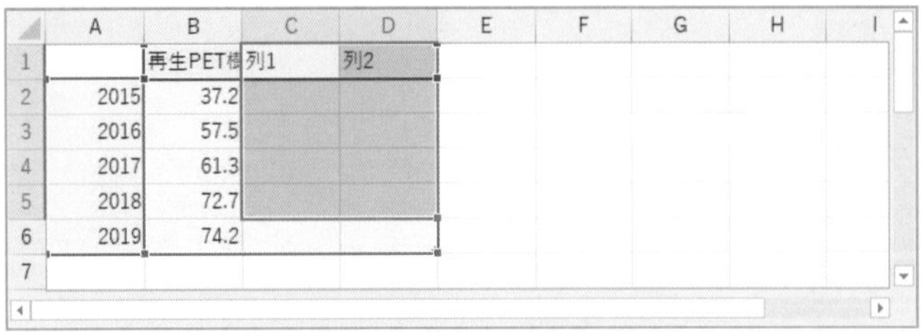

Backspace キーでは複数のセルのデータは削除できません。

→ 選択していたセルのデータが削除されて、グラフにも反映されていることが確認できます。

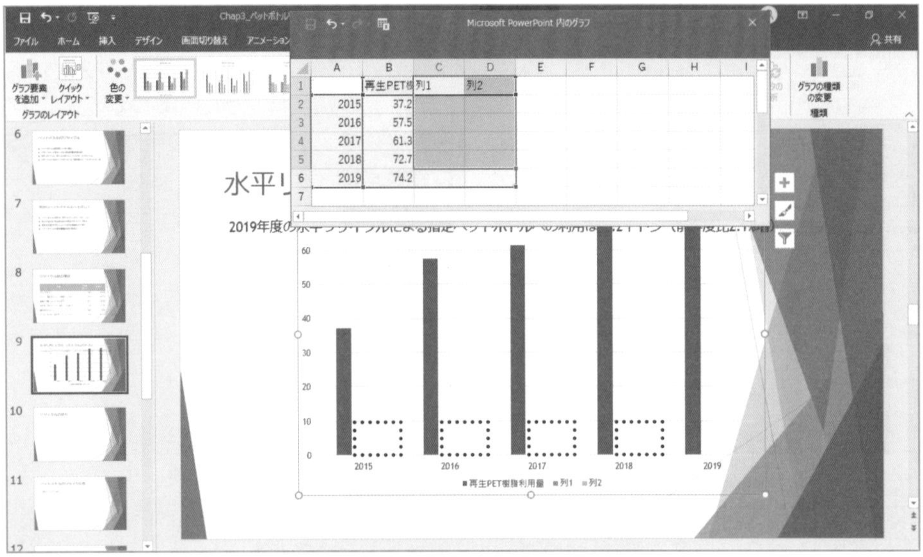

まだ、データシートとグラフに"列1"、"列2"という表記が残っていますが、この後の操作で削除するため問題はありません。

10 データシートの青色枠の右下のハンドルにマウスポインターを合わせます。

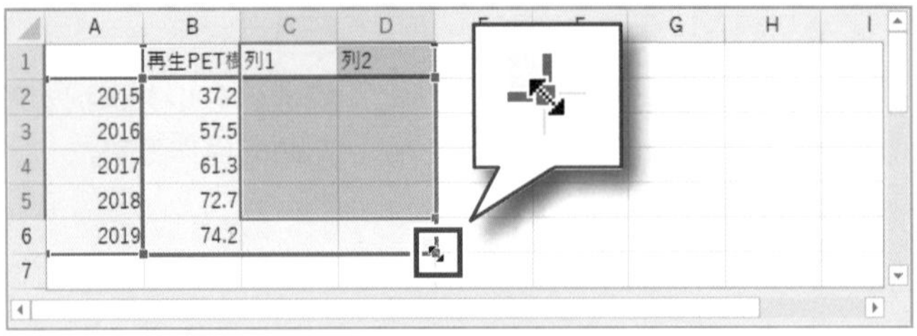

→ マウスポインターの形が ⤡ に変わります。

11 セル B6 までドラッグします。

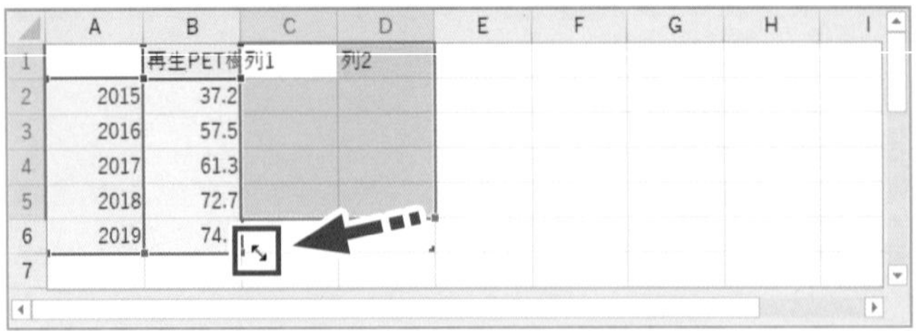

→ グラフから不要なデータが省かれます。

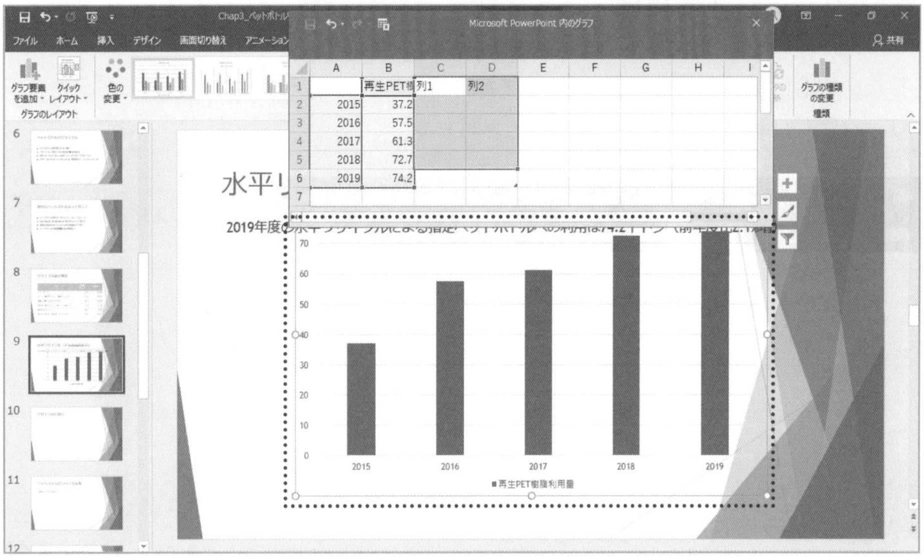

データシート内には“列1”、“列2”という表記が残っていますがグラフからは削除されていることが分かります。

12 データシートのウィンドウの閉じるボタンをクリックします。

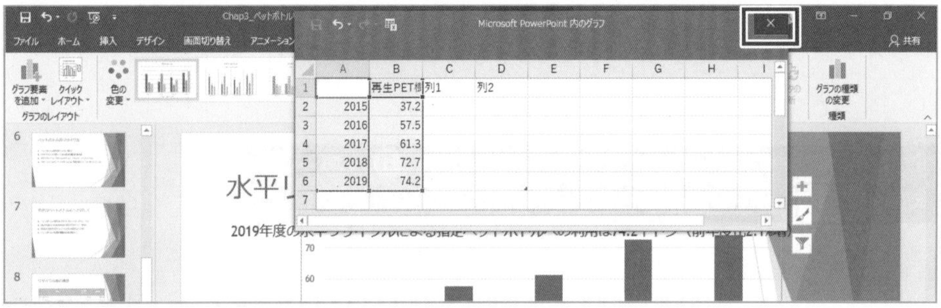

→ グラフのデータを入力することができました。

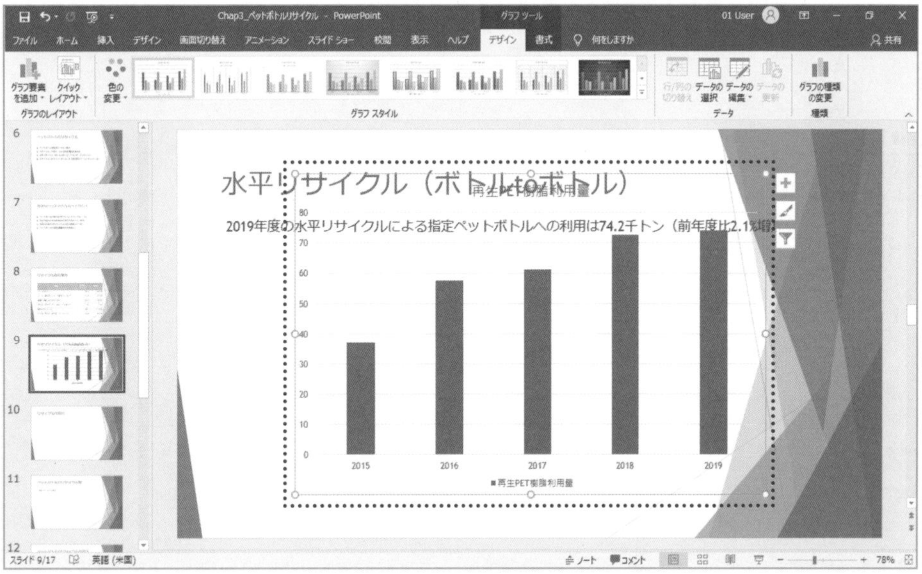

OnePoint グラフのデータを修正するには

グラフのデータを修正したい場合は、グラフを選択して、[グラフツール] の [デザイン] タブの [データの編集] ボタンをクリックすれば再度データシートが表示されます。

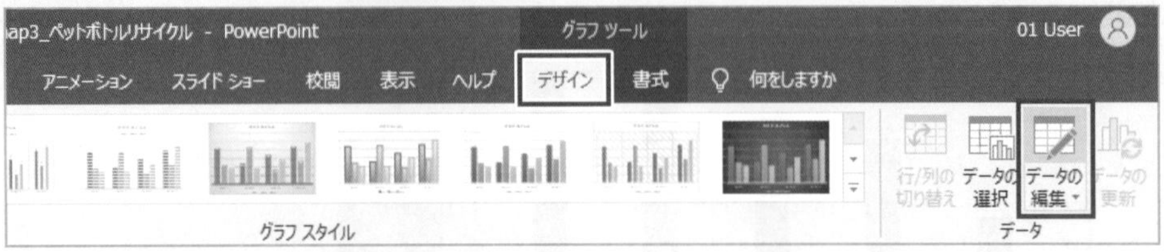

OnePoint グラフ挿入後にグラフの種類を変更するには

グラフの挿入後にグラフの種類を変更するには、グラフを選択した状態で [グラフツール] の [デザイン] タブの [グラフの種類の変更] ボタンをクリックします。
[グラフの種類の変更] ダイアログボックスが表示されたらグラフの種類を選択し、[OK] をクリックします。

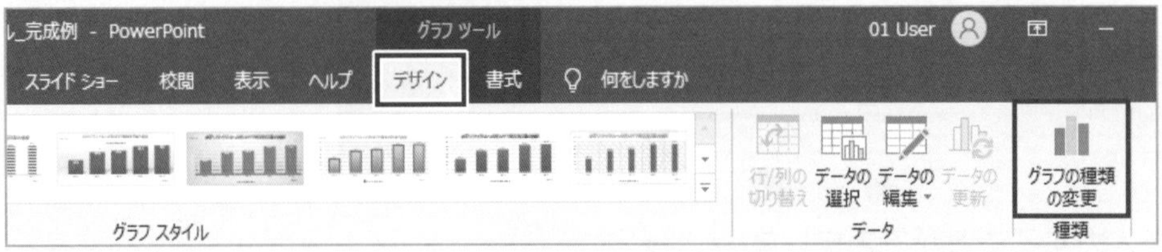

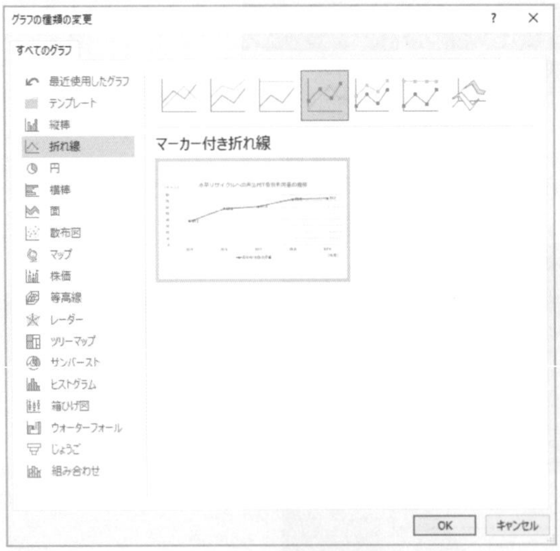

LESSON 2 グラフのサイズや位置を変更する

グラフのサイズは**サイズ変更ハンドル**で自由に変更できます。全体のサイズが変更されるとグラフ内の各要素のサイズも自動的に調整されます。ただし文字のサイズは自動調整されません。

STEP グラフのサイズを調整する

1 グラフの枠線の左上のサイズ変更ハンドルにマウスポインターを合わせます。

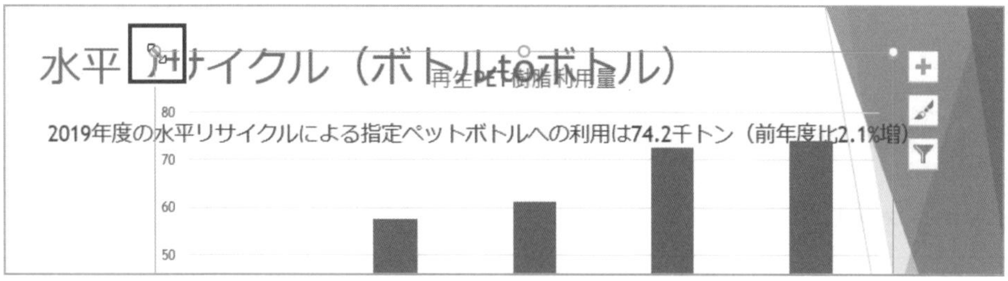

→ マウスポインターの形が ⤡ に変わります。

2 下図のように左下方向にドラッグします。

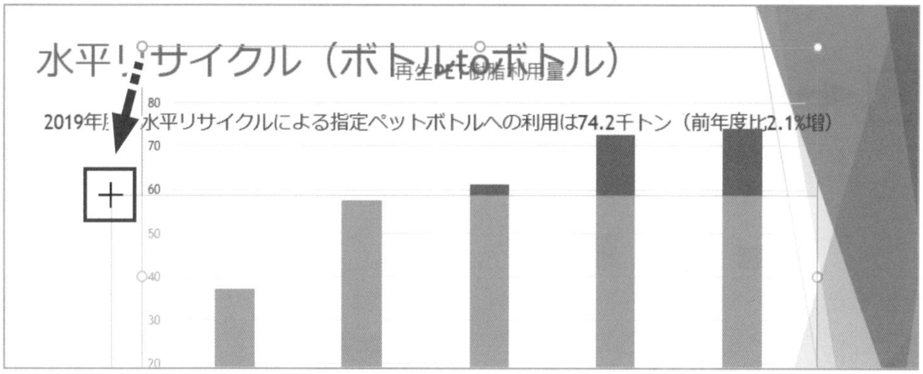

左図とまったく同じ位置である必要はありません。
グラフタイトルやその下のテキストボックスに重ならないサイズに調整します。

→ グラフのサイズを調整できました。

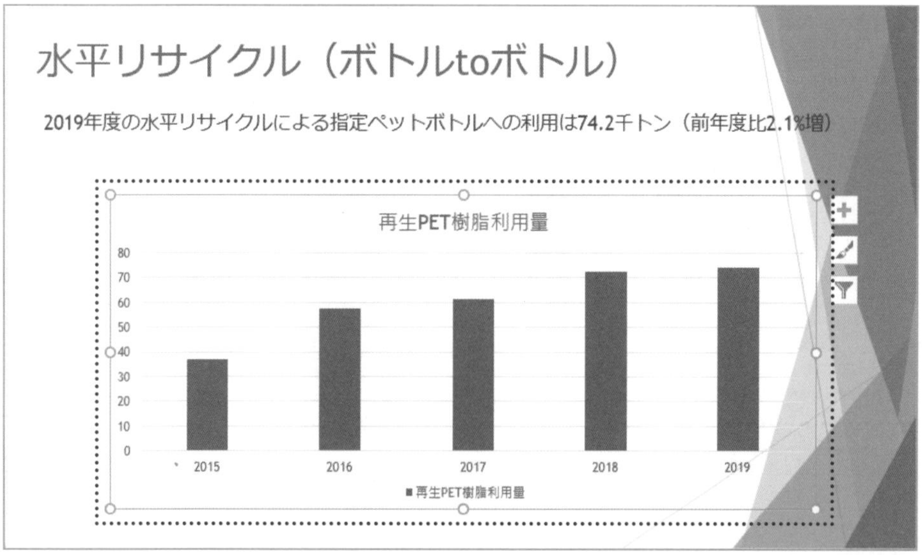

STEP グラフの位置を調整する

1 グラフの枠線上にマウスポインターを合わせます。

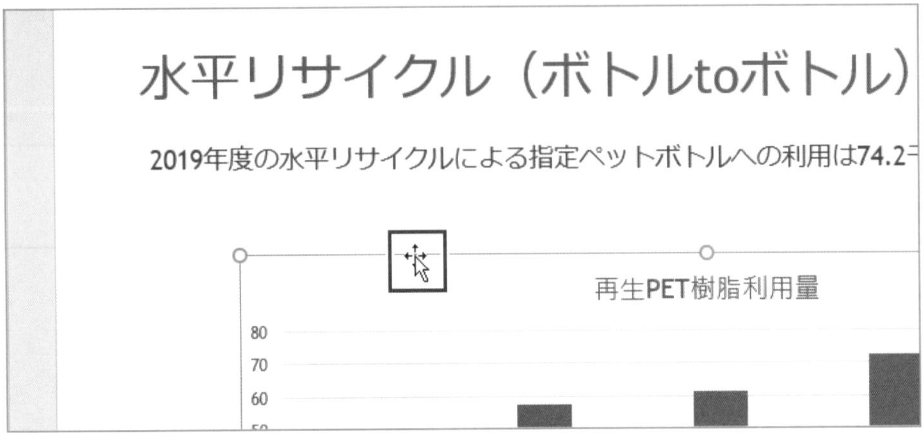

→ マウスポインターの形が に変わります。

2 下図のように左方向へドラッグします。

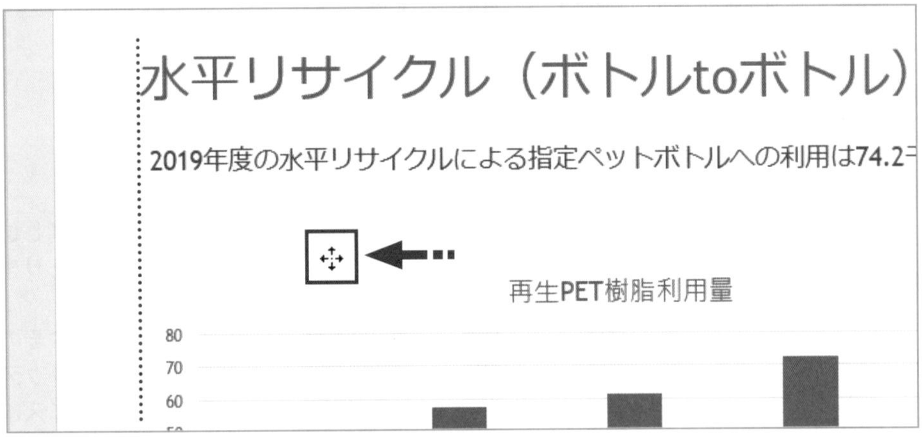

左図とまったく同じ位置である必要はありません。
グラフの左端と文字列"水平リサイクル～"の左端を揃えるようにします。

→ グラフの位置を調整できました。

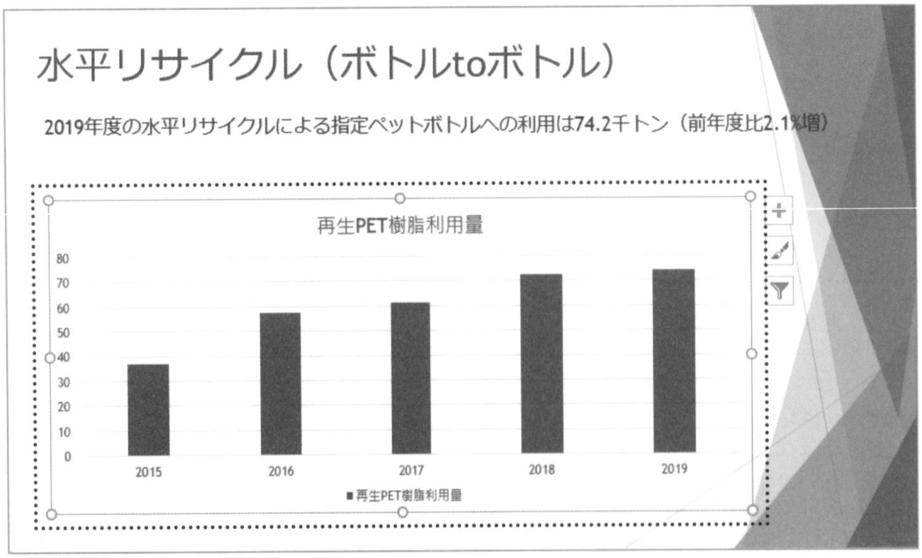

LESSON 3 グラフの要素を修正、追加する

グラフに軸ラベルやデータラベルなどの要素を追加すると、よりグラフの内容が分かりやすくなります。たとえば、軸ラベルを追加して数値の単位などを入力する、データラベルを追加して各項目の数値が明確に分かるようにするといった使い方ができます。

グラフの各要素 (縦棒グラフの例)

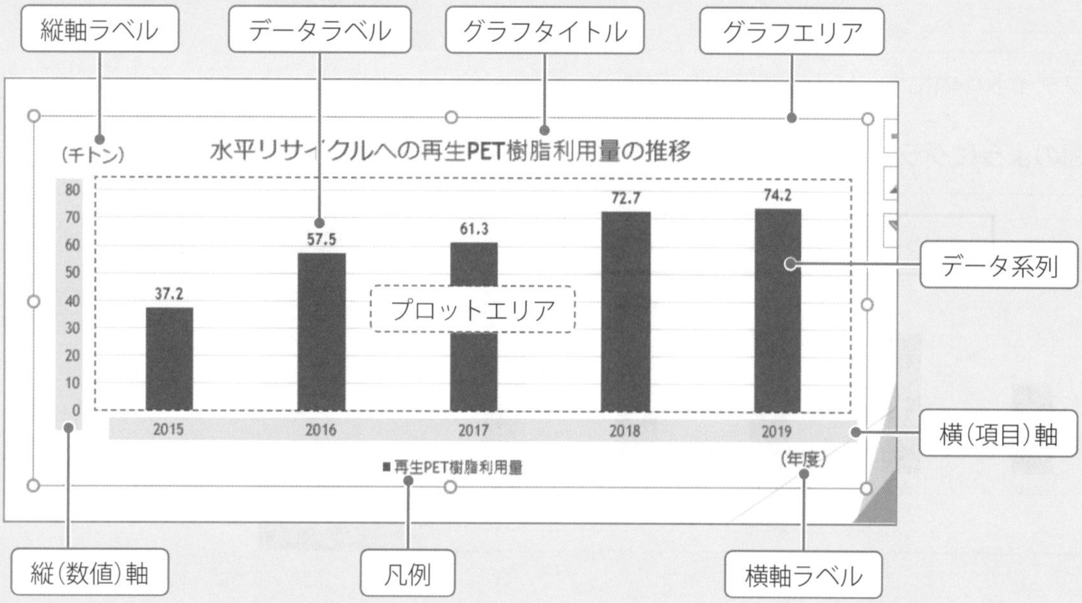

STEP グラフタイトルを修正する

1 グラフタイトルをクリックします。

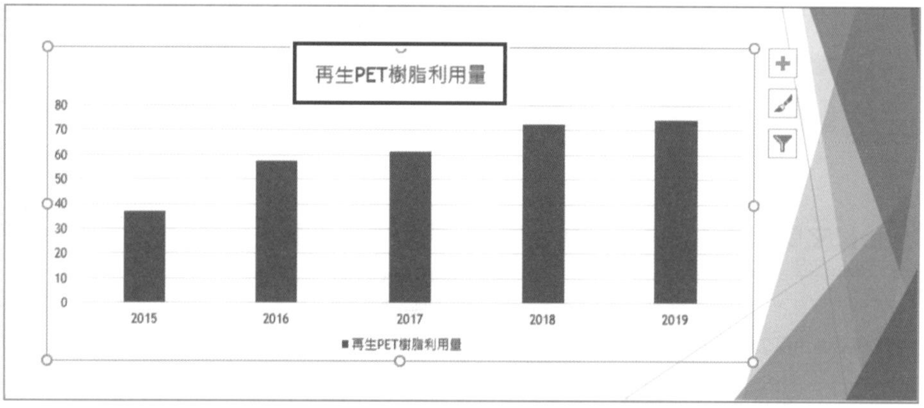

→ グラフタイトルが選択された状態になります。

2 もう一度グラフタイトルをクリックします。

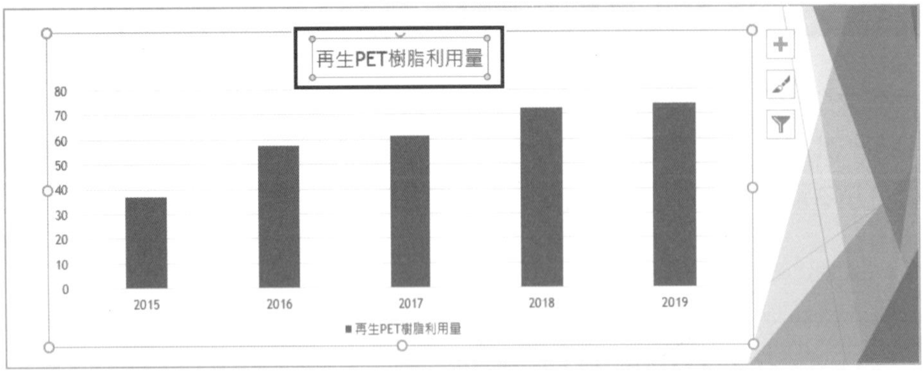

最初のクリックで選択した状態になり、次のクリックでカーソルが表示された状態になります。
ダブルクリックではないので注意してください。

→ グラフタイトル内にカーソルが表示されます。

3 下図のようにグラフタイトルを入力します。

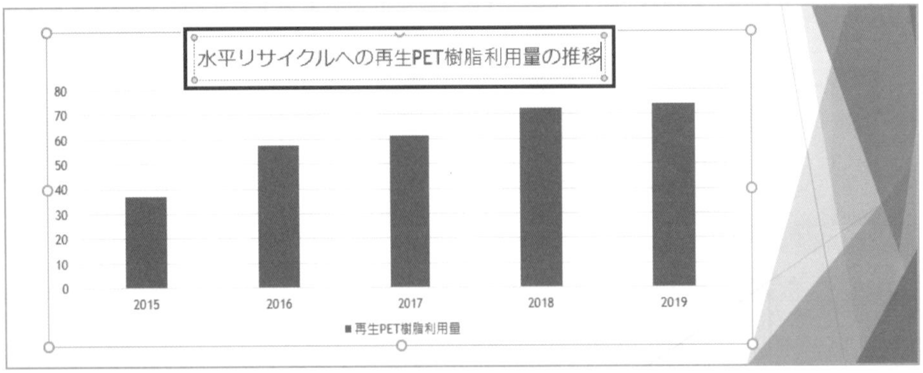

カーソルの位置は←キー、→キーで自由に動かすことができます。

STEP データラベルを追加する

1 ［グラフ要素］をクリックします。

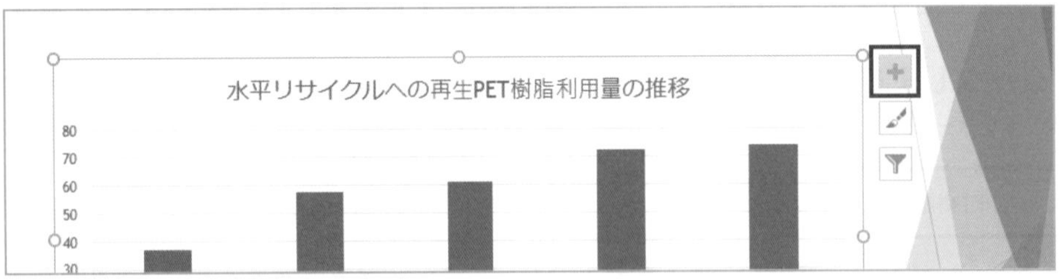

［グラフ要素］が表示されていない場合は、グラフ内をクリックします。

→ 要素の一覧が表示されます。

2 一覧の［データラベル］にマウスポインターを合わせて、表示された▶をクリックします。

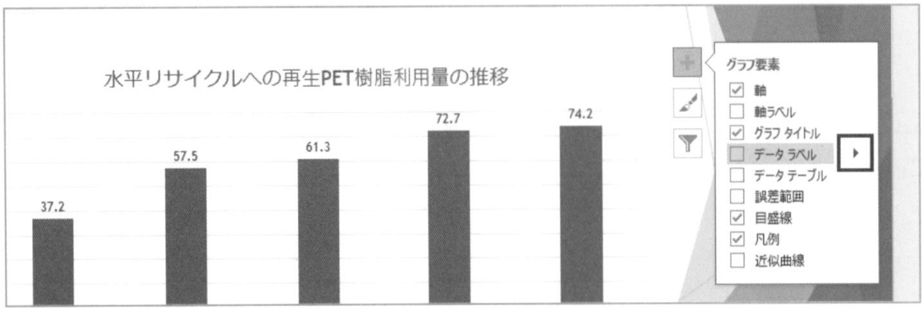

→ データラベルを表示する位置の一覧が表示されます。

3 一覧から［外側］をクリックします。

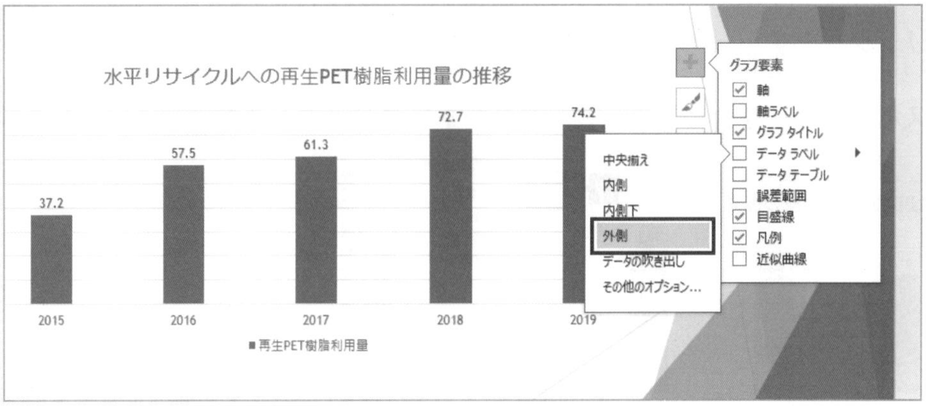

それぞれの位置にマウスポインターを合わせるとプレビューが確認できるので、どのような位置に配置されるか確認できます。

4 ［グラフ要素］をクリックします。

→ グラフ要素の一覧が閉じて、データラベルを追加できました。

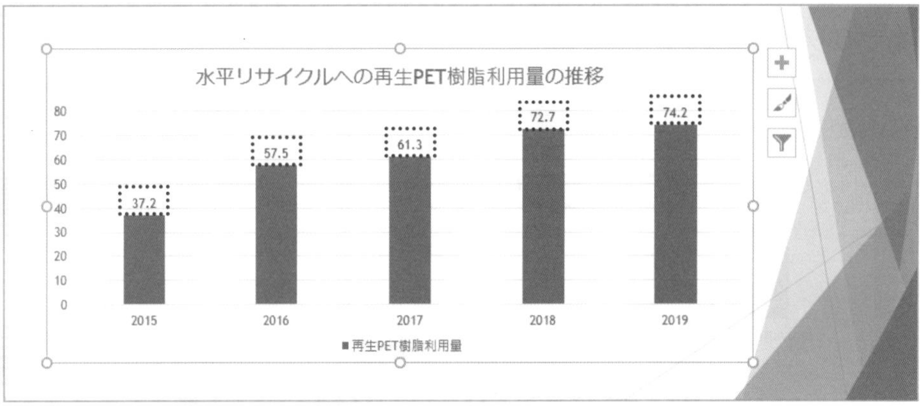

データシートに入力した数値と同じ数値が表示されます。
特にPowerPointは表計算ソフトとは違い、グラフだけで見せることも多いため、データラベルやデータテーブルなどのグラフ要素は役立ちます。

STEP 軸ラベルを追加する

1 ［グラフ要素］をクリックします。

2 ［軸ラベル］にマウスポインターを合わせて、表示された▶をクリックします。

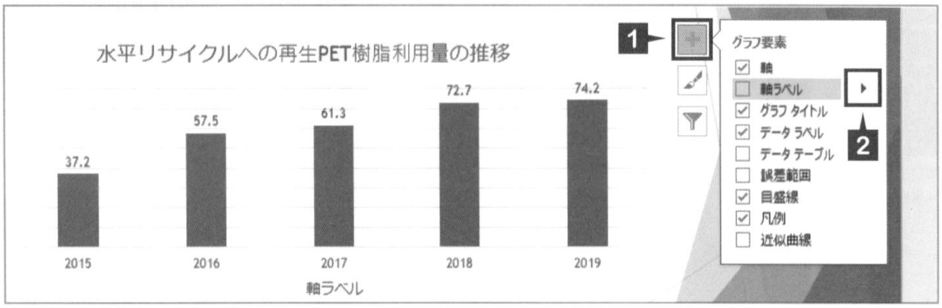

→ 軸ラベルの種類（第１横軸、第１縦軸）が表示されます。

3 一覧から［第１横軸］をクリックします。

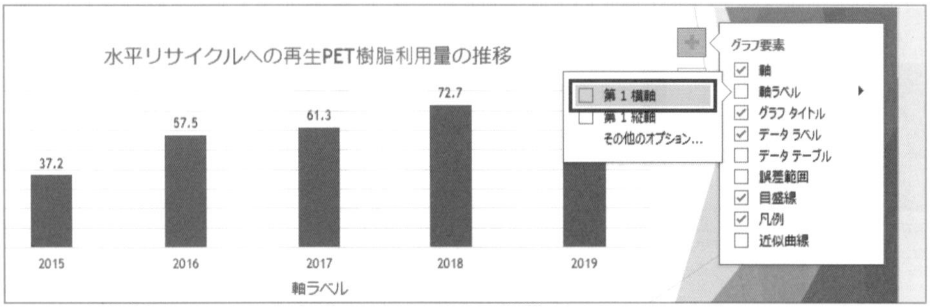

→［第１横軸］のチェックボックスがオンになります。

4 続けて［第１縦軸］もクリックします。

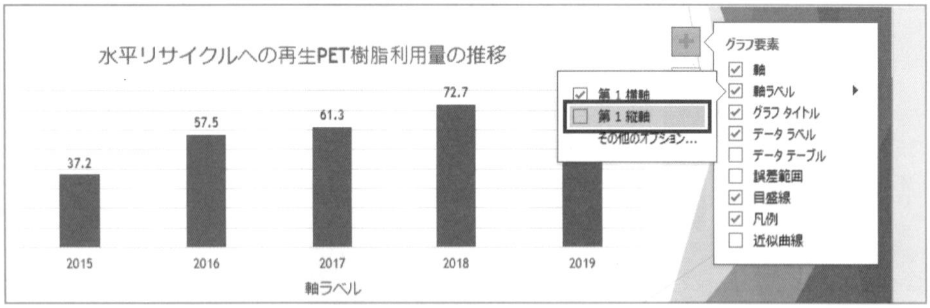

操作後、［グラフ要素］をクリックして閉じておきます。

→ 軸ラベルが追加できました。

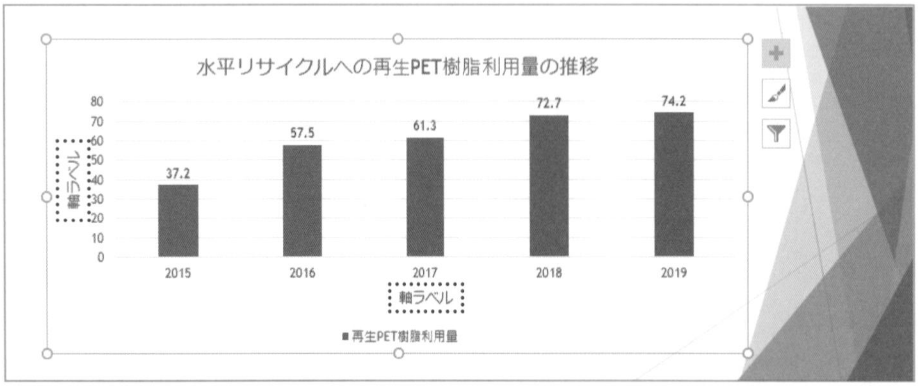

この時点では“軸ラベル”と入力されていますが、この後修正します。

STEP 横軸ラベルの文字や位置を変更する

1 横軸ラベル内をクリックします。

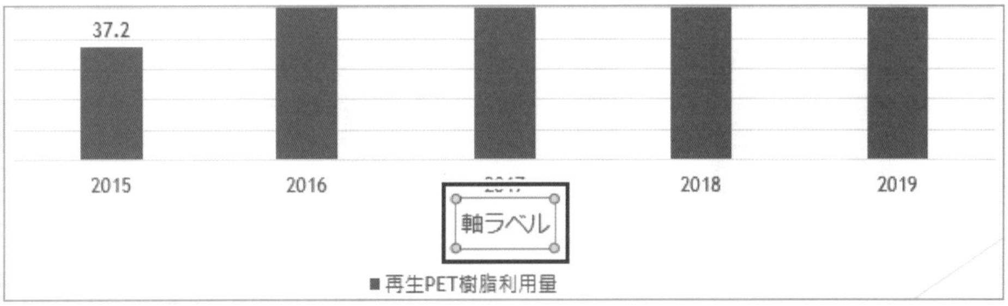

→ 横軸ラベルが選択されます。

2 もう一度、横軸ラベル内をクリックしてカーソルを表示し、下図のように入力します。

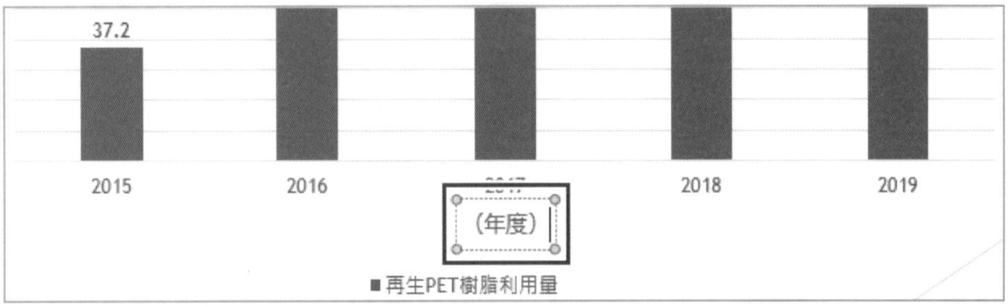

→ 横軸ラベルの文字列を修正できました。

3 横軸ラベルの枠線にマウスポインターを合わせます。

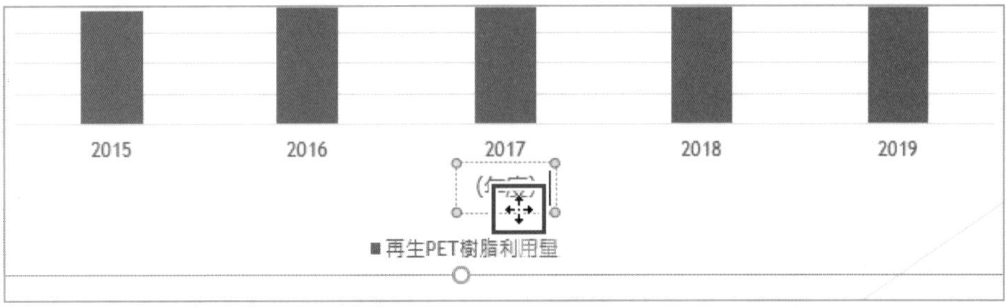

→ マウスポインターの形が ✣ に変わります。

4 下図のように右方向にドラッグします。

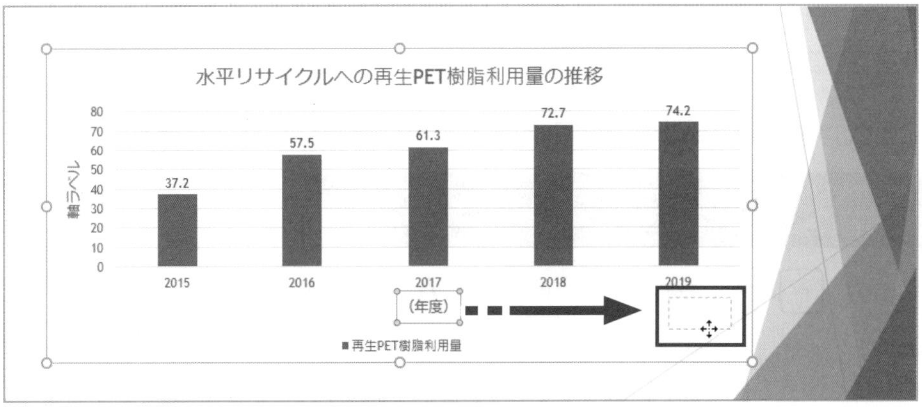

左図とまったく同じ位置である必要はありません。

→ 横軸ラベルの位置を調整できました。

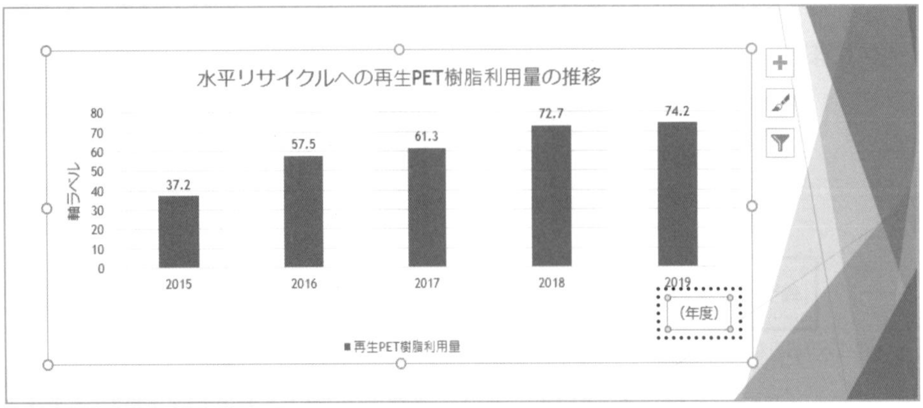

STEP 縦軸ラベルの文字や向きを変更する

1 縦軸ラベル内でクリックします。

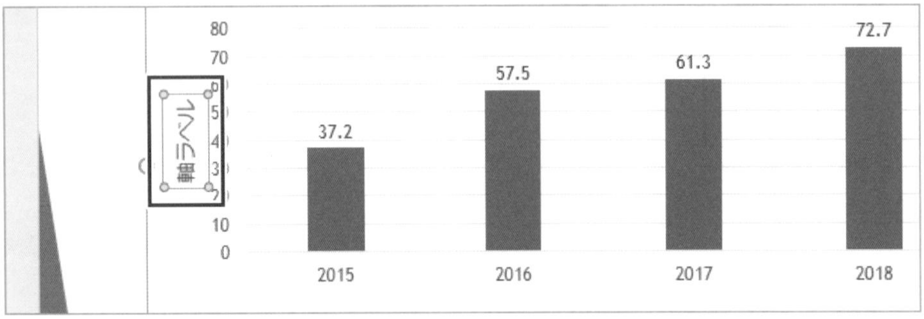

→ 縦軸ラベルが選択されます。

2 もう一度、縦軸ラベル内をクリックしてカーソルを表示し、下図のように入力します。

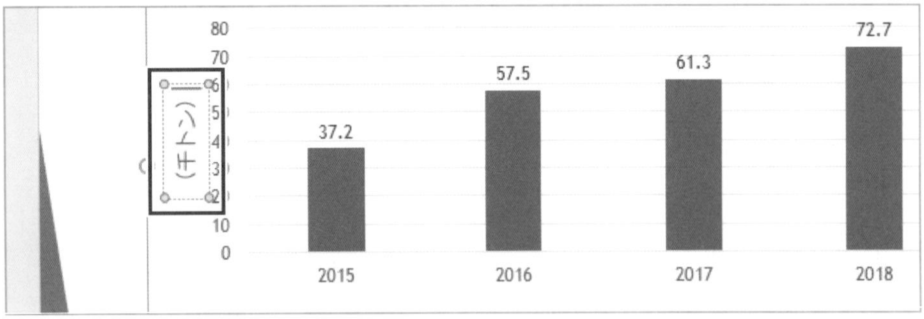

入力後は縦軸ラベル内にカーソルがある状態のまま次の操作を行ってください。

→ 縦軸ラベルの文字列を修正できました。このままラベルの向きを変更します。

3 ［グラフツール］の［書式］タブの［選択対象の書式設定］ボタンをクリックします。

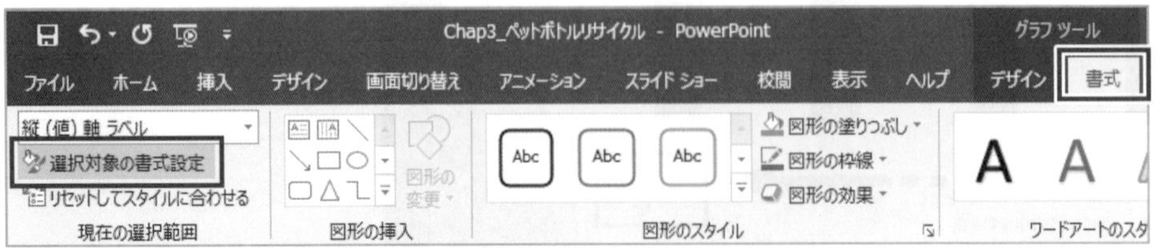

→ 画面の右側に［軸ラベルの書式設定］作業ウィンドウが表示されます。

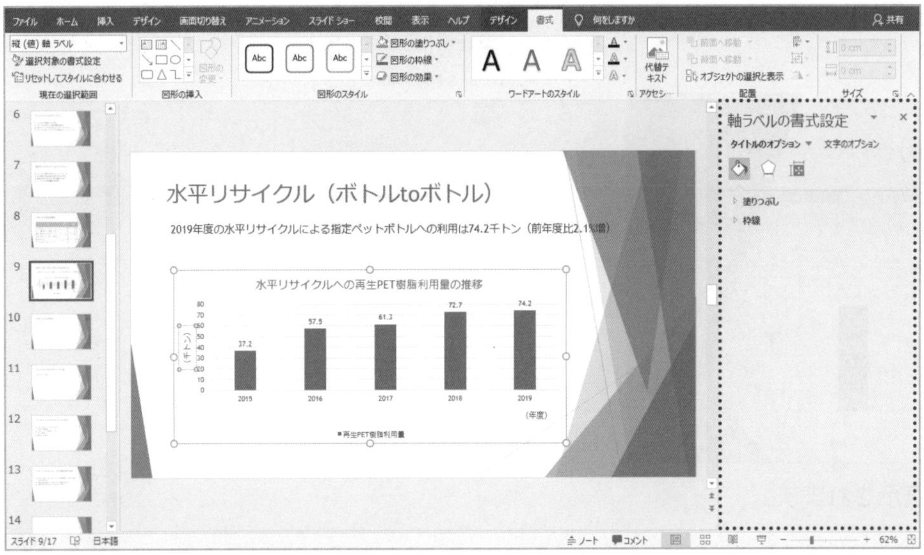

［軸ラベルの書式設定］作業ウィンドウでは、軸ラベルに関する詳細な設定を行うことができます。
作業ウィンドウはダイアログボックスとは違って、変更した内容が即時に適用されます。

4 ［軸ラベルの書式設定］作業ウィンドウの［文字のオプション］をクリックします。

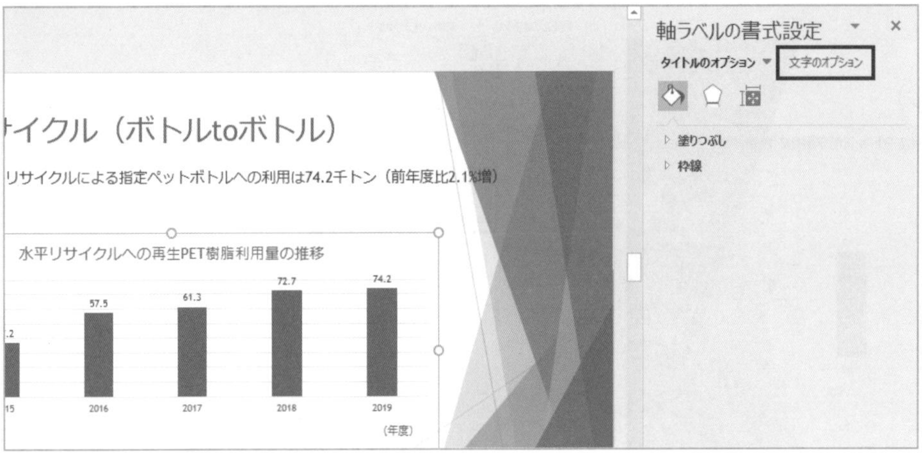

→［軸ラベルの書式設定］作業ウィンドウの内容が"文字のオプション"に関するものに変わります。

5 ［軸ラベルの書式設定］作業ウィンドウの［テキストボックス］をクリックします。

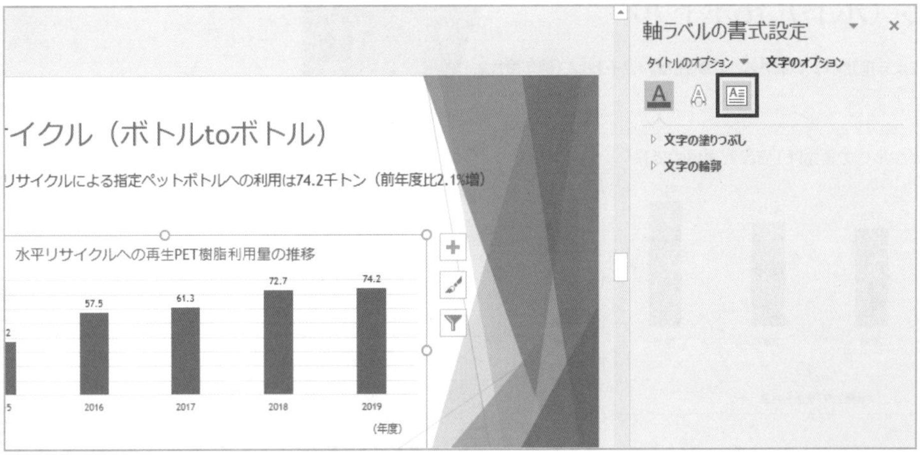

→［軸ラベルの書式設定］作業ウィンドウの内容が"テキストボックス"に関するものに変わります。

6 ［軸ラベルの書式設定］作業ウィンドウの［文字列の方向］ボックスの▼をクリックします。

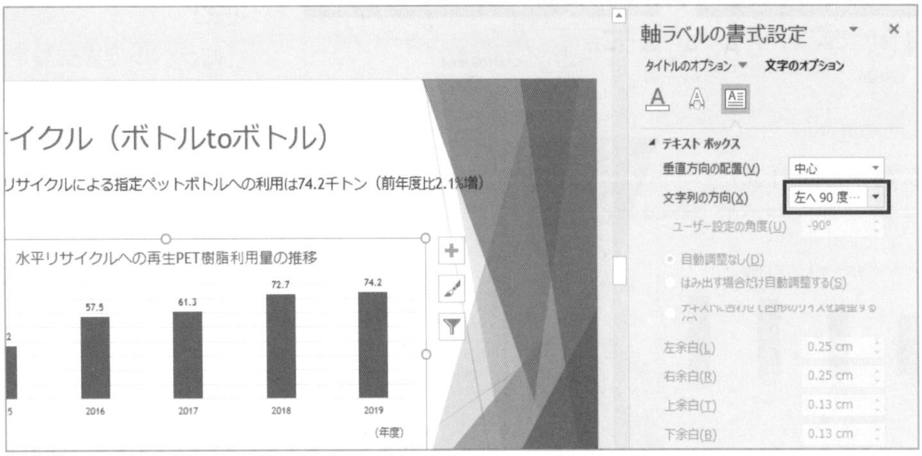

→ 文字列の方向の一覧が表示されます。

7 一覧から［横書き］をクリックします。

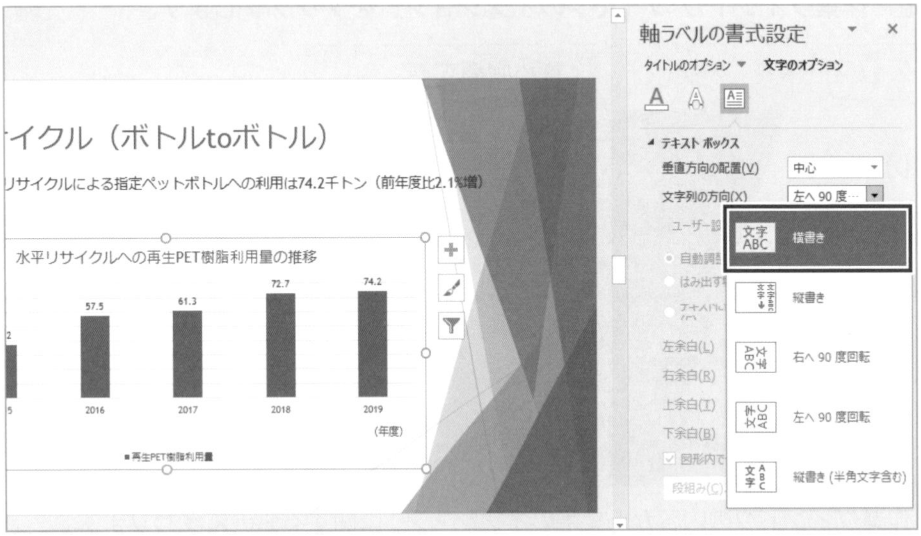

→ 縦軸ラベルの文字列の向きを横書きに変更できました。

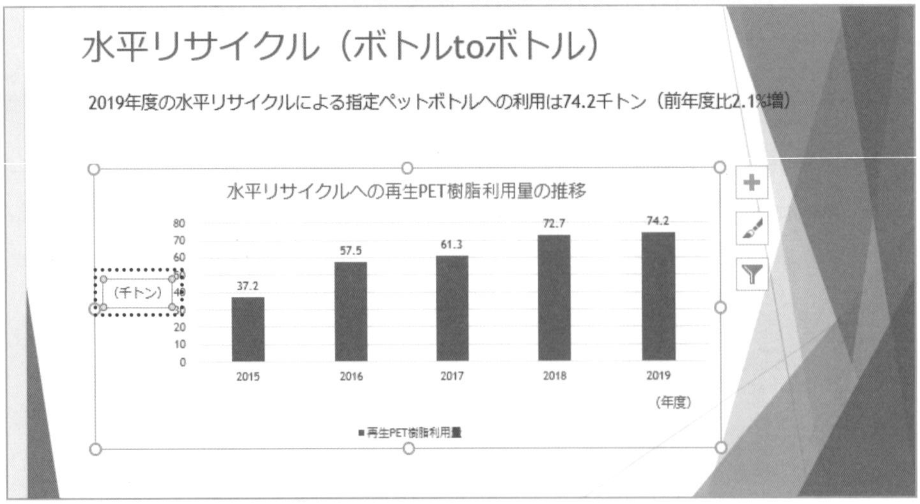

8 ［軸ラベルの書式設定］作業ウィンドウの閉じるボタンをクリックします。

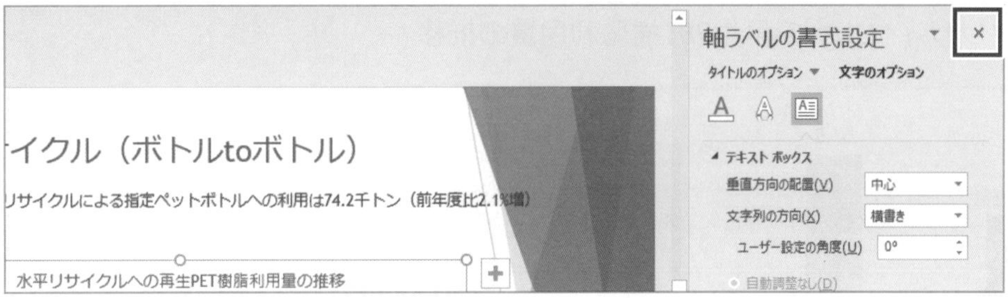

→［軸ラベルの書式設定］作業ウィンドウが非表示になりました。

9 横軸ラベルの移動と同様の操作方法で、縦軸ラベルを下図の位置に移動します。

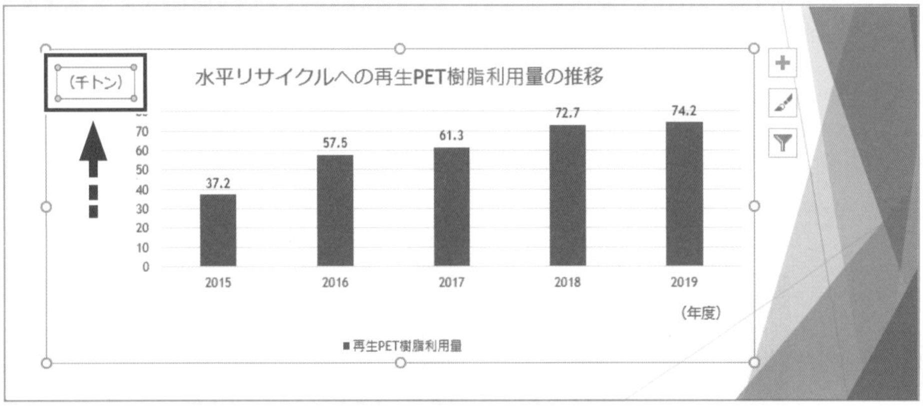

STEP プロットエリアのサイズを変更する

1 下図のようにマウスポインターを移動して“プロットエリア”と表示されるエリアをクリックします。

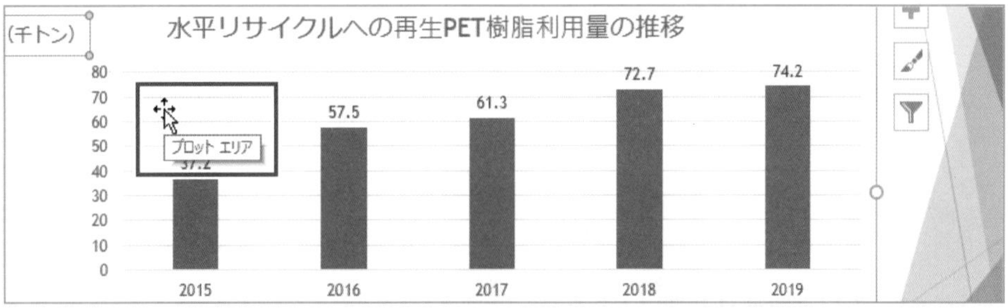

プロットエリアとは、実際にグラフ（データ系列）が描画されている範囲のことです。

→ プロットエリアが選択されます。

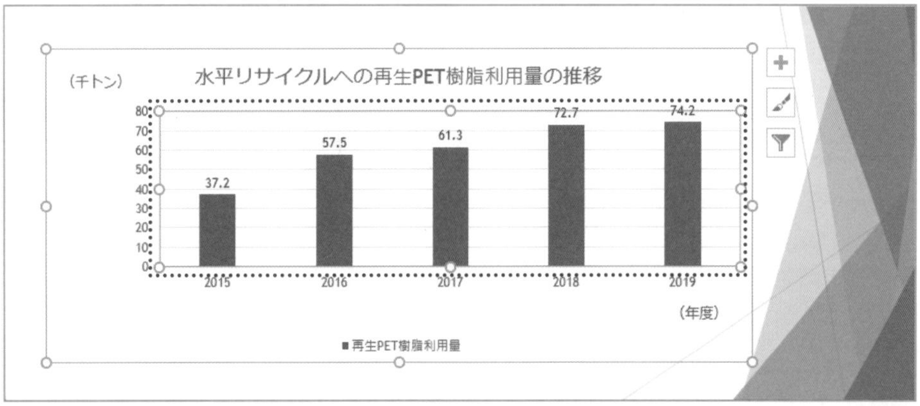

プロットエリアの周囲に枠線とサイズ変更ハンドルが表示されます。

2 プロットエリアの左辺のサイズ変更ハンドルにマウスポインターを合わせます。

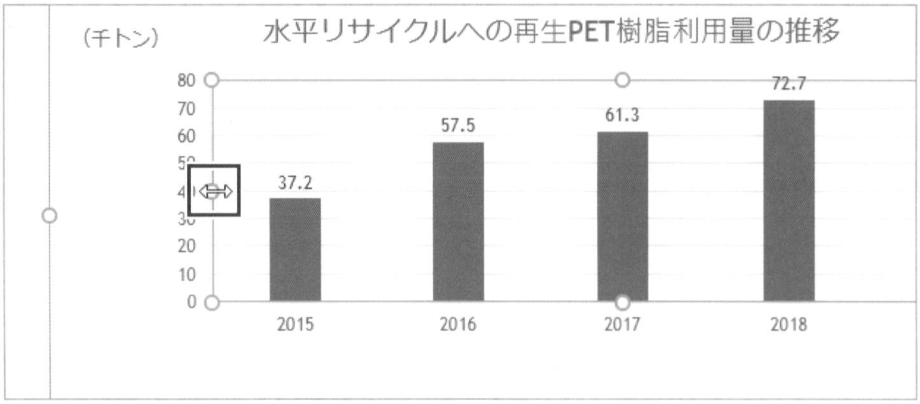

→ マウスポインターの形が ⇔ に変わります。

3 下図のように左方向へドラッグします。

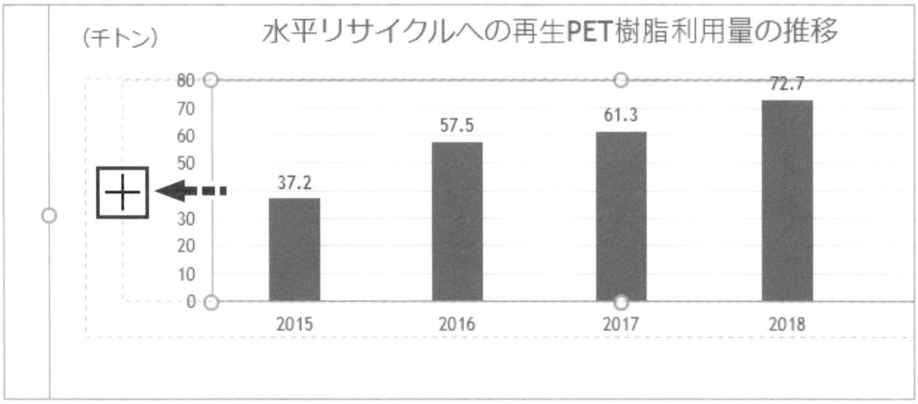

→ プロットエリアの横幅が広がります。

4 下図のように横軸ラベルをグラフエリアの右下端にドラッグして移動します。

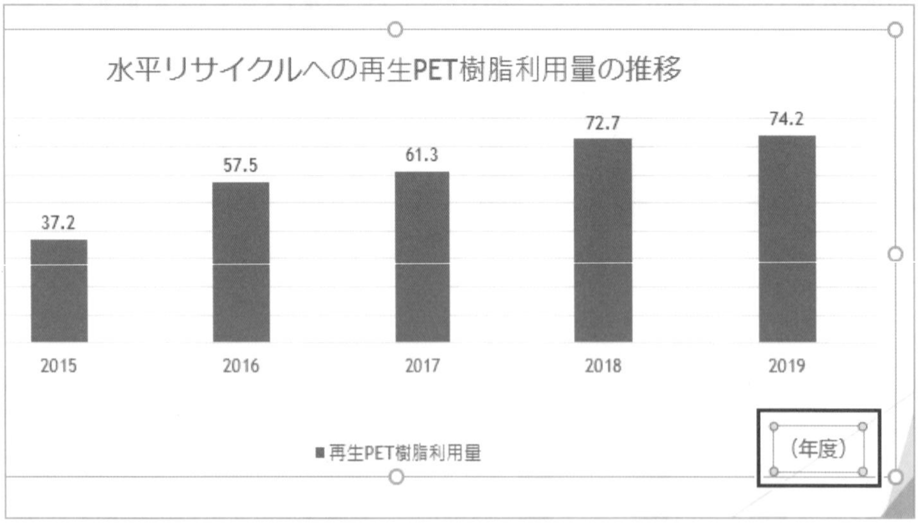

この後プロットエリアを下方向に広げるため、グラフエリアの下端に揃えるように横軸ラベルを移動しておきます。

5 再度プロットエリア内をクリックして選択します。

6 プロットエリアの下辺のサイズ変更ハンドルにマウスポインターを合わせます。

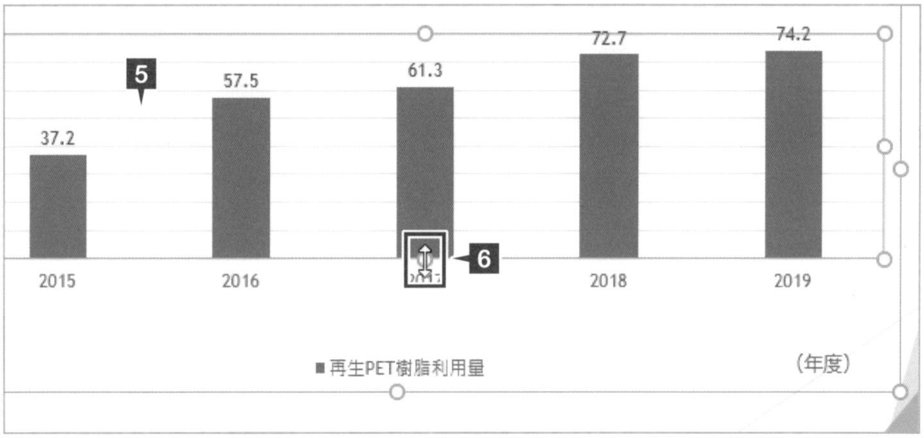

→ マウスポインターの形が⇕に変わります。

7 下図のように下方向へドラッグしてプロットエリアのサイズを広げます。

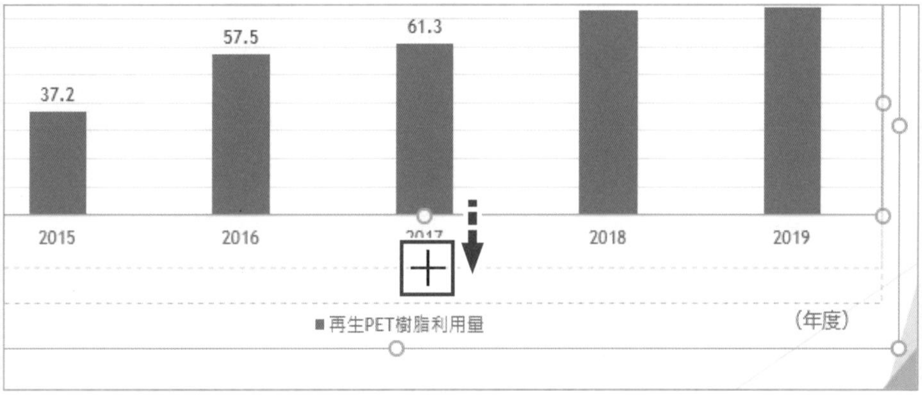

横軸ラベルの"（年度）"の上端に揃うようにドラッグします。

→ グラフの各要素をきれいに配置することができました。

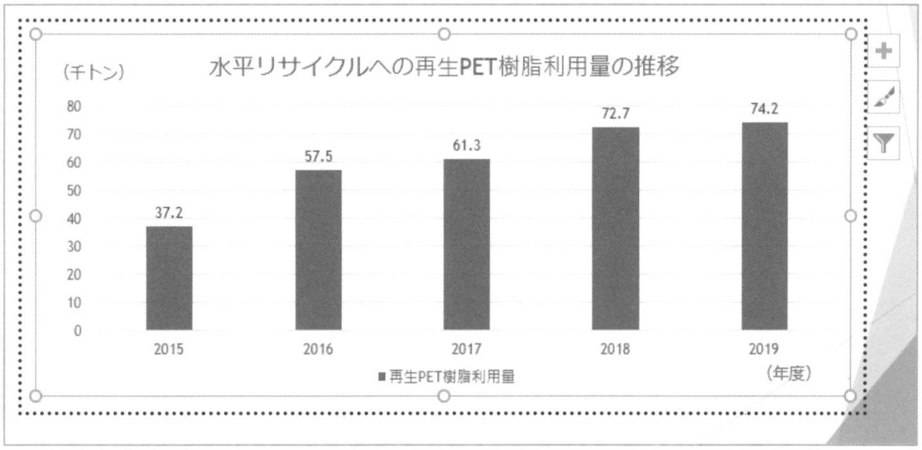

One Point グラフに表示するデータを絞り込むには

たとえばグラフに表示しなくてもよいデータがある場合は、データシートから削除することでも対処できますが、データを絞り込んで表示する機能を利用するほうが、必要に応じてデータを再表示できるため便利です。

① グラフを選択して [グラフフィルター] をクリックします。
② 表示しなくてもよいデータのチェックボックスをクリックしてオフにします。
③ [適用] をクリックします。

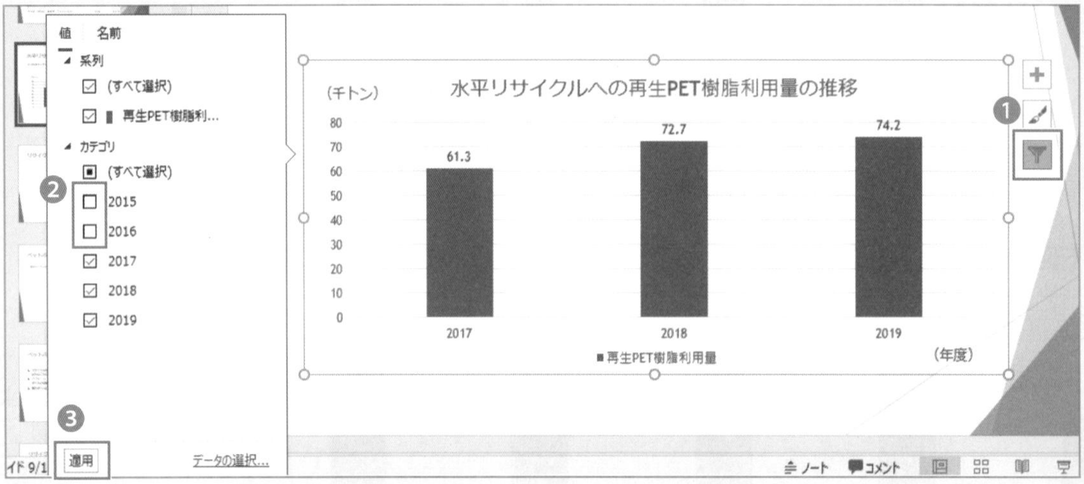

One Point グラフの要素を削除するには

グラフ内の特定の要素を削除したい場合は、対象の要素をクリックして選択し、Delete キーを押します。また、[グラフ要素] をクリックして、削除したい要素のチェックボックスをオフにする方法でも要素を削除することができます。

LESSON 4 グラフのスタイルを変更する

グラフの全体的なデザインは、グラフスタイルの機能を使用することで、スライドのデザインや内容に合うものに簡単に変更することができます。

STEP グラフスタイルを変更する

1 ［グラフツール］の［デザイン］タブの［グラフスタイル］の［その他］ボタンをクリックします。

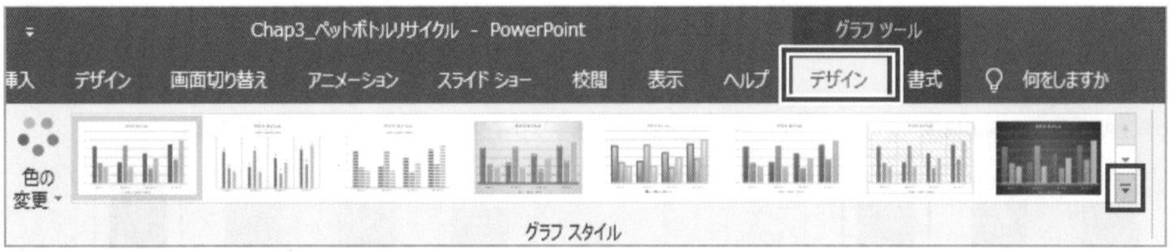

→ グラフスタイルの一覧が表示されます。

2 一覧から下図のスタイルをクリックします。

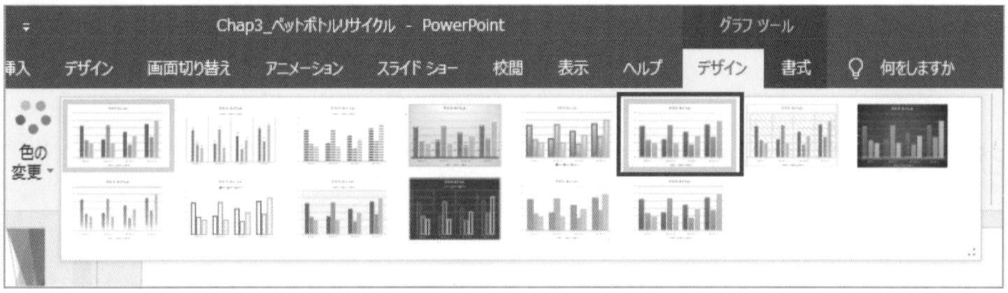

スタイルの順番が左図とは異なることもあります。

→ グラフのスタイルを変更できました。

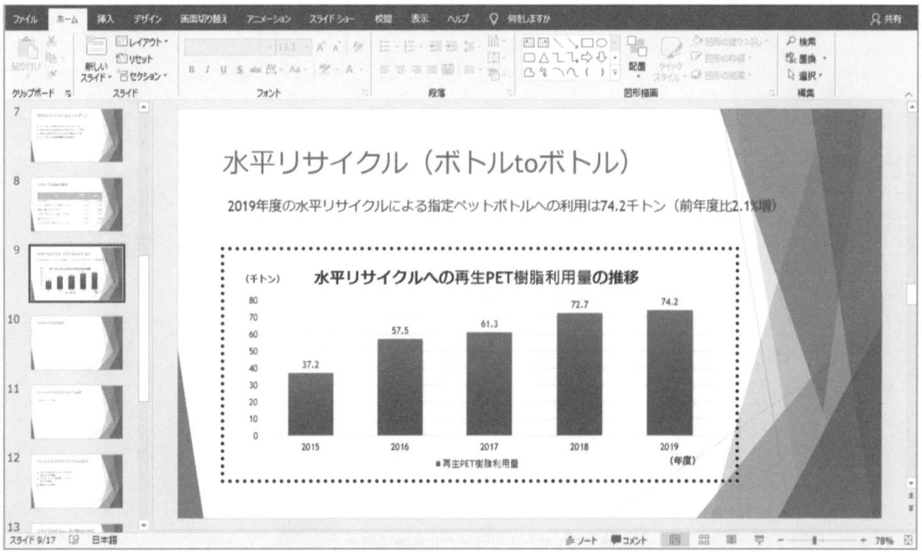

左図とは違うスタイルを適用してもかまいません。

3 ファイルに「Chap3_ ペットボトルリサイクル完成」と名前を付けて保存して閉じましょう。

OnePoint 特定のデータ系列の色を変更するには

グラフ内の特定のデータ系列の色を変更するには、目的のデータ系列を一度クリックした後、再度同じデータ系列をクリックします。すると、そのデータ系列の周囲にだけハンドルが表示されます。
次に［グラフツール］の［書式］タブの［図形の塗りつぶし］ボタンの▼をクリックして任意の色を指定すれば、特定のデータ系列の色を変更することができます。
なお、特定のデータ系列のみ色を変えたことで凡例の表示が変化することもあります。

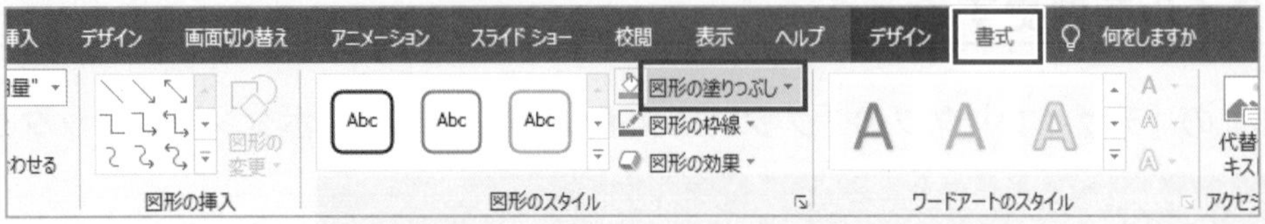

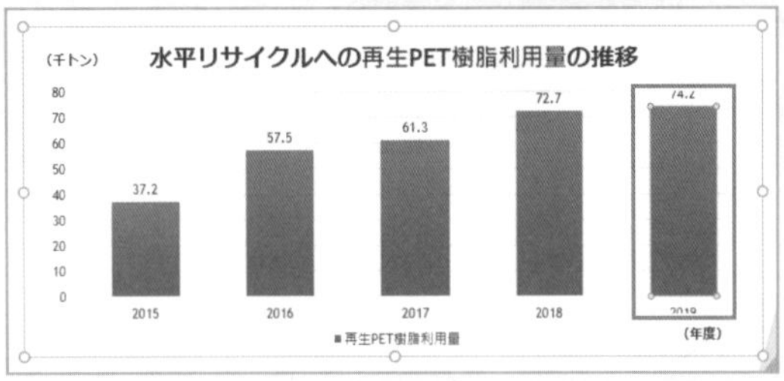

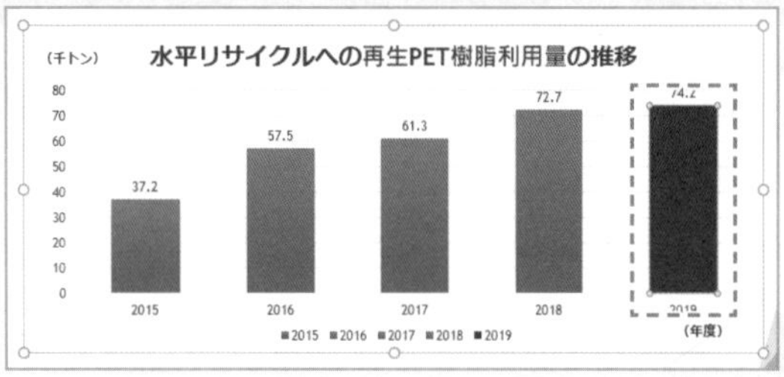

OnePoint グラフを別のスライドに移動するには

グラフを別のスライドに移動するには、グラフエリアをクリックしてグラフ全体を選択し、［ホーム］タブの［切り取り］ボタンをクリックします。スライドサムネイルで移動先のスライドに切り替え、［ホーム］タブの［貼り付け］ボタンをクリックします。

OnePoint データの出典（引用元）の表記

グラフにデータの出典（引用元）を記載したい場合は、テキストボックス（P.59を参照）を描画して、グラフの近くに配置します。

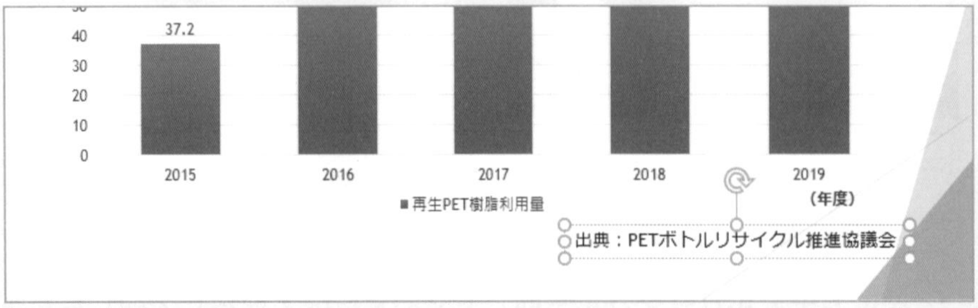

学習のまとめ | CHAPTER 3 章末練習問題

【章末練習問題 1】表の挿入

スクール _PowerPoint 2019 ▶ CHAPTER3 ▶ 章末練習問題 ▶ 「Chap3_ コワーキングスペースのご案内 _ 問題 1」

1 ファイル「Chap3_ コワーキングスペースのご案内 _ 問題 1」を開きましょう。

2 スライド 6 に 5 行 4 列の表を挿入しましょう。

3 表を " タイトルを入力 " のプレースホルダーの下に移動しましょう。

4 以下のように、表に文字列を入力しましょう。

プラン	利用可能時間	申し込み番号	料金
平日昼間プラン	8:30～17:00	11	5,000円（月額）
昼間＆夜間プラン	8:30～21:00	12	7,500円（月額）
専用ブース	8:30～21:00	21	15,000円（月額）
ドロップイン（非会員）	10:00～17:00	31	1,000円（1日）

5 表の 3 行目と 4 行目の間に 1 行挿入して、以下のように入力しましょう。

平日土日昼間＆夜間プラン	8:30～21:00	13	10,000円（月額）

6 表の 3 列目（申し込み番号）を削除しましょう。

7 完成例を参考にして、表の列の幅や行の高さを調整しましょう。その際、"利用可能時間 " と " 料金 " の列幅は等しくなるように調整しましょう。

8 表にスタイル " 中間スタイル 1- アクセント 3" を設定しましょう。

9 完成例を参考にして、表内の文字列の配置を設定しましょう。

10 ファイルに「Chap3_ コワーキングスペースのご案内 _ 問題 1 完成」と名前を付けて保存して閉じましょう。

<完成例>

利用価格表

プラン	利用可能時間	料金
平日昼間プラン	8:30～17:00	5,000円（月額）
昼間＆夜間プラン	8:30～21:00	7,500円（月額）
平日土日昼間＆夜間プラン	8:30～21:00	10,000円（月額）
専用ブース	8:30～21:00	15,000円（月額）
ドロップイン（非会員）	10:00～17:00	1,000円（1日）

【章末練習問題 2】グラフの挿入

スクール _PowerPoint 2019 ▶ CHAPTER3 ▶ 章末練習問題 ▶ P「Chap3_ コワーキングスペースのご案内 _ 問題 2」

1 ファイル「Chap3_ コワーキングスペースのご案内 _ 問題 2」を開きましょう。

2 スライド 7 に " 円グラフ " を挿入しましょう。

3 挿入したグラフのデータシートに以下のように入力しましょう。

	A	B	C	D	E
1		利用者割合			
2	IT・Web系	35			
3	デザイナー	15			
4	公務員	10			
5	会社員	8			
6	主婦・主夫	16			
7	学生	12			
8	その他	4			
9					

4 グラフを " タイトルを入力 " のプレースホルダーの下に移動しましょう。

※最後に微調整するのでこの時点ではおおよその位置でかまいません。

5 グラフタイトルを「利用者様の職業別比率」に修正しましょう。

6 データラベル " データの吹き出し " を追加しましょう。

7 " 凡例 " を削除しましょう。

※ P.134 の OnePoint「グラフの要素を削除するには」を参考にしてください。

8 グラフタイトルとデータラベルの吹き出しが重ならないよう、プロットエリアのサイズや位置を調整しましょう。

※円グラフのプロットエリアは以下の場所をクリックすると選択できます。

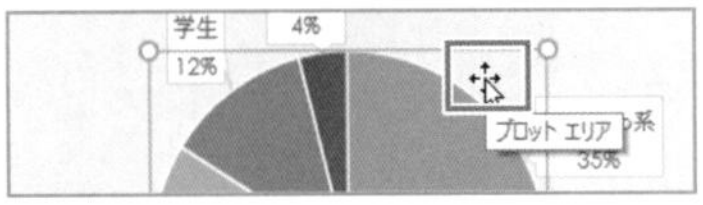

9 ファイルに「Chap3_ コワーキングスペースのご案内 _ 問題 2 完成」と名前を付けて保存して閉じましょう。

<完成例>

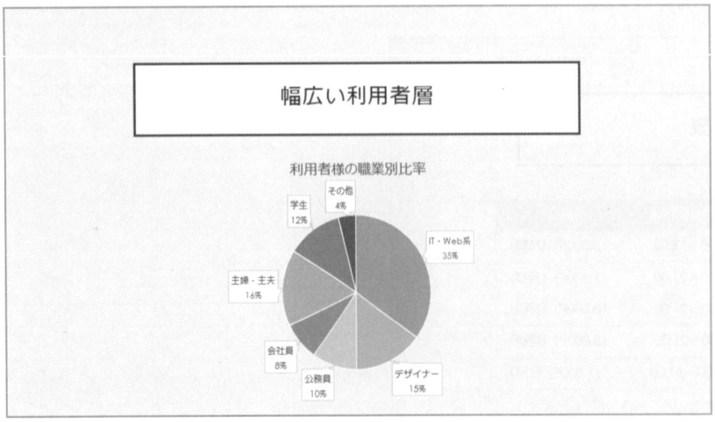

CHAPTER 4

スライドに画像や図形を挿入する

画像や図形などをスライドに含めると、参加者の理解を助け、よりイメージを膨らませることができます。
CHAPTER4 では画像の挿入方法、図形の描画方法を学習します。
また、スマートアートという図表を挿入する方法も学習します。

4-1 プレゼンテーションで画像を活用する

プレゼンテーションに**画像**（イラストや写真）を用いると、文章や口頭だけでは伝わりにくいことを理解しやすくする働きや、プレゼンテーションが単調にならないようメリハリを付けることができます。また、参加者の想像を膨らませたり、プレゼンテーションの説得力を高める効果もあります。

イメージの伝達に最適な写真の利用

たとえば、「プラスチックごみが捨てられている」、「リサイクルボックスにペットボトル以外のごみが捨てられている」と文章で書くだけよりも、具体的な**写真を添えることで、はっきりと参加者にイメージが伝達でき、説得力も増します**。

一方、参加者の注意を引くためだけに挿入された“イメージ写真”は、デザイン的には重宝しますが、そればかりではプレゼンテーションの訴求力は高まりません。なるべく伝えたい内容を具体的に表した写真を用意することを意識しましょう。

ペットボトルが捨てられている具体的な写真

ペットボトルと水辺のイメージ写真

スライドにアクセントを与えるイラストの利用

文字ばかりのスライドが続くと参加者はだんだんつまらなく感じてくるかもしれません。息抜きやアクセントのために**イラスト**を使うのもよい方法です。たとえば**文字だけで表現しているものをイラストやアイコンに置き換えるだけでもスライドの雰囲気が変わります**。

例1

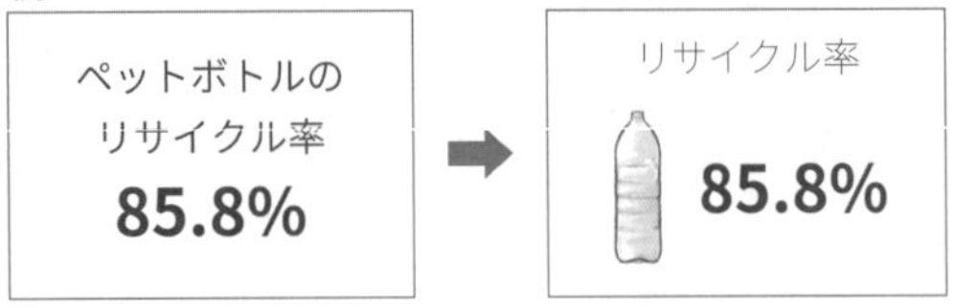

イラストを追加

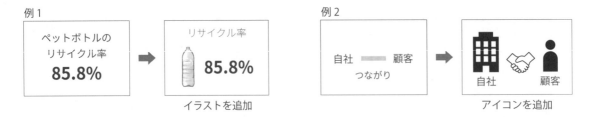

例2

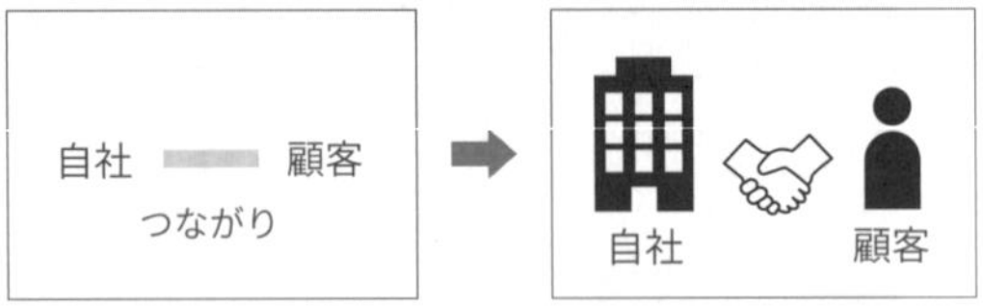

アイコンを追加

写真やイラストの入手方法

写真やイラストは自分で描いたり撮影したりする以外に、インターネットで検索すると無料で利用できるものも見つかります。利用の規約をよく読み、それらを利用すれば、より手軽に写真やイラストをプレゼンテーションに含めることができます。

LESSON 1 画像を挿入する

イラストや写真などの画像をスライドに挿入することで、より具体的なイメージを参加者に伝えることができます。
なお、スライドに挿入する画像は、あらかじめ自分で用意する必要があります。たとえばカメラで撮影した写真データをパソコンに取り込む、インターネットで無料配布されているイラストをダウンロードするなど事前の準備が必要です。

STEP スライドにイラストを挿入する

実習用データを開く：スクール _PowerPoint 2019 ▶ CHAPTER4 ▶ 「Chap4_ ペットボトルリサイクル」

1 スライドサムネイルのスライド 11 をクリックして選択します。

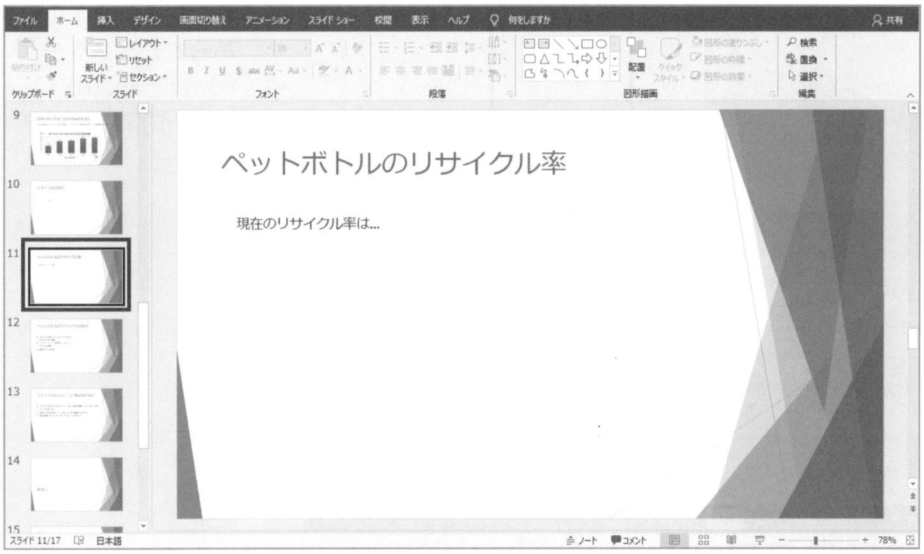

実習用データはインターネットからダウンロードできます。詳細は本書の P.（4）に記載されています。

スライド 11 は“タイトルのみ”のレイアウトになっています。“現在のリサイクル率は…”の文字列はテキストボックスで入力されています。

2 ［挿入］タブの［画像］ボタンをクリックします。

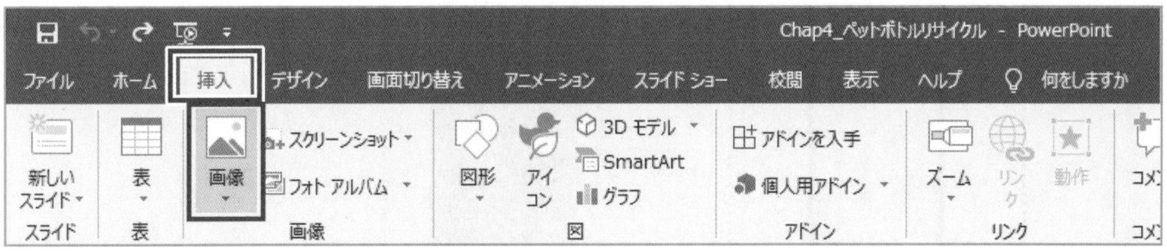

→ 画像の挿入元の一覧が表示されます。

3 一覧から［このデバイス］をクリックします。

"このデバイス"とは、現在使用している機器（パソコン）のことです。

→［図の挿入］ダイアログボックスが表示されます。

4 イラストのファイルが保存されている［CHAPTER4］フォルダーをダブルクリックします。

5 ［ペットボトル］をクリックします。

6 ［挿入］をクリックします。

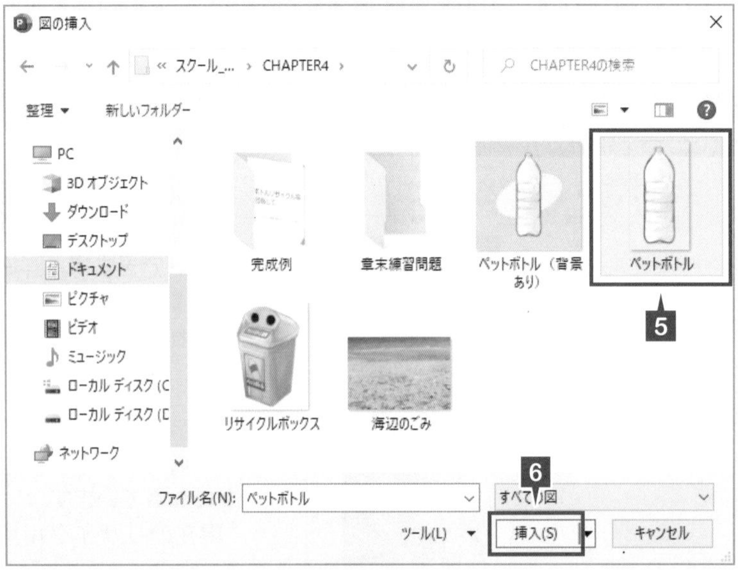

イラストのファイルは、本書で使用するサンプルファイルが収められた［スクール_PowerPoint2019］フォルダー内にあります。

→ スライドにイラストが挿入できました。

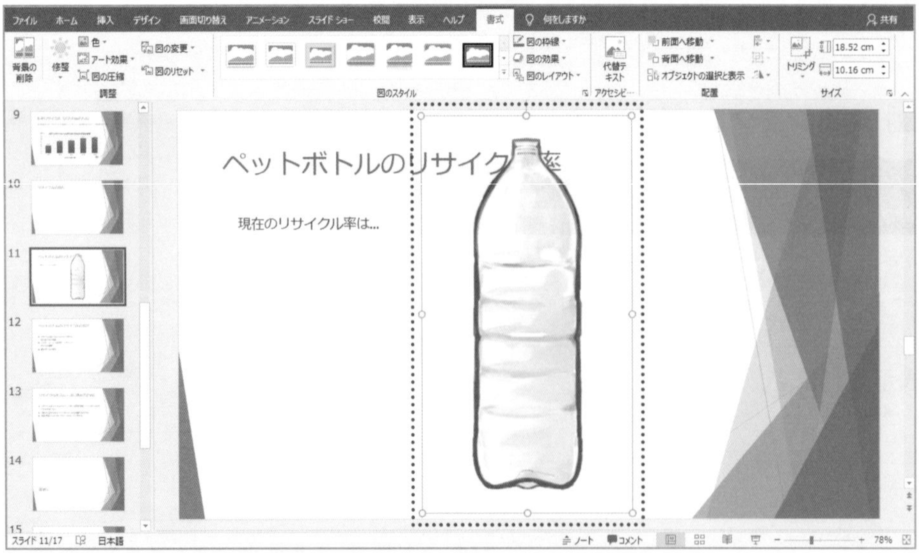

挿入された直後のイラストのサイズは、イラスト本来のサイズに関係するため、大きなものもあれば小さなものもあります。

7 スライドサムネイルのスライド 12 をクリックして選択します。

8 同様の方法で、イラストのファイル［リサイクルボックス］を挿入します。

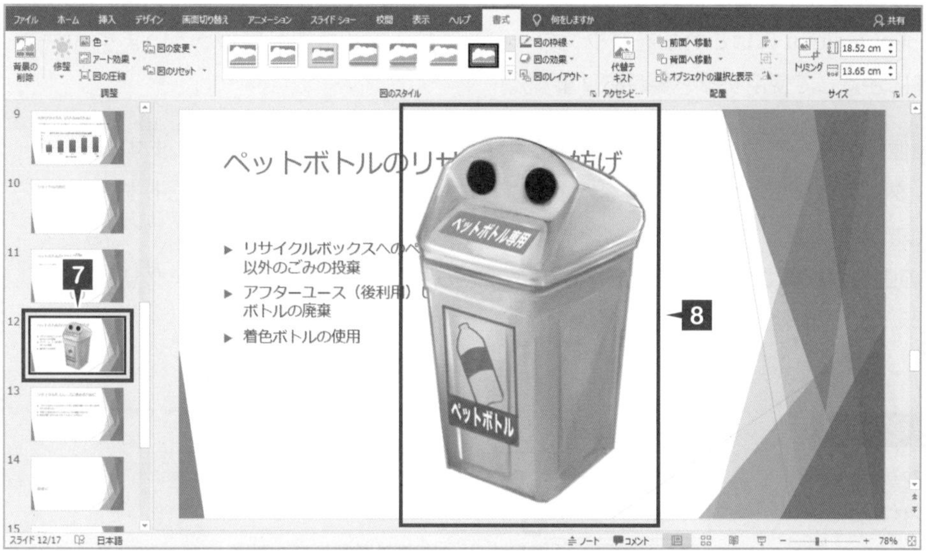

“リサイクルボックス”は先ほどと同じフォルダーに収められています。

STEP スライドに写真を挿入する

1 スライドサムネイルのスライド 5 をクリックして選択します。

2 イラストを挿入したときと同様の方法で、写真のファイル［海辺のごみ］を挿入します。

ファイルの種類が写真であってもイラストであっても、どちらも同じ操作で挿入できます。

OnePoint オンライン画像を挿入するには

画像が手元にない場合は、オンライン画像を挿入することもできます。オンライン画像とはインターネット上の画像のことで、PowerPoint にはこれらをダウンロードして挿入する機能が備わっています（オンライン画像も著作権に注意して使用する必要があります）。

① ［挿入］タブの［画像］ボタンをクリックし、一覧から［オンライン画像］をクリックします。
② ［オンライン画像］ダイアログボックスの［検索］ボックスに検索したい画像のキーワードを入力して Enter キーを押します。
③ インターネット上の画像が検索され一覧で表示されます。その中から挿入したい画像をクリックして選択します。
④ ［挿入］をクリックします。

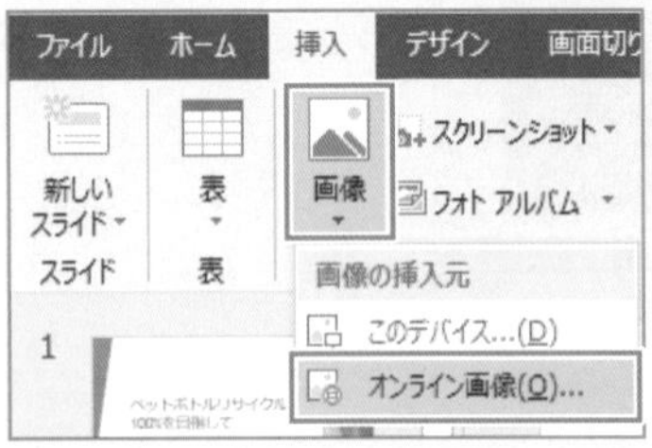

OnePoint アイコンを挿入するには

さまざまなモノや情報をシンプルな形で描き表した絵文字をアイコンといいます。アイコンは主に情報の視覚効果を高めたいときや、文字量を減らして省スペース化したいときに利用します。

メールアドレス：sample@sample.XX.XX ➡ ✉ sample@sample.XX.XX

アイコンを挿入するには、［挿入］タブの［アイコン］ボタンをクリックし、アイコンの一覧から挿入したいアイコンをクリックして［挿入］をクリックします。

LESSON 2 画像のサイズや位置を変更する

挿入したばかりの画像（イラストや写真）は自分の思った通りのサイズや位置ではないことが多いため調整が必要です。画像のサイズを調整するには周囲に表示されている**サイズ変更ハンドル**を使用します。位置を変更するには画像を任意の位置までドラッグします。

STEP 画像のサイズを変更する

1 スライドサムネイルのスライド 11 をクリックして選択します。

2 マウスポインターを画像に合わせて、マウスポインターの形が ✣ に変わったらクリックします。

ペットボトルのリサイクル率
現在のリサイクル率は…
1
2

この操作は画像を選択するための操作です。

→ 画像が選択され、周囲に枠線とサイズ変更ハンドルが表示されます。

3 画像の枠線の右上のサイズ変更ハンドルにマウスポインターを合わせます。

ペットボトルのリサイクル率
現在のリサイクル率は…

今回は右上のハンドルを使用しますが、それ以外のハンドルでもサイズ変更できます。ただし、四辺の中央にあるハンドルは画像の縦横の比率が変わってしまうため注意が必要です。

→ マウスポインターの形が ⤢ に変わります。

4 下図のように左下方向にドラッグします。

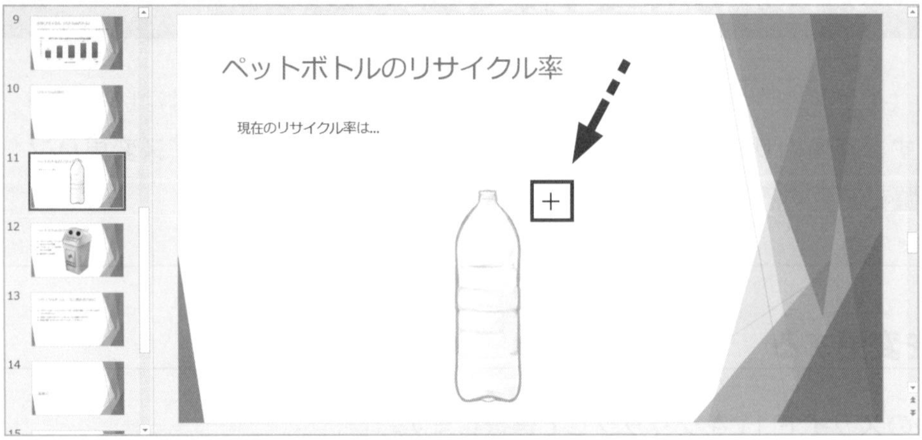
ペットボトルのリサイクル率
現在のリサイクル率は...

→ 画像のサイズを変更できました。

ペットボトルのリサイクル率
現在のリサイクル率は...

STEP 画像の位置を調整する

1 マウスポインターを画像に合わせます。

ペットボトルのリサイクル率
現在のリサイクル率は...

このとき画像は、選択していてもしていなくてもかまいません。

→ マウスポインターの形が に変わります。

2 下図のように左方向にドラッグします。

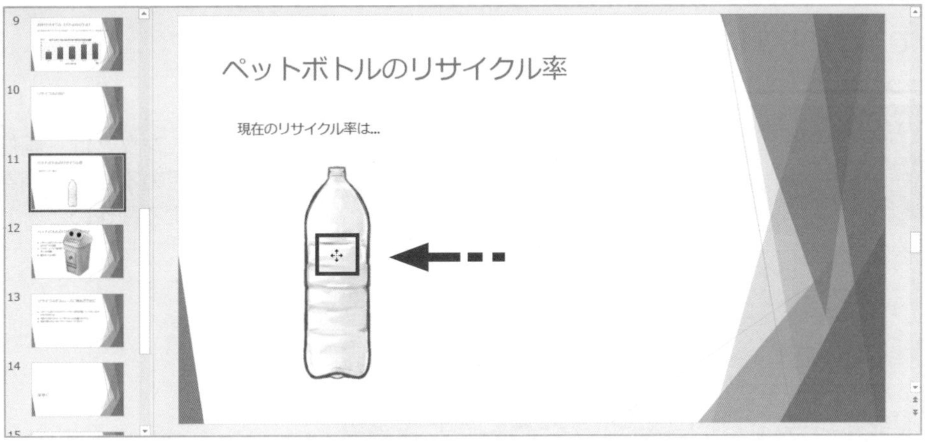
ペットボトルのリサイクル率
現在のリサイクル率は...

水平や垂直に移動したい場合は、Shift キーを押しながらドラッグします。
なお、Shift キーを離すタイミングはドラッグが終了してからです。

→ 画像の位置を調整しました。

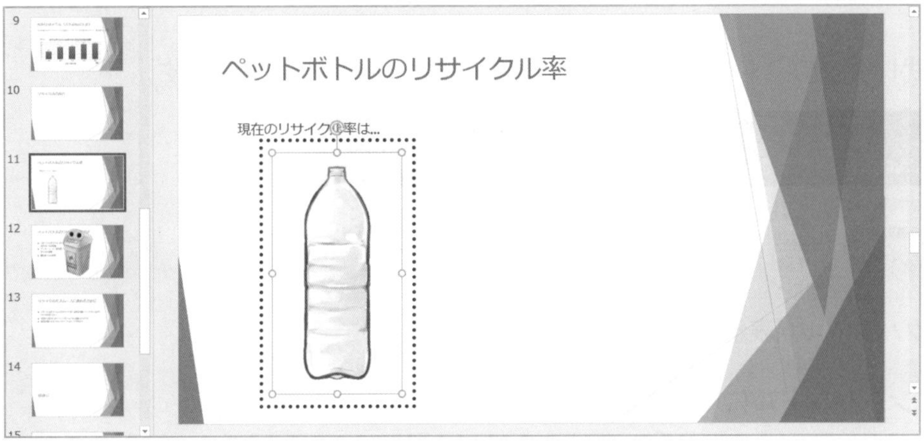
ペットボトルのリサイクル率
現在のリサイクル率は...

3 下図のようにスライド 12 の画像のサイズと位置も調整します。

ペットボトルのリサイクルの妨げ
リサイクルボックスへのペットボトル以外のごみの投棄
アフターユース（後利用）したペットボトルの廃棄
着色ボトルの使用
ペットボトル

One Point 画像の位置を微調整するには

画像の位置を微調整するには、画像を選択した状態で方向キー（←↑↓→）を押します。

STEP 画像をトリミングする

1 スライドサムネイルでスライド5に切り替えて、画像をクリックして選択します。

トリミングとは、画像の周囲の不要な範囲を削除する操作のことです。

2 ［図ツール］の［書式］タブの［トリミング］ボタンのアイコンをクリックします。

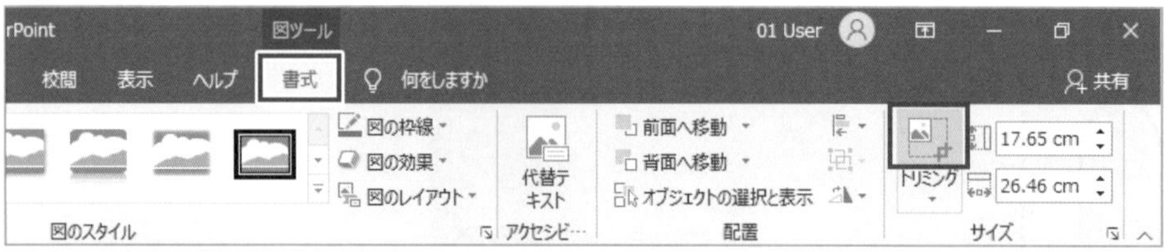

→ 画像の周囲にトリミングハンドルが表示されます。

3 画像の左下のトリミングハンドルにマウスポインターを合わせます。

今回は左下のトリミングハンドルを使用しますが、それ以外のトリミングハンドルでもトリミングできます。

→ マウスポインターの形が **L** に変わります。

4 下図のように右上方向にドラッグします。

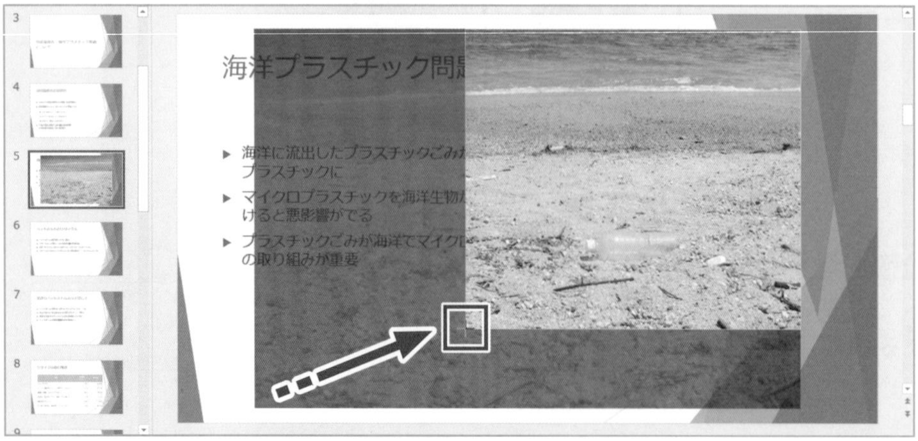

→ トリミングされる範囲が暗く表示されます。

5 画像以外の場所をクリックします。

海洋プラスチック問
海洋に流出したプラスチックごみ
プラスチックに
マイクロプラスチックを海洋生物
けると悪影響がでる
プラスチックごみが海洋でマイクロ
の取り組みが重要

→ 画像をトリミングすることができました。

海洋プラスチック問
海洋に流出したプラスチックごみが
プラスチックに
マイクロプラスチックを海洋生物が
けると悪影響がでる
プラスチックごみが海洋でマイクロ
の取り組みが重要

トリミングした範囲は削除されていないので、再度トリミングの操作を行えば元に戻すこともできます。

6 下図のように画像のサイズと位置を調整します。

海洋プラスチック問題
海洋に流出したプラスチックごみがマイクロプラスチックに
マイクロプラスチックを海洋生物が摂取し続けると悪影響がでる
プラスチックごみが海洋でマイクロ化する前の取り組みが重要

STEP 画像にスタイルを適用する

1 スライド5の画像をクリックして選択します。

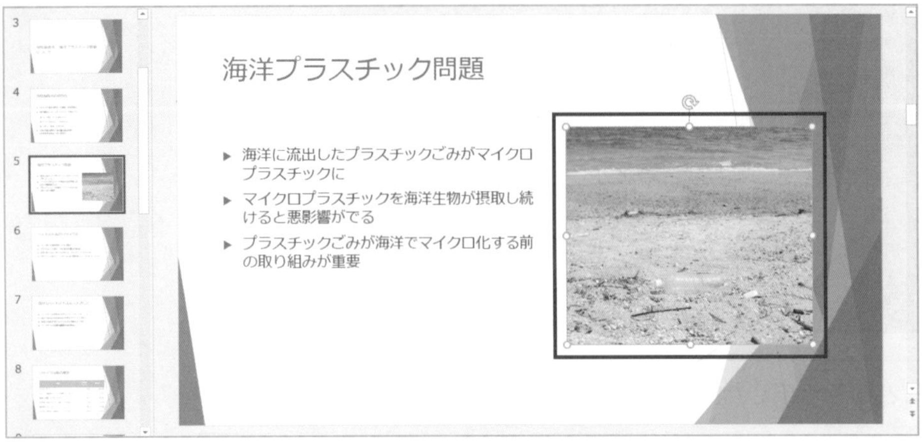

スタイルを設定すると、簡単に画像にさまざまな装飾を適用できます。

2 ［図ツール］の［書式］タブの［図のスタイル］ボックスの［シンプルな枠、白］をクリックします。

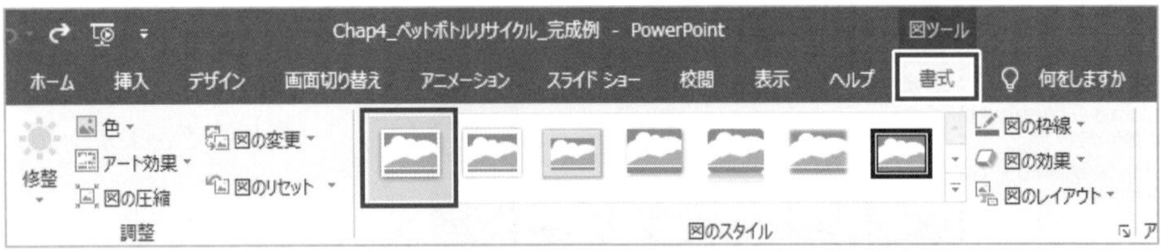

→ 画像にスタイルが適用できました。

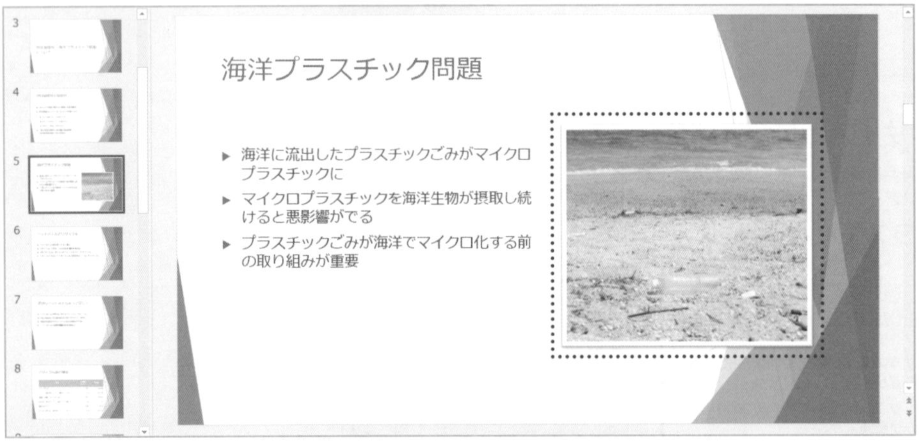

OnePoint 画像の背景を透明にするには

背景を消してイラストだけを残したい場合は、画像の背景を削除する機能を使用します。ただし、イラストや背景の状態によってはきれいに削除できないこともあります。

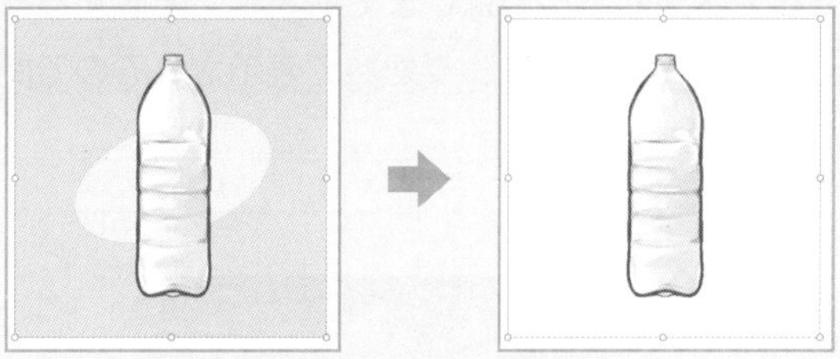

背景を削除するには、まず画像を選択した状態で［図ツール］の［書式］タブの［背景の削除］ボタンをクリックします。

［背景の削除］タブが表示され、削除される箇所が自動的に識別され紫色で表されます。

削除したい箇所が残っている場合は［背景の削除］タブの［削除する領域としてマーク］ボタンをクリックして、対象箇所をドラッグまたはクリックします。反対に、残したい箇所が紫色になっている場合は［保持する領域としてマーク］ボタンをクリックして、対象箇所をドラッグまたはクリックします。

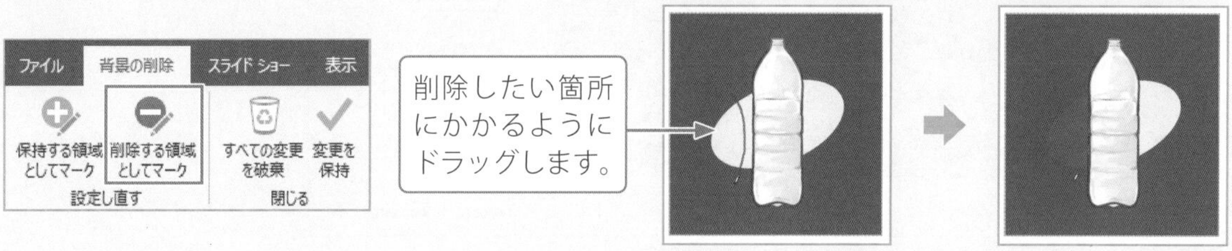

それらの調整をしたら［背景の削除］タブの［変更を保持］ボタンをクリックして決定します。なおキャンセルしたい場合は［すべての変更を破棄］ボタンをクリックします。

One Point　スライド全面に画像を配置するには

写真やイラストなどの画像を見せながら解説をするスライドでは、画像だけをスライド全面に大きく配置したいときもあります。その場合は２つの方法があります。

１つは通常の方法で挿入した画像をサイズ変更ハンドルでスライドいっぱいまで拡大して配置する方法です。スライドからはみ出す部分があってもスライドショーではトリミングされて表示されるので問題ありません。

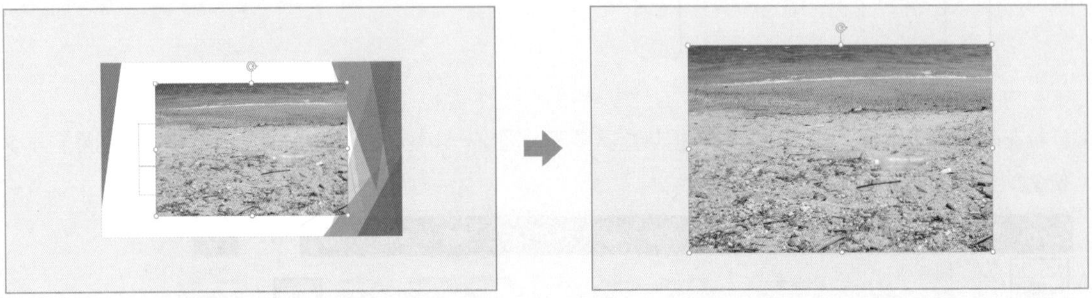

もう１つは背景の書式設定を使用する方法です。［デザイン］タブの［背景の書式設定］ボタンをクリックして、［背景の書式設定］作業ウィンドウを表示します。

［塗りつぶし（図またはテクスチャ）］をクリックして、［画像ソース］の［挿入する］をクリックします。［図の挿入］の画面の［ファイルから］をクリックして、［図の挿入］ダイアログボックスで挿入したい画像を選んで［挿入］をクリックします。なお、すべてのスライドに同じ背景を設定したい場合は［背景の書式設定］作業ウィンドウの下部にある［すべてに適用］をクリックします。

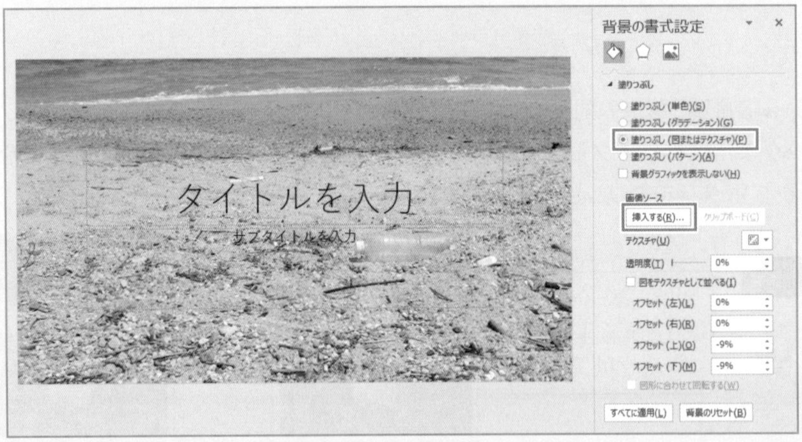

One Point フォトアルバムを作成する

フォトアルバムは写真をメインにしたスライドショーを作成する機能です。プレゼンテーションの休憩時間などに流すといった利用方法もありますが、主に旅行の写真を家庭で楽しむ、冠婚葬祭の場面で流すといったプレゼンテーション以外に使う場面が多いものです。

フォトアルバムを作成するには、［挿入］タブの［フォトアルバム］ボタンをクリックして、［フォトアルバム］ダイアログボックスを表示します。

写真の挿入元の［ファイル / ディスク］をクリックして写真を選択します（まとめて選択も可能)。選んだ写真は［フォトアルバム］ダイアログボックス内のボタンで明るさやコントラストの調整、回転などを行うこともできます。

また、写真以外のスライドを途中に挿入したい場合は、［テキストの挿入］の［新しいテキストボックス］をクリックします（挿入されたスライドの文字の入力や編集などは、フォトアルバムの作成後に別途行います)。最後に［作成］をクリックするとフォトアルバムが新規のプレゼンテーションとして作成されます。

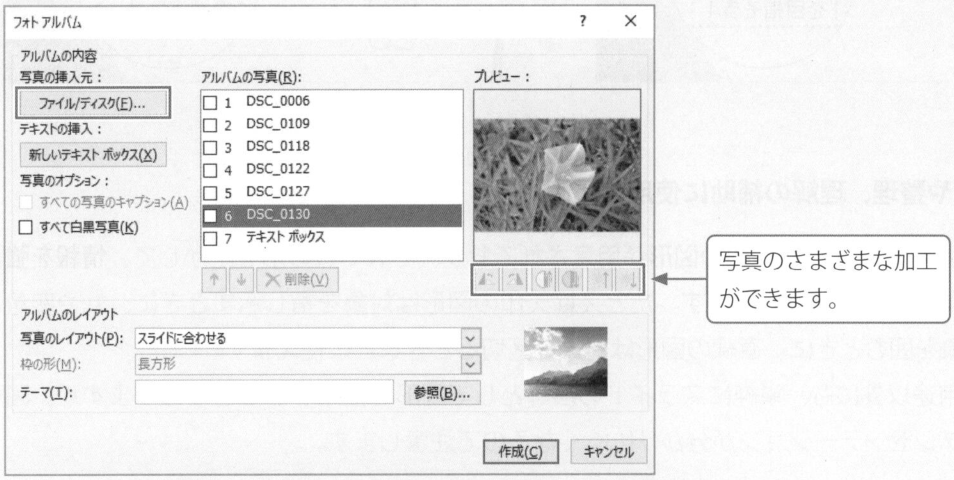

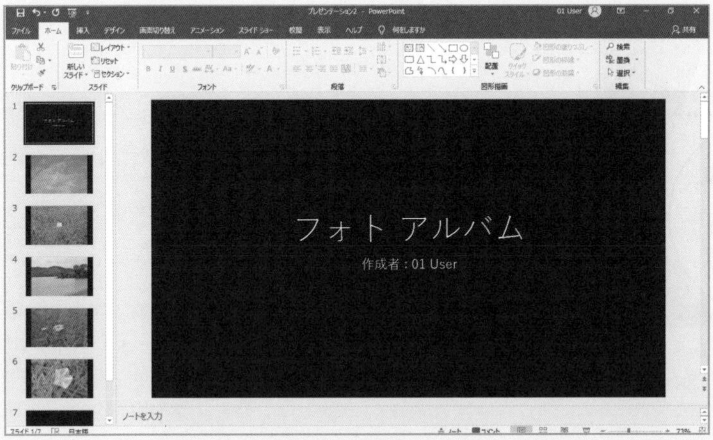

4-2 ワードアートや図形を描画する

文字列をより強調したいときや、特定の情報を目立たせたい場合は、ワードアートや図形の機能を使用します。

強調したい文字列に使用するワードアート

ワードアートは非常に装飾効果の高い文字列です。そのため**普通の文字列よりも強いインパクトを与える**ことができます。スライドの中でも特に目立たせたい箇所に使用します。ただし、1 枚のスライド内にワードアートがいくつもあると、注目してほしいポイントが分かりにくくなるため、スライド内で強調したい 1、2 箇所程度に使用します。

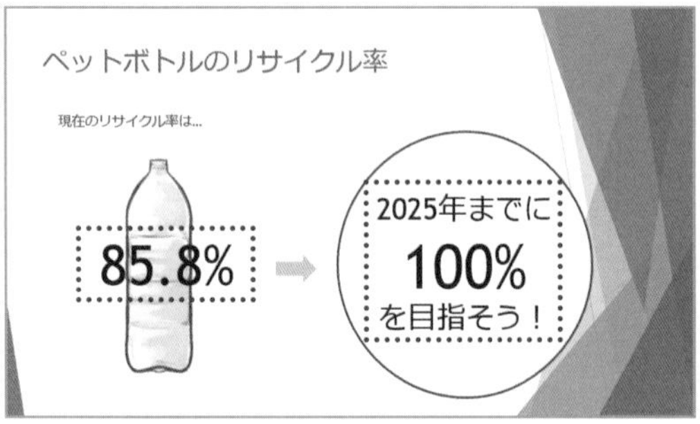
ペットボトルのリサイクル率
現在のリサイクル率は...
85.8%
2025年までに
100%
を目指そう！

ペットボトルのリサイクル率
現在のリサイクル率は...
85.8%
2025年までに
100%
を目指そう！

情報の強調や整理、理解の補助に使用する図形

PowerPoint にはさまざまな種類の図形が用意されており、それぞれの形を生かして、**情報を強調したり整理したりするのに役立ちます**。たとえば矢印の図形は対象を指し示すときに、丸や四角などの図形は対象を囲むときに、直線の図形は対象を区切るときなどに使えます。
このような用途以外にも、単純にスライドの装飾として図形を描画することもありますが、図形も多用するとプレゼンテーションが分かりにくくなるので注意します。

ペットボトルのリサイクル率
現在のリサイクル率は...
85.8%
2025年までに
100%
を目指そう！

LESSON 1 装飾効果の高い文字列を挿入する

文字列をより目立つように装飾したいときはワードアートとして挿入します。ワードアートはあらかじめいくつかのデザインから書式を選んで挿入できる文字列で、通常の文字列よりも装飾効果が高いことが特徴です。

STEP ワードアートを挿入する

1 スライドサムネイルのスライド 11 をクリックして選択します。

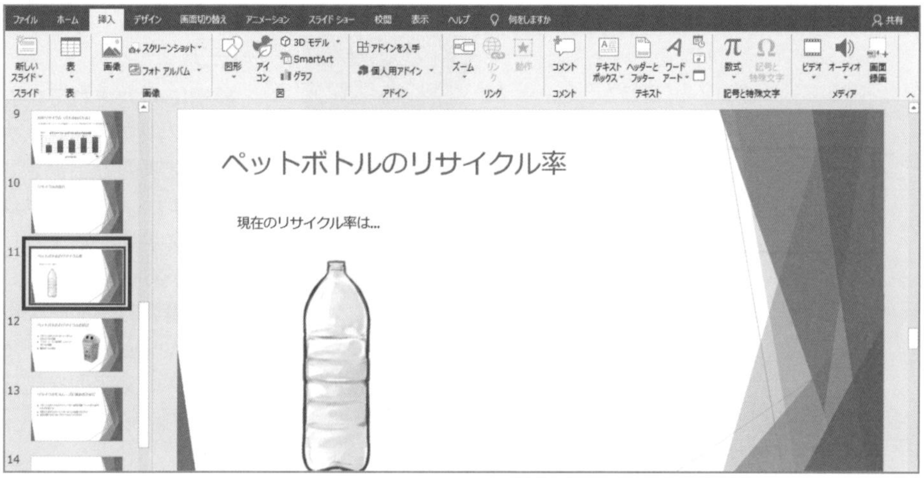

2 ［挿入］タブの［ワードアート］ボタンをクリックします。

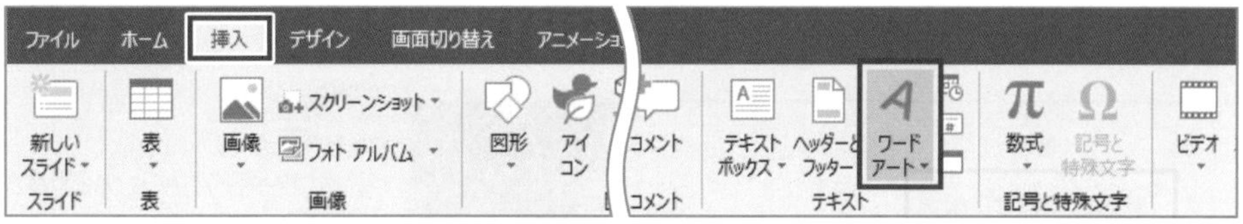

→ ワードアートの種類の一覧が表示されます。

3 一覧から［塗りつぶし : 緑、アクセントカラー 5; 輪郭 : 白、背景色 1; 影（ぼかしなし）: 緑、アクセントカラー 5］のワードアートをクリックします。

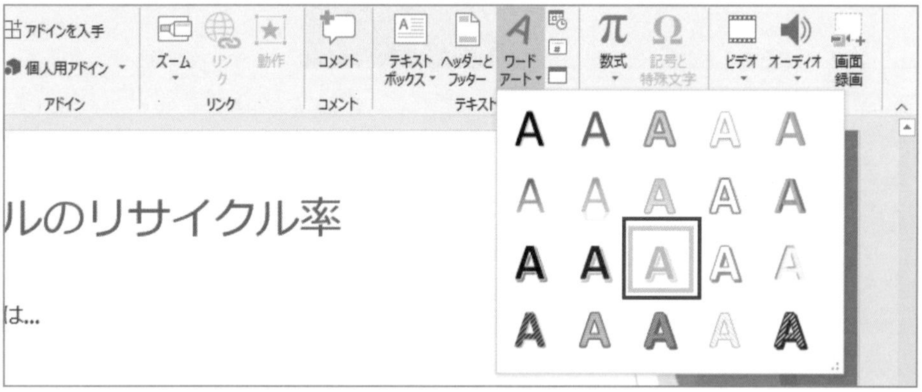

→ ワードアートが挿入されます。

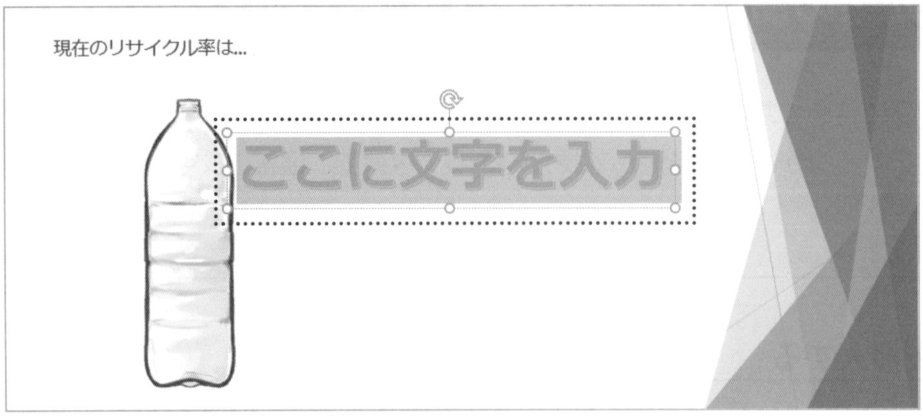

"ここに文字を入力" というサンプル文字列が範囲選択された状態で挿入されます。

4 そのまま「85.8%」と入力します。

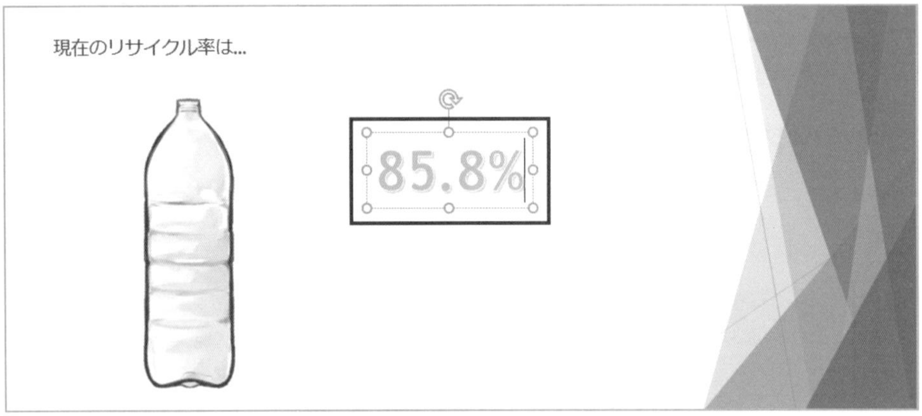

最初に入力されていたサンプル文字列は入力した文字列で上書きされますが、まれにサンプル文字列が消えないことがあります。
その場合は Backspace キーや Delete キーでサンプル文字列を消去します。

STEP ワードアートのフォントサイズを調整する

1 入力した文字列をドラッグして範囲選択します。

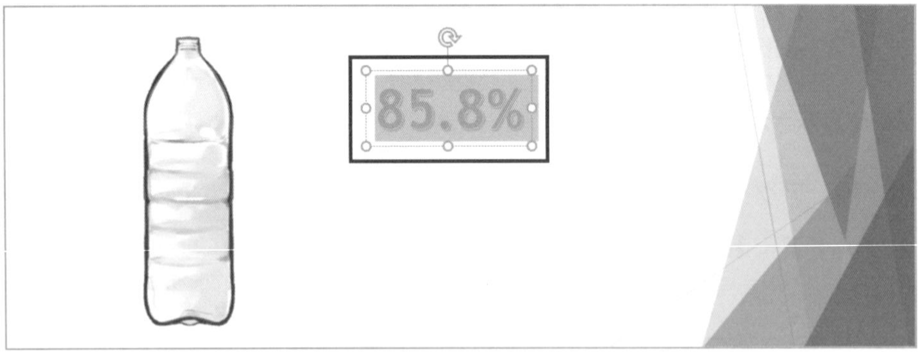

ワードアートの枠線をクリックしてワードアート全体を選択してもかまいません。

2 ［ホーム］タブの［フォントサイズ］ボックスの▼をクリックします。

3 一覧から［80］をクリックします。

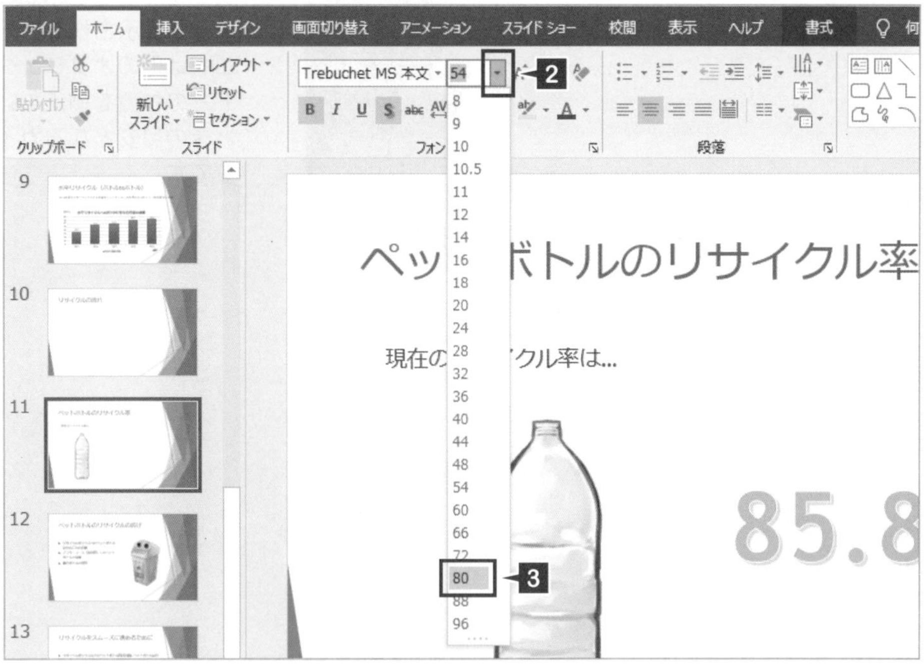

ワードアートも通常の文字列と同じ方法で文字のサイズを変更できます。

→ ワードアートの文字のサイズを変更できました。

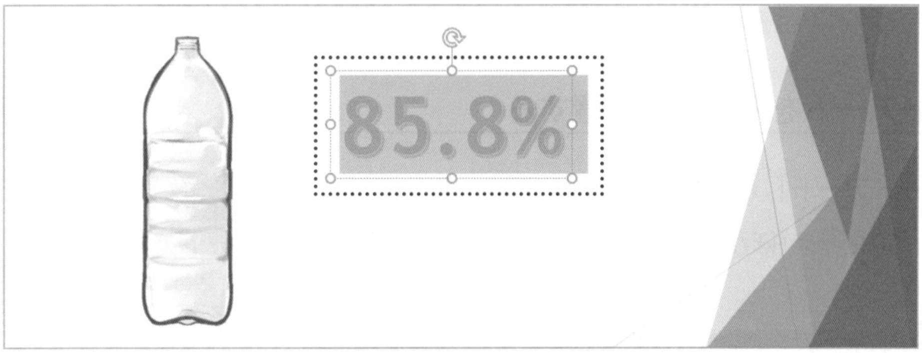

STEP ワードアートの位置を調整する

1 ワードアートの枠線にマウスポインターを合わせます。

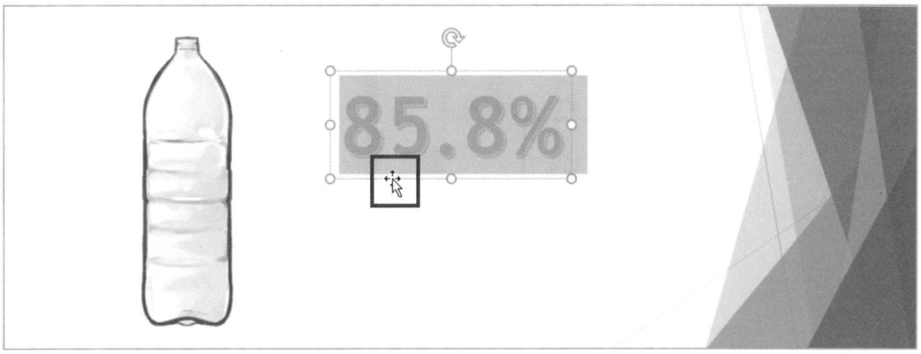

ワードアートを移動するときは枠線にマウスポインターを合わせます。
枠内の文字列に合わせると、文字列を選択する操作になります。

→ マウスポインターの形が ✥ に変わります。

2 下図のようにイラストに重なるようにドラッグします。

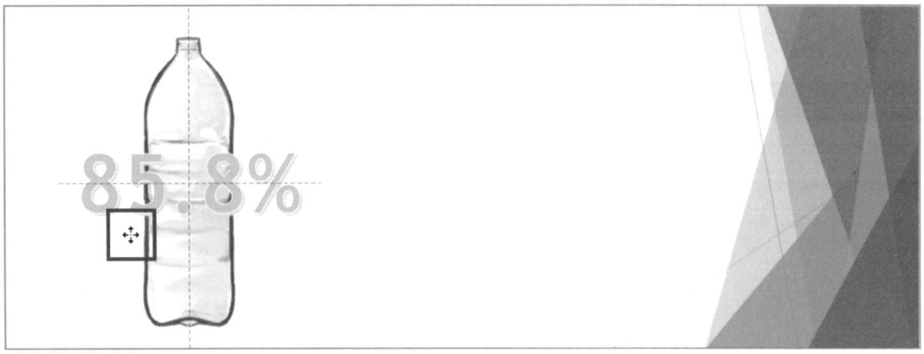

ドラッグすると赤色の点線が表示されます。これは他のオブジェクトとの位置を揃えたいときの目安となるガイドです。

3 ワードアート以外の場所をクリックします。

→ ワードアートの選択が解除され、位置を調整できました。

STEP もう１つワードアートを挿入して配置する

1 ［挿入］タブの［ワードアート］ボタンをクリックし、一覧から［塗りつぶし（パターン）：青、アクセントカラー 1、50%; 影（ぼかしなし）：青、アクセントカラー 1］のワードアートをクリックします。

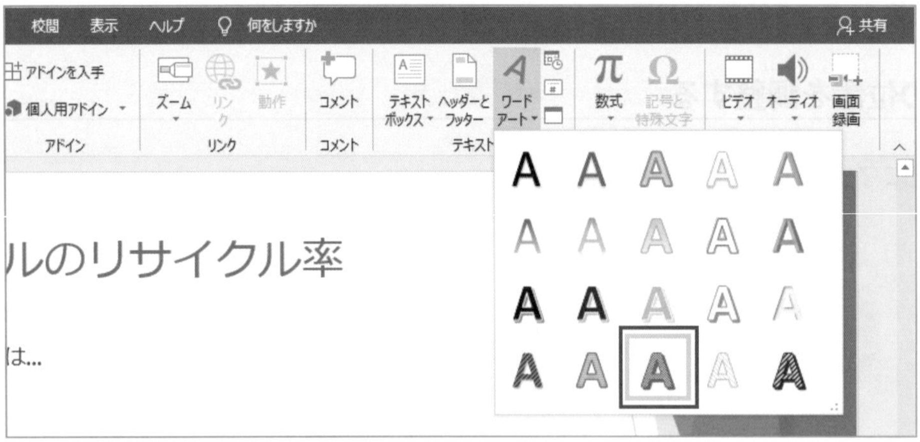

2 「2025 年までに」と入力します。

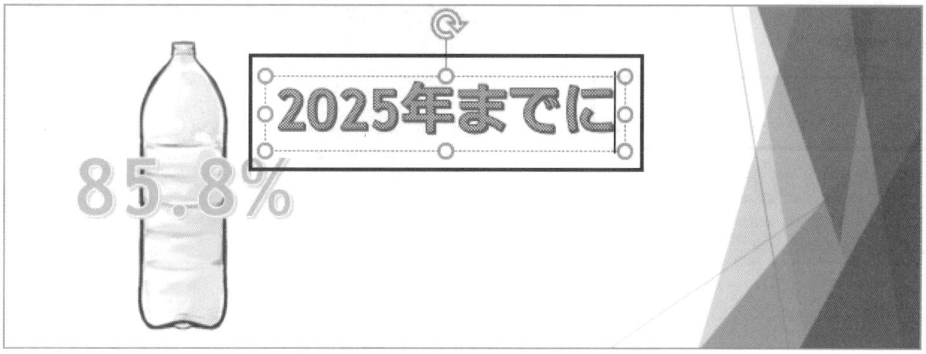

3 Enter を押して改行します。

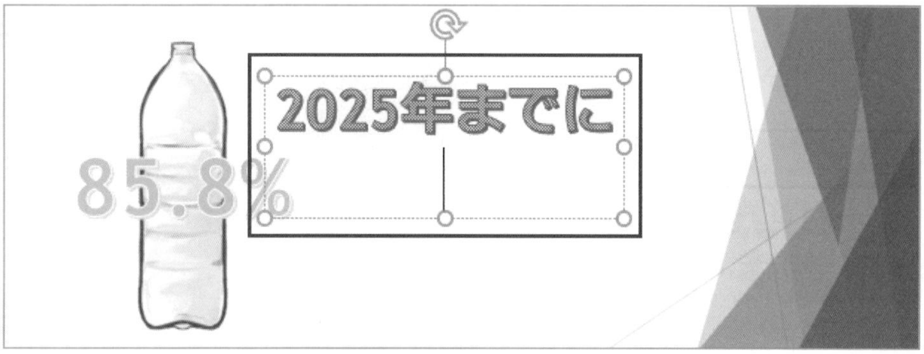

4 「100%」と入力して、Enter キーを押して改行します。

5 「を目指そう！」と入力します。

6 入力したワードアートの１行目の文字列をドラッグして範囲選択します。

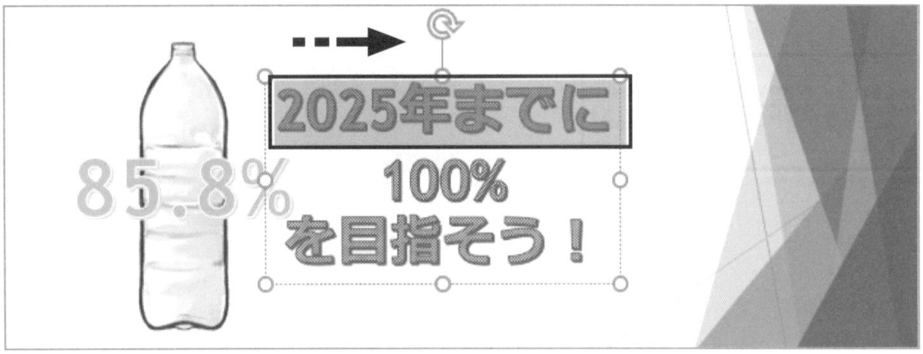
2025年までに
100%
を目指そう！
85.8%

マウスポインターを１行目に合わせて、トリプルクリックしても１行目を選択できます。

7 ［ホーム］タブの［フォントサイズ］ボックスの▼をクリックして、一覧から［40］をクリックします。

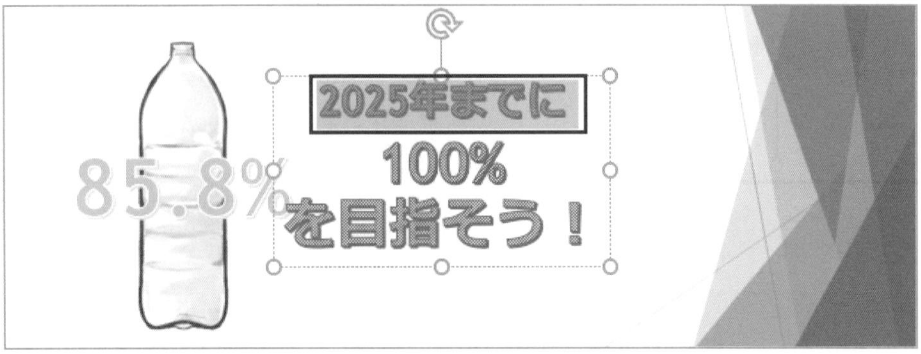
2025年までに
100%
を目指そう！
85.8%

8 同様の方法で、2行目の文字のサイズを“80pt”に、3行目の文字のサイズを“40pt”に設定します。

2025年までに
100%
を目指そう！
85.8%

9 下図のようにワードアートの位置をドラッグして移動します。

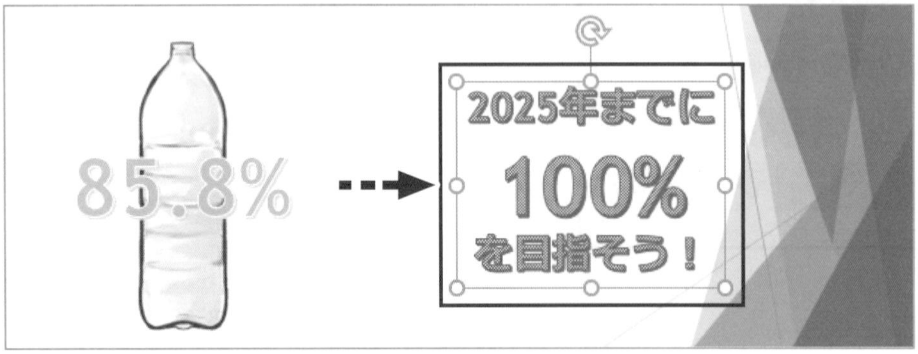
85.8%
2025年までに
100%
を目指そう！

OnePoint ワードアートの形状を変更するには

ワードアートをもっとダイナミックな形状に変えたい場合や、ドラッグ操作でサイズが変わるワードアートにしたい場合は“形状”を変更します。

形状を変更するには、ワードアートを選択した状態で［描画ツール］の［書式］タブの［文字の効果］ボタンをクリックし、［変形］にマウスポインターを合わせて一覧から設定したい形状をクリックします。

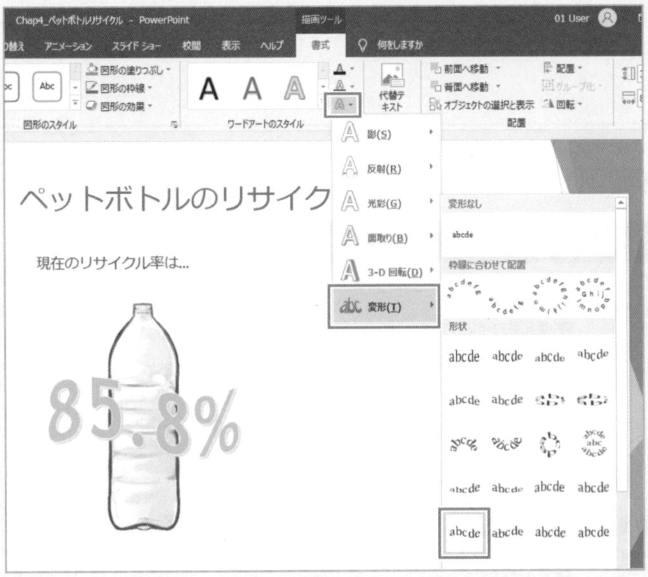

LESSON 2 図形を描画する

図形は主にドラッグ操作で描画します。ドラッグする長さによって図形のサイズが変わりますが、描画後にサイズや位置は変更できるので、最初から正確に描画する必要はありません。
また、図形の内部の色（塗りつぶしの色）や枠線の色は自由に変更することができます。

STEP 図形“矢印”を描画する

1 スライド 11 が選択されていることを確認して、［挿入］タブの［図形］ボタンをクリックします。

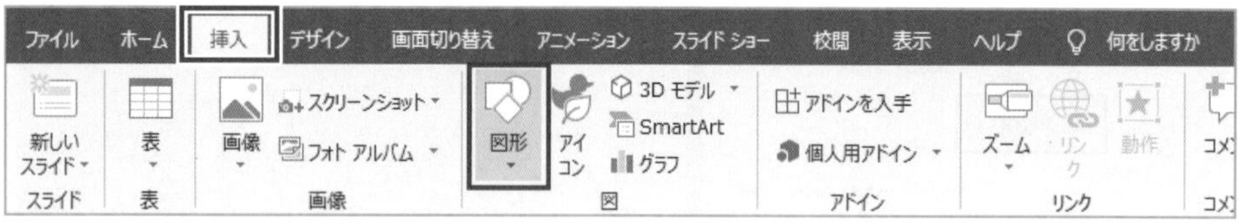

→ 図形の一覧が表示されます。

2 一覧から［ブロック矢印］の［矢印：右］をクリックします。

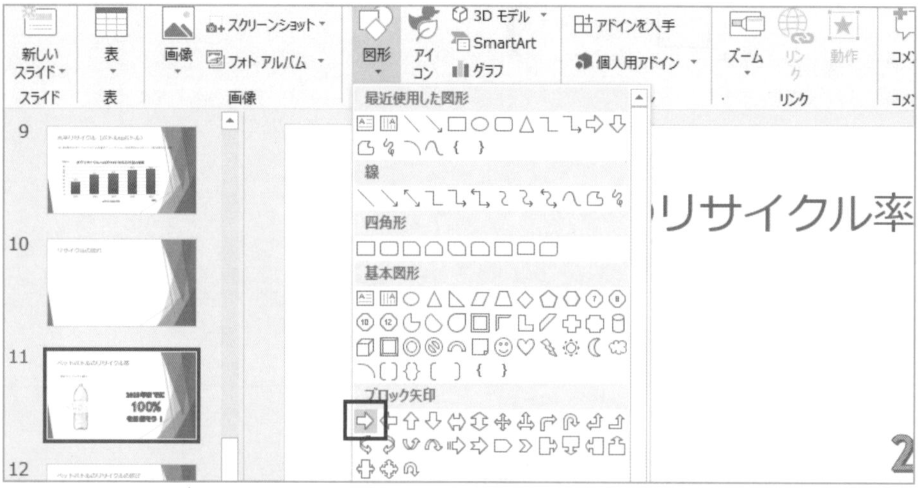

［ホーム］タブの［図形描画］のボックスでも同様に図形を選択できます。

→ マウスポインターの形が ＋ に変わります。

3 図形の描画を開始したい位置にマウスポインターを合わせます。

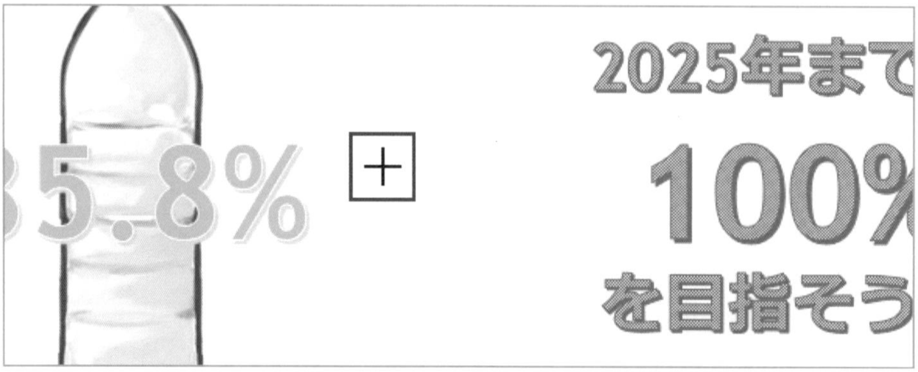

図形の描画後でも自由に移動できるため、どこに描画してもかまいません。

4 下図のようにその位置から描画の終点に向けてドラッグします。

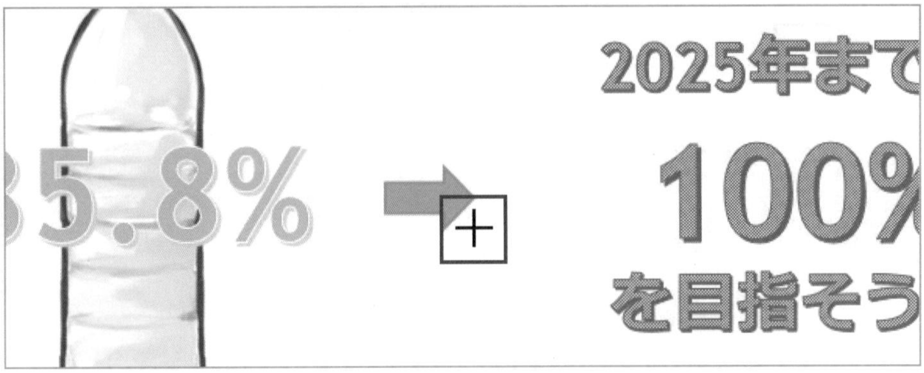

ドラッグした長さによって描画する図形のサイズは変わります。

→ 図形 " 矢印 " を描画できました。

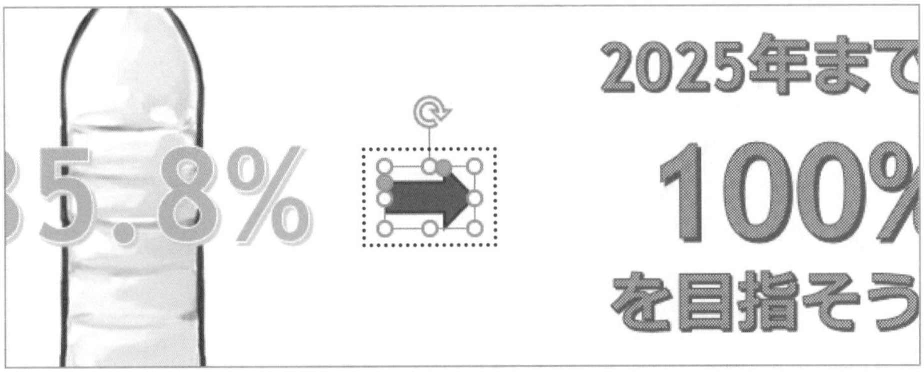

STEP 図形"正円"を描画する

1 ［挿入］タブの［図形］ボタンをクリックします。

2 一覧から［基本図形］の［楕円］をクリックします。

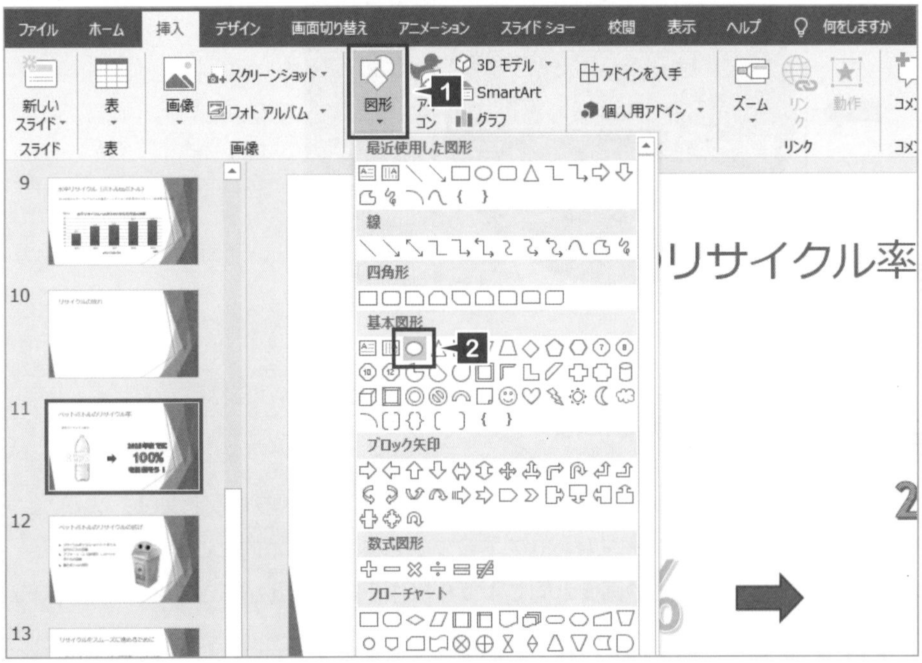

描画する図形は"正円"ですが、ここでは " 楕円"をクリックします。

→ マウスポインターの形が ＋ に変わります。

3 下図のように図形の描画を開始したい位置にマウスポインターを合わせます。

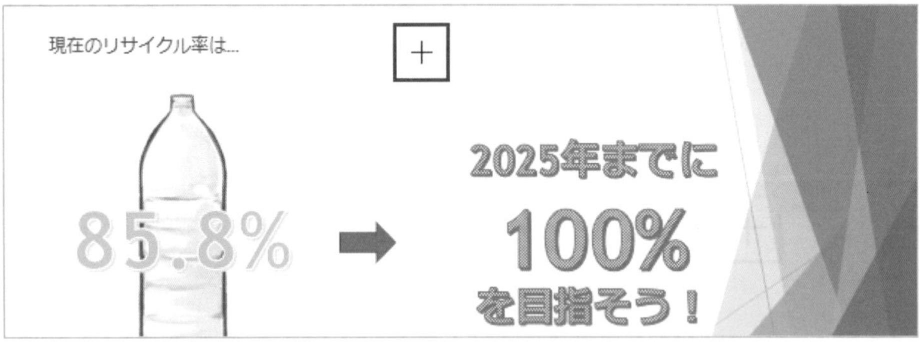
現在のリサイクル率は...
85.8%
2025年までに
100%
を目指そう！

4 Shift キーを押しながら描画の終点に向けてドラッグします。

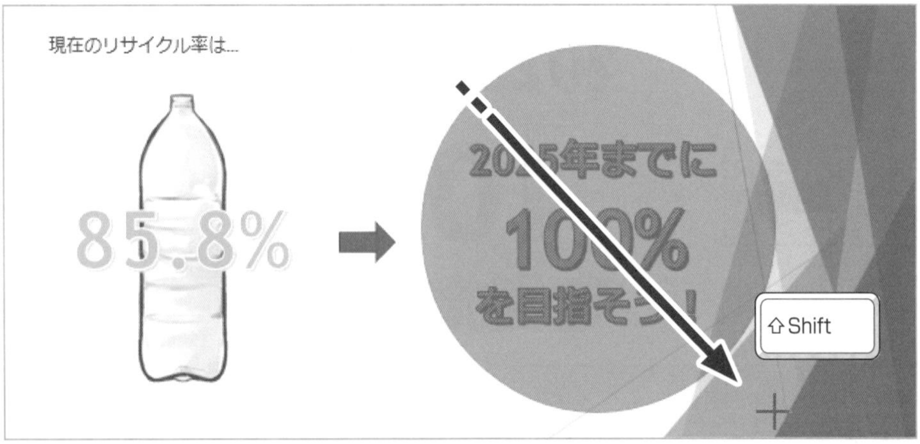
現在のリサイクル率は...
85.8%
Shift

楕円の図形はShiftキーを押しながら描画すると、縦と横の長さが等しい正円を描画できます。

→ 図形"正円"を描画できました。

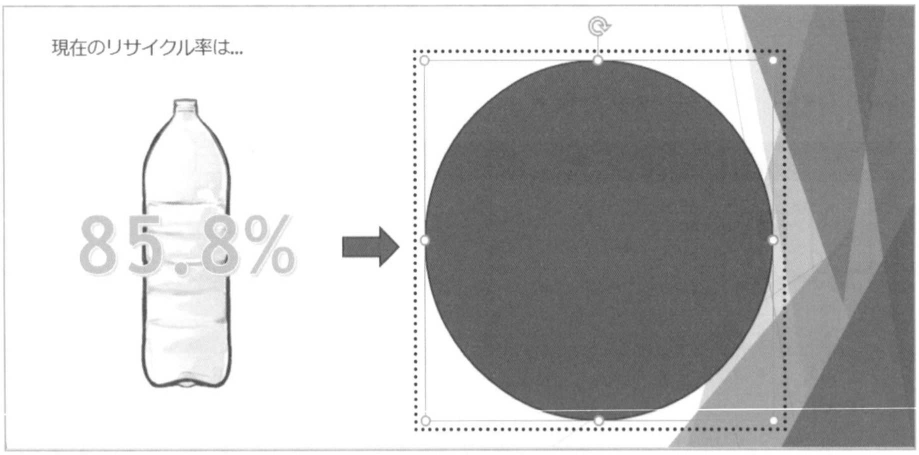
現在のリサイクル率は...
85.8%

ワードアートを覆う状態になります。

OnePoint **図形のサイズや位置を調整するには**

図形のサイズを変更するには、図形の周囲に表示されるサイズ変更ハンドルをドラッグします。また、図形を移動したいときは図形にマウスポインターを合わせてドラッグします。基本的にここまで説明してきたプレースホルダー（テキストボックス）や画像と同じような操作で扱うことができます。

STEP 図形の塗りつぶしの色を変更する

1 矢印の図形をクリックして選択します。

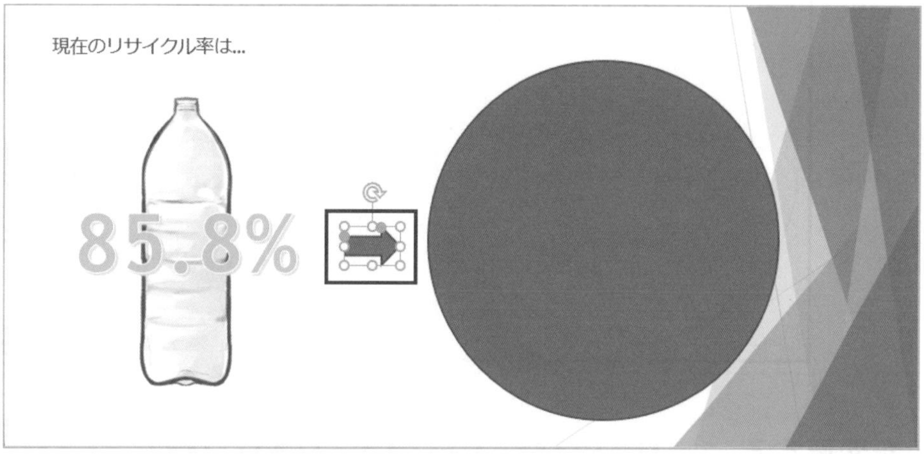

2 ［描画ツール］の［書式］タブの［図形の塗りつぶし］ボタンをクリックします。

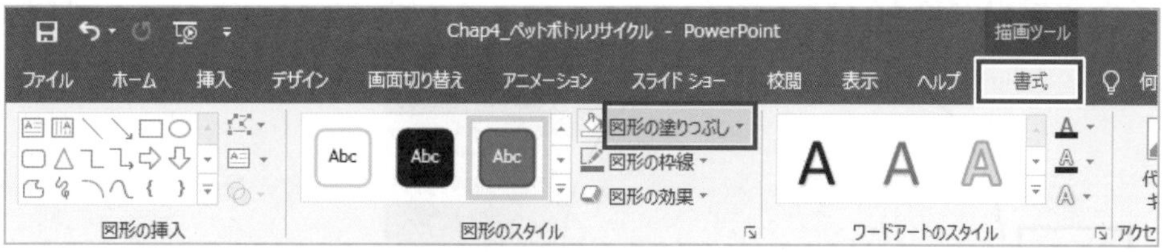

→ 塗りつぶしの色の一覧が表示されます。

3 一覧から［標準の色］の［オレンジ］をクリックします。

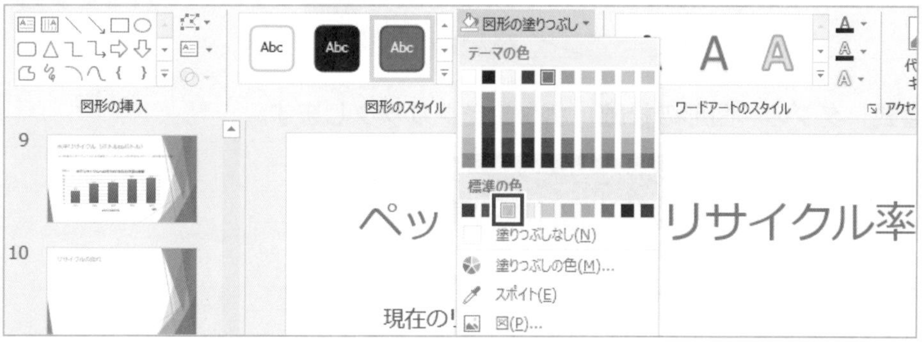

［標準の色］はスライドのテーマを変更しても変わらない固定の色です。

→ 図形の塗りつぶしの色を変更できました。

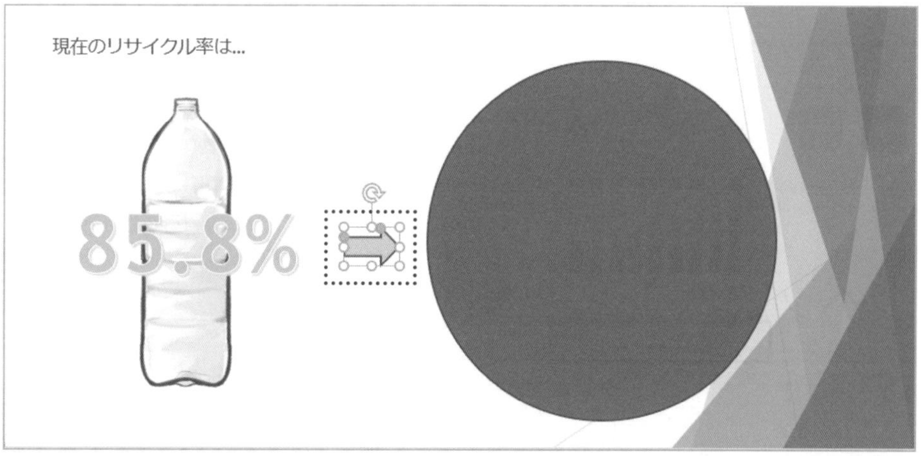

4

スライドに画像や図形を挿入する

4 同様の方法で、正円の図形の塗りつぶしの色を［テーマの色］の［白、背景 1］に変更します。

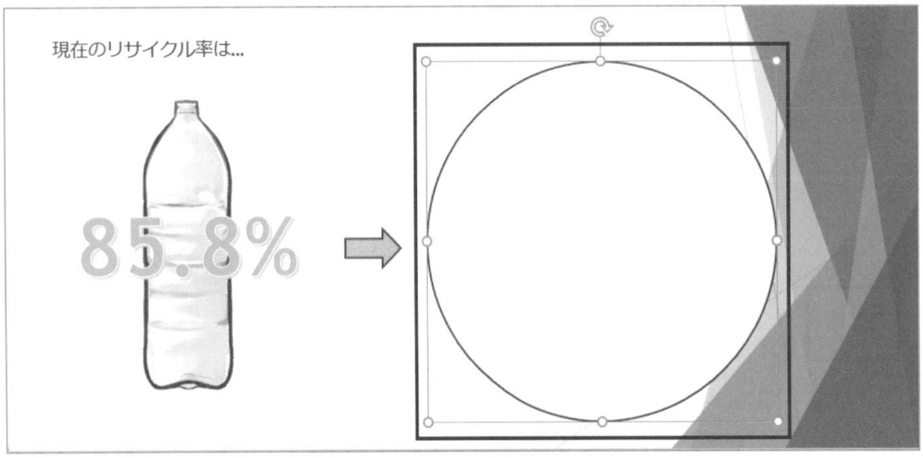

STEP 図形の枠線の色を変更する

1 矢印の図形をクリックして選択します。

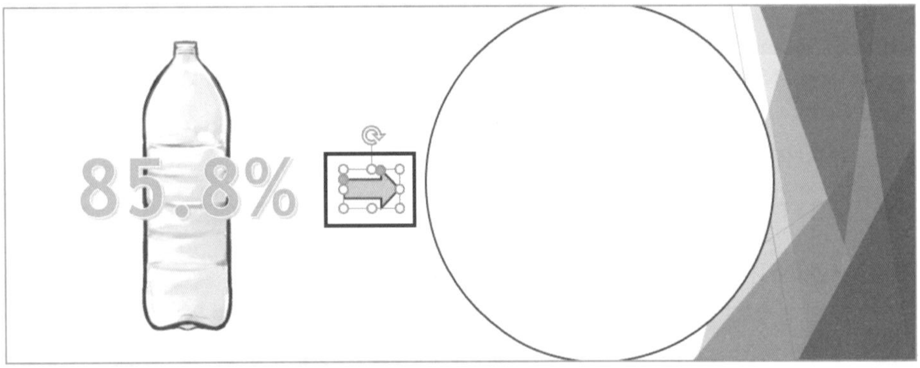

2 ［描画ツール］の［書式］タブの［図形の枠線］ボタンをクリックします。

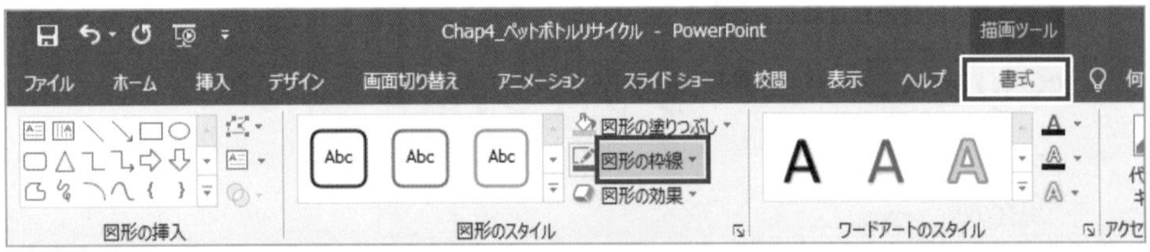

→ 枠線の色の一覧が表示されます。

3 一覧から［枠線なし］をクリックします。

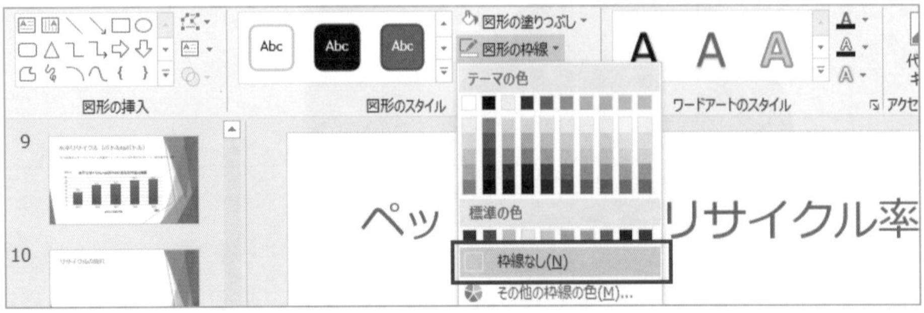

［枠線なし］を選ぶと図形の枠線を透明（なし）にできます。

→ 図形の枠線の色を変更できました。

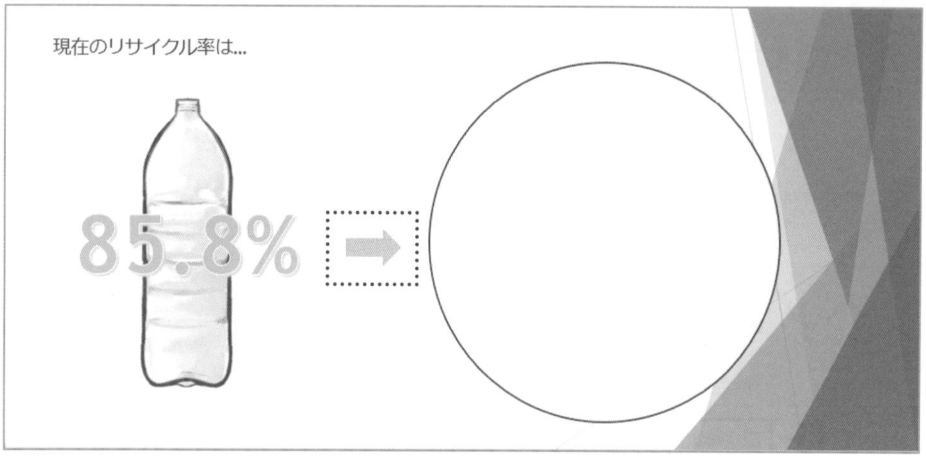

STEP 図形の枠線の太さを変更する

1 正円の図形をクリックして選択します。

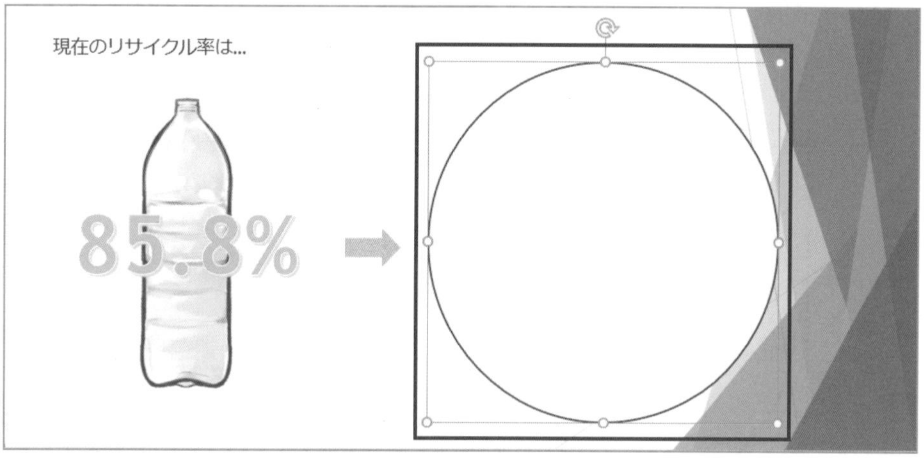

2 ［描画ツール］の［書式］タブの［図形の枠線］ボタンをクリックします。

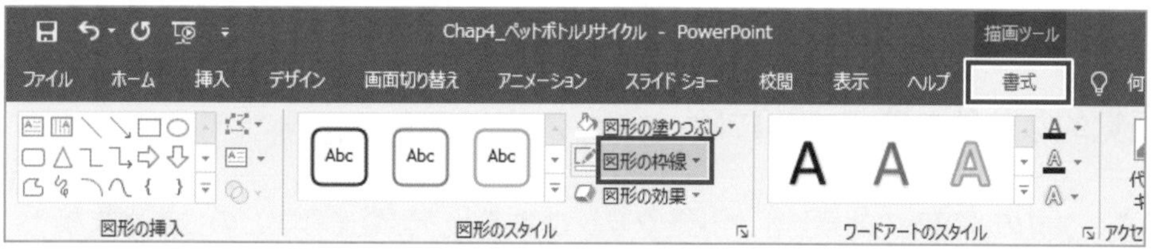

→ 枠線の色やスタイルの一覧が表示されます。

3 一覧から［太さ］にマウスポインターを合わせます。

4 一覧から［3pt］をクリックします。

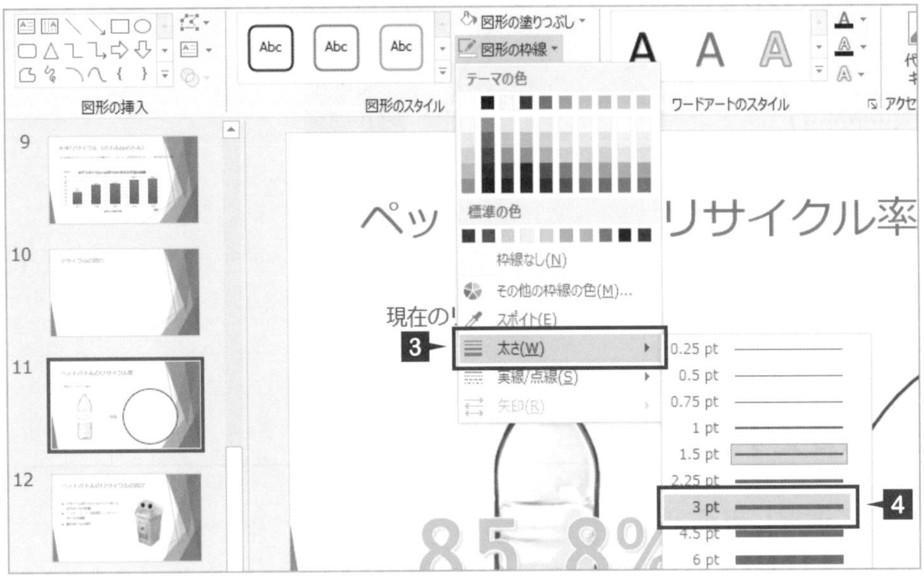

→ 図形の枠線の太さを変更できました。

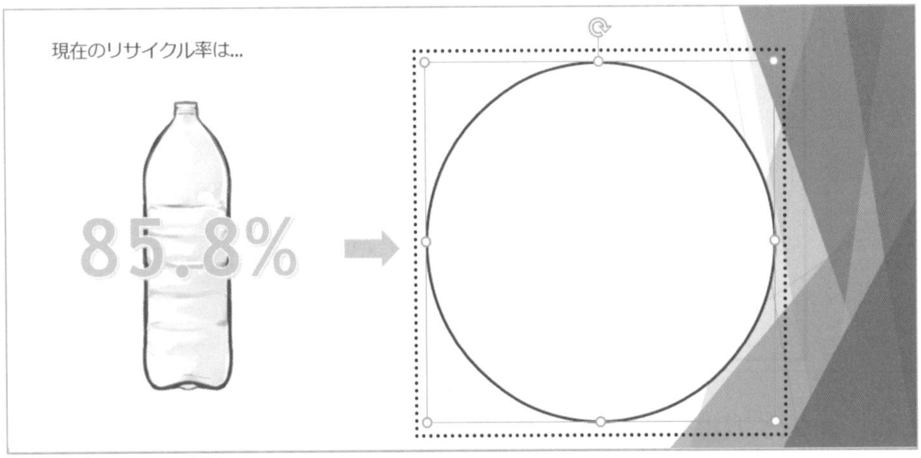

極端に太く変更したわけではないため、変化が少し分かりにくいかもしれません。

OnePoint 図形に視覚的な効果を適用するには

［描画ツール］の［書式］タブの［図形の効果］ボタンをクリックすると、影や光彩などのさまざまな視覚的な効果が一覧表示されます。
また、それらの効果や塗りつぶしや線の色が組み合わされた“クイックスタイル”というスタイルも用意されており、これを使うと簡単に図形の見た目を変化させることができます。

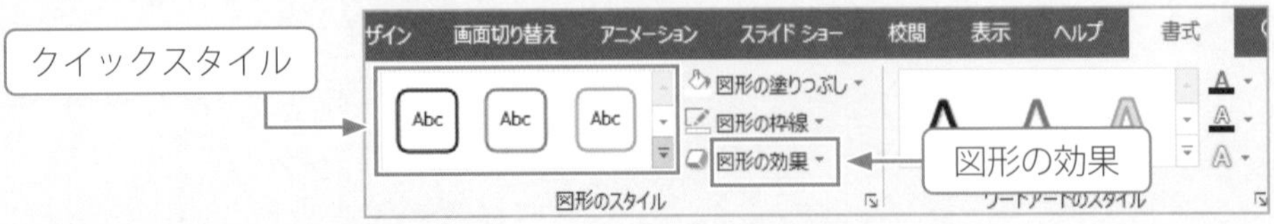

OnePoint 図形の中に文字列を入力するには

描画した図形の中に文字列を入力するには、図形を選択した状態で文字を入力します。
入力する前は図形の中にカーソルは表示されていませんがそのまま入力することができます。

OnePoint プレースホルダーの書式を変更するには

プレースホルダーも図形と同様の操作で塗りつぶしの色や枠線の色などを変更することができます。たとえばタイトルやサブタイトルや箇条書きの背面に色を付けたい場合、わざわざ図形を描画してそれらを入力し直す必要はありません。プレースホルダーそのものに書式設定することで対応できます。プレースホルダーに書式を設定するには、プレースホルダーを選択した状態で、[描画ツール] の [書式] タブの [図形の塗りつぶし] や [図形の枠線] などのボタンを使用します。

また、プレースホルダーの形は初期状態では四角形ですが、プレースホルダーを選択した状態で、[描画ツール] の [書式] タブの [図形の編集] ボタンをクリックして、[図形の変更] にマウスポインターを合わせて、図形の一覧から好きな図形を選ぶと、その形に変更することもできます。

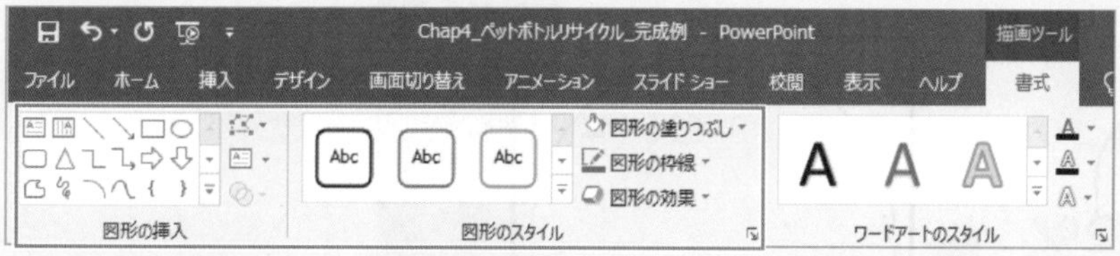
Chap4_ペットボトルリサイクル_完成例 - PowerPoint
描画ツール
ファイル
ホーム
挿入
デザイン
画面切り替え
アニメーション
スライド ショー
校閲
表示
ヘルプ
書式
Abc
図形の塗りつぶし
図形の枠線
図形の効果
A A A
図形の挿入
図形のスタイル
ワードアートのスタイル

背景の色の変更

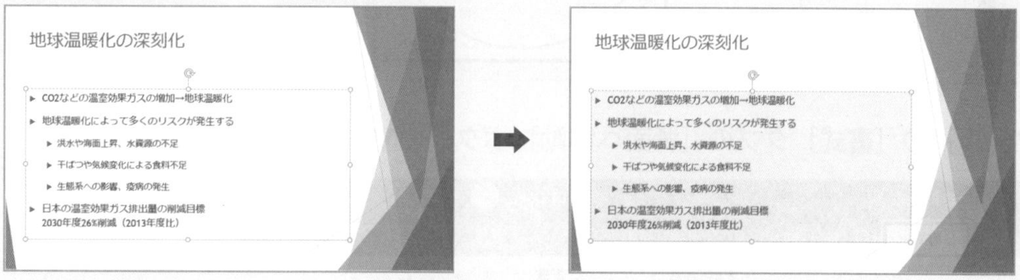
地球温暖化の深刻化
CO2などの温室効果ガスの増加→地球温暖化
地球温暖化によって多くのリスクが発生する
洪水や海面上昇、水資源の不足
干ばつや気候変化による食料不足
生態系への影響、疫病の発生
日本の温室効果ガス排出量の削減目標
2030年度26%削減（2013年度比）
地球温暖化の深刻化
CO2などの温室効果ガスの増加→地球温暖化
地球温暖化によって多くのリスクが発生する
洪水や海面上昇、水資源の不足
干ばつや気候変化による食料不足
生態系への影響、疫病の発生
日本の温室効果ガス排出量の削減目標
2030年度26%削減（2013年度比）

図形の変更

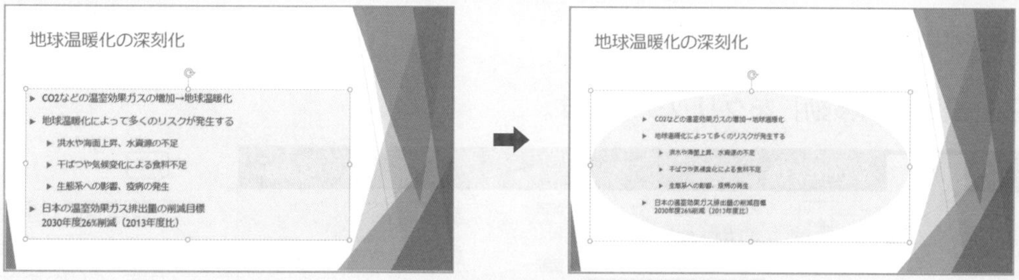
地球温暖化の深刻化
CO2などの温室効果ガスの増加→地球温暖化
地球温暖化によって多くのリスクが発生する
洪水や海面上昇、水資源の不足
干ばつや気候変化による食料不足
生態系への影響、疫病の発生
日本の温室効果ガス排出量の削減目標
2030年度26%削減（2013年度比）
地球温暖化の深刻化

LESSON 3 オブジェクトのレイアウトを設定する

ここまで説明してきたプレースホルダー、画像、ワードアート、図形などを PowerPoint では総称して**オブジェクト**といいます。

オブジェクトは後から挿入および描画したものが上に重なっていく仕様になっていますが、この**重なり順（前面、背面）**はいつでも変更することができます。

また、複数の図形をひとまとめに扱う**グループ化**という機能もあり、グループ化したオブジェクトはまとめて移動やサイズ変更ができるようになります。

STEP オブジェクトの重なり順を調整する

1 正円の図形をクリックして選択します。

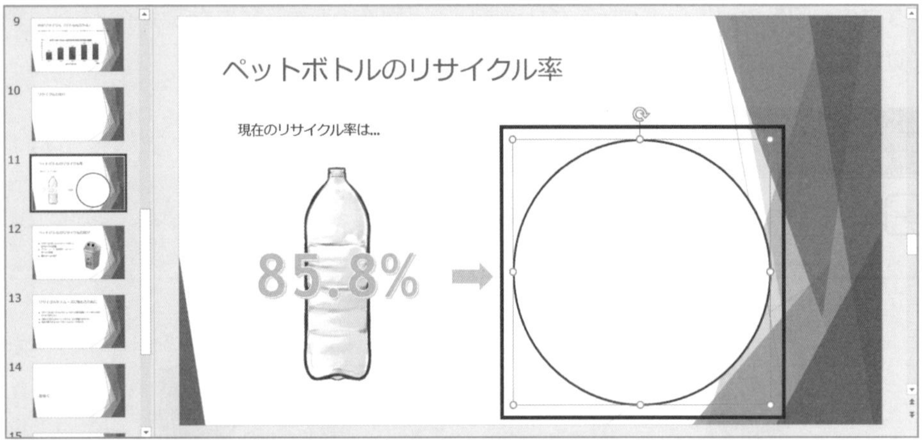

2 ［描画ツール］の［書式］タブの［背面へ移動］ボタンの▼をクリックします。

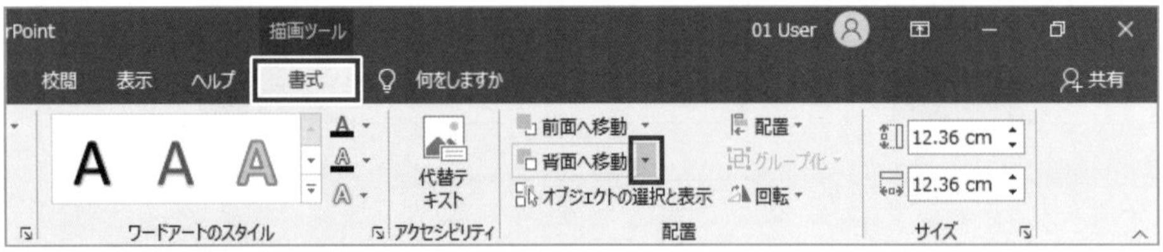

→ 重なり順の種類の一覧が表示されます。

3 一覧から［最背面へ移動］をクリックします。

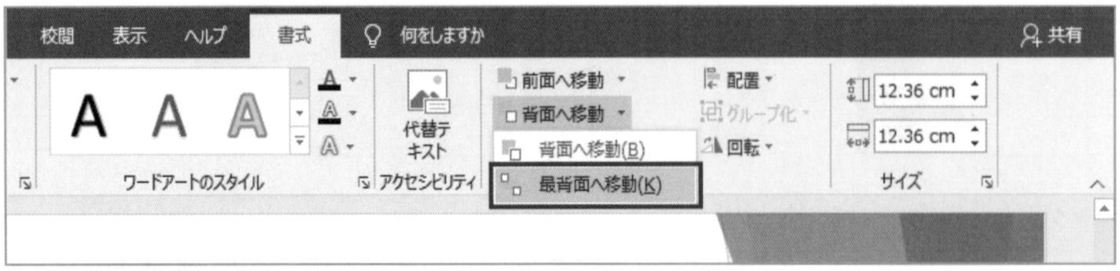

［最背面へ移動］は選択したオブジェクトがスライド内のすべてのオブジェクトの最背面に移動します。

→ 正円の図形がワードアートの背面に移動して、文字列が見えるようになりました。

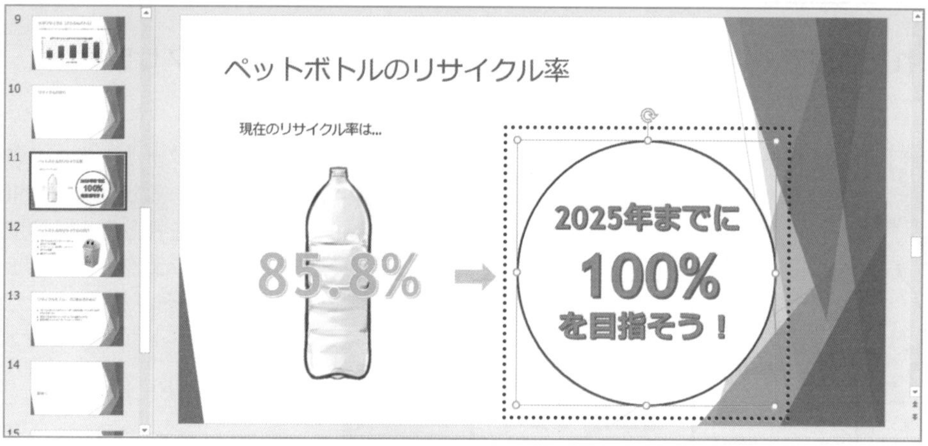

OnePoint その他の方法でオブジェクトの重なり順を調整するには

スライド内の任意のオブジェクトを選択して、［描画ツール］の［書式］タブの［オブジェクトの選択と表示］ボタンをクリックすると、［選択］作業ウィンドウが表示されます。

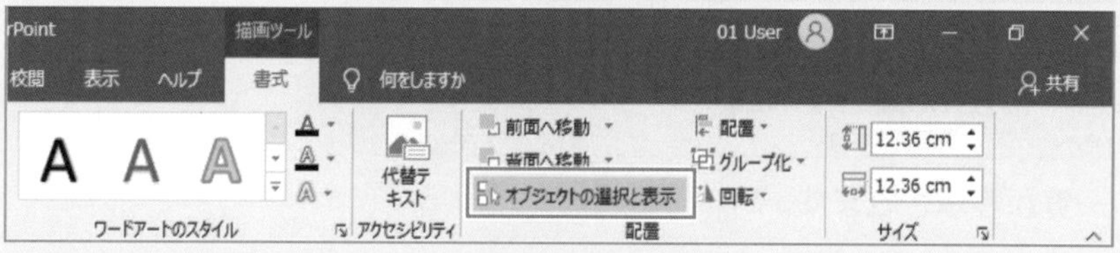

［選択］作業ウィンドウでは、そのスライド内のそれぞれのオブジェクトの重なり順を一覧で確認できたり、ドラッグ操作や▲▼ボタンで簡単にオブジェクトの重なり順を変更できます。

また、各オブジェクト名の右側にあるアイコンをクリックすると、そのオブジェクトの表示／非表示を切り替えることもできます。

STEP オブジェクトをグループ化する

1 正円の図形が選択された状態で、Shift キーを押しながらワードアートをクリックします。

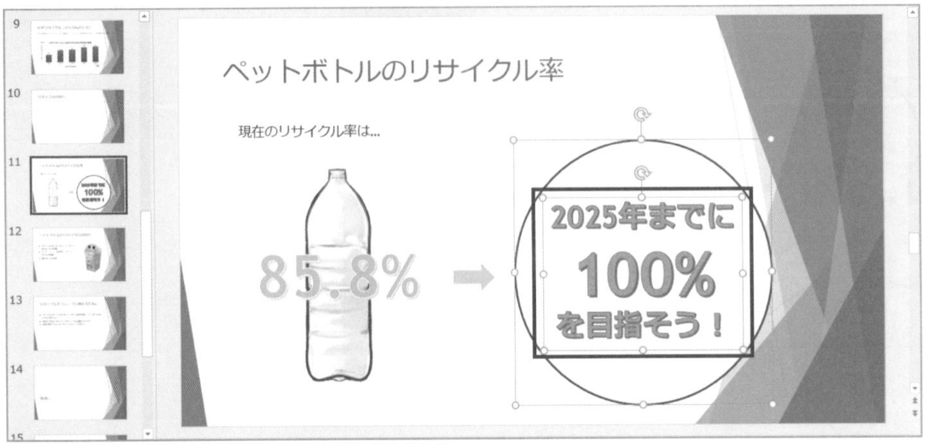

オブジェクトを 1 つ選んでいる状態で、Shift キーを押しながら別のオブジェクトをクリックすると複数のオブジェクトが選択できます。

2 ［描画ツール］の［書式］タブの［グループ化］ボタンをクリックします。

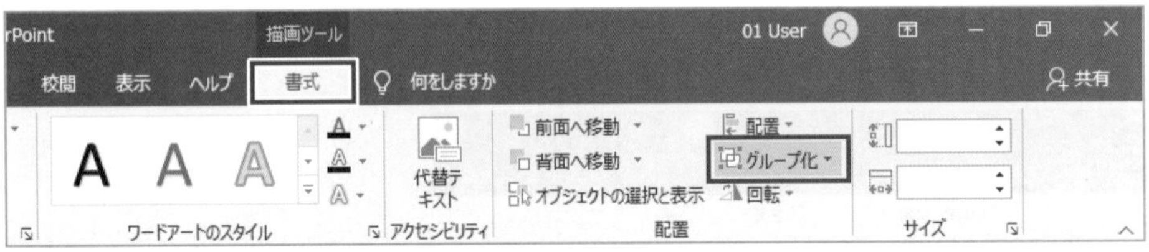

→ グループ化に関する操作の一覧が表示されます。

3 一覧から［グループ化］をクリックします。

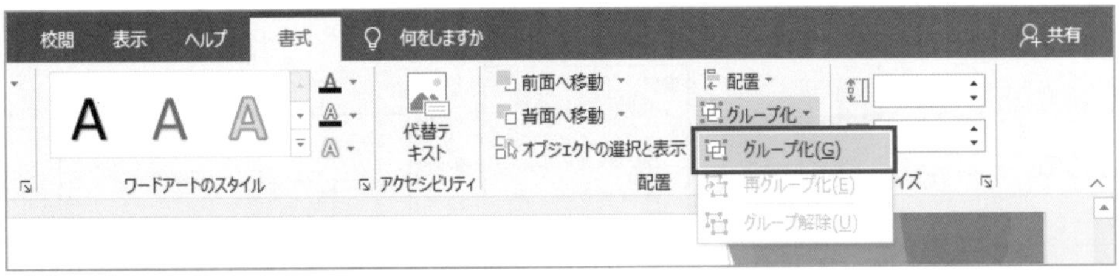

→ 正円の図形とワードアートを 1 つのオブジェクトにすることができました。

このオブジェクトを選択して、位置の調整や書式の変更などの操作を行うと、正円とワードアートの両方に適用されます。

OnePoint オブジェクトのグループ化を解除するには

グループ化を解除するには、グループ化されたオブジェクトを選択した状態で、[描画ツール] の [書式] タブの [グループ化] ボタンをクリックし、一覧から [グループ解除] をクリックします。

OnePoint オブジェクトの配置を揃えるには

複数のオブジェクトを整列したいときは、まず揃えたいそれらのオブジェクトをすべて選択します。複数のオブジェクトを選択するには、1つ目の画像をクリックして選択し、2つ目以降の画像をShiftキーを押しながらクリックします。

次に、複数のオブジェクトを選択した状態で、[描画ツール] の [書式] タブの [配置] ボタンをクリックし、一覧から整列の種類を指定します。

なお、うまく整列できない場合は [スライドに合わせて配置] が選択されている可能性があります。オブジェクト同士を整列したい場合は [選択したオブジェクトを揃える] を選択しておく必要があります。

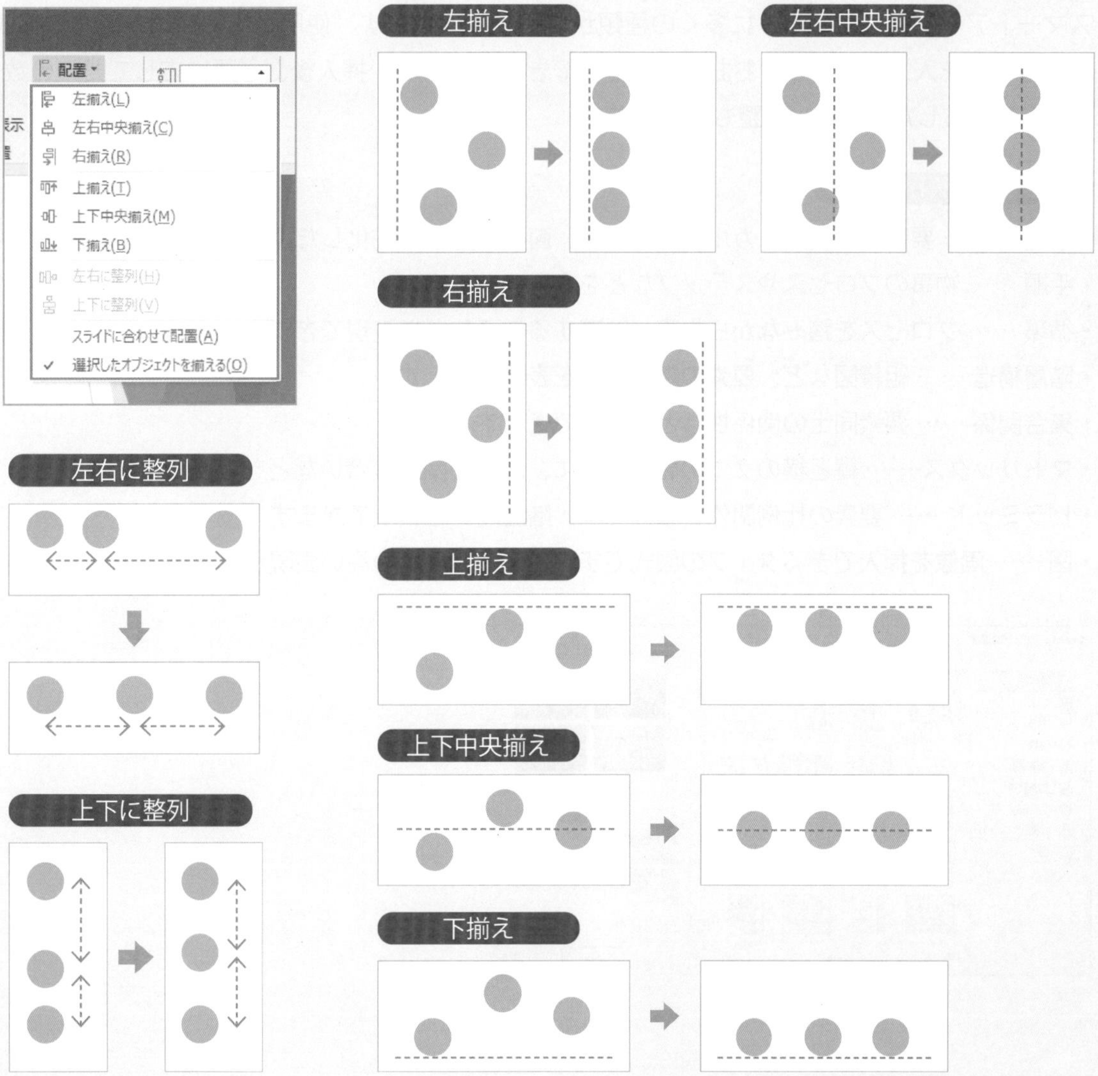

4-3 スマートアートを活用する

物事の手順や構造を説明するときに、文章や口頭だけでは伝わりにくいこともあります。そのようなときは情報を分かりやすく図式化します。PowerPoint にはスマートアート（SmartArt）というグラフィック機能があり、簡単に手順図や組織図などを作ることができます。

スマートアートの例

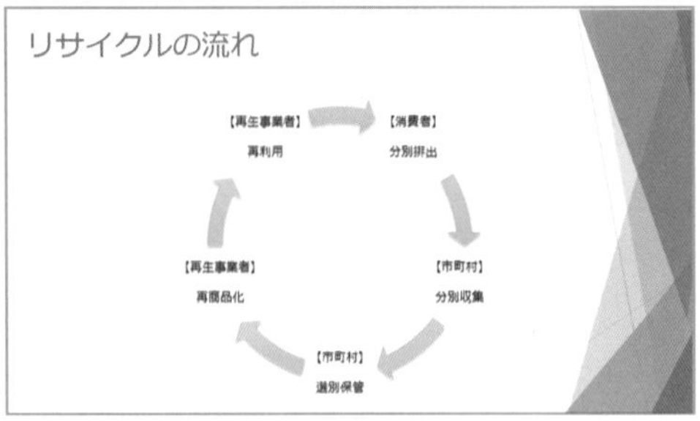

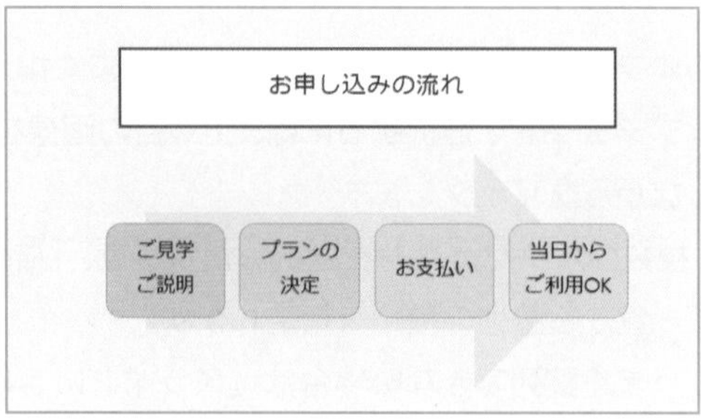

スマートアートには次のように多くの種類が用意されています。使用したい種類を選んで挿入し、必要な情報を入力するだけでおおよその形ができあがります。挿入後、必要に応じて要素の数を増やしたり減らしたりなどの調整も可能です。

スマートアートの類種

- リスト …… 要素をグラフィカルに並べます。箇条書きを図式化したようなイメージです。
- 手順 …… 物事のプロセスやステップなどを表現できます。
- 循環 …… プロセスを踏みながら物事が循環する様子などを表現できます。
- 階層構造 …… 組織図など、要素の階層構造を表現できます。
- 集合関係 …… 要素同士の関係性などを表現できます。
- マトリックス …… 縦と横の 2 つの軸を基準に、要素の関連度合いなどを表現できます。
- ピラミッド …… 要素の比例関係、相互関係、階層関係を表現できます。
- 図 …… 画像を挿入できるタイプの図式です。ビジュアル度の高い表現ができます。

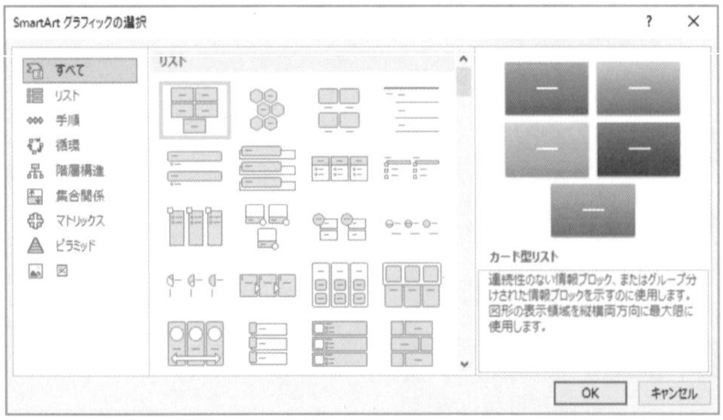

LESSON 1 スマートアートを挿入する

スマートアートはさまざまな種類が用意されているため、最初は自分が説明したい内容に適したスマートアートを探すことが一番難しいかもしれません。どのスマートアートであれば正確に情報が伝わるかを考えながら選ぶようにします。

STEP 循環のスマートアートを挿入する

1 スライドサムネイルのスライド 10 をクリックして選択します。

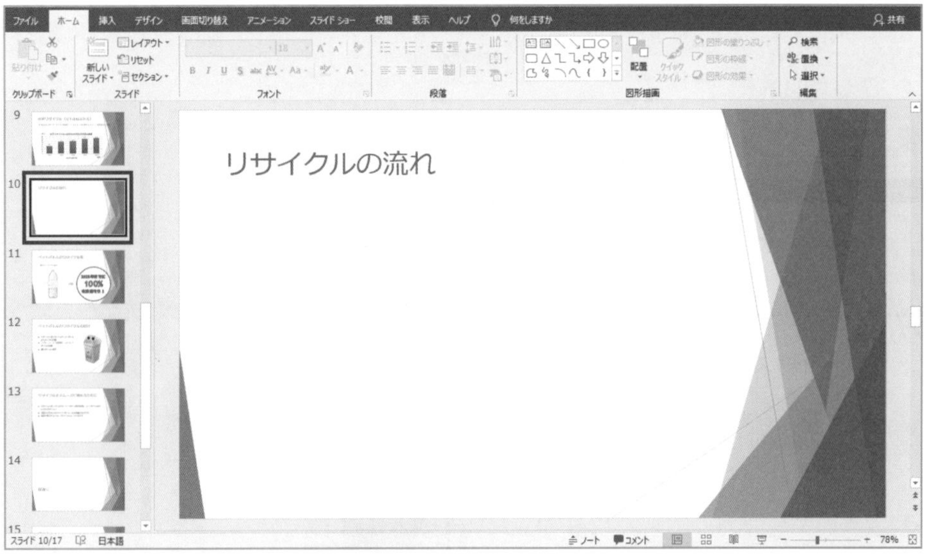

スライド 10 は"タイトルのみ"のレイアウトになっています。

2 [挿入] タブの [SmartArt] ボタンをクリックします。

→ [SmartArt グラフィックの選択] ダイアログボックスが表示されます。

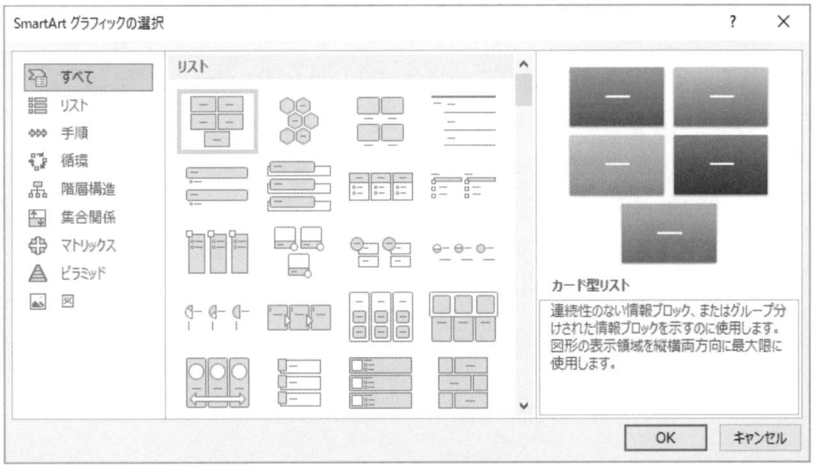

3 ［循環］をクリックします。

4 ［テキスト循環］をクリックします。

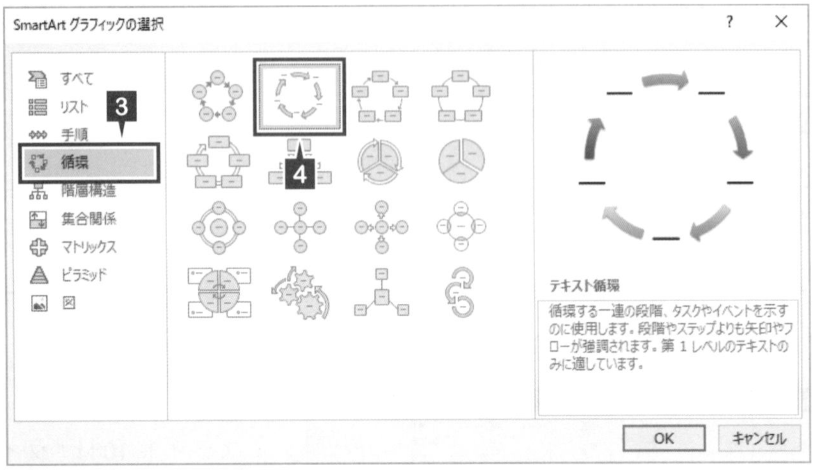

5 ［OK］をクリックします。

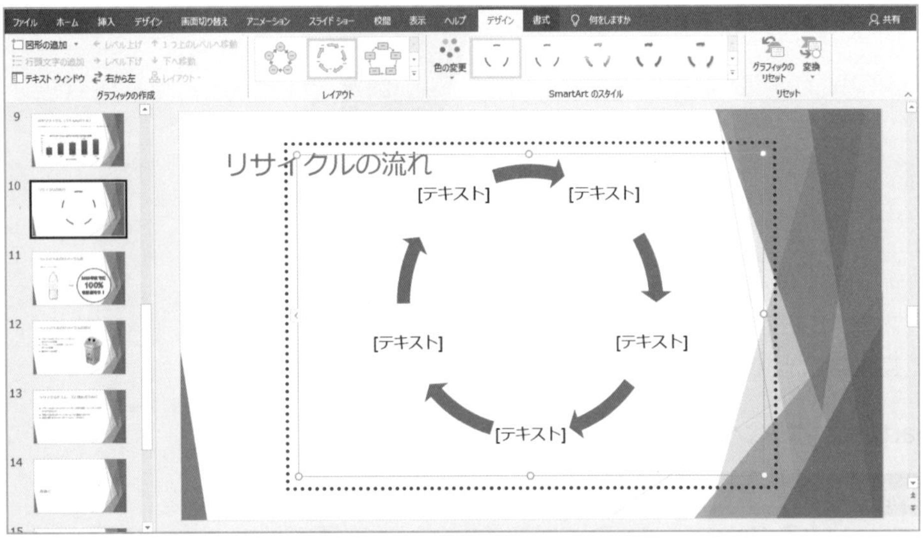

→ スライドにスマートアートを挿入できました。

OnePoint スマートアートに図形を追加、削除するには

スマートアートにあらかじめ用意されている図形の数が足りない場合は、［SmartArt ツール］の［デザイン］タブの［図形の追加］ボタンで追加することができます。

［図形の追加］ボタンの▼をクリックすると図形を追加する方向が指定できますが、スマートアートによってそれらは異なるため、追加できない方向もあります。

また、不要な図形がある場合は、その図形をクリックして選択し、Delete キーを押すことで簡単に削除することもできます。

STEP スマートアートのサイズと位置を調整する

1 スマートアートの枠線の右下のサイズ変更ハンドルにマウスポインターを合わせます。

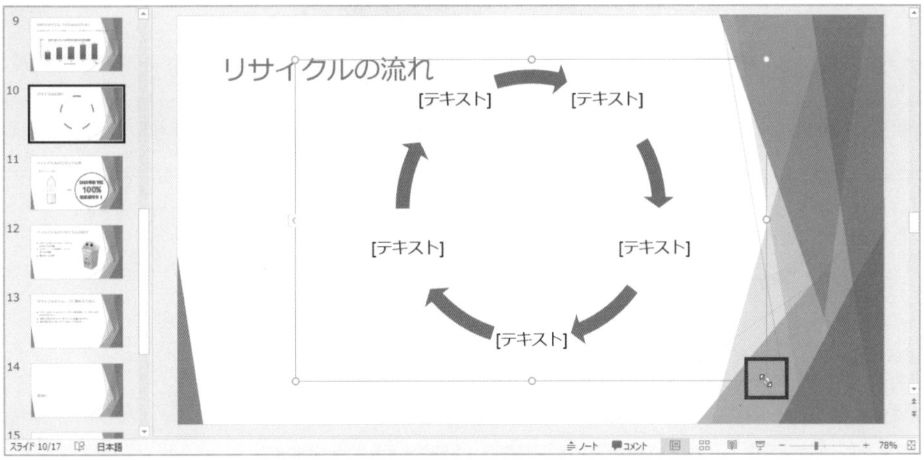

画像、図形、プレースホルダーなどのサイズを変更するときと同様の操作です。

→ マウスポインターの形が に変わります。

2 下図のように左上方向にドラッグします。

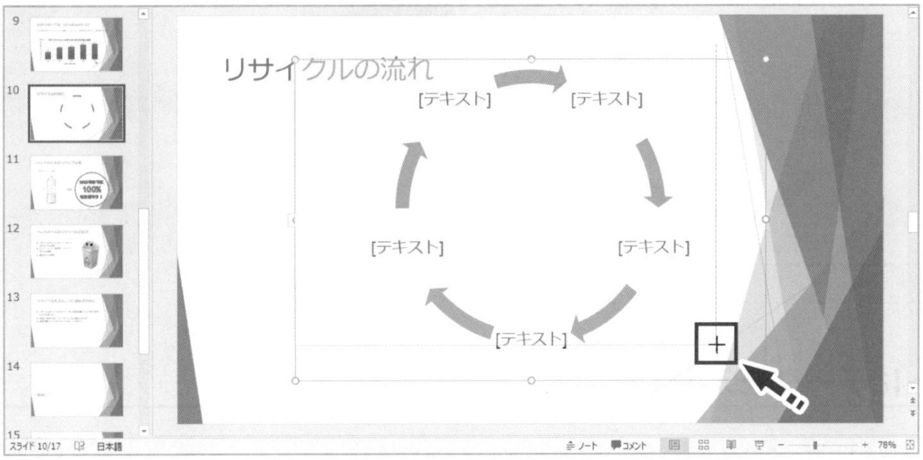

→ スマートアートのサイズを変更できました。

3 スマートアートの枠線にマウスポインターを合わせます。

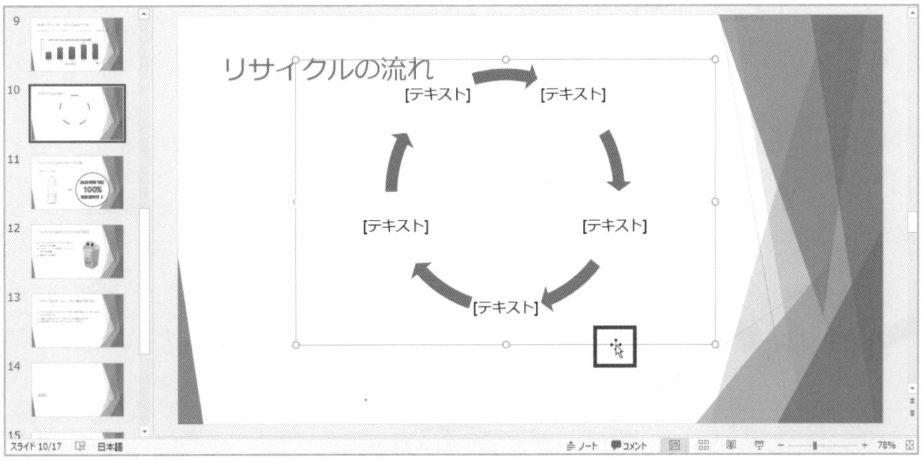

画像、図形、プレースホルダーなどを移動するときと同様の操作です。

→ マウスポインターの形が に変わります。

4 下図のように下方向にドラッグします。

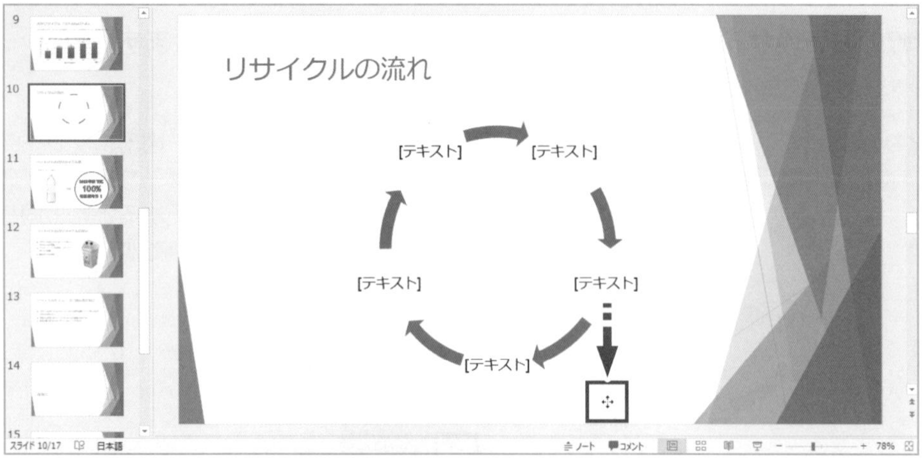

→ スマートアートを移動できました。

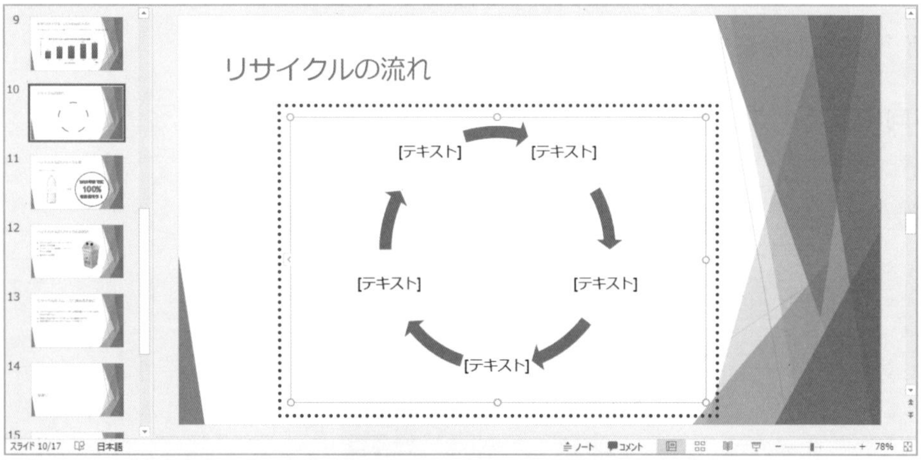

STEP スマートアートにデータを入力する

1 下図の位置の［テキスト］をクリックします。

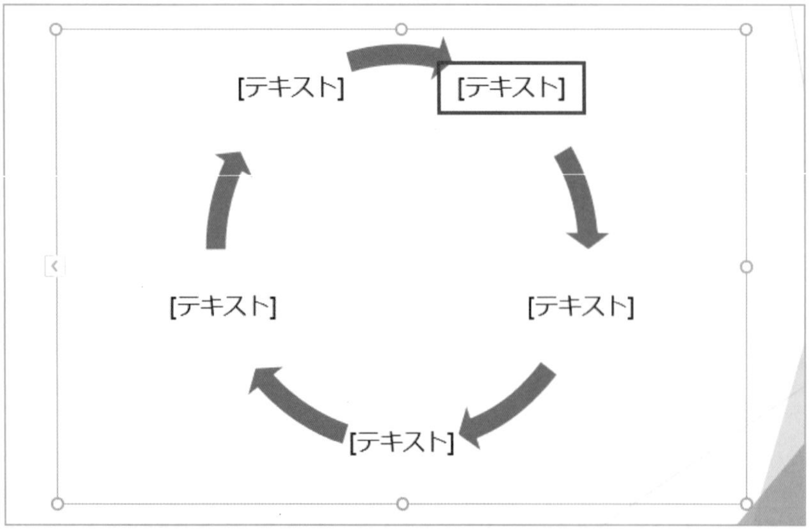

→ カーソルが表示されます。

2 「【消費者】」と入力します。

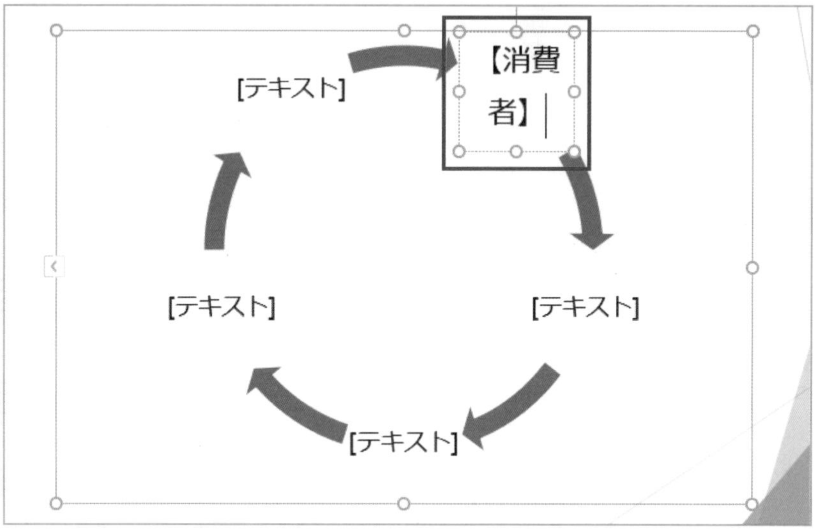

最初は文字が大きく表示されますが、文字を入力していくと、字数に合わせて文字のサイズが小さくなっていきます。

3 Enter キーを押して改行して、「分別排出」と入力します。

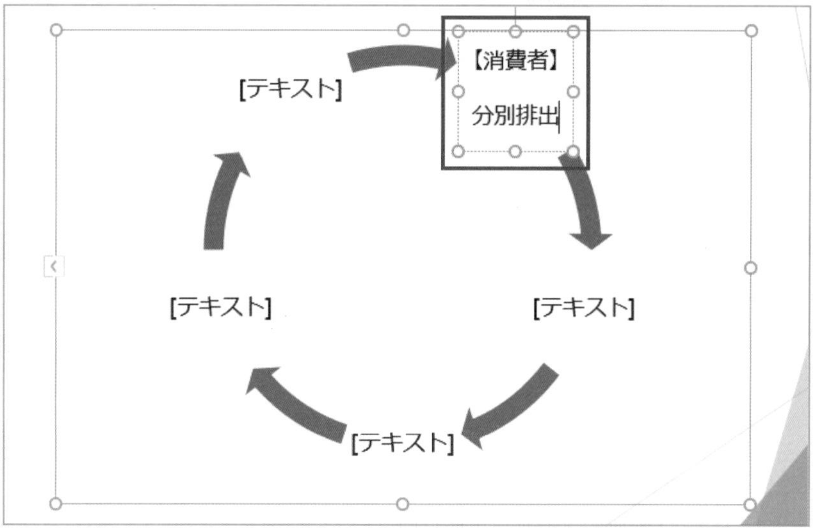

4 同様の方法で、下図のように入力します。

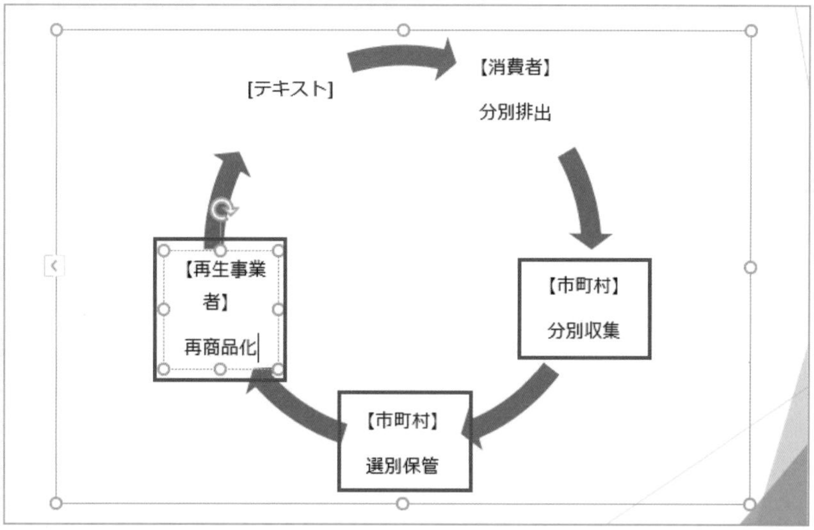

5 左辺中央のサイズ変更ハンドルにマウスポインターを合わせて左方向へドラッグします。

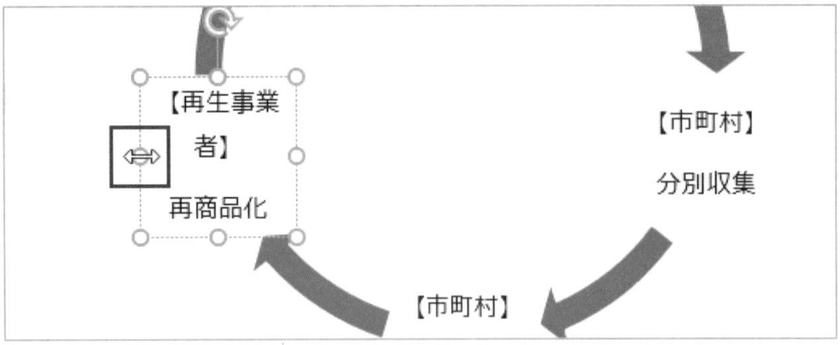

テキストボックスを少し広げます。

→ テキストボックスを広げて文字列が 2 行に収まるように調整しました。

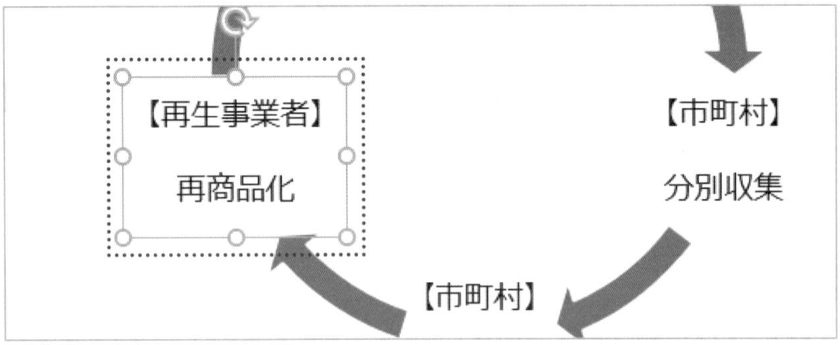

6 同様の方法で、下図の［テキスト］にも文字列を入力します。

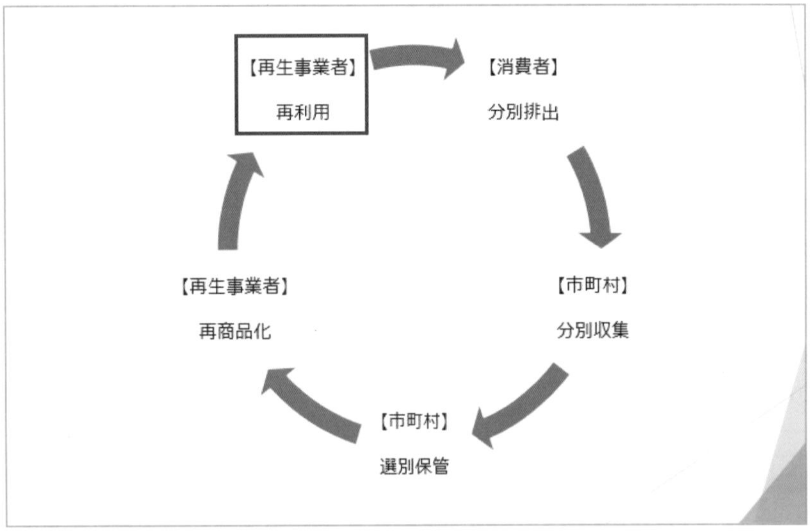

スマートアート挿入時に表示される“テキストウィンドウ”でもデータ入力ができます。
テキストウィンドウが表示されていない場合は、［SmartArt ツール］の［デザイン］タブの［テキストウィンドウ］ボタンをクリックします。

LESSON 2 スマートアートのデザインを変更する

スマートアートの配色やデザインは、用意されたいくつかのスタイルから選択するだけで簡単に変更することができます。現在のスライドのイメージからかけ離れないように気を付けて選びます。

STEP スマートアートのスタイルを変更する

1 スマートアートをクリックして選択します。

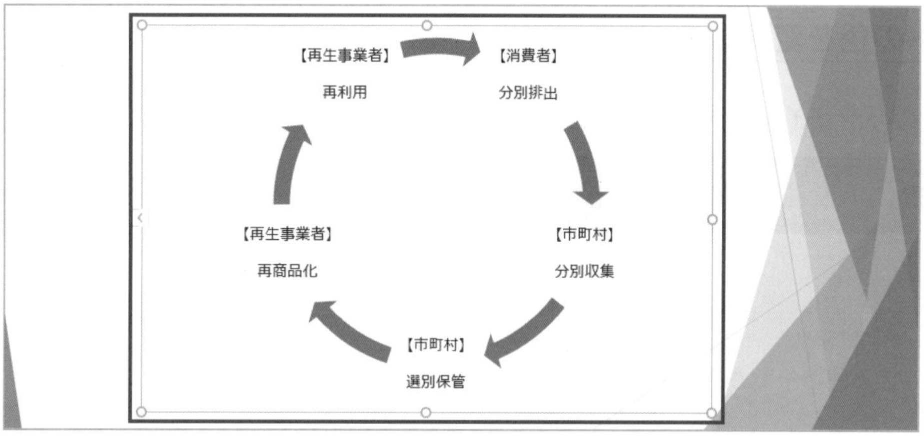

スマートアート内の任意の位置をクリックすると選択できます。

2 ［SmartArt ツール］の［デザイン］タブの［SmartArt のスタイル］の［その他］ボタンをクリックします。

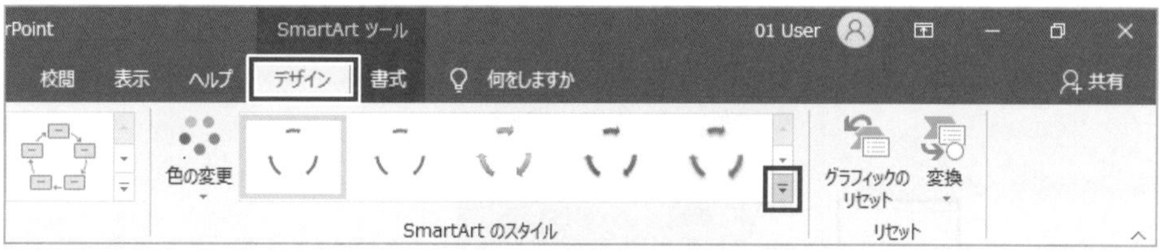

→ スマートアートのスタイルの一覧が表示されます。

3 一覧から［ドキュメントに最適なスタイル］の［光沢］をクリックします。

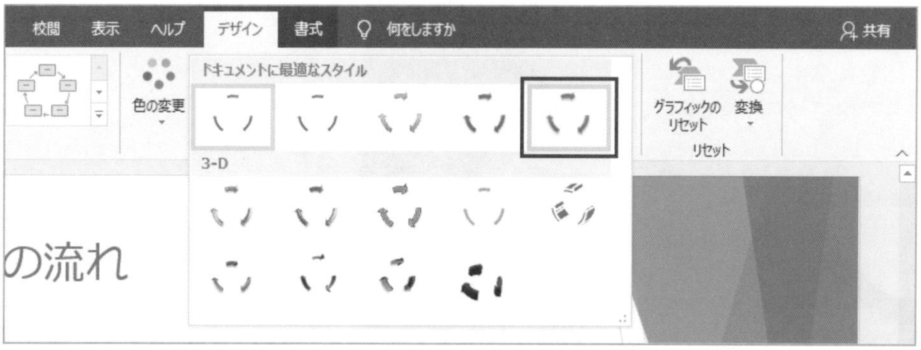

［ドキュメントに最適なスタイル］には、スライドのイメージに合わせたものが表示されるので、ここからスタイルを選択すると、デザインなどの統一性が保たれます。

→ スマートアートのスタイルを変更できました。

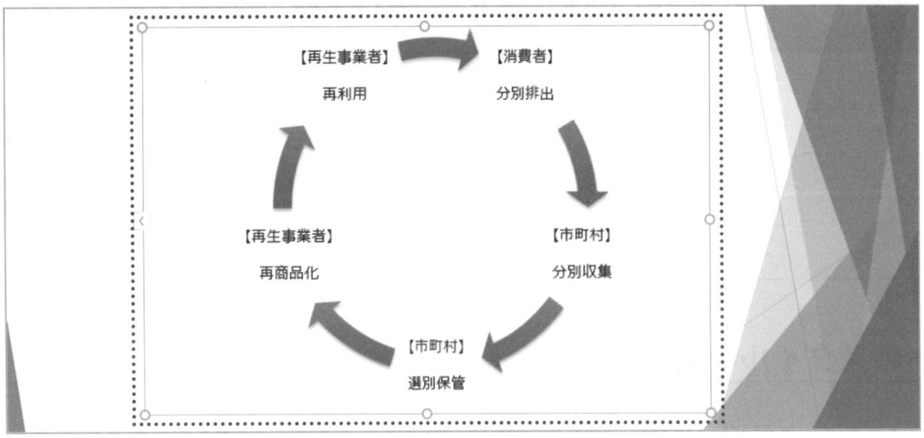

矢印の図形に影とグラデーションの効果が適用されています。
選んだスタイルによっては変化が分かりにくいものもあります。

STEP スマートアートの色を変更する

1 ［SmartArt ツール］の［デザイン］タブの［色の変更］ボタンをクリックします。

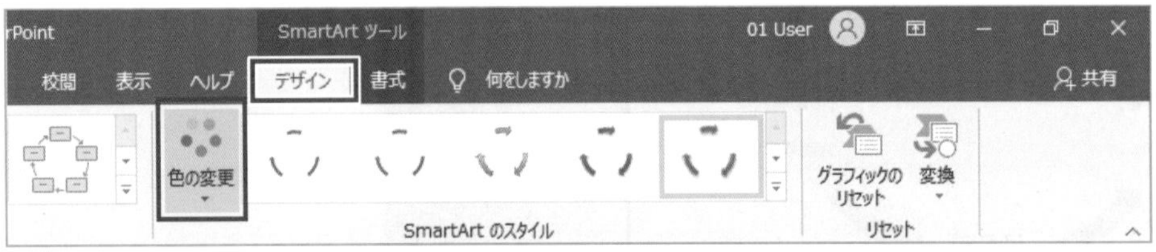

→ スマートアートに設定できる色の一覧が表示されます。

2 一覧から［カラフル - アクセント 5 から 6］をクリックします。

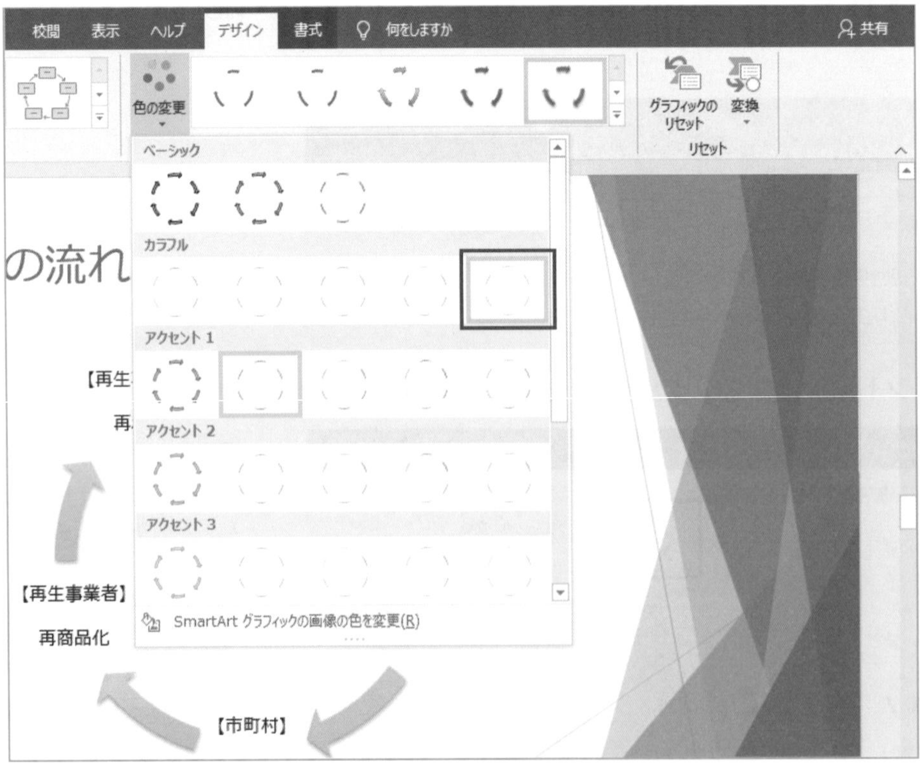

→ スマートアートの色を変更できました。

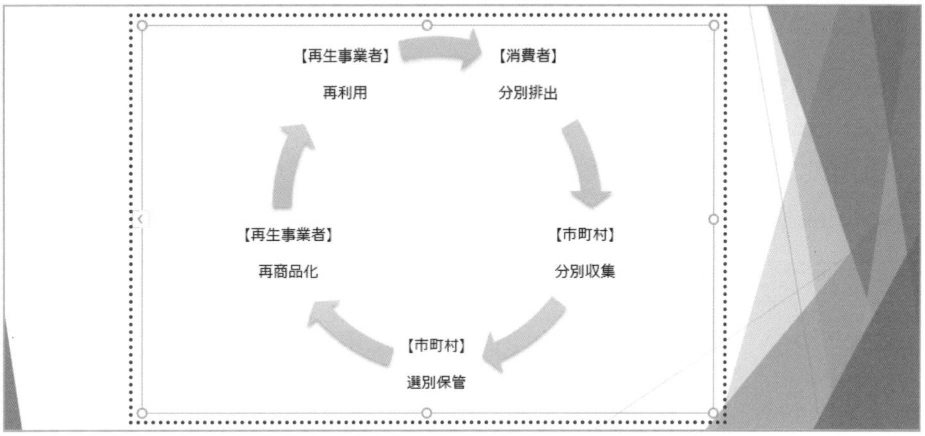

3 ファイルに「Chap4_ ペットボトルリサイクル完成」と名前を付けて保存して閉じましょう。

One Point　スマートアートに設定した書式をリセットするには

スマートアートに設定したスタイルや配色をリセットして初期状態に戻したい場合は、対象のスマートアートを選択し、[SmartArt ツール] の [デザイン] タブの [グラフィックのリセット] ボタンをクリックします。

One Point　スマートアートのレイアウトを変更するには

[SmartArt ツール] の [デザイン] タブの [レイアウト] の [その他] ボタンをクリックすると、さまざまなレイアウトが一覧表示されるので、その中から変更したいスマートアートのレイアウトをクリックします。

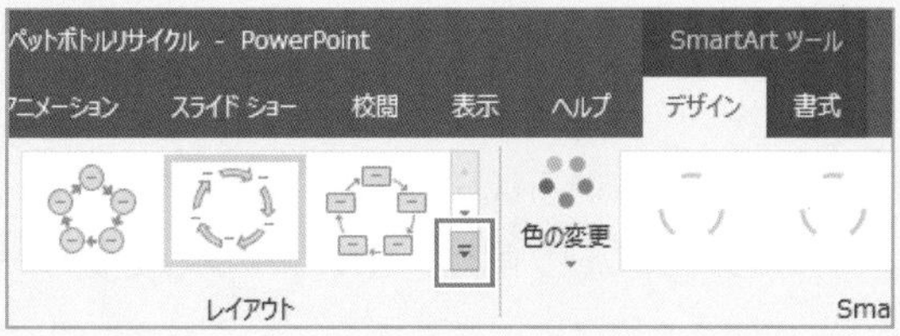

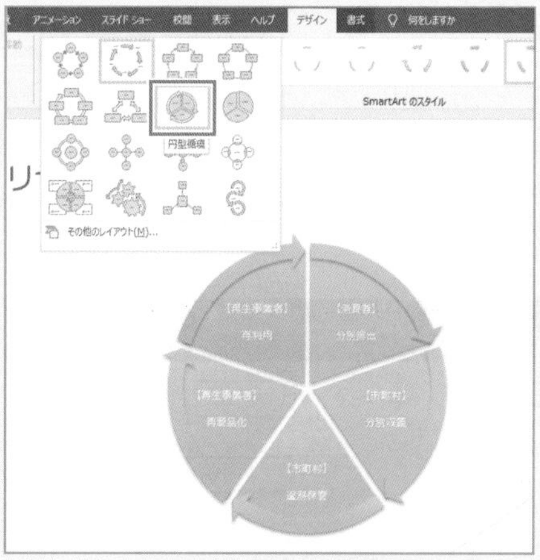

One Point 特定の要素だけの書式を変更するには

スマートアートは全体の配色だけでなく、個別の図形の書式を変えることもできます。まずスマートアート全体を選択し、書式を変えたい図形だけをクリックします。このとき図形の周囲にハンドルは表示されませんが、この状態で塗りつぶしの色などを変更するとクリックしていた図形だけ書式が変更されます。

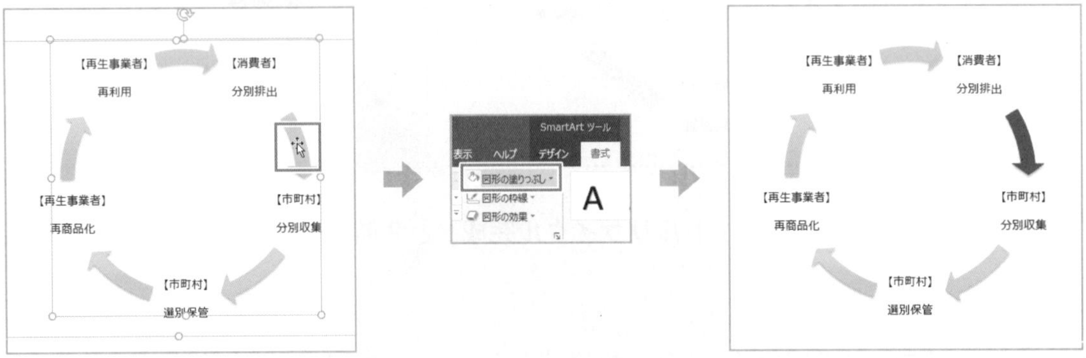

One Point スマートアートを図形に変換して個別に扱うには

スマートアートを通常の図形に変換すれば、スマートアートの各要素を個別に扱うことができるようになります。ただし、スマートアートではなくなるため［SmartArt ツール］に用意されている機能は使用できなくなります。

スマートアートを図形に変換するには、［SmartArt ツール］の［デザイン］タブの［変換］ボタンをクリックし、一覧から［図形に変換］をクリックします。

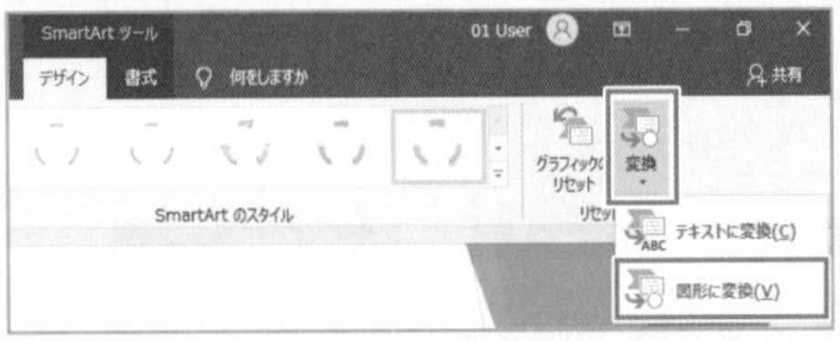

図形に変換された直後はすべてのオブジェクトがグループ化されている状態のため、［描画ツール］の［書式］タブの［グループ化］ボタンをクリックして、一覧から［グループ解除］をクリックしてグループ化を解除します。

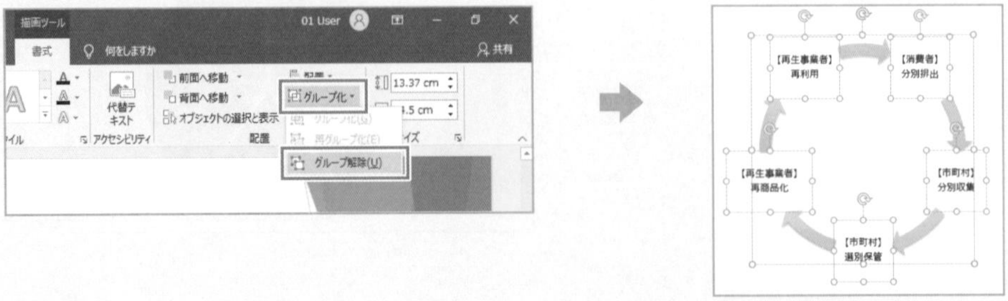

なお、［テキストに変換］をクリックすると、スマートアートを箇条書きリストに変換できます。

学習のまとめ | CHAPTER 4 章末練習問題

【章末練習問題 1】画像とワードアートと図形の挿入

スクール _PowerPoint 2019 ▶ CHAPTER4 ▶ 章末練習問題 ▶ P「Chap4_ コワーキングスペースのご案内 _ 問題 1」

1 ファイル「Chap4_ コワーキングスペースのご案内 _ 問題 1」を開きましょう。

2 スライド 6 に画像 " 施設写真 1" と " 施設写真 2" を挿入しましょう。

3 完成例を参考にして、画像を配置しましょう。

4 スライド 9 にワードアート " 塗りつぶし : 白 ; 輪郭 : ライム、アクセントカラー 2; 影（ぼかしなし）: ライム、アクセントカラー 2" を挿入して、「Community」と入力しましょう。

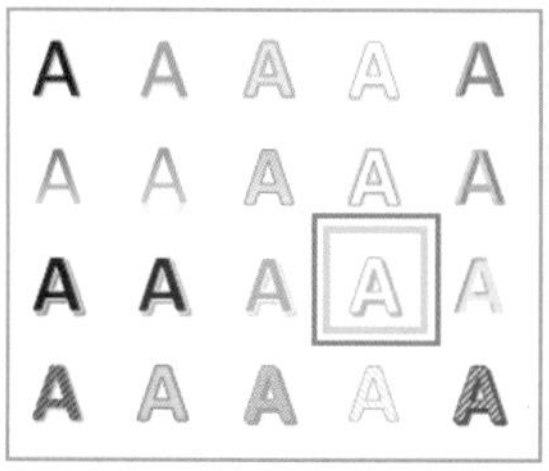

5 挿入したワードアートの文字のサイズを "32pt" に変更しましょう。

6 完成例を参考にして、ワードアートの位置を調整しましょう。

7 完成例を参考にして、図形 " 円柱 " を描画しましょう。

8 描画した円柱の図形内に「UP」と入力しましょう。
※図形を選択した状態でそのまま入力すれば図形内に文字列を入力できます。

9 完成例を参考にして、図形 " 矢印：右 " を 2 つ描画しましょう。

10 2 つの図形 " 矢印：右 " の塗りつぶしの色を " ライム、アクセント 3" に、枠線を " 枠線なし " に設定しましょう。

11 以下の 4 つのオブジェクトをグループ化しましょう。
- ワードアート "Community"
- 図形 " 円柱 "
- 人型のアイコン
- テキストボックス " 多様なチャンスを生む場所に "

12 ファイルに「Chap4_ コワーキングスペースのご案内 _ 問題 1 完成」と名前を付けて保存して閉じましょう。

4 スライドに画像や図形を挿入する

＜完成例＞

スライド6

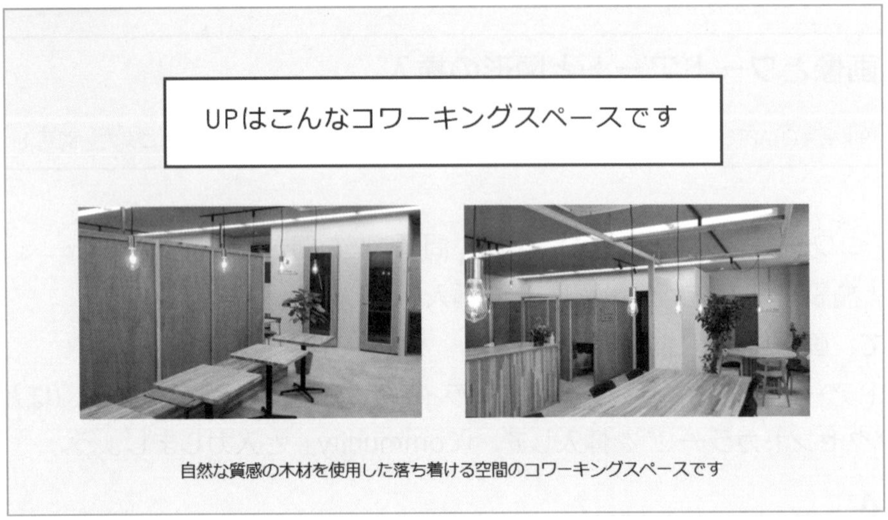
UPはこんなコワーキングスペースです
自然な質感の木材を使用した落ち着ける空間のコワーキングスペースです

スライド9

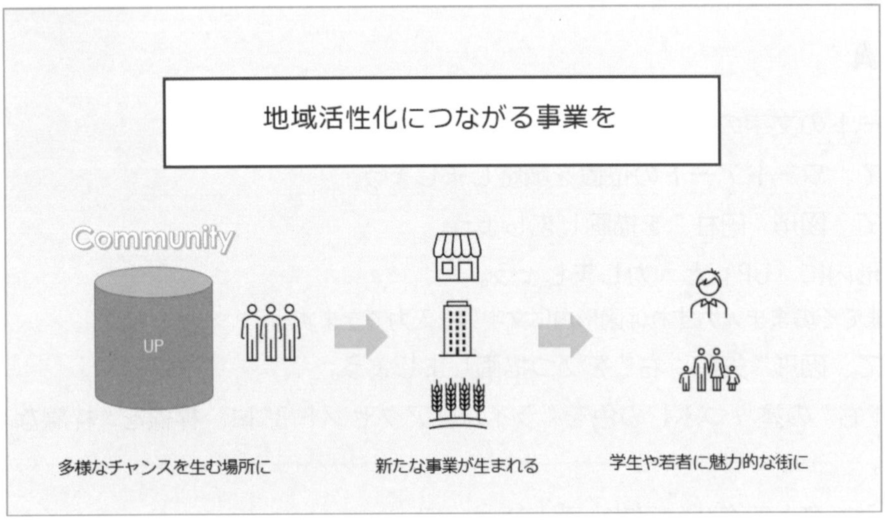
地域活性化につながる事業を
Community
UP
多様なチャンスを生む場所に
新たな事業が生まれる
学生や若者に魅力的な街に

【章末練習問題 2】スマートアートの挿入

スクール _PowerPoint 2019 ▶ CHAPTER4 ▶ 章末練習問題 ▶ P 「Chap4_ コワーキングスペースのご案内 _ 問題 2」

1 ファイル「Chap4_ コワーキングスペースのご案内 _ 問題 2」を開きましょう。

2 スライド 10 にスマートアート " 矢印と長方形のプロセス " を挿入しましょう。

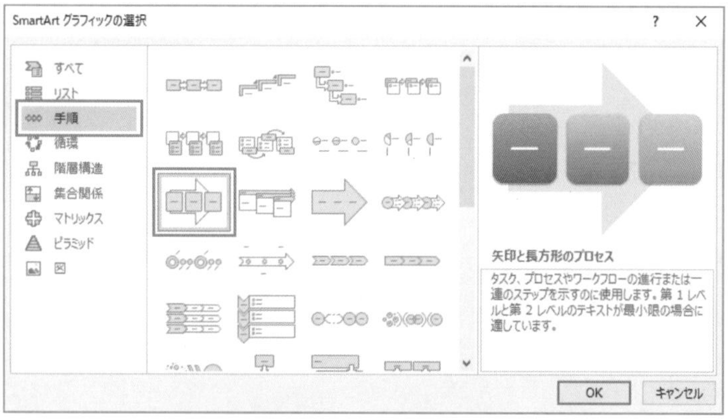

3 スマートアートに図形を 1 つ追加しましょう。
※ P.176 の One Point を参考にしてください。

4 完成例を参考にして、スマートアートの位置とサイズを調整しましょう。

5 スマートアートの各図形に文字を入力しましょう。
※それぞれの改行位置では Shift+Enter キーで改行しています。

6 スマートアートのスタイルを " パステル " に変更しましょう。

7 スマートアートの色を " カラフル - アクセント 2 から 3" に変更しましょう。

8 ファイルに「Chap4_ コワーキングスペースのご案内 _ 問題 2 完成」と名前を付けて保存して閉じましょう。

<完成例>

スライド 10

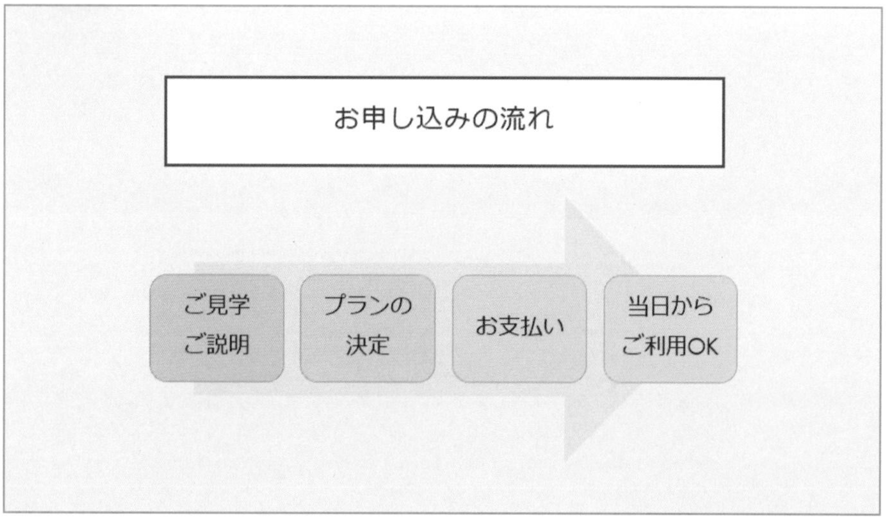

CHAPTER 5

スライドやレイアウトを調整する

CHAPTER5 では、プレゼンテーションの進行を検討するときに必要なスライドの順番の入れ替えや、すべてのスライドや同じレイアウトのスライドに共通の変更を加えるスライドマスターの機能について学習します。

5-1 スライドを管理する

参加者に伝わりやすいプレゼンテーションを行うにはプレゼンテーションの構成が重要です。PowerPoint ではスライドの順番をいつでも簡単に変更できるため、最初に全体の構成を考えるときはもちろん、作成の途中でプレゼンテーションの構成を変更することもできます。

プレゼンテーションの一般的な構成

プレゼンテーションの構成でよく用いられるのは、序論→本論→結論という 3 パートの構成です。
序論は、このプレゼンテーションで伝えたいことを簡潔に紹介したり、プレゼンテーションの内容を理解しやすくするための導入的な解説を行ったりするパートです。
本論は、プレゼンテーションのメインとなる解説パートです。発表者の伝えたい内容を参加者に理解してもらうために、情報を分かりやすく整理して提供します。
結論は、プレゼンテーションのまとめになるパートです。本論を受けて最終的に参加者に強く伝えたいことを改めて発表します。
各パートで使用するスライドの枚数のバランスは、**本論を最も多く、序論と結論を少なく**というのが一般的です。

スライドの全体的な内容と順番を考える方法

本書では、この CHAPTER でスライドの順番を変更する操作を紹介しますが、実際には最初にスライドの全体像（アウトライン）を考えるとプレゼンテーションの作成が効率よく進みます。
スライドの全体像を考えるには以下のような方法があります。
最初に " タイトルとコンテンツ " のレイアウトのスライドをいくつも追加して、先にタイトルだけを入力します。このときスライドの順番は気にせずに伝えたいことを入力していきます。次に内容が似ているスライドをまとめたり、順番を近くに集めたりします。その後、全体の構成を検討しながらスライドを並べ替えます。最後にそれぞれのスライドの詳細を仕上げてプレゼンテーションを完成させます。

プレゼンテーションの全体像を作成開始時点で検討する方法の例

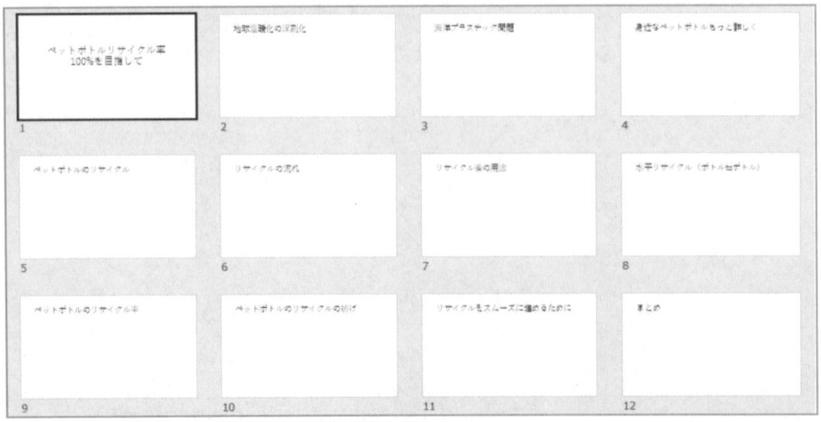

タイトルだけを入力したスライド

LESSON 1 スライドの順番を変更する

スライドの順番は画面左のスライドサムネイルでドラッグするだけでも入れ替えることができますが、スライドの数が増えてきたり、入れ替える位置が離れたりしていると作業が行いにくくなります。そのようなときは、スライド一覧表示に切り替えるとスムーズに作業を行うことができます。

STEP スライド一覧表示に切り替える

実習用データを開く：スクール _PowerPoint 2019 ▶ CHAPTER5 ▶ 「Chap5_ ペットボトルリサイクル」

1 ［表示］タブの［スライド一覧］ボタンをクリックします。

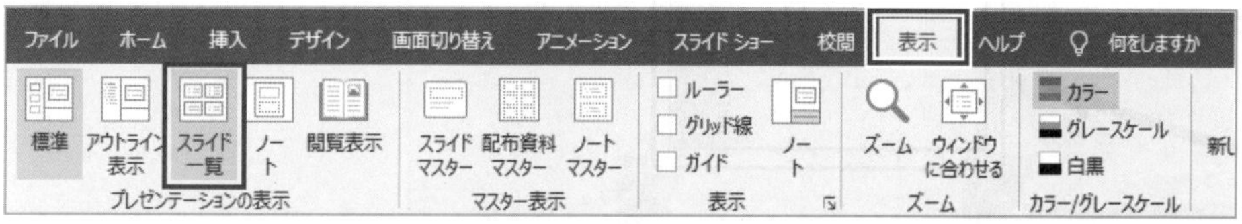

どのスライドが選択されていてもかまいません。

→ 画面がスライド一覧表示に切り替わります。

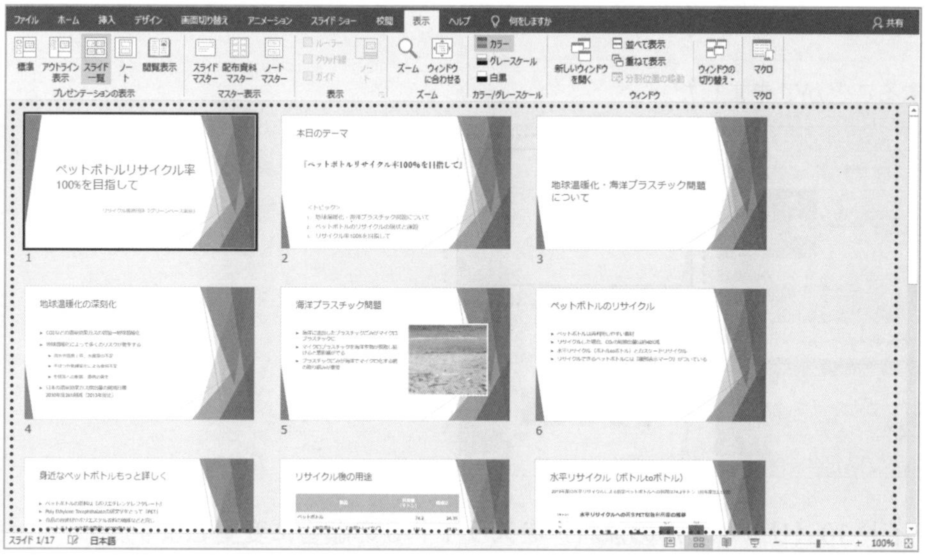

画面下部のステータスバーの［スライド一覧］ボタンをクリックしても切り替えることができます。

OnePoint スライド一覧表示の倍率を変更するには

スライド一覧表示の倍率を変更するには、画面右下のズームスライダーを左右にドラッグするか、[xx%] の部分をクリックして表示される［ズーム］ダイアログボックスで変更します。

STEP スライドの順番を変更する

1 スライド7にマウスポインターを合わせます。

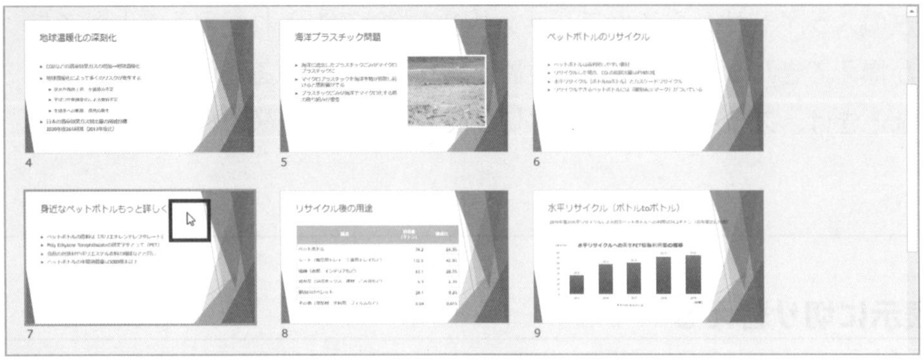

必要に応じて画面をスクロールしてください。

2 スライド5と6の間にドラッグします。

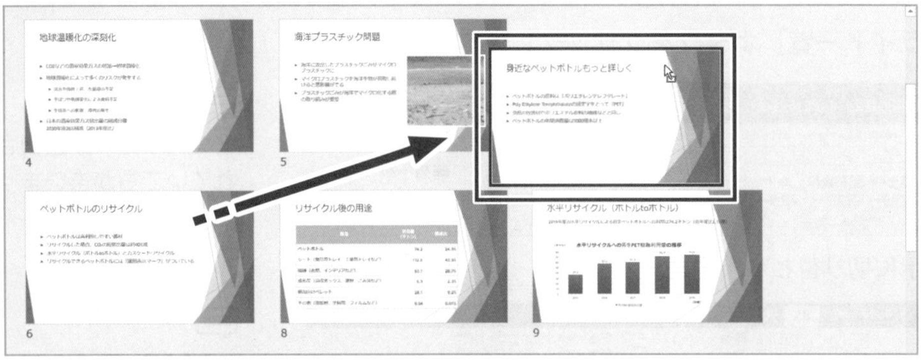

→ スライドの順番を変更することができました。

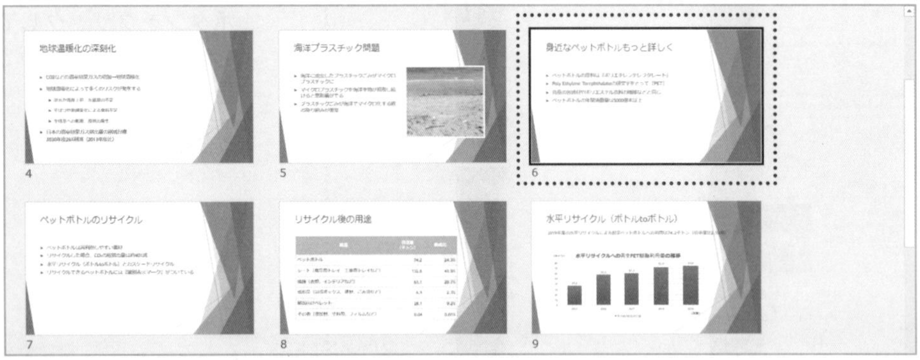

3 同様の方法で、スライド10（リサイクルの流れ）をスライド8の順番に変更します。

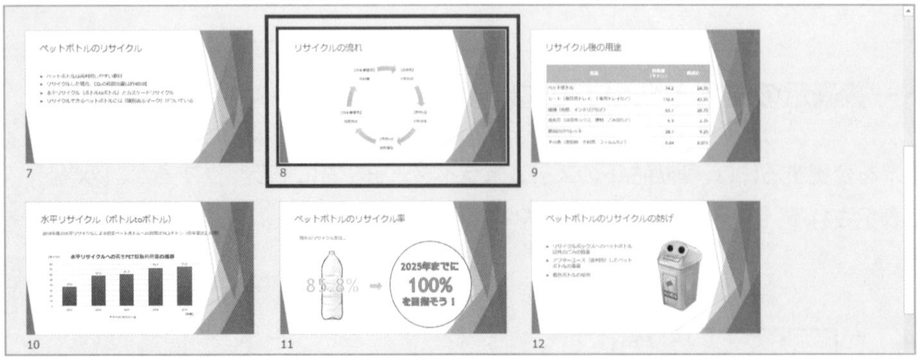

スライドサムネイルでもスライドを移動したい位置にドラッグすることで順番を変更できます。

LESSON 2 スライドを複製する

スライドの複製（コピー）もスライドサムネイルで行うことができますが、スライド一覧表示だとより作業しやすくなります。ここでは［コピー］ボタンと［貼り付け］ボタンを使ってスライドの複製を行います。

STEP スライドを複製する

1 スライド3をクリックして選択します。

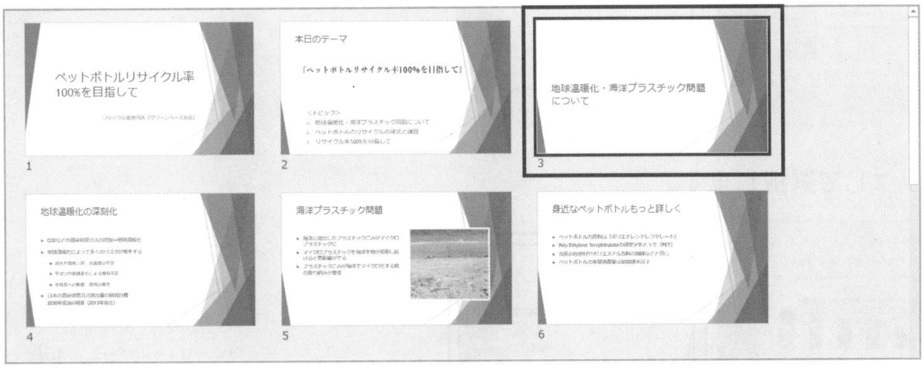

スライド3は“セクション見出しレイアウト”のスライドです。各セクションの先頭スライドに使用することが多いレイアウトです。

2 ［ホーム］タブの［コピー］ボタンをクリックします。

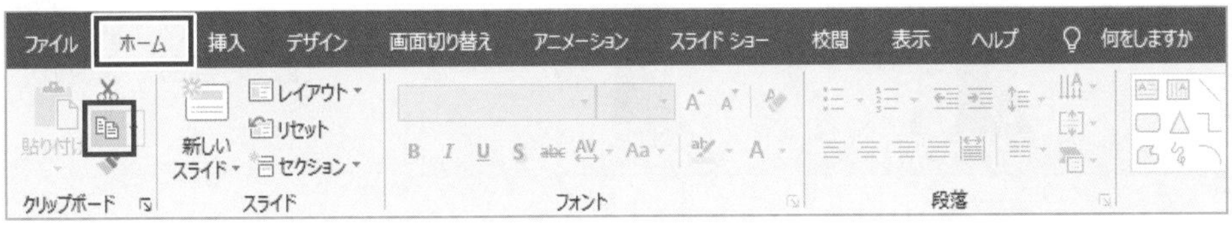

選択しているスライドがクリップボードに記憶されます。

3 スライド5をクリックして選択します。

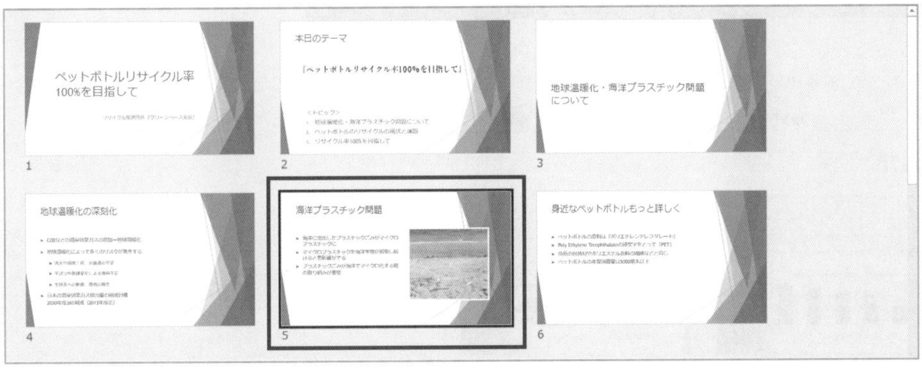

ここで選択したスライドの後ろに複製されます。

4 ［ホーム］タブの［貼り付け］ボタンのアイコンをクリックします。

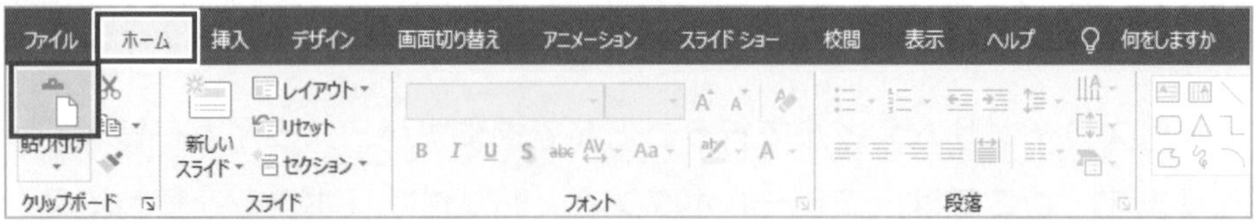

→ スライドを複製できました。

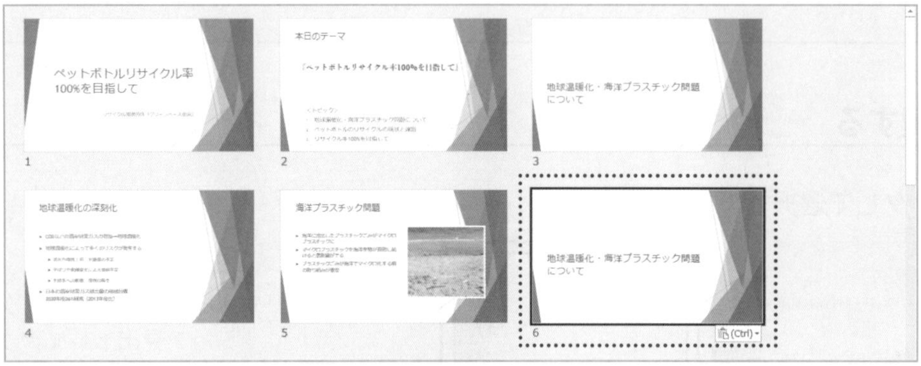

この時点でスライド 3 とスライド 6 は同じ内容です。

5 スライド 12 をクリックして選択します。

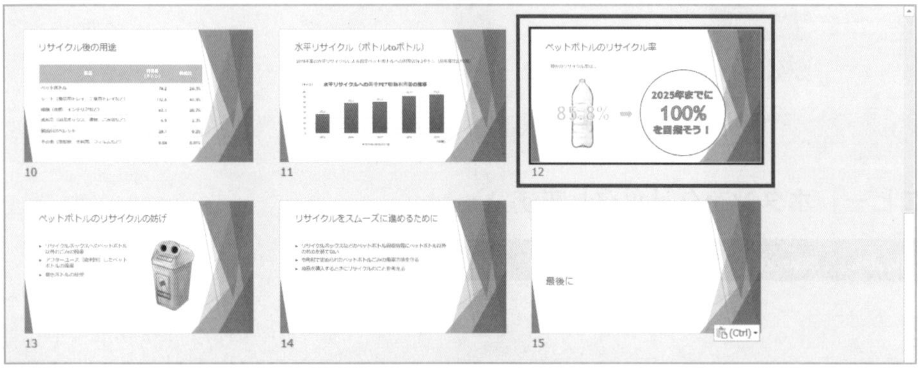

連続して同じスライドを複製する場合は、まだクリップボードにスライド 3 が記憶されているため［コピー］ボタンをクリックする操作は必要ありません。

6 ［ホーム］タブの［貼り付け］ボタンのアイコンをクリックします。

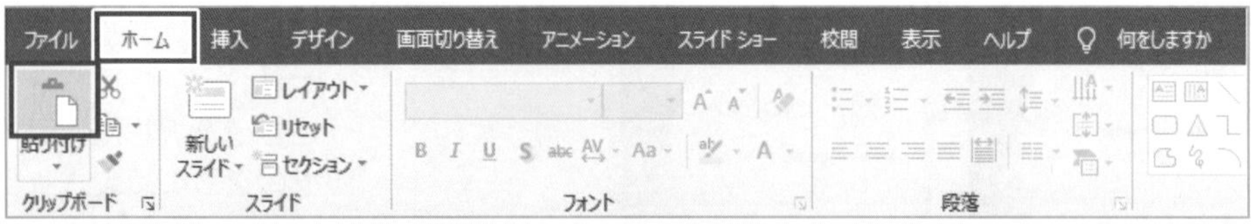

→ スライドを複製できました。

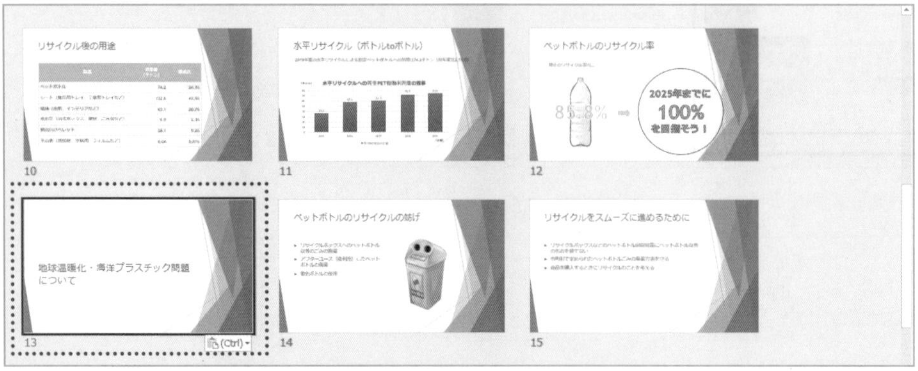

STEP 複製したスライドの内容を変更する

1 ［表示］タブの［標準］ボタンをクリックします。

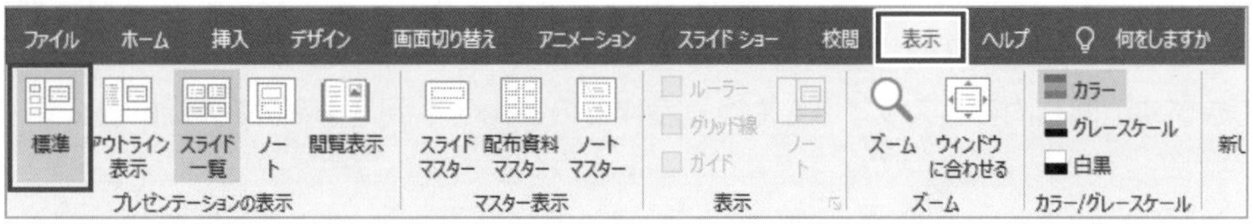

→ 画面が標準表示の状態に戻ります。

2 スライドサムネイルのスライド 6 をクリックして選択します。

3 "タイトル"のプレースホルダー内をクリックして、下図のように入力し直します。

4 同様の方法で、スライド 13 の"タイトル"のプレースホルダーを下図のように入力し直します。

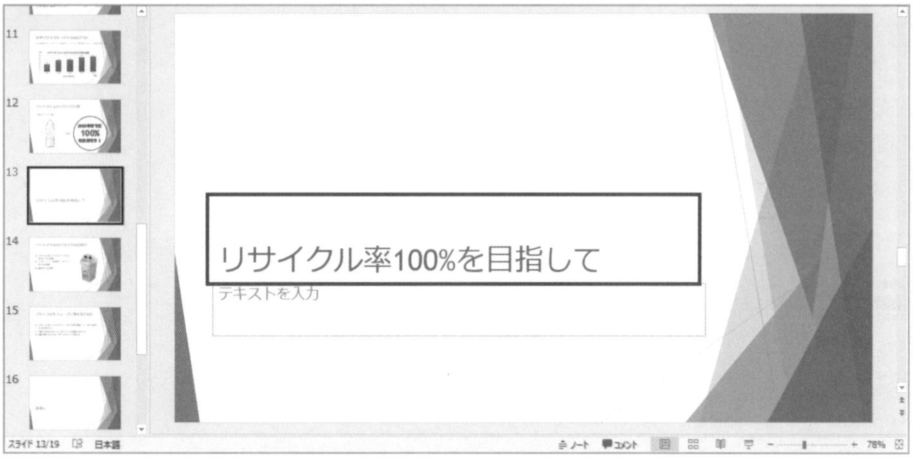

OnePoint その他の方法でスライドを複製するには

スライドサムネイルで複製したいスライドを右クリックして、ショートカットメニューの［スライドの複製］をクリックしてもスライドを複製できます。この場合、右クリックしたスライドの次のスライドとして複製されるため、連続して似た内容のスライドを作成していくときに便利です。

OnePoint 別のプレゼンテーションファイルにスライドを複製するには

スライドの複製は同じプレゼンテーションファイル内だけでなく、別のプレゼンテーションファイルに行うこともできます。たとえば、過去に作成したスライドを新しいプレゼンテーションファイルに複製するなどの使い方ができます。同じ内容のスライドをもう一度作るのと比べて手間や時間を大幅に省くことができます。

別のファイルにスライドを複製するには、まず、複製元のプレゼンテーションファイルと、複製先のプレゼンテーションファイルの両方を開いておきます。

その状態で、複製元のスライドをスライドサムネイルでクリックして選択し、[ホーム] タブの [コピー] ボタンをクリックします。

複製先のプレゼンテーションファイルに画面を切り替え、貼り付けたい位置のスライドを選択し（ここで選択したスライドの次に貼り付けられます)、[ホーム] タブの [貼り付け] ボタンをクリックします。スライドには複製先のスライドのテーマが適用されます。

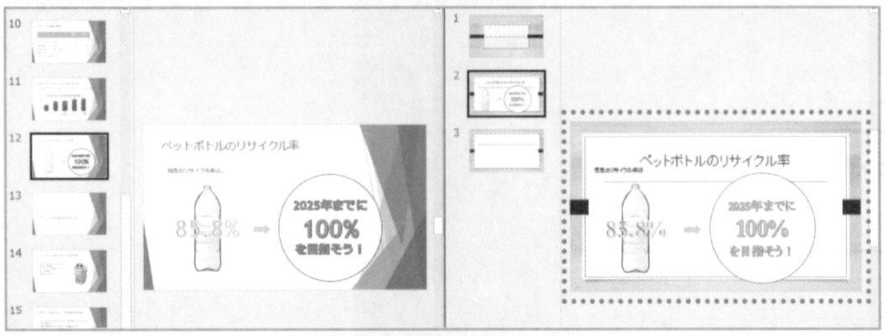

プレースホルダーの大きさや位置なども変わるため、レイアウトの調整が必要になることもあります。

なお、複製元のテーマを維持したまま貼り付けたい場合は、[貼り付け] ボタンの▼をクリックして [元の書式を保持] をクリックします。

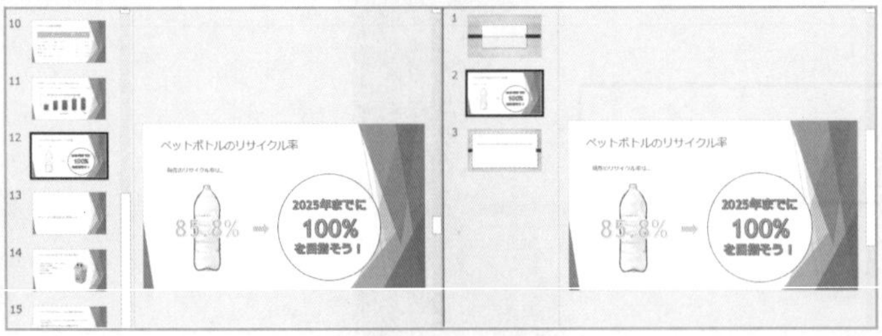

5-2 スライドマスターで共通の変更を行う

スライドマスターは、すべてのスライドのもとになるスライドのことです。スライドマスターを編集すると、作成中のプレゼンテーションのすべてのスライドや以降作成するすべてのスライドにその編集内容が適用されます。たとえば、CHAPTER1 ですべてのスライドの文字のサイズを最初に設定しましたが、そのときに使用したのはスライドマスターです。
すべてのスライドに影響する**スライドマスター**の他に、同じレイアウトのスライドのみに影響する**レイアウトマスター**というものもあります。

スライドマスターの活用方法

たとえば、すべてのプレースホルダーで使用している箇条書きの段落の先頭の記号を一度に変更したい場合や、すべてのスライド（タイトルスライドは例外）に会社のロゴを挿入したいときなどは、スライドマスターで編集すると簡単に作業を済ませせることができます。

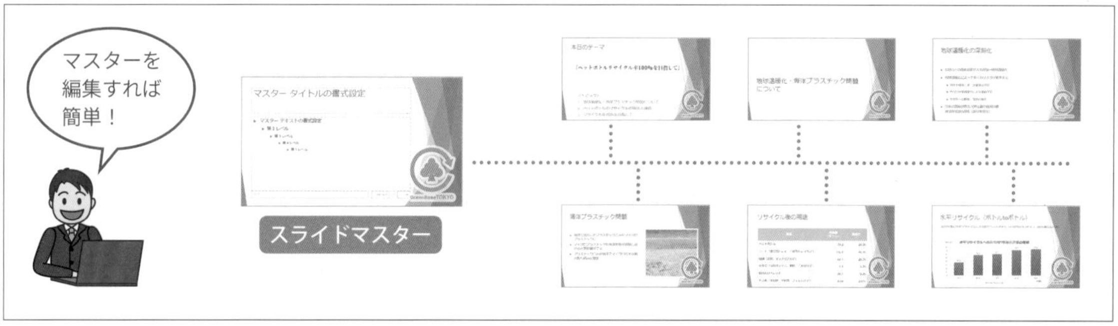

レイアウトマスターの活用方法

レイアウトマスターを編集すると、同じレイアウトを適用しているスライドだけを変更します。
たとえば、" セクション見出し " のレイアウトを適用している 4 枚のスライドだけ背景色を変えたい、といった場合は " セクション見出し " のレイアウトマスターを編集します。

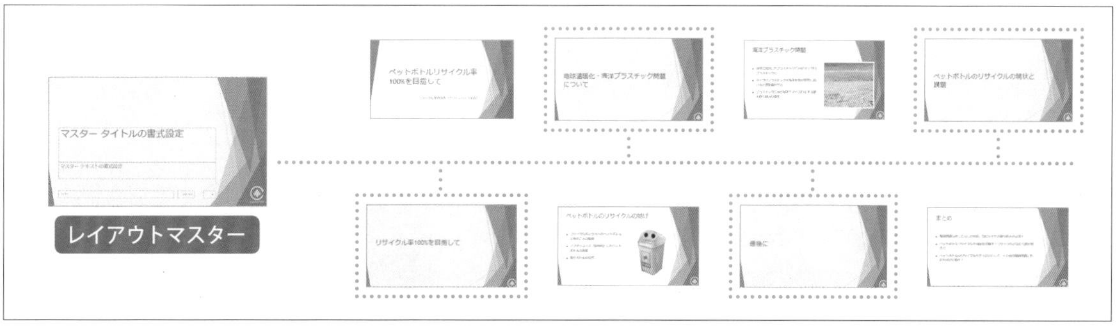

LESSON 1 すべてのスライドに共通な変更を行う

スライドマスターの編集は、スライドマスターの編集画面に切り替えて行います。
スライドマスターの編集画面は、スライド作成時の標準表示と同じような画面になります。スライドサムネイルの一番上に表示されているのがスライドマスターになります。

スライドマスター
このスライドを選択して編集すると、すべてのスライドに編集内容が反映されます。

なお、スライドマスターの編集画面に切り替えた直後は、そのとき選択していたスライドのレイアウトマスターが選択された状態になるため、スライドマスターを編集するには必ずスライドサムネイルでスライドマスターをクリックして選択します。

STEP すべてのスライドの箇条書きの記号を変更する

1 ［表示］タブの［スライドマスター］ボタンをクリックします。

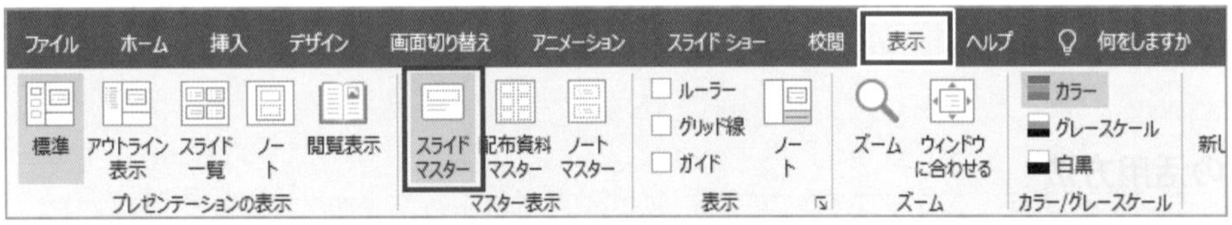

どのスライドが選択されていてもかまいません。

→ 画面がスライドマスターの編集画面に切り替わります。

画面には、先ほどまで選択していたスライドのレイアウトマスターが表示されます。

2 スライドサムネイルのスクロールバーを一番上までドラッグします。

スライドマスターはすべてのレイアウトマスターの上にあります。

3 スライドマスターをクリックして選択します。

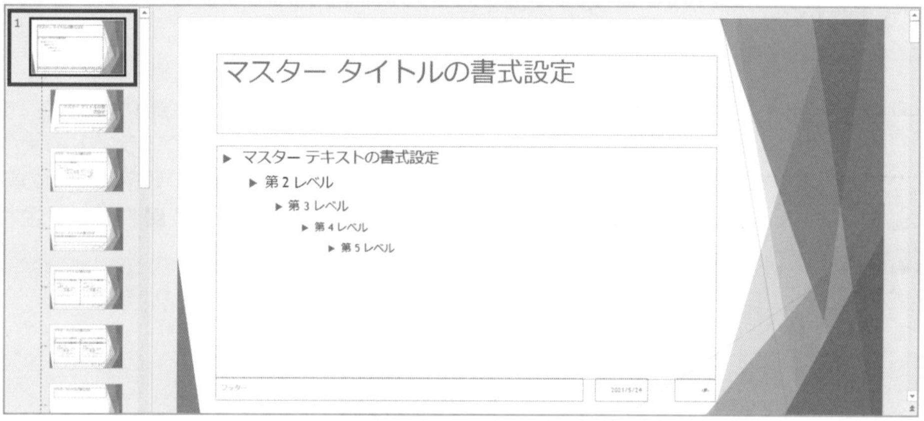

→ スライドマスターが表示されます。

4 "マスターテキストの書式設定"のプレースホルダーの枠線をクリックして選択します。

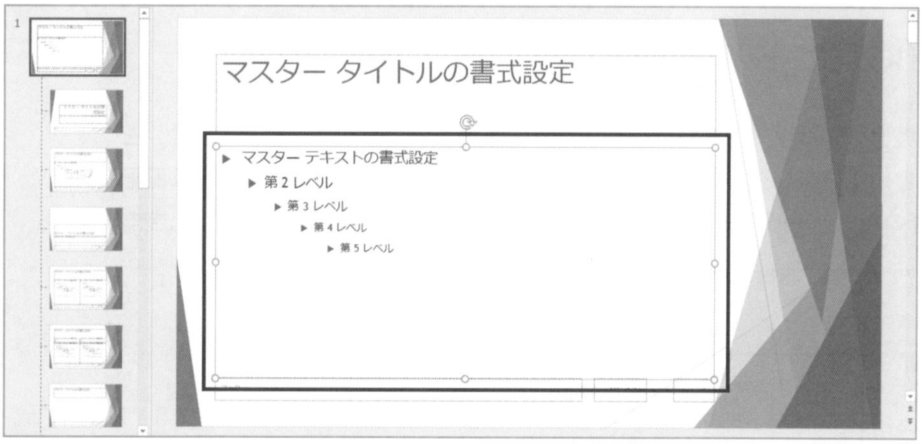

プレースホルダー内のすべての文字列をドラッグして範囲選択してもかまいません。

5 ［ホーム］タブの［箇条書き］ボタンの▼をクリックします。

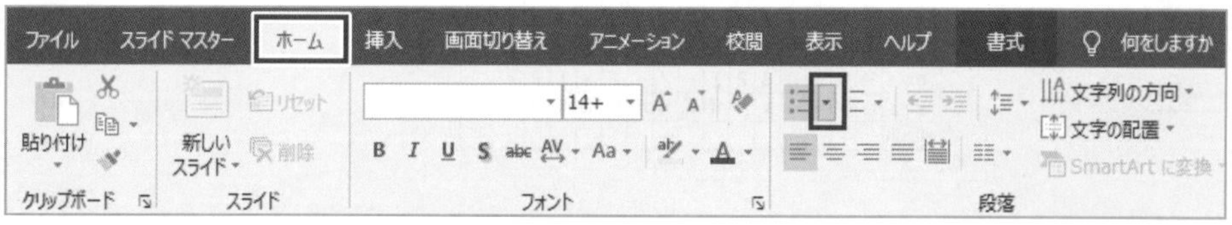

→ 箇条書きの記号の一覧が表示されます。

6 一覧から［塗りつぶし四角の行頭文字］をクリックします。

→ 箇条書きの記号が変更できました。

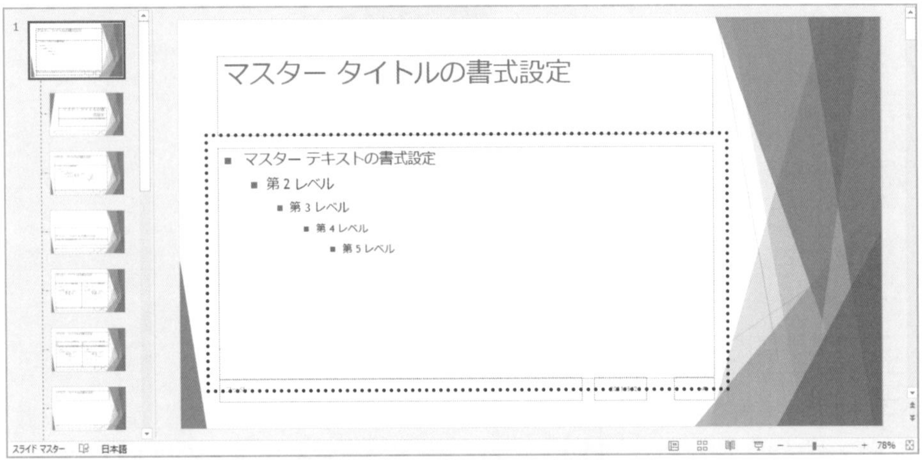

この設定によって、すべてのスライドの箇条書きの段落の先頭の記号が“■”に変更されます。

OnePoint 箇条書きにさまざまな記号を使うには

［ホーム］タブの［箇条書き］ボタンの▼をクリックして、一覧から［箇条書きと段落番号］をクリックすると、［箇条書きと段落記号］ダイアログボックスが表示されます。ここでさまざまな記号、アイコン、画像を箇条書きの段落の先頭の記号として使うことができるように設定することができます。

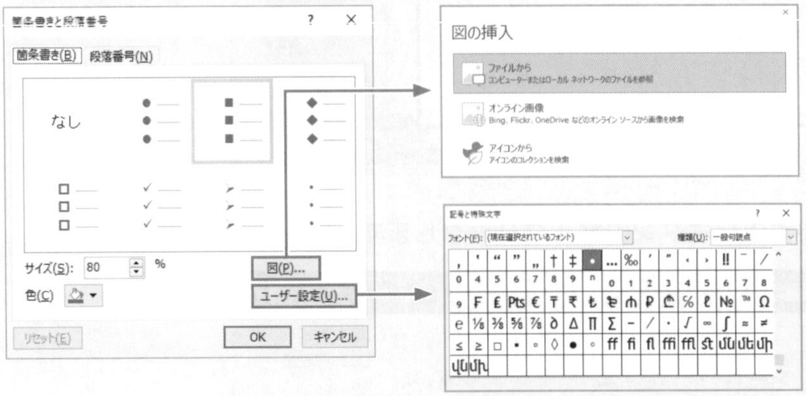

STEP すべてのスライドの行間と段落前の間隔を変更する

1 スライドマスターの " マスターテキストの書式設定 " のプレースホルダーが選択されていることを確認します。

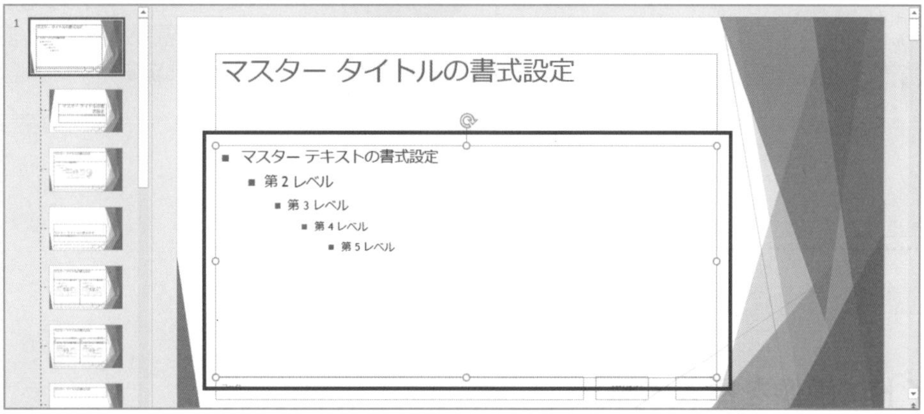

プレースホルダーの周囲にハンドルが表示されていれば選択された状態です。

2 ［ホーム］タブの［行間］ボタンの▼をクリックします。

3 一覧から［行間のオプション］をクリックします。

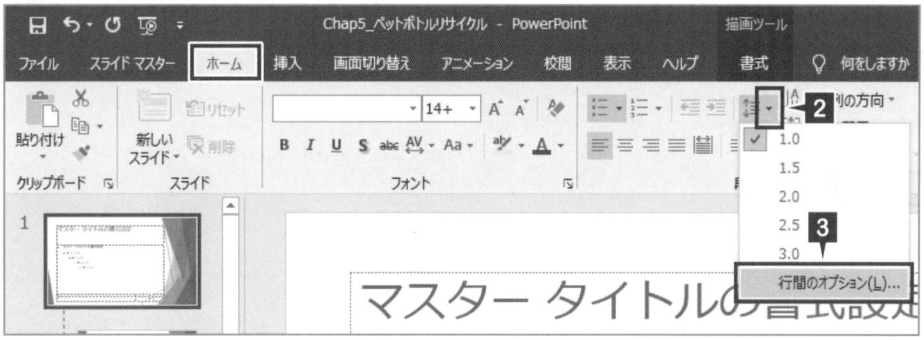

→［段落］ダイアログボックスが表示されます。

4 下図のように［段落前］、［行間］、［間隔］のボックスを設定します。

5 ［OK］をクリックします。

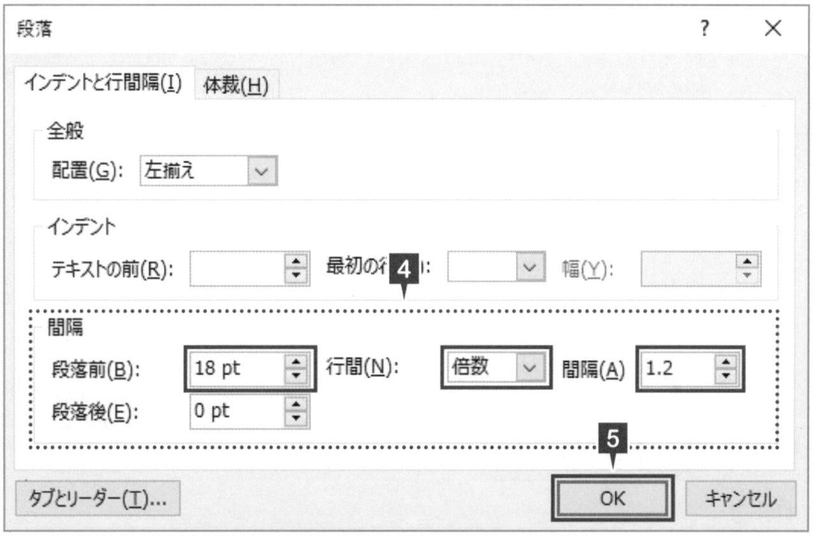

［段落前］、［間隔］のボックスは▲、▼をクリックするか、数値を直接入力して設定します。

→ プレースホルダー内の行間と段落前の間隔が変更されました。

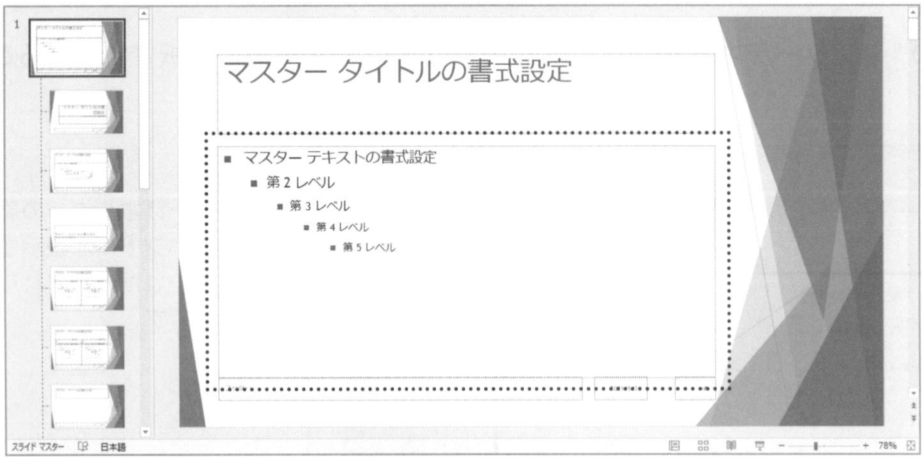

この設定によって、すべてのスライドの行間が“1.2 倍”に、段落前の間隔が“18pt”に変更されます。

STEP すべてのスライドに画像を挿入する

1 ［挿入］タブの［画像］ボタンをクリックします。

2 一覧から［このデバイス］をクリックします。

→［図の挿入］ダイアログボックスが表示されます。

3 ［ロゴ］をクリックします。

4 ［挿入］をクリックします。

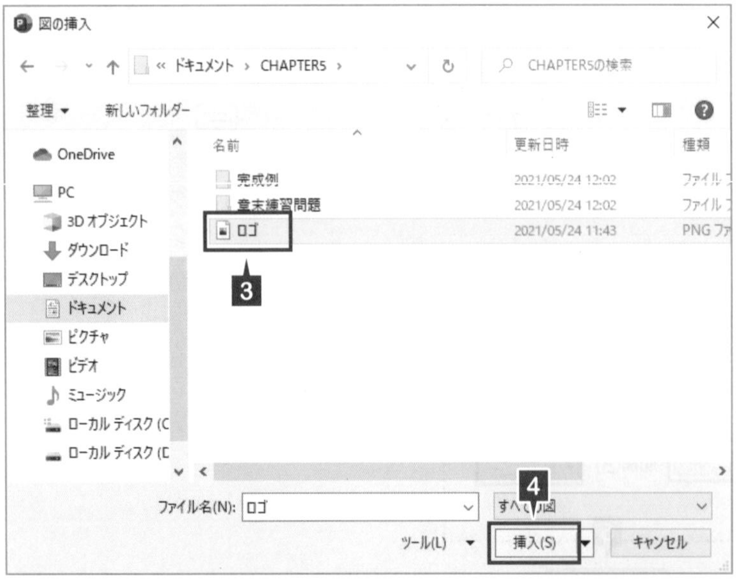

画像ファイル「ロゴ」は［CHAPTER5］フォルダーの中に用意されています。

→ スライドマスターに画像が挿入されます。

この設定によって、タイトルスライドを除く、すべてのスライドに画像が挿入されます。

5 下図のように画像をスライドの右下までドラッグして移動します。

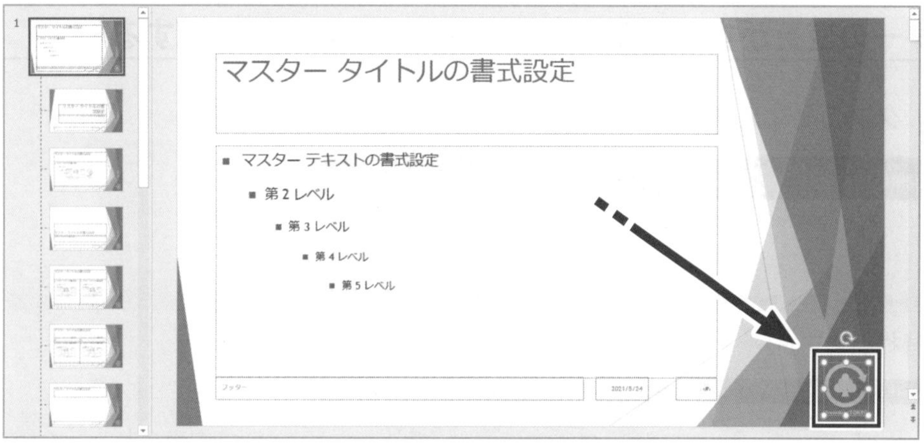

6 ［図ツール］の［書式］タブの［色］ボタンをクリックします。

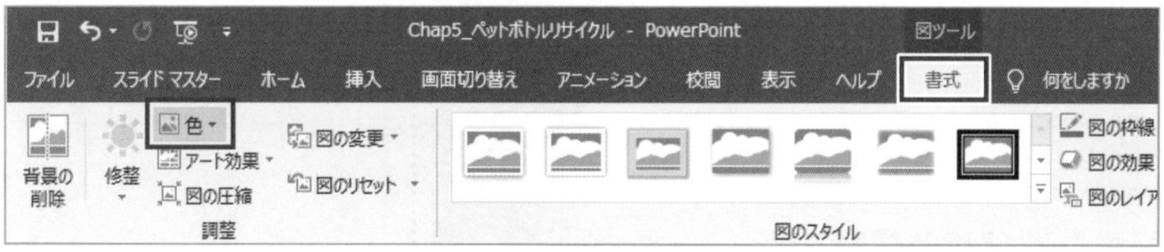

→ 画像の色に関する設定の一覧が表示されます。

7 一覧から［青、アクセント 1（淡）］をクリックします。

→ 画像の色を変更できました。

STEP スライドマスターの変更がすべてのスライドに反映されたか確認する

1 ［スライドマスター］タブの［マスター表示を閉じる］ボタンをクリックします。

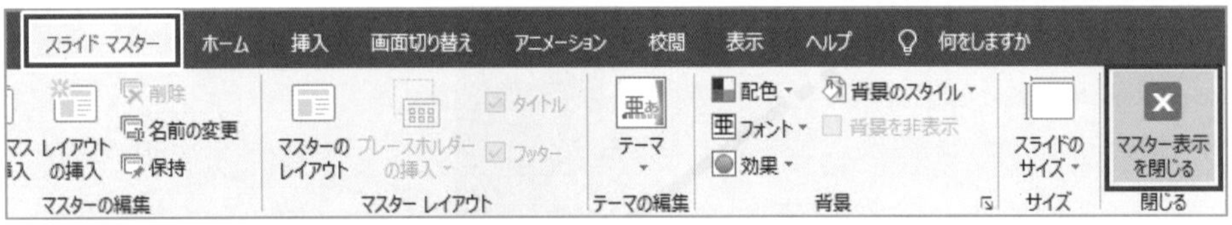

→ 画面が標準表示に切り替わります。

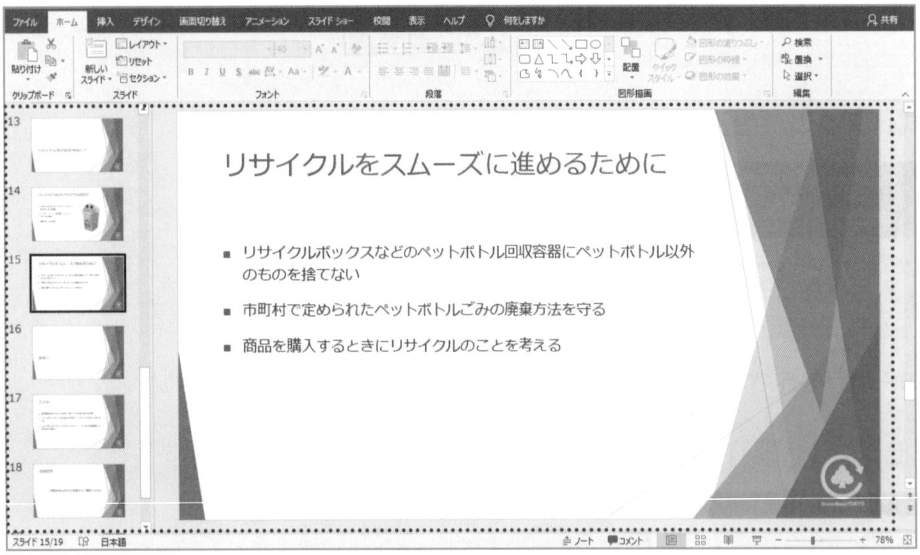

標準表示とスライドマスターの画面は同じような見た目ですが、［スライドマスター］タブが表示されているかいないかで判断します。

2 スライドサムネイルで任意のスライドをクリックして選択します。

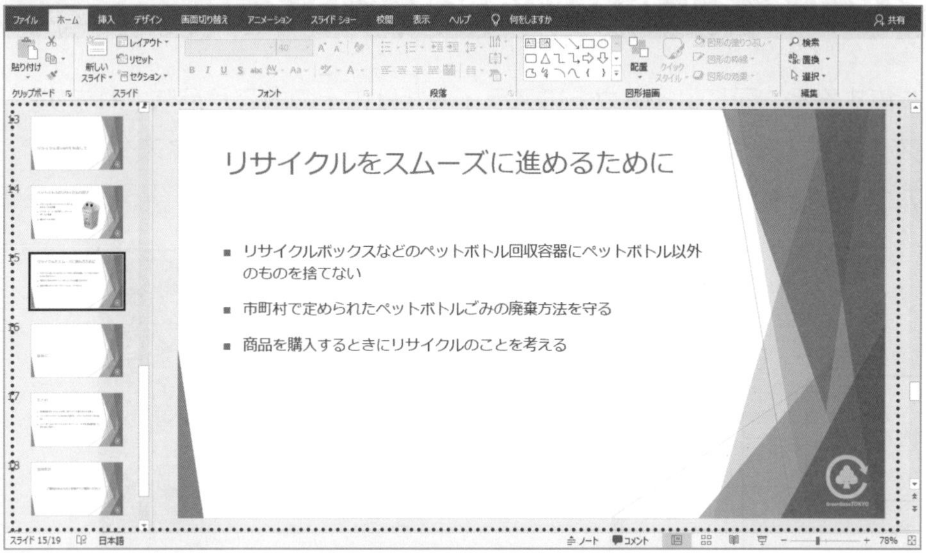

確認するポイントは以下の通りです。
- 箇条書きの段落の先頭の記号が"■"に変わっている。
- 箇条書きの行間が広がっている。
- タイトルスライドを除くすべてのスライドに画像（ロゴ）が挿入されている。

→ マスターで変更した内容が反映されていることが確認できました。

OnePoint スライド番号、日付、フッターを挿入するには

スライドにスライド番号、日付、フッター（スライド下部に入力する文字列）を挿入したい場合は、[挿入] タブの [日付と時刻] ボタンまたは [スライド番号の挿入] ボタンをクリックして、[ヘッダーとフッター] ダイアログボックスを表示します。挿入したい要素のチェックボックスをオンにして、必要に応じて設定を行って [すべてに適用] をクリックすると、すべてのスライドに挿入できます。

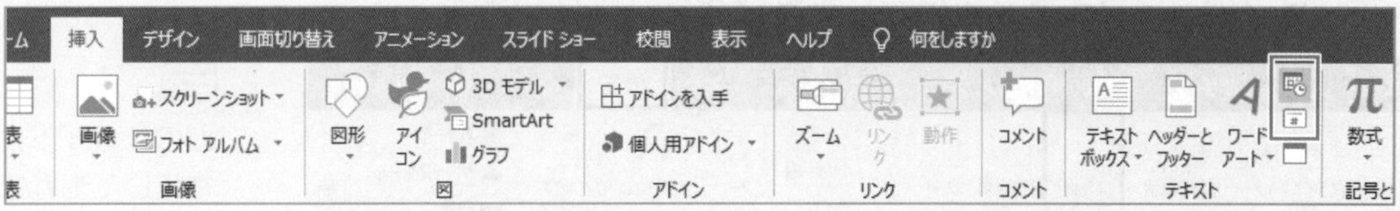

なお、挿入後にそれらの書式や位置を調整したいときは、スライドマスターやレイアウトマスターで編集します。

OnePoint スライドマスターを設定するタイミング

本書では、ある程度スライドの作成が進んだタイミングでスライドマスターを変更しましたが、実際にプレゼンテーションを作成するときは、最初にスライドマスターを設定したほうが想定外のレイアウトの崩れなどのトラブルがなくなります。たとえば、以下のような手順を意識して PowerPoint で作業するようにするとプレゼンテーションの作成がスムーズに進みます。

① スライドのデザインの決定（テーマの選定、スライドマスターでの書式設定）
② スライドの作成（文字入力、オブジェクトの挿入など）
③ スライドの編集（それぞれ書式の調整など）

LESSON 2 特定のレイアウトに共通な変更を行う

レイアウトマスターを編集すると、同じレイアウトのスライドだけにその内容が反映されます。レイアウトマスターもスライドマスターと同じ編集画面で設定します。スライドマスターの下に並んでいるのがレイアウトマスターになります。

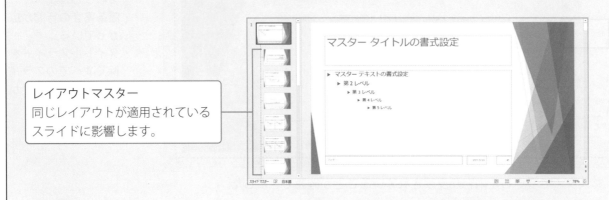

レイアウトマスター
同じレイアウトが適用されているスライドに影響します。

現在のプレゼンテーションには、" セクション見出し " のレイアウトが適用されたスライドが 4 枚あります。レイアウトマスターを変更することで 4 枚のスライドにその変更が反映されることを確認します。

STEP レイアウトマスターのプレースホルダーの書式を変更する

1 ［表示］タブの［スライドマスター］ボタンをクリックします。

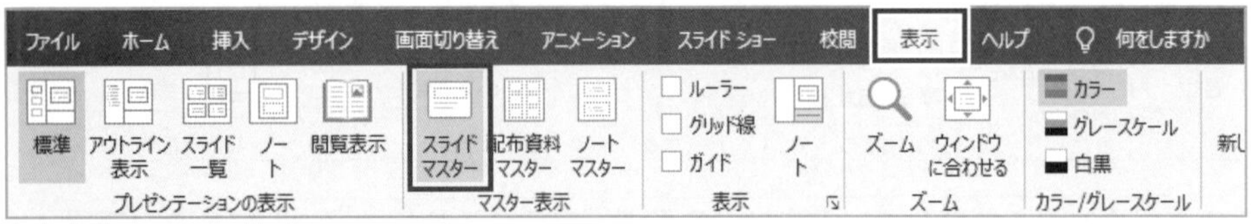

どのスライドが選択されていてもかまいません。

→ 画面がスライドマスターの編集画面に切り替わります。

2 スライドサムネイルの " セクション見出し " のレイアウトマスターをクリックして選択します。

どのレイアウトマスターが " セクション見出し " か分かりにくい場合は、マウスポインターを合わせるとポップヒントが表示されます。また、何番のスライドで使用しているかも分かります。

3 "マスタータイトルの書式設定"のプレースホルダーの枠線をクリックして選択します。

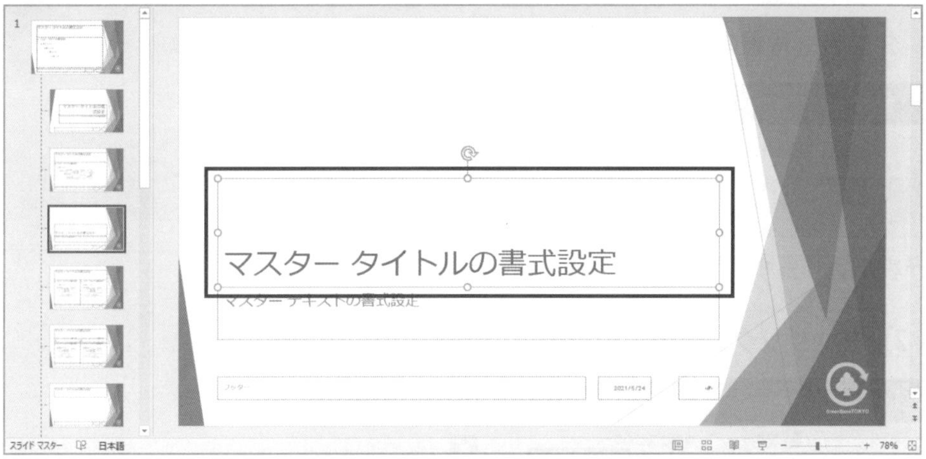

プレースホルダー内のすべての文字列をドラッグして範囲選択してもかまいません。

4 ［ホーム］タブの［文字の配置］ボタンをクリックします。

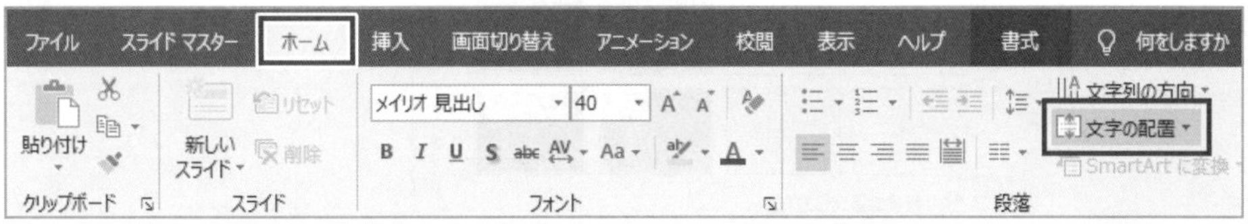

→ 文字の配置方法の一覧が表示されます。

5 一覧から［上揃え］をクリックします。

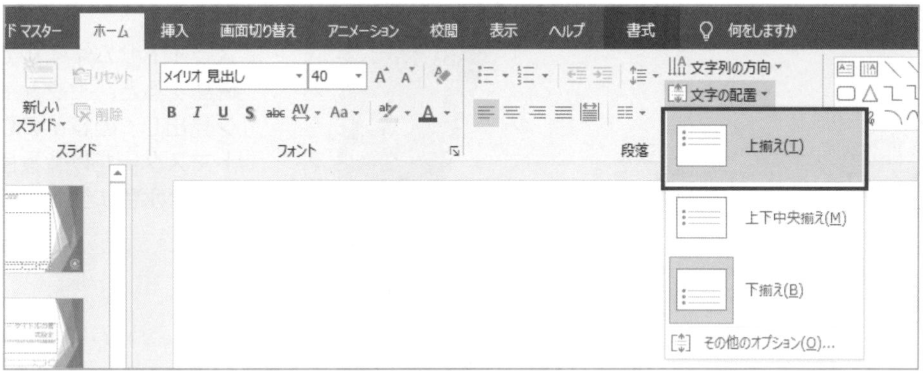

→ 文字の配置が"上揃え"に変更できました。

プレースホルダー内の文字列を上詰めにするための設定です。

STEP レイアウトマスターの背景の色を変更する

1 ［スライドマスター］タブの［背景のスタイル］ボタンをクリックします。

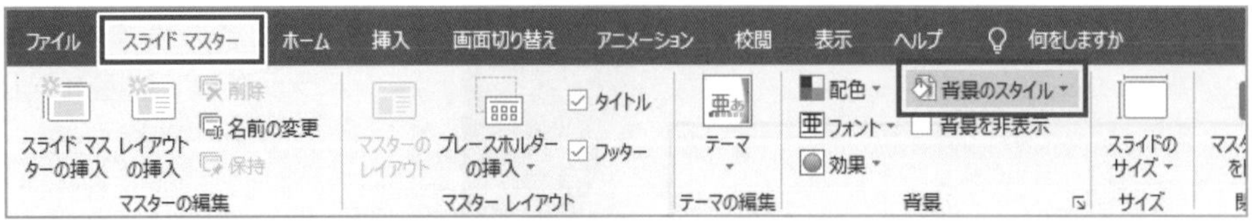

→ 背景のスタイルの一覧が表示されます。

2 一覧から［スタイル 2］をクリックします。

→ 背景のスタイルを変更できました。

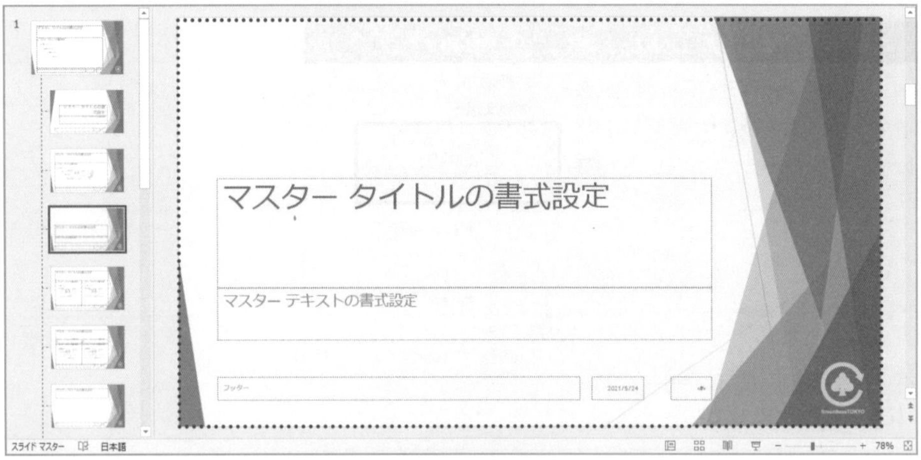

スライドサムネイルで確認すると、"セクション見出し"のレイアウトマスターだけ背景色が薄い水色に変わっています。

STEP レイアウトマスターの変更が各スライドに反映されたか確認する

1 ［スライドマスター］タブの［マスター表示を閉じる］ボタンをクリックします。

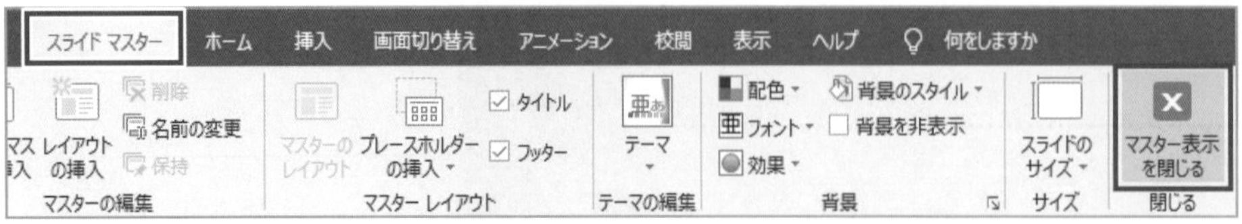

→ 画面が標準表示に切り替わります。

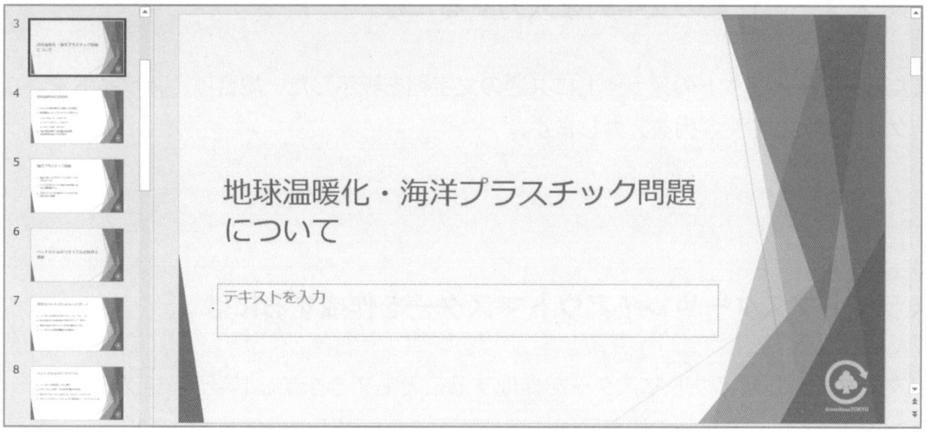

この時点では、どのスライドが表示されていてもかまいません。

2 **スライドサムネイルの " セクション見出し " のレイアウトが設定されているスライドをクリックして選択します。**

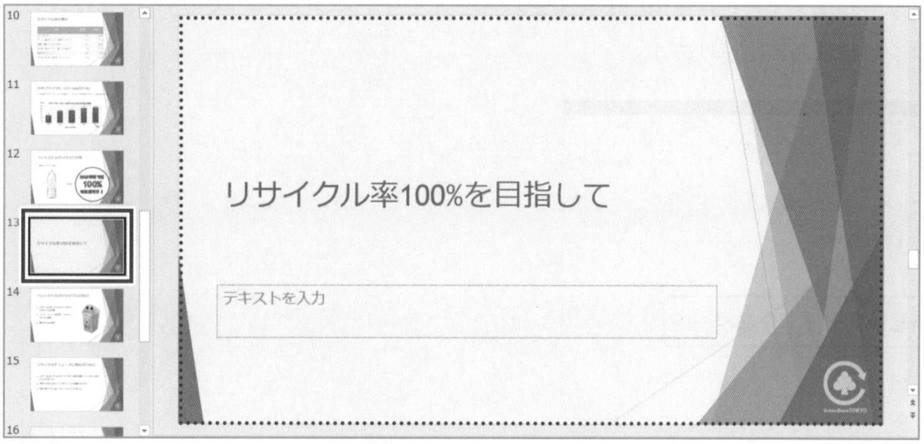

スライド 3、6、13、16 が " セクション見出し " のレイアウトのスライドです。

→ レイアウトマスターの変更が同じレイアウトのスライドに反映されていることが確認できました。

3 **ファイルに「Chap5_ ペットボトルリサイクル完成」と名前を付けて保存して閉じましょう。**

OnePoint スライドマスターとレイアウトマスターの優先度

同じ箇所に設定したスライドマスターの書式とレイアウトマスターの書式が異なる場合は、レイアウトマスターの書式が優先されます。また、同じ箇所に設定したレイアウトマスターの書式と個別のスライドの書式が異なる場合は、個別のスライドに設定した書式が優先されます。

それぞれの影響範囲の大きさは、スライドマスターが最も大きくすべてのスライドに影響します。次に同じレイアウトのスライドにのみ影響するレイアウトマスターと続き、最も影響範囲が小さいのは個別のスライドに設定した書式です。

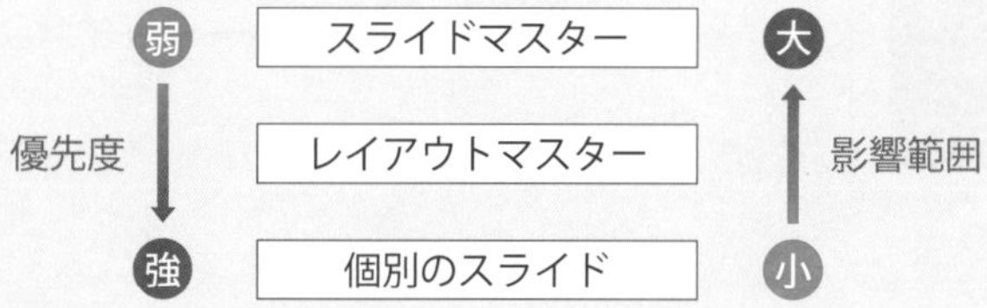

OnePoint スライドマスターに任意の文字列を入力するには

すべてのスライド、または同じレイアウトのスライドに共通の文字列を表示したい場合は、スライドマスターにテキストボックスを挿入して文字列を入力します。

OnePoint 新しいスライドマスターやレイアウトマスターを作成するには

自分で新しくスライドマスターやレイアウトマスターを作成することもできます。[表示] タブの [スライドマスター] ボタンでスライドマスターの編集画面に切り替えてから以下の操作を行います。

● 新しいスライドマスターの作成

[スライドマスター] タブの [スライドマスターの挿入] ボタンをクリックします。

新しいスライドマスターが挿入されたら自由に書式設定を行い、[スライドマスター] タブの [マスター表示を閉じる] ボタンで標準表示に戻ります。

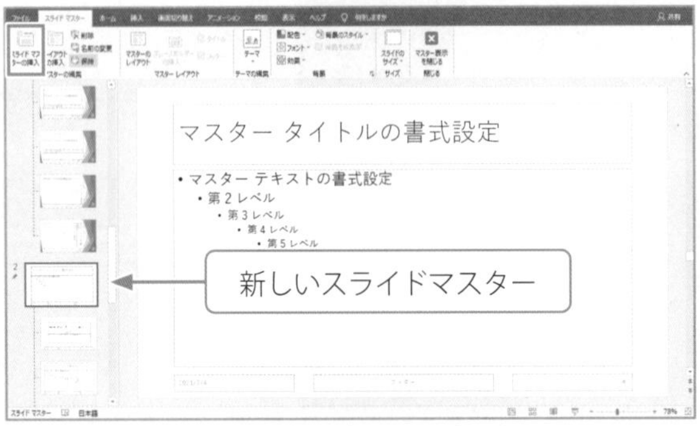

● 新しいレイアウトマスターの作成

[スライドマスター] タブの [レイアウトの挿入] ボタンをクリックします。

挿入した新しいレイアウトにプレースホルダーを追加するには、[スライドマスター] タブの [プレースホルダーの挿入] ボタンをクリックして、追加したいプレースホルダーの種類をクリックします。その後スライド内の任意の位置にドラッグして追加します。

追加したレイアウトは、[ホーム] タブの [新しいスライド] ボタンをクリックすると、表示される一覧で選択できるようになっていることが確認できます。

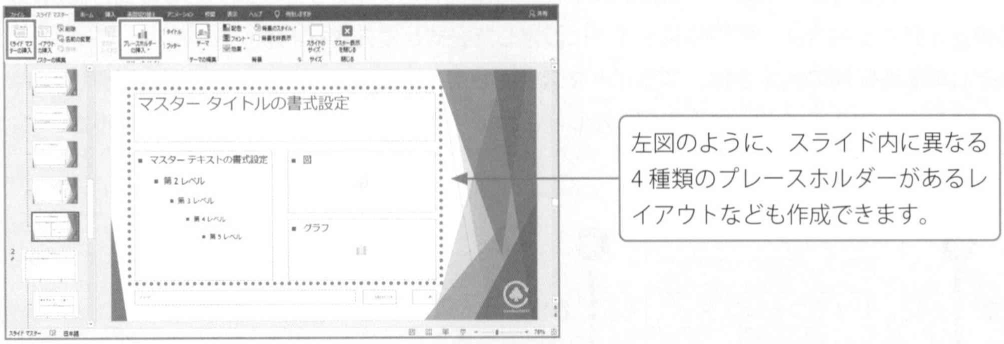

OnePoint スライドマスターを別のプレゼンテーションに複製するには

独自に作成したスライドマスターやレイアウトマスターを別のプレゼンテーションでも使用したい場合は、マスターを複製することができます。
マスターを複製するには、[表示] タブの [スライドマスター] ボタンをクリックしてスライドマスターの編集画面に切り替えます。次にスライドサムネイルで対象のスライドを選択して、[ホーム]タブの[コピー] ボタンをクリックし、別のプレゼンテーションに切り替えます。最後にスライドマスターの編集画面に切り替えてから、[ホーム] タブの [貼り付け] ボタンをクリックします。

学習のまとめ | CHAPTER 5 章末練習問題

【章末練習問題 1】スライドの順番変更と複製

スクール _PowerPoint 2019 ▶ CHAPTER5 ▶ 章末練習問題 ▶ 「Chap5_ コワーキングスペースのご案内 _ 問題 1」

1. ファイル「Chap5_ コワーキングスペースのご案内 _ 問題 1」を開きましょう。
2. 画面をスライド一覧表示に切り替えましょう。
3. スライド " 幅広い利用者層 " をスライド "UP はこんなコワーキングスペースです " の後に移動しましょう。
4. スライド " 地域活性化につながる事業を " をスライド " 私たちの目標 " の後に移動しましょう。
5. スライド " 利用価格表 " を複製しましょう。
6. 画面を標準表示に切り替えましょう。
7. 複製したスライドの内容を以下のように修正しましょう。
8. ファイルに「Chap5_ コワーキングスペースのご案内 _ 問題 1 完成」と名前を付けて保存して閉じましょう。

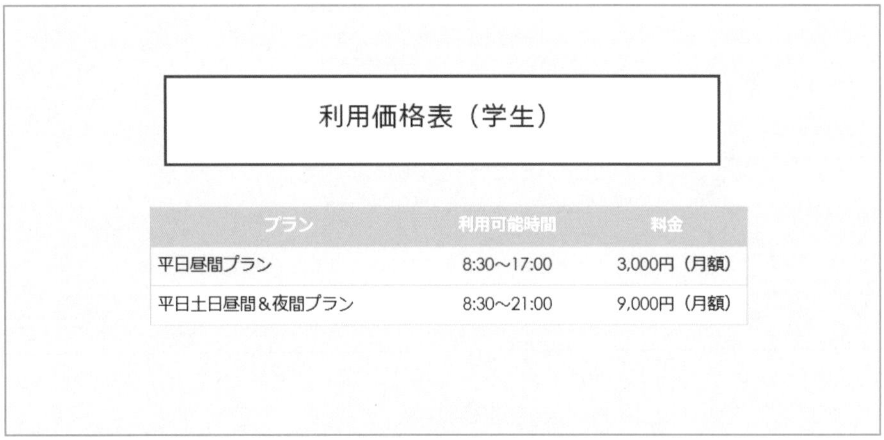

<完成例>

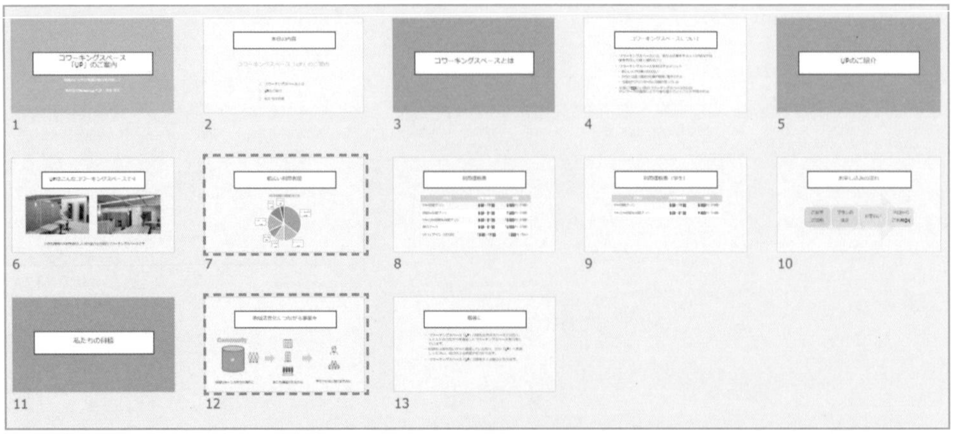

【章末練習問題 2】スライドマスター、レイアウトマスターの編集

スクール _PowerPoint 2019 ▶ CHAPTER5 ▶ 章末練習問題 ▶ P「Chap5_ コワーキングスペースのご案内 _ 問題 2」

1 ファイル「Chap5_ コワーキングスペースのご案内 _ 問題 2」を開きましょう。

2 画面の表示をスライドマスターに切り替えましょう。

3 すべての箇条書きの段落の先頭の記号を " チェックマークの行頭文字 " に変更しましょう。

4 すべての箇条書きの " 段落前 " を "18pt" に変更しましょう。

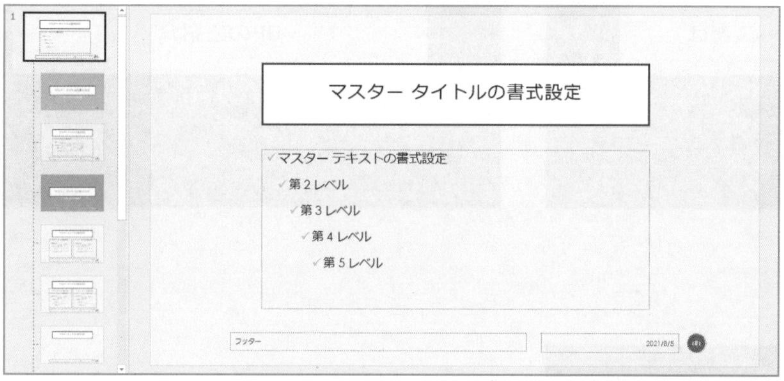

マスター タイトルの書式設定
マスター テキストの書式設定
第 2 レベル
第 3 レベル
第 4 レベル
第 5 レベル
フッター
2021/8/5

5 スライドマスターを閉じて画面を標準表示に切り替えましょう。

6 スライドマスターへの編集が該当するスライドに適用されていることを確認しましょう。

スライド 4

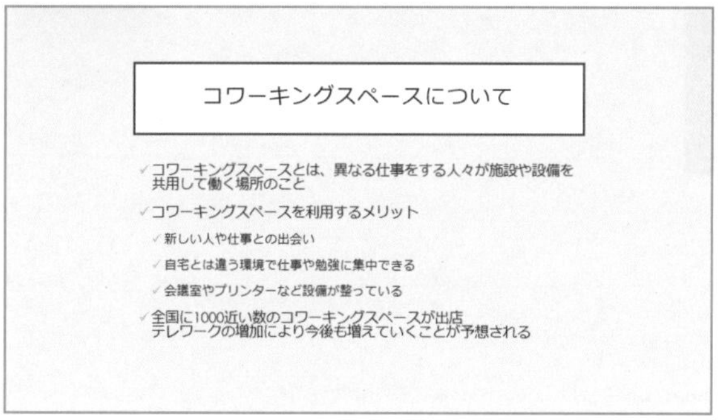

コワーキングスペースについて
コワーキングスペースとは、異なる仕事をする人々が施設や設備を共用して働く場所のこと
コワーキングスペースを利用するメリット
新しい人や仕事との出会い
自宅とは違う環境で仕事や勉強に集中できる
会議室やプリンターなど設備が整っている
全国に1000近い数のコワーキングスペースが出店
テレワークの増加により今後も増えていくことが予想される

スライド 13

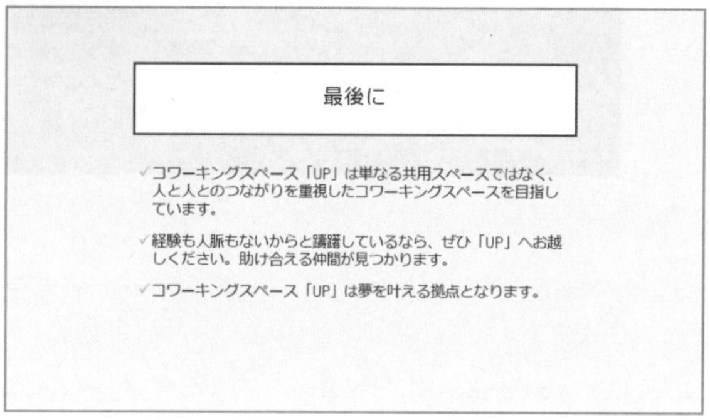

最後に
コワーキングスペース「UP」は単なる共用スペースではなく、人と人とのつながりを重視したコワーキングスペースを目指しています。
経験も人脈もないからと躊躇しているなら、ぜひ「UP」へお越しください。助け合える仲間が見つかります。
コワーキングスペース「UP」は夢を叶える拠点となります。

7 画面の表示をスライドマスターに切り替えましょう。

8 " セクション見出し " のレイアウトのタイトルの文字の色を " 緑、アクセント 1" に変更しましょう。

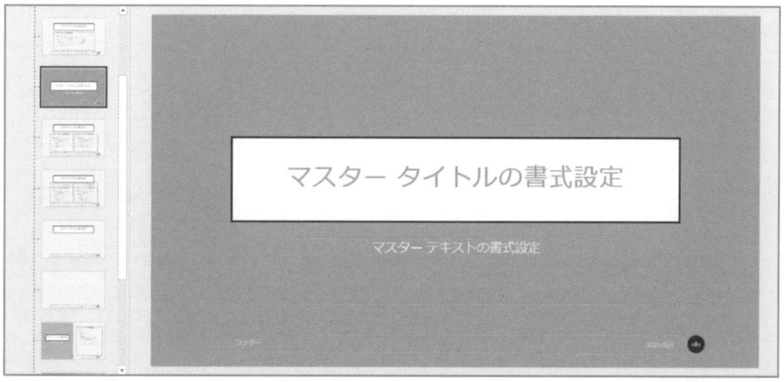

マスター タイトルの書式設定
マスター テキストの書式設定
フッター
2021/8/5

9 スライドマスターを閉じて画面を標準表示に切り替えましょう。

10 レイアウトマスターへの編集が該当するスライドに適用されていることを確認しましょう。

11 ファイルに「Chap5_ コワーキングスペースのご案内 _ 問題 2 完成」と名前を付けて保存して閉じましょう。

スライド 3

スライド 5

スライド 11

CHAPTER 6

アニメーションやスライド効果を設定する

CHAPTER6 では、参加者の注目を集めるためや、より理解を促すために、スライド内のオブジェクトを動かすアニメーションの機能を学習します。また、スライドが切り替わるときにさまざまな効果を追加してスライドが切り替わったことを明確にする機能も学習します。

6-1 アニメーションで動きを設定する

アニメーションは非常に目立つ視覚効果の１つです。文字、画像、グラフなどのオブジェクトにさまざまな動きを持たせてプレゼンテーションにダイナミックな演出を加えることができます。
アニメーションにはたくさんの効果（エフェクト）が用意されており、オブジェクトに対してインパクトのある出現を演出することや、静かに消えていく演出をすることなどが可能です。

プレゼンテーションでのアニメーション利用のポイント

アニメーションをまったく使わなかったとしてもプレゼンテーションは完結できます。むしろ、社内会議や事業報告で使うような“演出よりも情報重視”のプレゼンテーションのときは、アニメーションを使用しないほうが無難です。
プレゼンテーションで**効果的なアニメーションの使用方法としては、参加者の注意を惹きつけたいときや、インパクトを与えて参加者の記憶に残したいときです。**
たとえば、重要な文字や画像を見せるとき、発表者のセリフとタイミングを合わせてそれらを表示すれば、より参加者の印象に残る演出が可能です。

現状はこう
ですが……
ペットボトルのリサイクル率
85.8%
100% を目指
します！
ペットボトルのリサイクル率
85.8%
2025年までに
100%
を目指そう！

アニメーションの使用上の注意

プレゼンテーションにおいてアニメーション演出を多用すると、散漫な印象を与え、重要なポイントが参加者に伝わりません。また、アニメーションのタイミングを意識するあまり発表のテンポも悪くなり、発表者自身の気持ちも焦ってしまうこともあります。
また、アニメーションは設定できる項目が多く、こだわりだすと１つのアニメーションを仕上げるのに何時間もかかってしまうということがあります。**アニメーションは多用せずに、プレゼンテーションの重要なポイントに使用し、効果はなるべくシンプルなものにするように心がけます。**

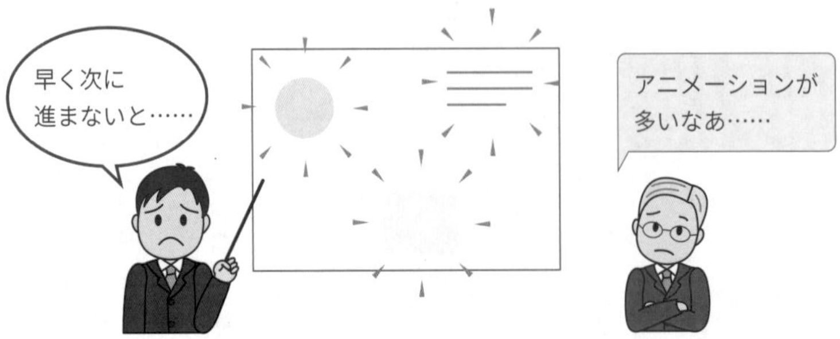
早く次に
進まないと……
アニメーションが
多いなあ……

LESSON 1 アニメーションを設定する

アニメーションにはさまざまな効果（エフェクト）が用意されています。基本の効果は大きく3つのグループに分類されています。

- **開始** …… 対象のオブジェクトが現れるときの効果（実行前は非表示の状態）
- **強調** …… 対象のオブジェクトを目立たせるための効果（実行前は通常の状態）
- **終了** …… 対象のオブジェクトが消えるときの効果（実行前は表示の状態）

アニメーションを設定するには、対象のオブジェクトを選択した状態で、［アニメーション］タブの［アニメーション］ボックスから設定したい効果を選択します。

STEP ワードアートにアニメーションを設定する

実習用データを開く：スクール _PowerPoint 2019 ▶ CHAPTER6 ▶ 「Chap6_ ペットボトルリサイクル」

1 スライドサムネイルのスライド 12 をクリックして選択します。

2 “85.8%” のワードアートをクリックして選択します。

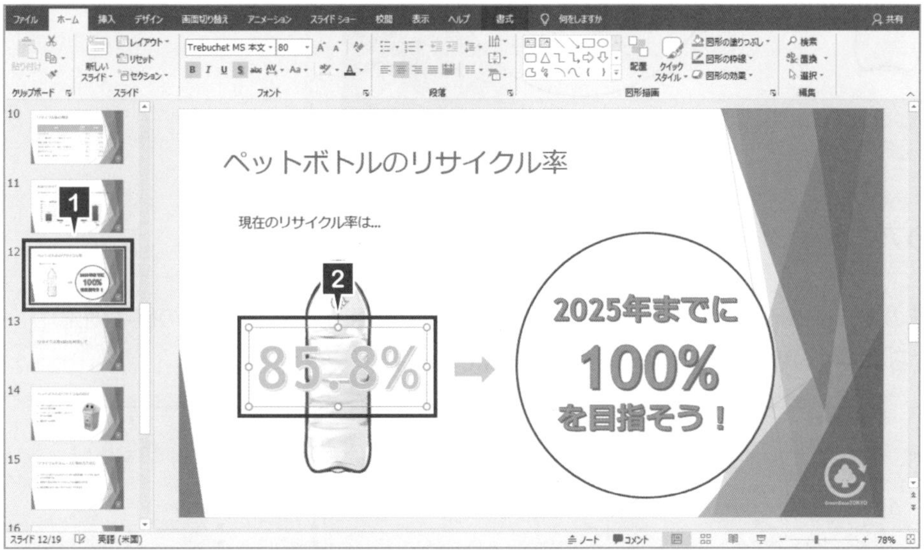

実習用データはインターネットからダウンロードできます。詳細は本書の P.（4）に記載されています。

ワードアート内にカーソルが表示されている状態でもかまいません。

3 ［アニメーション］タブの［アニメーション］のボックスの［その他］ボタンをクリックします。

→ アニメーションの一覧が表示されます。

4 一覧から［開始］の［フロートイン］をクリックします。

“フロートイン”は、オブジェクトが指定した方向から徐々に表示されるアニメーションです。

→“フロートイン”のアニメーションを設定できました。

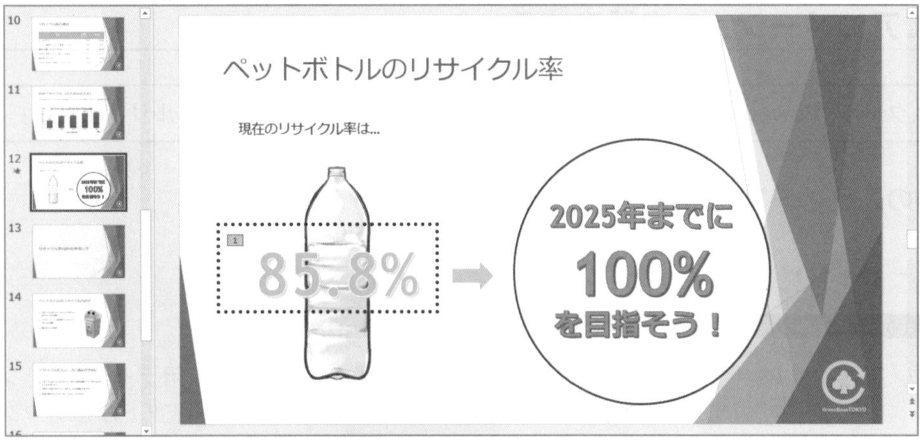

オブジェクトの近くにアニメーションの順番を表す番号が表示されます。

One Point その他のアニメーションの効果

アニメーションの一覧の下部にある［その他の開始効果］、［その他の協調効果］、［その他の終了効果］をクリックすると、さらに多くの種類のアニメーションを選択できます。

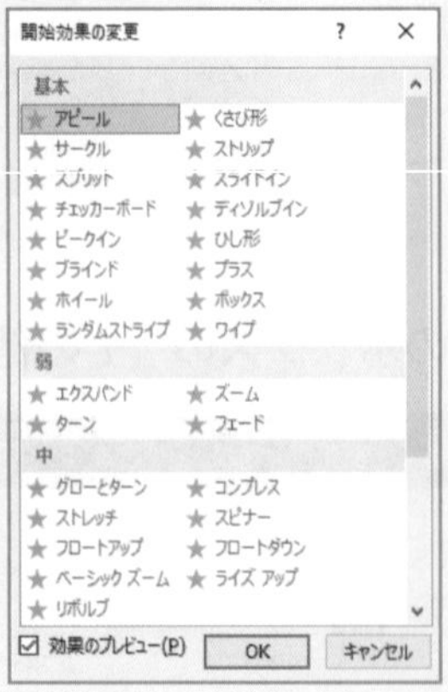

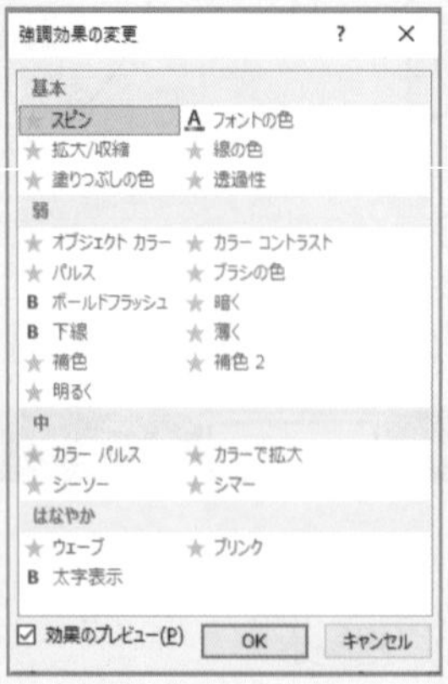

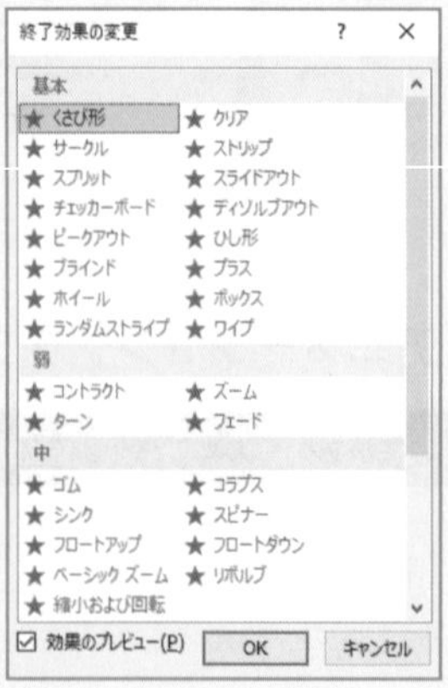

STEP 設定したアニメーションをプレビューする

1 ［アニメーション］タブの［プレビュー］ボタンのアイコンをクリックします。

→ アニメーションのプレビューが開始されます。

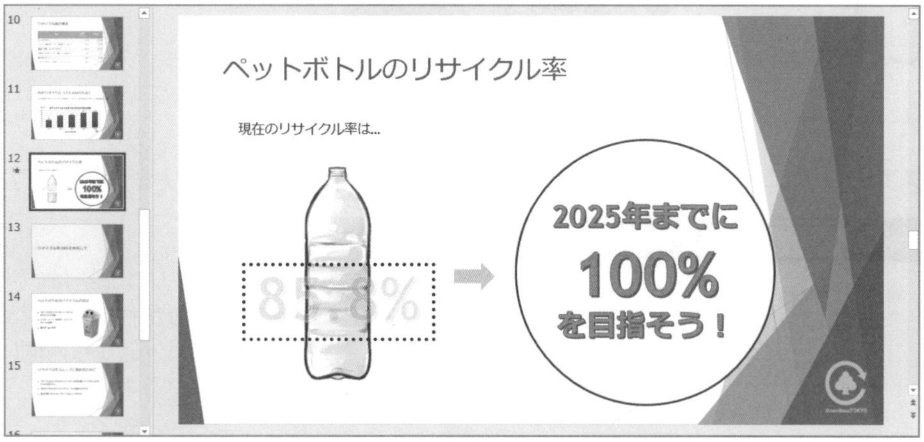

オブジェクトが下から徐々に表示されます。

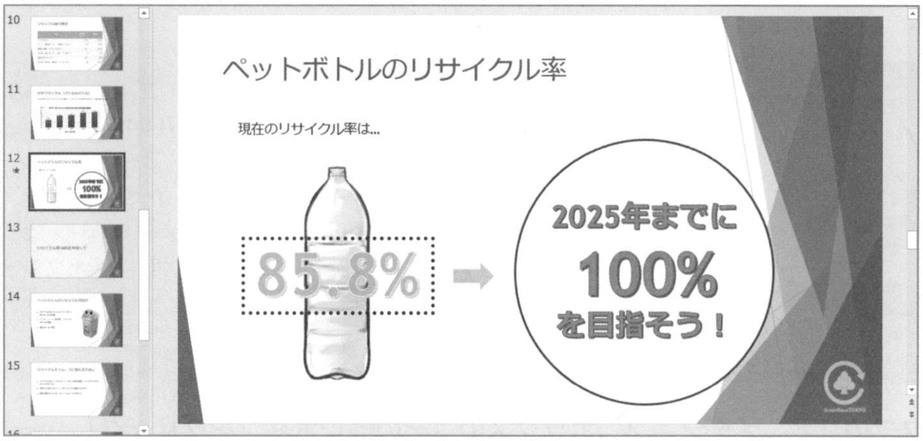

→ アニメーションのプレビューを確認できました。

OnePoint アニメーションの設定時に自動的にプレビューするには

アニメーションを設定するたびに自動的にプレビューするには、［アニメーション］タブの［プレビュー］ボタンの▼をクリックし、一覧から［自動プレビュー］をクリックしてチェックをオンにします。

STEP 図形にアニメーションを設定してプレビューする

1 矢印の図形をクリックして選択します。

2 ［アニメーション］タブの［アニメーション］ボックスから［スプリット］をクリックします。

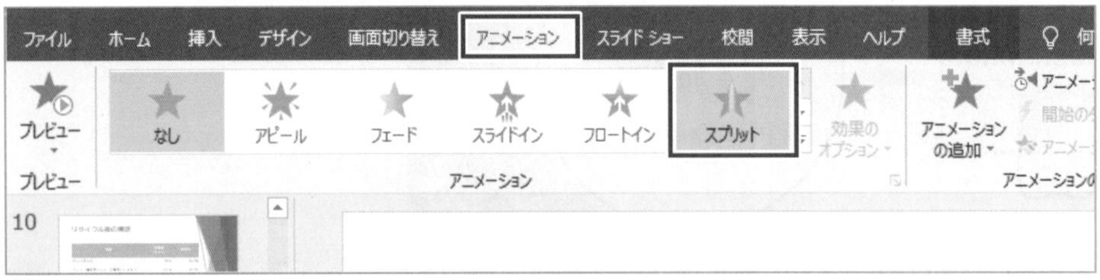

"スプリット"は、半分に分かれたオブジェクトが外側から内側につながるように動くアニメーションです。

3 正円の図形をクリックして選択します。

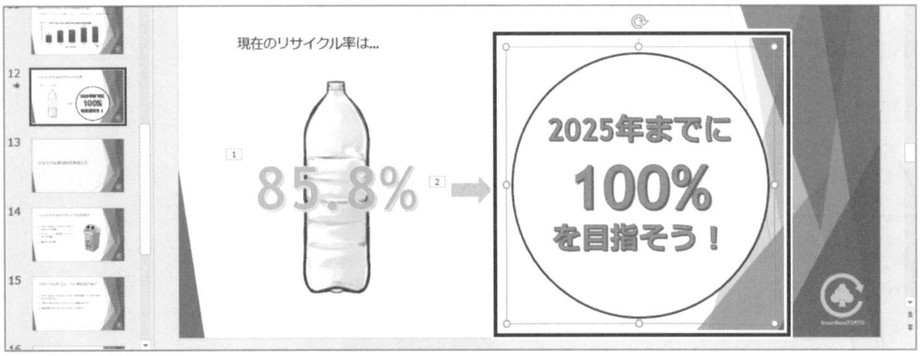

このオブジェクトは、CHAPTER4で正円とワードアートをグループ化したものです。アニメーションはグループ化したオブジェクトに対して設定されます。

4 ［アニメーション］タブの［アニメーション］ボックスの［その他］ボタンをクリックし、一覧から［開始］の［ズーム］をクリックします。

"ズーム"は、オブジェクトがズームインして表示されるアニメーションです。

→ 2つの図形にそれぞれアニメーションが設定されました。

5 ［アニメーション］タブの［プレビュー］ボタンのアイコンをクリックします。

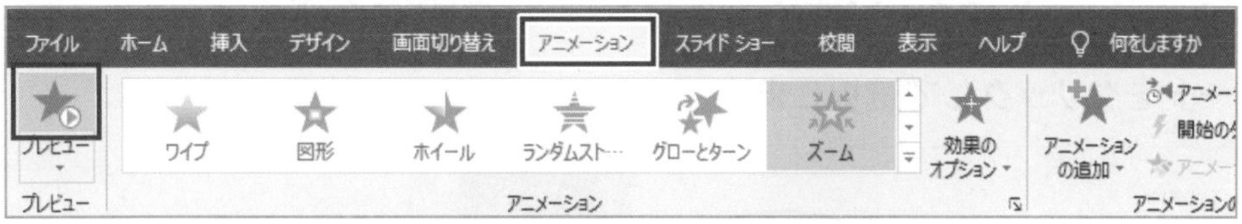

→ アニメーションを設定した順番にプレビューが開始されます。

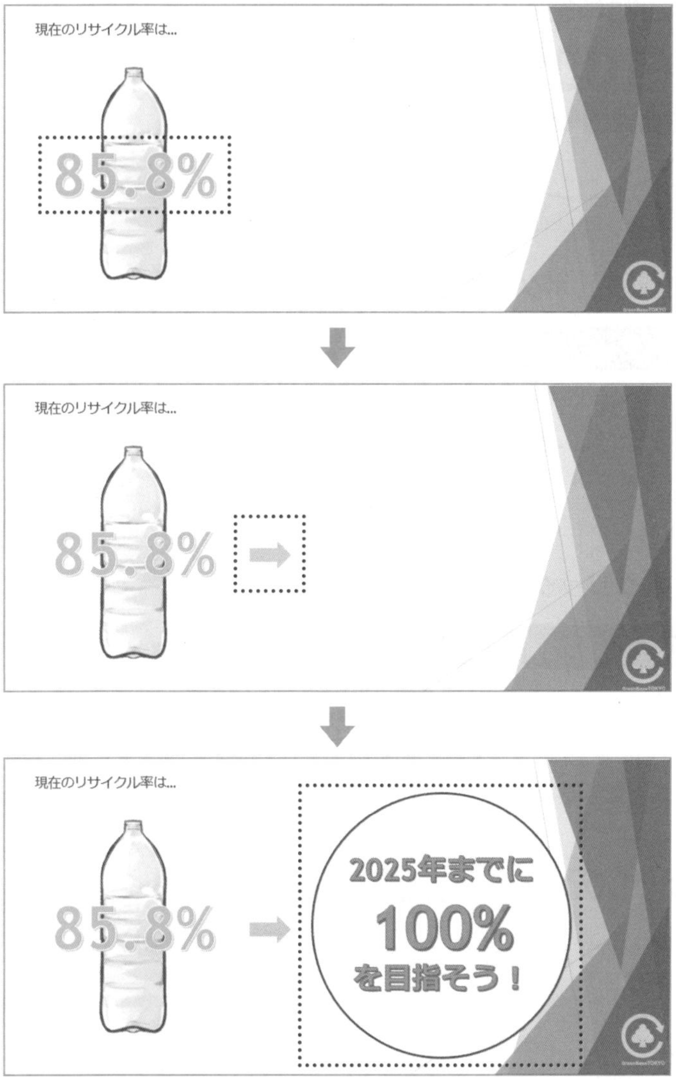

→ アニメーションのプレビューを確認できました。

プレビューでは、スライド内に複数のアニメーションがあった場合、それらは自動的に実行されていきますが、実際のスライドショーの際はクリックなどで実行する必要があります。

OnePoint アニメーションを削除するには

設定したアニメーションを削除するには、対象のオブジェクトを選択した状態で、［アニメーション］のボックスから［なし］をクリックします。

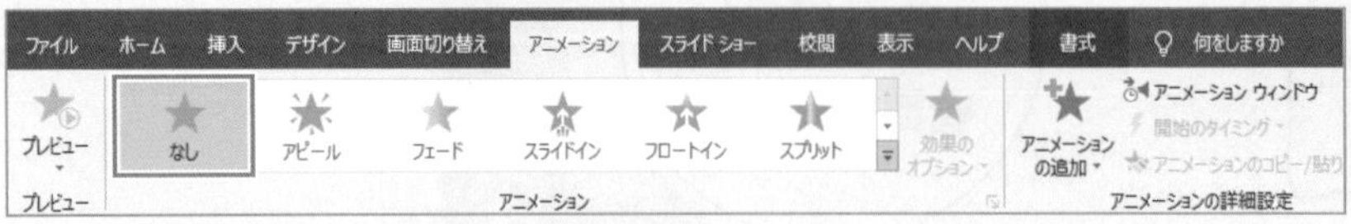

STEP ワードアートにアニメーションの効果のオプションを設定する

1 “85.8%” のワードアートをクリックして選択します。

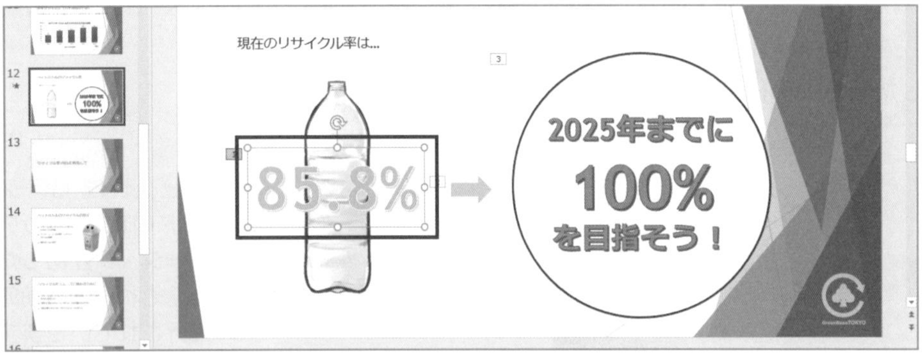

2 ［アニメーション］タブの［効果のオプション］ボタンをクリックします。

→ 効果のオプションの一覧が表示されます。

3 一覧から［方向］の［フロートダウン］をクリックします。

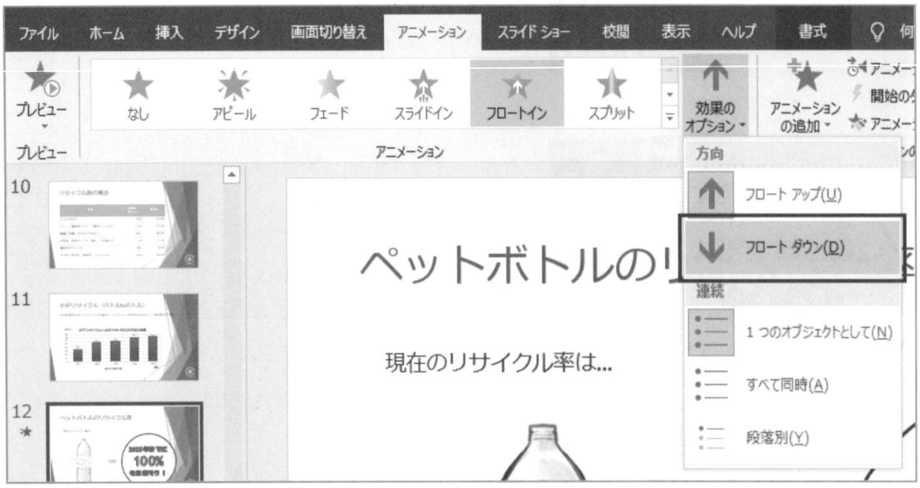

効果のオプションでは、設定したアニメーションに対してさらに詳細な調整を行うことができます。

4 ［アニメーション］タブの［プレビュー］ボタンのアイコンをクリックします。

→ オブジェクトが下からではなく、上から徐々に現れるように表示されます。

5 矢印の図形をクリックして選択します。

6 ［アニメーション］タブの［効果のオプション］ボタンをクリックして、一覧から［方向］の［ワイプアウト（縦）］をクリックします。

アニメーションの種類によって、表示される効果のオプションの内容は異なります。

7 ［アニメーション］タブの［プレビュー］ボタンのアイコンをクリックします。

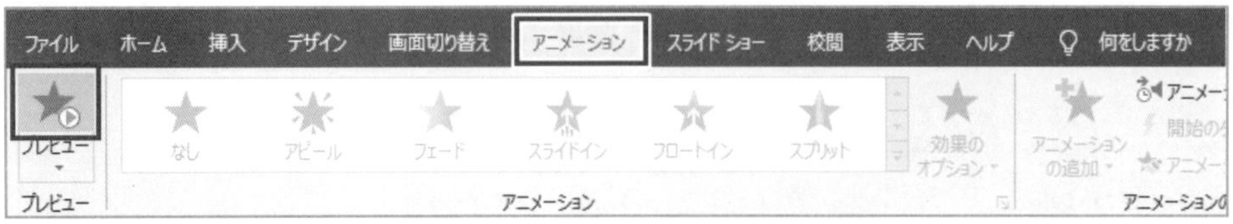

→ 図形が外側から内側ではなく、内側から外側に１つにつながって動くように表示されます。

LESSON 2 アニメーションの詳細設定を行う

アニメーションは基本の効果を設定した後で、さまざまな詳細設定を行うことができます。よく使用する設定内容として次のようなものがあります。

・開始……アニメーション開始のきっかけを設定できます（手動実行か自動実行かなど）。
・継続時間……アニメーションの開始から終了までにかかる時間を調整できます。
・遅延……アニメーションを開始するまでの待機時間を調整できます。
・繰り返し回数……アニメーションを繰り返す回数を指定できます。

アニメーションの詳細設定を行うときは、アニメーションウィンドウを表示しておくと状態が分かりやすくなります。

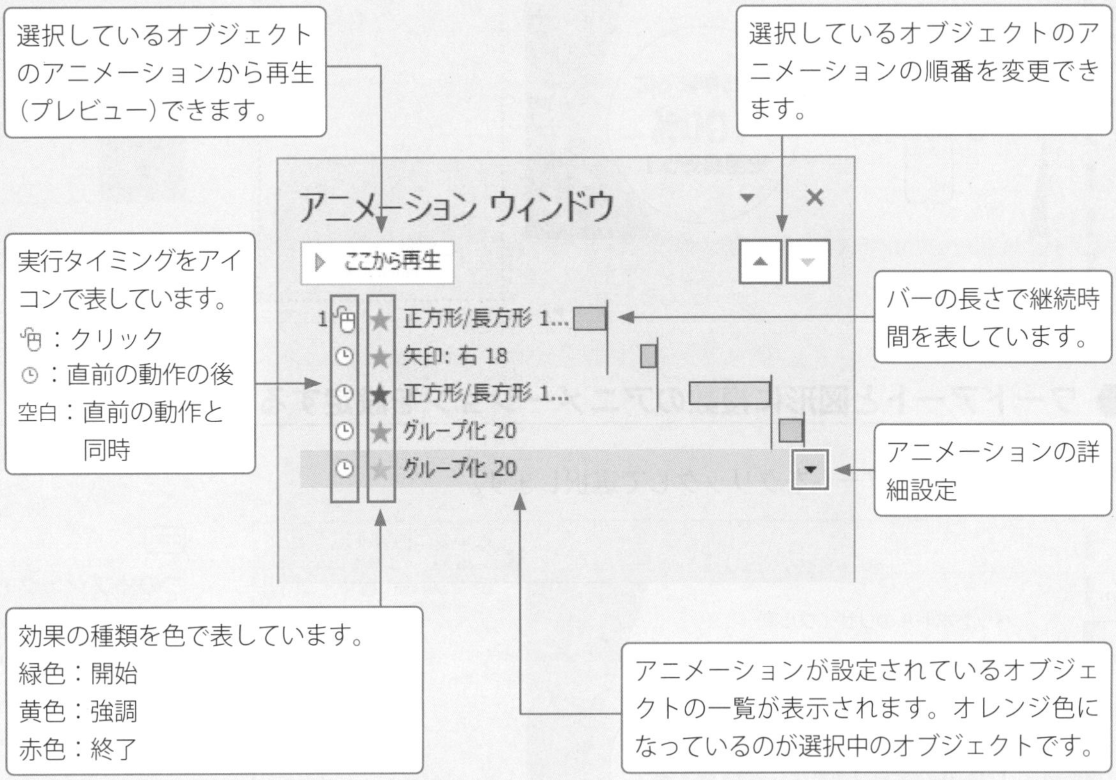
選択しているオブジェクトのアニメーションから再生（プレビュー）できます。
選択しているオブジェクトのアニメーションの順番を変更できます。
アニメーション ウィンドウ
ここから再生
正方形/長方形 1...
矢印: 右 18
正方形/長方形 1...
グループ化 20
グループ化 20
実行タイミングをアイコンで表しています。
：クリック
：直前の動作の後
空白：直前の動作と同時
バーの長さで継続時間を表しています。
アニメーションの詳細設定
効果の種類を色で表しています。
緑色：開始
黄色：強調
赤色：終了
アニメーションが設定されているオブジェクトの一覧が表示されます。オレンジ色になっているのが選択中のオブジェクトです。

オブジェクトには、より効果を高めるためにアニメーションを複数設定することもできます。ただし、追加するアニメーションは［アニメーション］タブの［アニメーションの追加］ボタンで行います。［アニメーション］のボックスから選択すると、前に設定していたアニメーションは解除されてしまうので注意が必要です。

STEP アニメーションウィンドウを表示する

1 ［アニメーション］タブの［アニメーションウィンドウ］ボタンをクリックします。

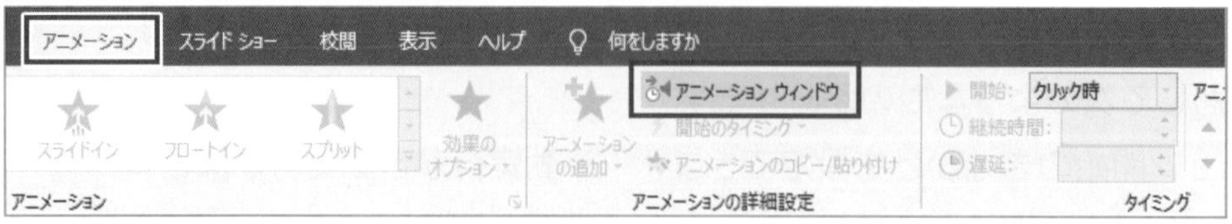

→ アニメーションウィンドウが表示されました。

アニメーションウィンドウの幅は、境界線を左右にドラッグすることで調整できます。

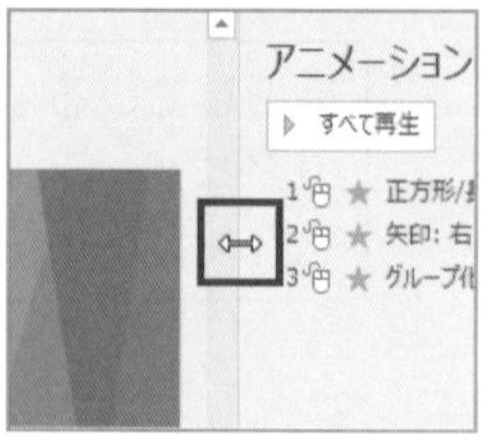

STEP ワードアートと図形に複数のアニメーションを設定する

1 “85.8%” のワードアートをクリックして選択します。

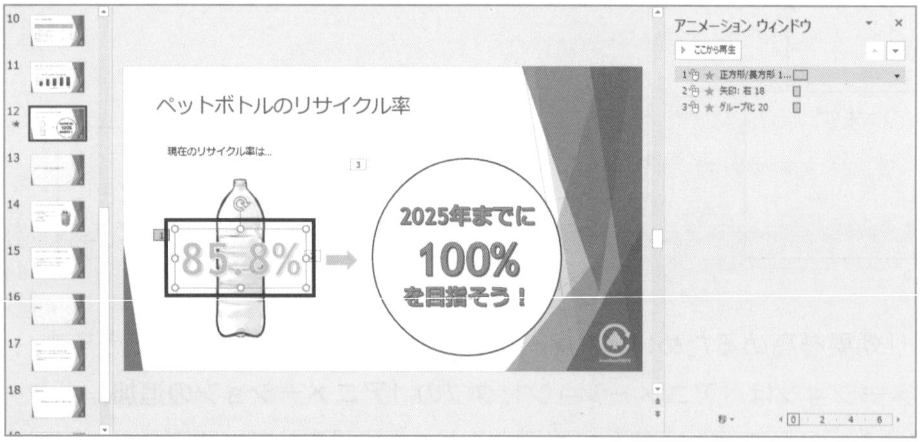

このオブジェクトにはすでにアニメーションを設定済みですが、さらに別のアニメーションを追加します。

2 ［アニメーション］タブの［アニメーションの追加］ボタンをクリックします。

→ 追加できるアニメーションの一覧が表示されます。

3 一覧から［終了］の［ターン］をクリックします。

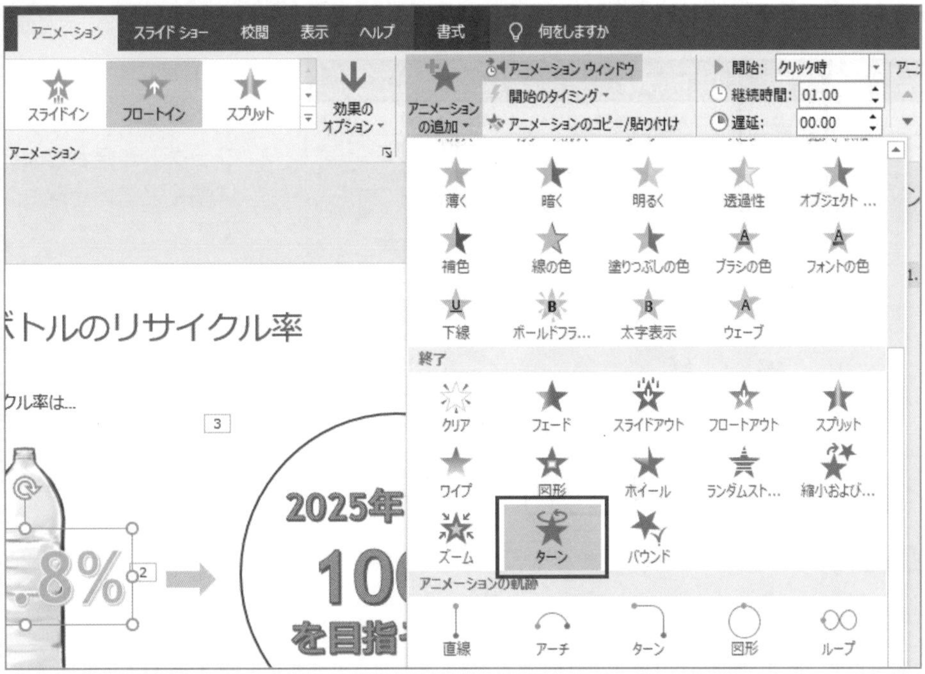

"ターン"は、オブジェクトが回転して消えるアニメーションです。

→ 1つのオブジェクトに複数のアニメーションを設定できました。

"85.8%" のオブジェクトの左側に 1 と 4 の2つのアイコンが表示されます。
また、アニメーションウィンドウでも、"4番"のアニメーションが追加されたことが確認できます。

4 正円の図形をクリックして選択します。

アニメーションウィンドウの"グループ化20"をクリックしてもかまいません。

5 ［アニメーション］タブの［アニメーションの追加］ボタンをクリックして、一覧から［強調］の［シーソー］をクリックします。

"シーソー"は、オブジェクトが揺れるように動くアニメーションです。

→ 正円の図形の左側とアニメーションウィンドウに"5 番"のアニメーションが追加されたことを確認します。

STEP アニメーションの順番を入れ替える

1 アニメーションウィンドウの"4 番"のアニメーションをクリックして選択します。

2 アニメーションウィンドウの ▲ ボタンをクリックします。

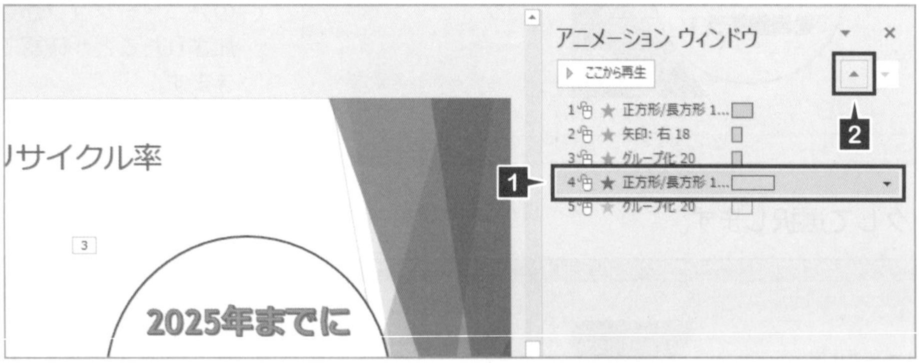

順番を入れ替えたいアニメーションを選択した状態で行います。4 番は"85.8%"のワードアートがターンして消えるアニメーションです。

→ アニメーションの順番を入れ替えることができました。

これで"85.8%"のワードアートが消えてから正円の図形（グループ20）が表示されるようになりました。

STEP 図形のアニメーションの効果のタイミングを編集する

1 アニメーションウィンドウの“2 番”のアニメーションをクリックして選択します。

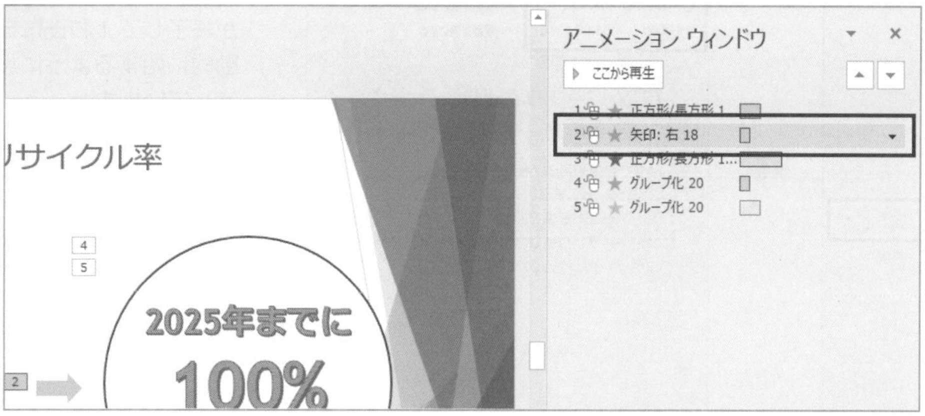

2 番は矢印の図形がスプリットして表示されるアニメーションです。

2 ［アニメーション］タブの［開始］ボックスの▼をクリックします。

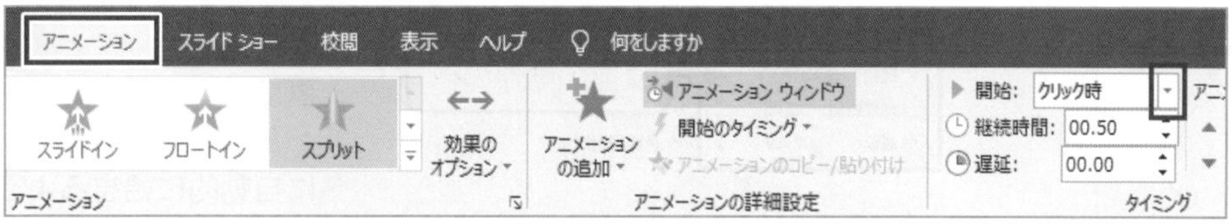

現在は“クリック時”になっています。

→ アニメーション開始のタイミング一覧が表示されます。

3 一覧から［直前の動作の後］をクリックします。

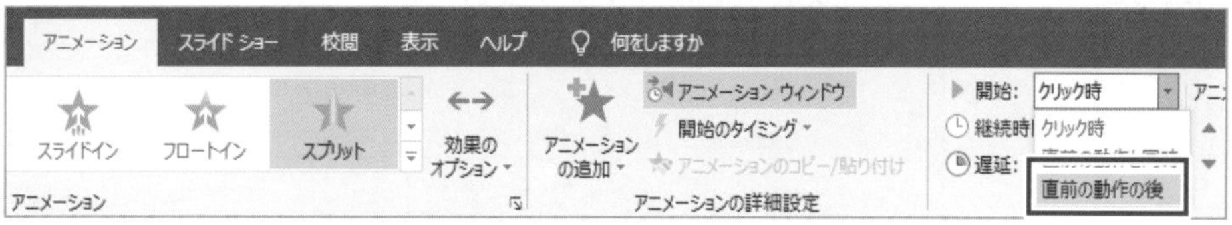

4 ［遅延］ボックスの値を［1.00］（1 秒）に設定します。

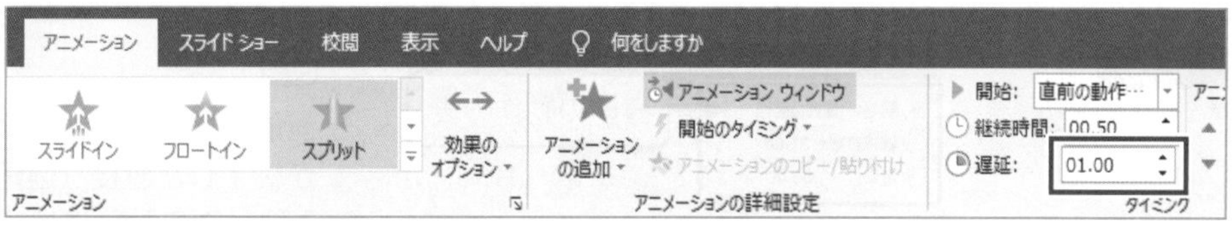

→ アニメーション開始のタイミングを変更できました。

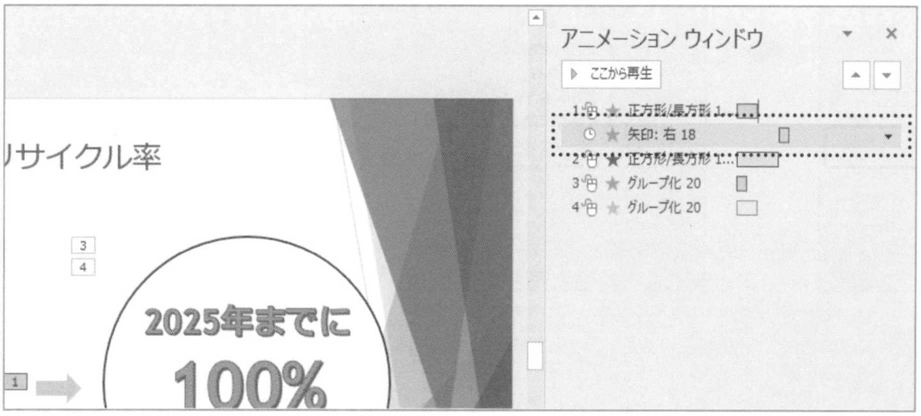

直前のアニメーションが終了して 1 秒後に自動的に始まるように設定しました。

5 同様の方法で、“2 番 ”（ターン）のアニメーションのタイミングも設定します。

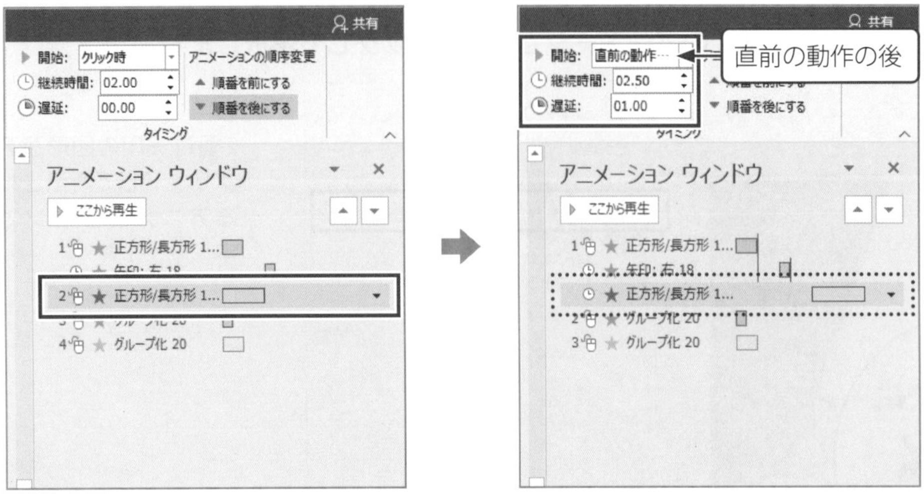

直前のアニメーションが終了して 1 秒後に自動的に始まるように設定しています。
また、アニメーションの継続時間（動作時間）を 2.5 秒間に変更しています。

6 同様の方法で、“2 番 ”（ズーム）のアニメーションのタイミングも設定します。

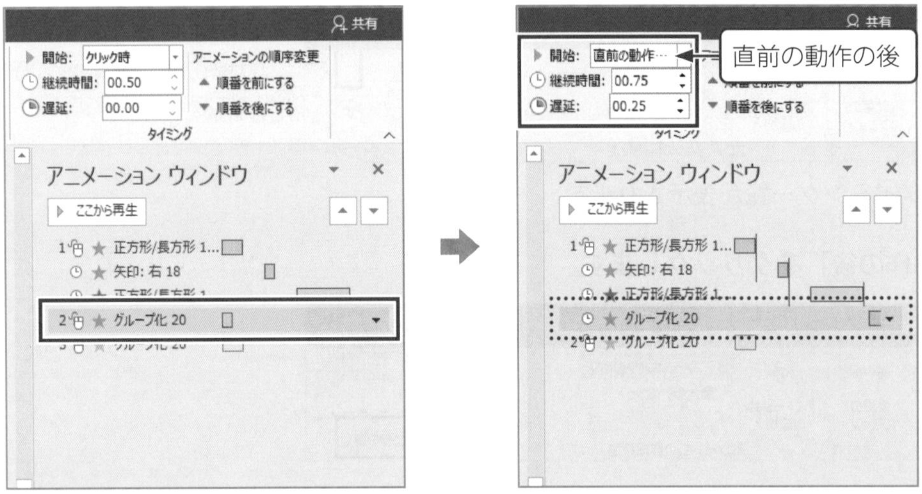

直前のアニメーションが終了して 0.25 秒後に自動的に始まるように設定しています。
また、アニメーションの継続時間（動作時間）を 0.75 秒間に変更しています。

7 同様の方法で、“2 番 ”（シーソー）のアニメーションのタイミングも設定します。

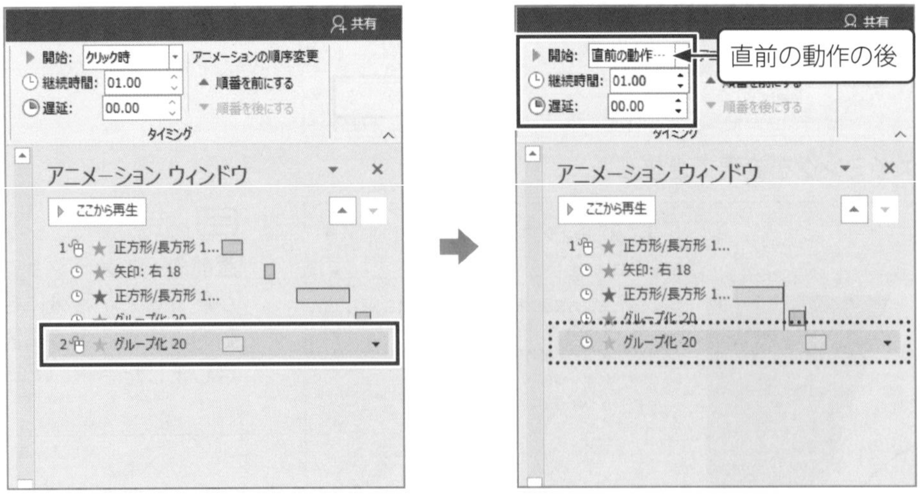

直前のアニメーションが終了した直後（遅延 0 秒）に自動的に始まるように設定しています。

8 ［アニメーション］タブの［プレビュー］ボタンのアイコンをクリックします。

→ 設定したアニメーションのプレビューが開始されるので確認します。

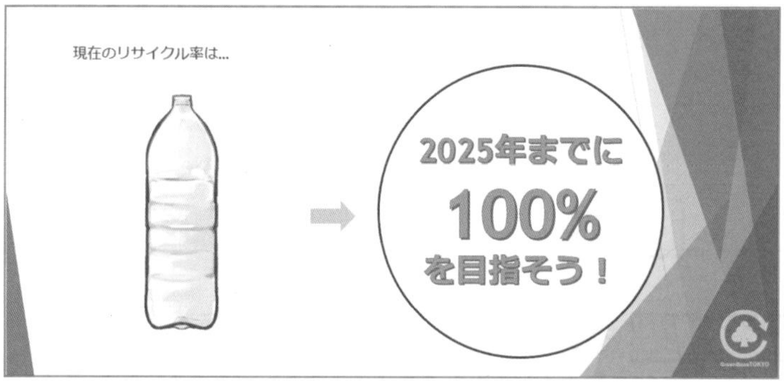

プレビューはもともと自動的に進んでいくので分かりにくいですが、アニメーションが追加されたことや順番の変更、待機時間や継続時間の変化に注目してください。

STEP 図形の文字が１文字ずつ表示されるアニメーションに変更する

1 アニメーションウィンドウの“1 番”のアニメーションの▼をクリックします。

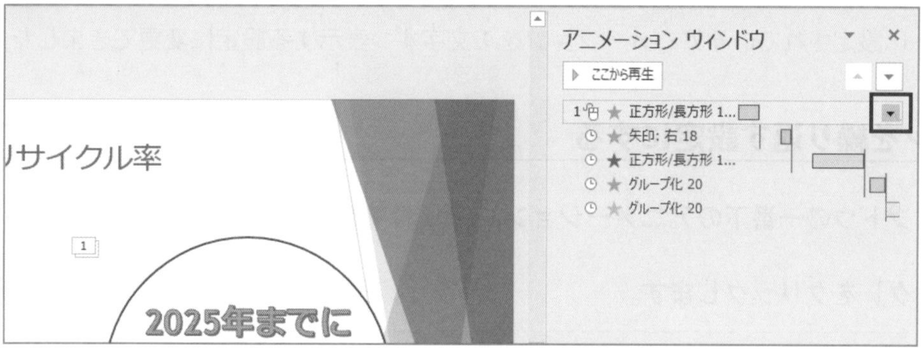

１番は“85.8%”のワードアートがフロートダウンで表示されるアニメーションです。

→ アニメーションを設定するメニューが表示されます。

2 一覧から［効果のオプション］をクリックします。

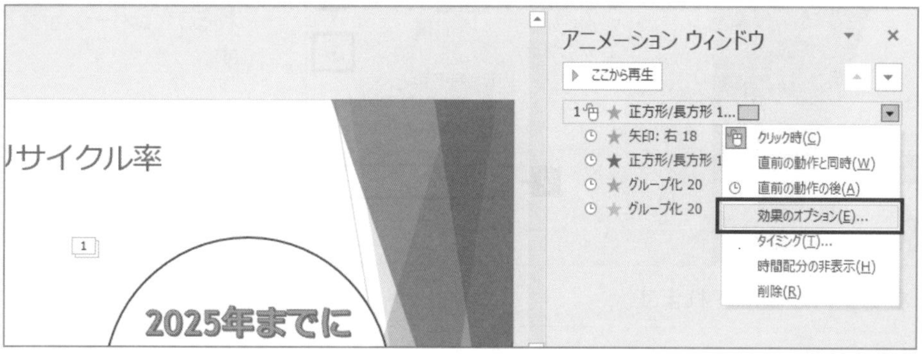

→［フロートダウン］ダイアログボックスが表示されます。

3 ［テキストの動作］ボックスの∨をクリックします。

4 一覧から［文字単位で表示］をクリックします。

5 ［OK］をクリックします。

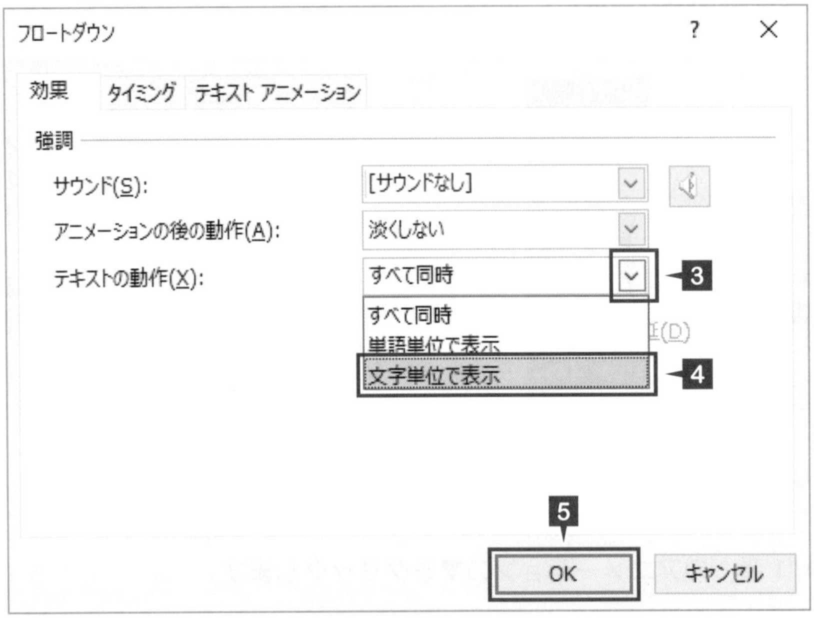

→ “85.8%” のワードアートに設定されているアニメーションを 1 文字ずつ表示する設定に変更できました。

STEP アニメーションを繰り返す設定にする

1 アニメーションウィンドウの一番下のアニメーション（5 番）の▼をクリックします。

2 一覧から［タイミング］をクリックします。

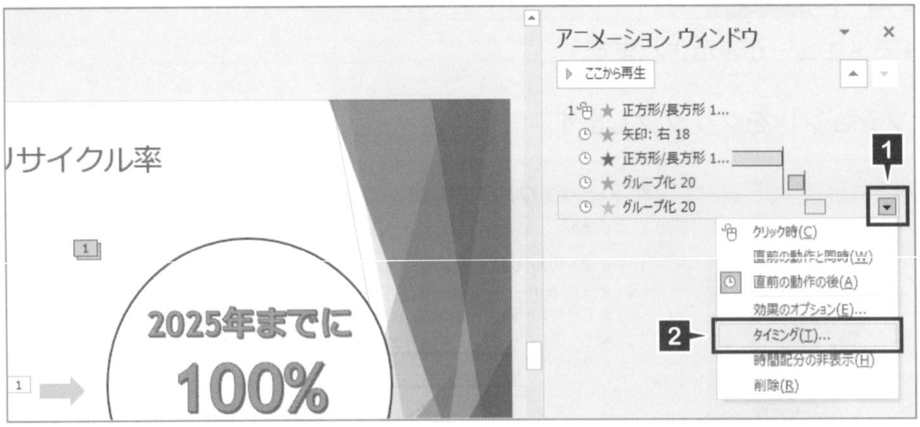

5 番は “100% を目指そう” の図形グループがシーソーのように揺れるアニメーションです。

→［シーソー］ダイアログボックスが表示されます。

3 ［繰り返し］ボックスの∨をクリックします。

4 一覧から［2］をクリックします。

5 ［OK］をクリックします。

“2” ～ “10” は繰り返す回数です。ずっと繰り返し続けておきたい場合は、［スライドの最後まで］を選択します。

→ 正円の図形（グループ 20）に設定されているアニメーションを 2 回繰り返す設定に変更できました。

6 ［アニメーション］タブの［プレビュー］ボタンのアイコンをクリックします。

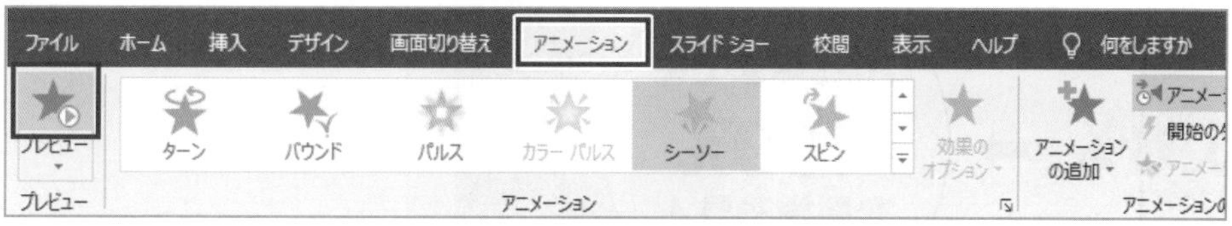

→ 設定したアニメーションのプレビューが開始されるので確認します。

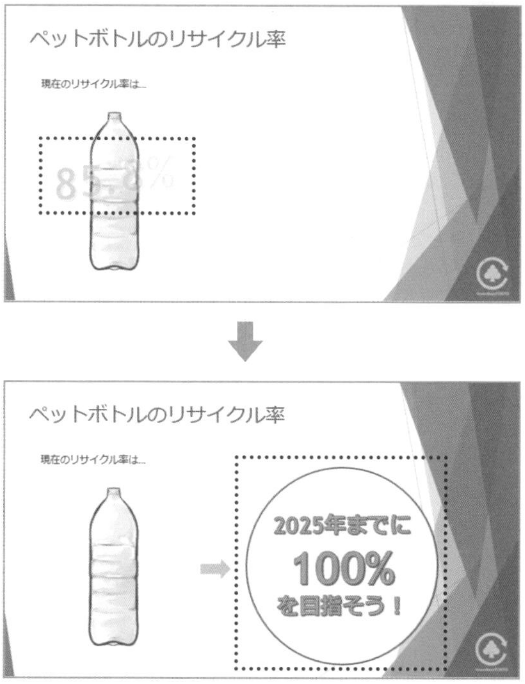

“85.8%” のワードアートは、1 文字ずつ動くアニメーションに変更されました。

正円の図形は、アニメーションが 2 回繰り返し再生されるように変更されました。

→ アニメーションのプレビューを確認できました。

STEP アニメーションウィンドウを閉じる

1 アニメーションウィンドウ右上の閉じるボタンをクリックします。

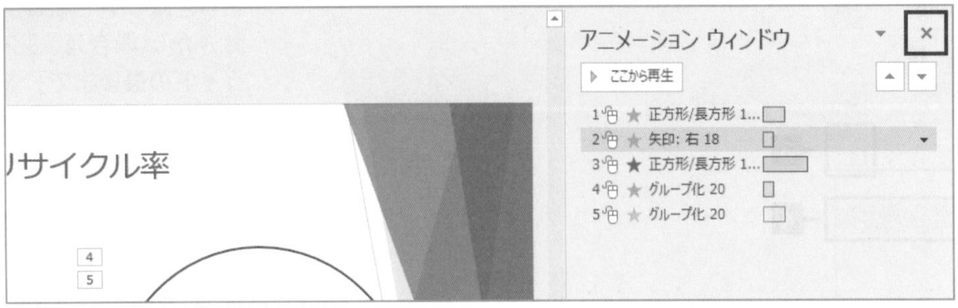

→ アニメーションウィンドウが閉じました。

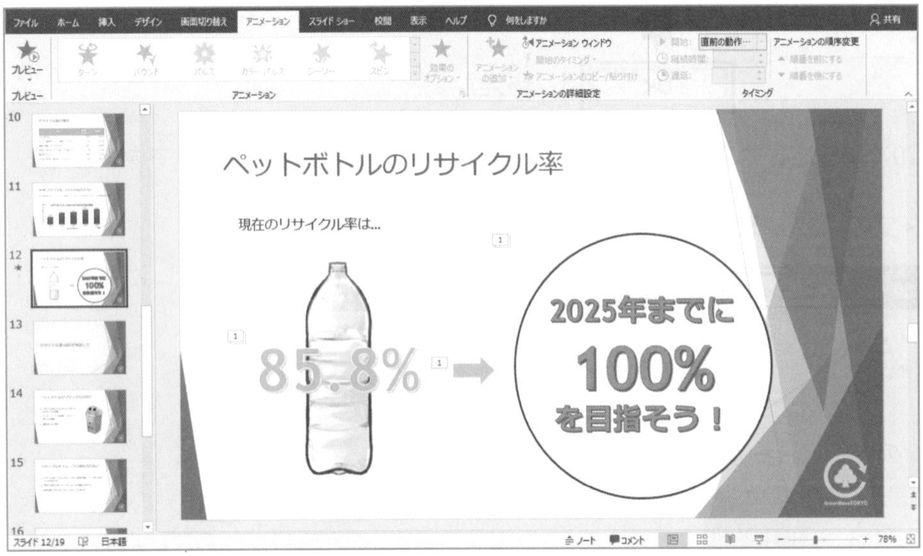

OnePoint アニメーションにサウンドを付けるには

アニメーション実行時にサウンドを付けたい場合は、アニメーションウィンドウから対象のオブジェクト名の右側に表示される▼をクリックして、一覧から［効果のオプション］をクリックします。

表示されるダイアログボックスの［効果］タブの［サウンド］ボックスの をクリックして、一覧から使用したい効果音を選びます。音量は をクリックして表示されるスライドバーをドラッグすることで調整できます。

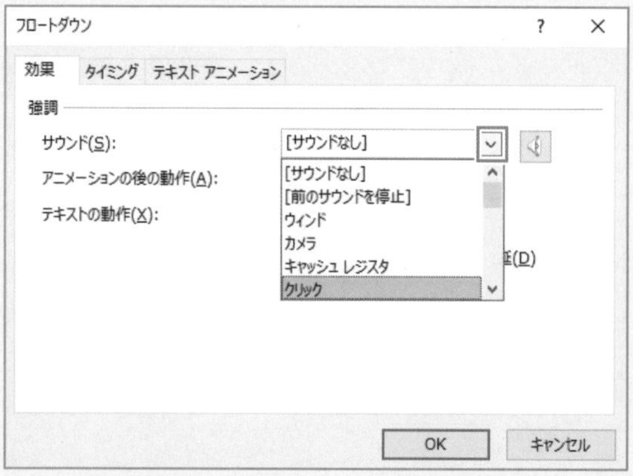

サウンドも適切に使用しないと、プレゼンテーションの内容に合わない、発表の進行の妨げになるなどの問題が発生します。ビジネス向けのプレゼンテーションではアニメーションにサウンドを設定することはあまりありません。

サウンドを解除したいときは、効果音の一覧の一番上にある［サウンドなし］をクリックします。

OnePoint アニメーションの終了後にオブジェクトを非表示にするには

アニメーションが終了した時点で、対象のオブジェクトを非表示にする演出をしたいときは、アニメーションの効果のオプションのダイアログボックスを表示して［アニメーションの後の動作］ボックスの をクリックし、一覧から［アニメーションの後で非表示にする］を選択します。ただし、再生の繰り返し回数を設定していた場合、それは無効になります。また、もともと消えていく効果である“終了”のアニメーションには適用できません。

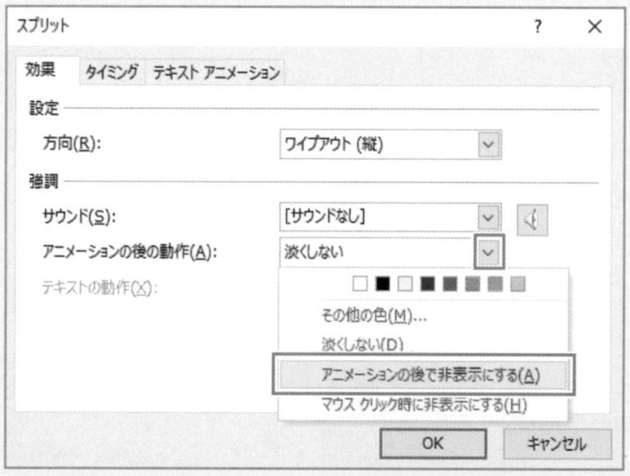

OnePoint 箇条書き、グラフ、スマートアートにアニメーションを設定するには

箇条書きの項目は１つ１つが段落になっています。箇条書きのプレースホルダーにアニメーションを設定するときは、各段落ごとにアニメーションするか、一度にまとめてアニメーションするかを［アニメーション］タブの［効果のオプション］ボタンで指定できます。

たとえば、下図のように［段落別］を設定すると、発表者の話のタイミングに合わせて１項目ずつ表示していくといった演出もできます。

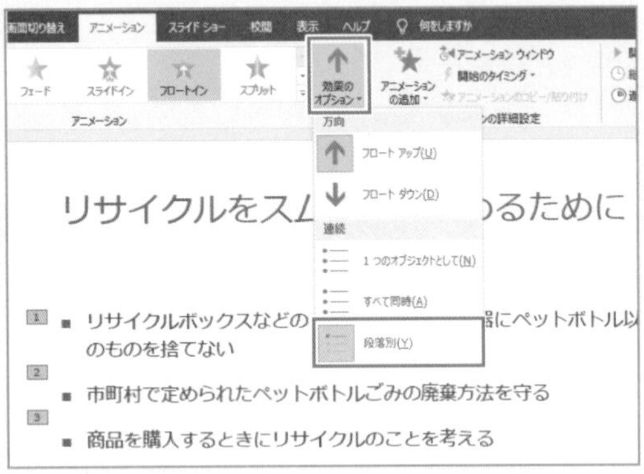

また、グラフやスマートアートも複数の要素から構成されているオブジェクトです。これらにアニメーションを設定するときも、要素ごとにアニメーションするか、オブジェクト全体でまとめてアニメーションするかを指定できます。

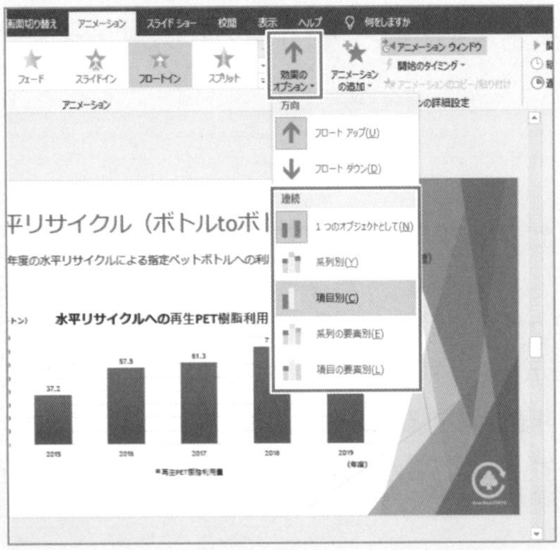

6-2 画面切り替え効果を設定する

スライドが次のスライドへ切り替わるときに、さまざまな視覚効果を設定することができます。
たとえば単調な文字列ばかりのスライド構成であっても、画面が切り替わるときに少し視覚効果があることで、参加者の興味を惹きつける効果が期待できます。

参加者に合わせた画面切り替え効果の選択

画面切り替え効果にはシンプルで控えめなものと、ダイナミックで目立つものがあります。講演会やビジネスシーンではシンプルなものを、イベントや子供向けの発表のときにはダイナミックなものをというように使い分けるとよいでしょう。

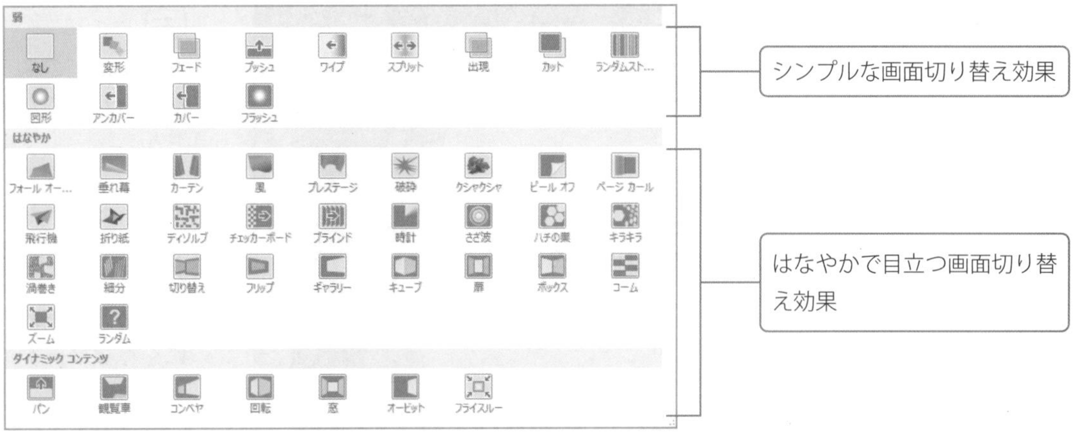

プレゼンテーションの内容による画面切り替え効果の設定

プレゼンテーションの本番では、参加者の要望に応じて何度もスライドを戻したり、進めたりしなければならないこともあります。そのようなときに時間のかかる画面切り替え効果を設定していると、テンポよくスライドが切り替わらず、発表者も参加者もストレスを感じます。そのあたりも考慮して切り替え効果を選ぶようにしましょう。

プレゼンテーションの時間を考慮した画面切り替え効果の設定

画面切り替え効果は長いものでは 4 秒以上あるものもあります。そのためスライドの枚数が多いとトータルの時間のロスはかなりのものになります。発表時間が限られているプレゼンテーションでは画面切り替え効果は目立たせたい重要なスライドのみに設定し、それ以外のスライドには設定しないことも検討しましょう。

LESSON 1 スライドに画面切り替え効果を設定する

画面切り替え効果は、[画面切り替え] タブで設定できます。用意されている効果の一覧から選ぶだけなので簡単です。
設定した画面切り替え効果は、そのとき選択していたスライドにのみ適用されるので、その後、すべてのスライドに適用するための操作を行います。

STEP すべてのスライドに画面切り替え効果を選択して確認する

1 スライドサムネイルのスライド2をクリックして選択します。

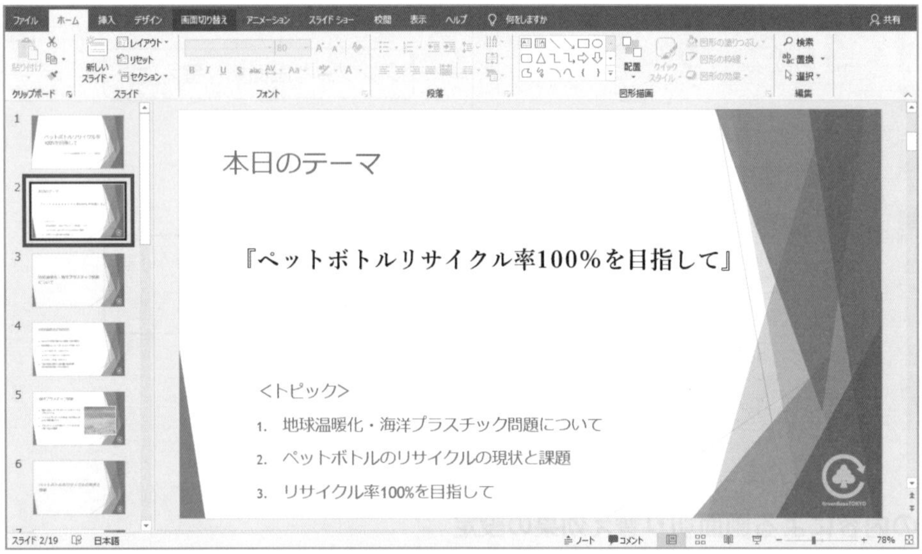

実際にはどのスライドを選択してもかまいません。
ただし1枚目のスライドは、それより前のスライドがないため、プレビューのときに画面切り替え効果が分かりにくくなります。

2 [画面切り替え] タブのボックスの [その他] ボタンをクリックします。

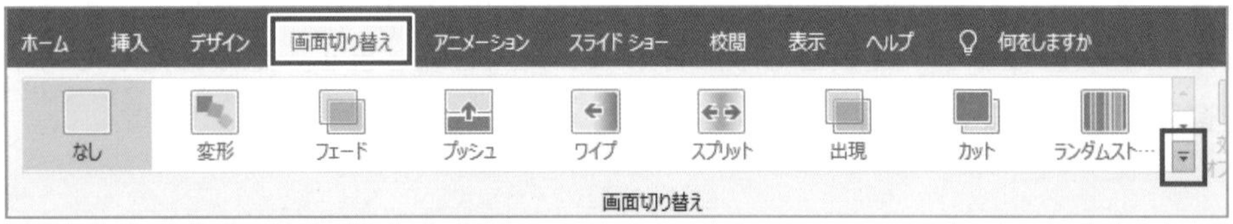

→ 画面切り替え効果の一覧が表示されます。

3 一覧から [弱] の [カバー] をクリックします。

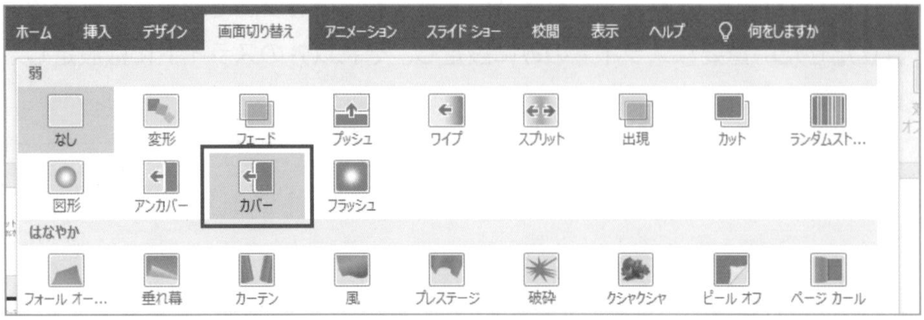

"カバー"は、前のスライドを覆うように次のスライドが右側から表示される切り替え効果です。

→ 画面切り替え効果を設定できました。

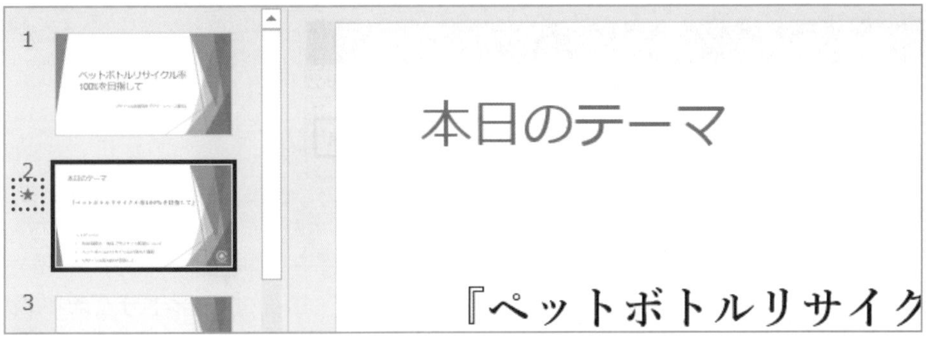

画面切り替え効果が設定されていることを表す★のアイコンがスライドサムネイルに表示されます。

4 ［画面切り替え］タブの［プレビュー］ボタンをクリックします。

→ 画面切り替え効果のプレビューが確認できます。

STEP すべてのスライドに同じ画面切り替え効果を適用する

1 スライドサムネイルのスライド 2 が選択されていることを確認します。

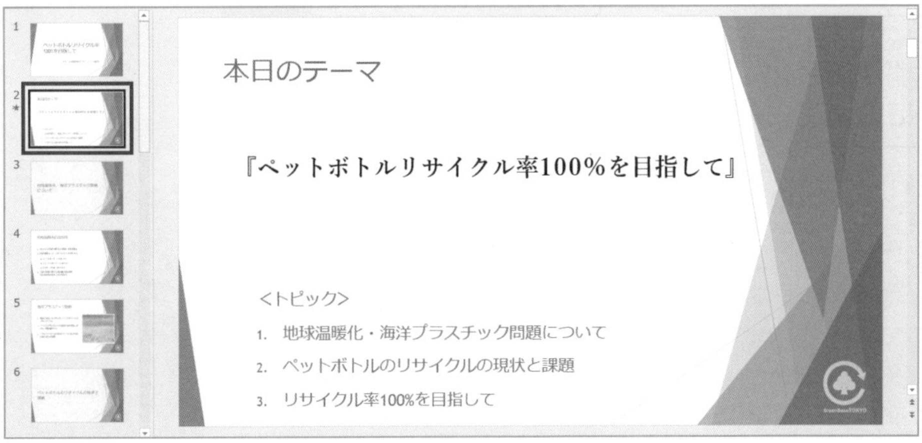

ここで選択しているスライドの画面切り替え効果が他のスライドにも適用されます。

2 ［画面切り替え］タブの［すべてに適用］ボタンをクリックします。

→ すべてのスライドに同じ画面切り替え効果が適用されました。

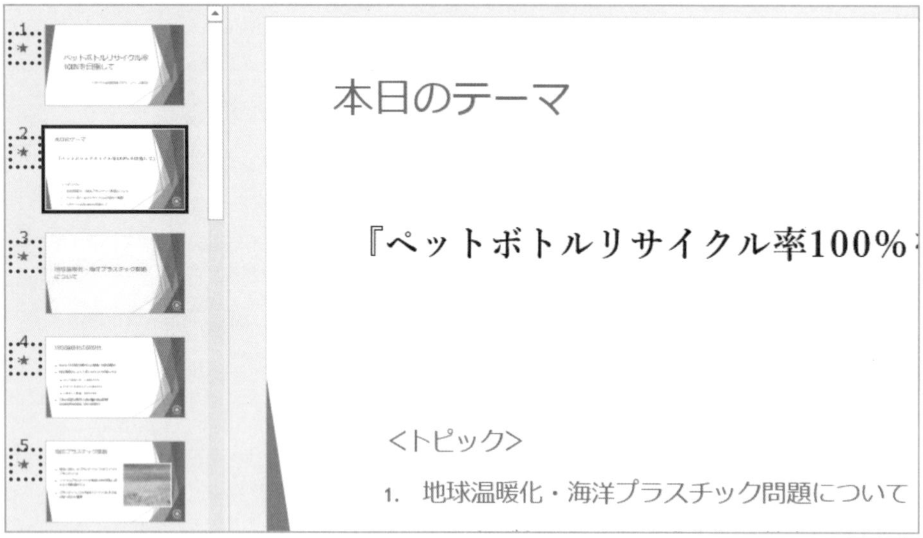

スライドサムネイルのすべてのスライドに、画面切り替え効果が設定されていることを表す★のアイコンが表示されます。

One Point 一部のスライドにのみ画面切り替え効果を適用するには

すべてのスライドではなく、一部のスライドに画面切り替え効果を設定したい場合は、設定対象のスライドをスライドサムネイルで選択した状態で画面切り替え効果を設定します。

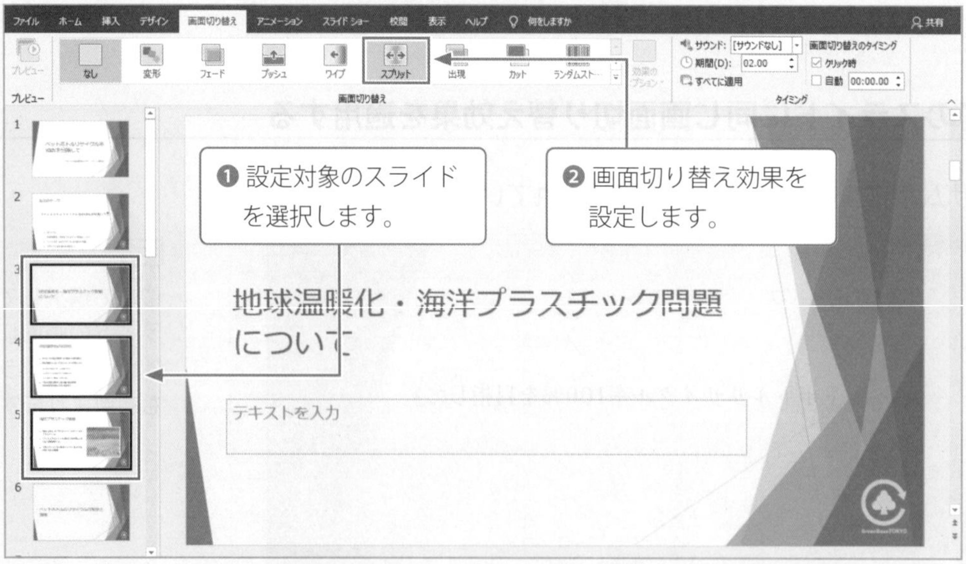

LESSON 2 画面切り替え効果の詳細設定を行う

画面切り替え効果にも効果のオプションが用意されています。設定できる内容は利用している画面切り替え効果の種類によって異なります。たとえば、現在設定している“カバー”の画面切り替え効果の場合、スライドが表示されてくる方向などを設定できます。

STEP 設定した画面切り替え効果のオプションを変更する

1 ［画面切り替え］タブの［効果のオプション］ボタンをクリックします。

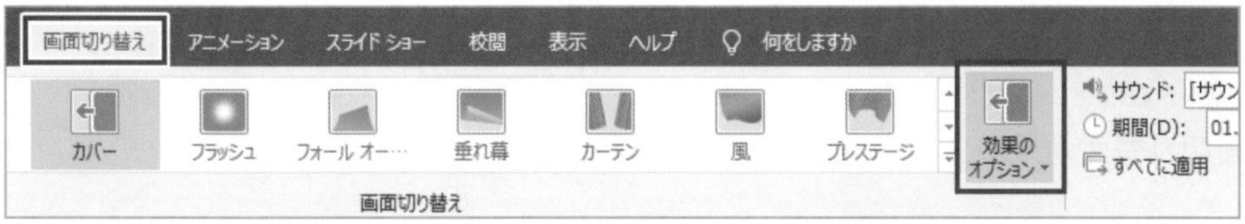

→ 設定されている画面切り替え効果のオプションの一覧が表示されます。

2 一覧から［左から］をクリックします。

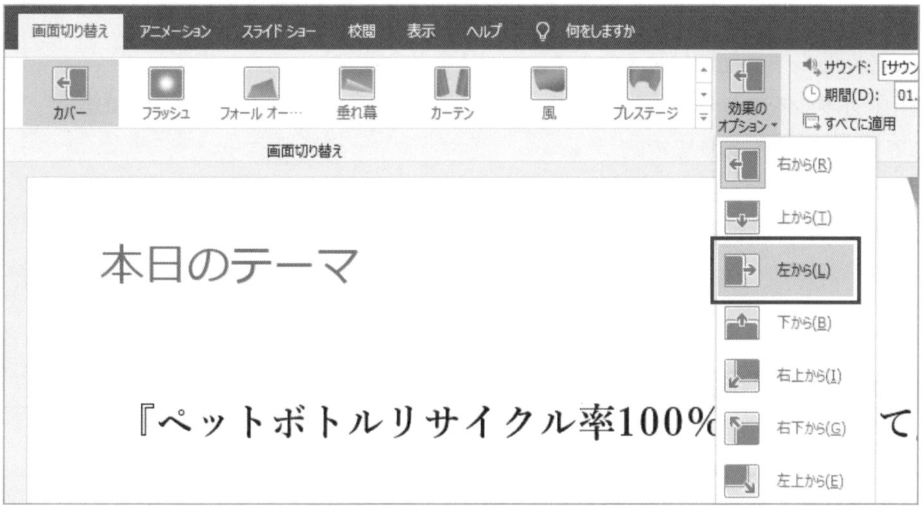

→“カバー”の画面切り替え効果を“左から”に変更できました。

3 ［画面切り替え］タブの［すべてに適用］ボタンをクリックします。

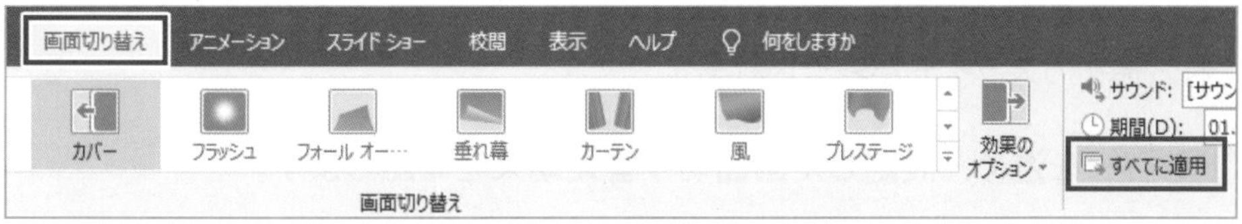

→ すべてのスライドに効果のオプションの変更が適用されました。

STEP 画面の切り替えに要する時間を調整する

1 ［画面切り替え］タブの［期間］ボックスを［1.50］に設定します。

→ 画面の切り替えに要する時間を調整できました。

2 ［画面切り替え］タブの［すべてに適用］ボタンをクリックします。

→ すべてのスライドに画面切り替え効果のタイミングの変更が適用されました。

OnePoint ［すべてに適用］ボタンの使用時の注意点

このように［すべてに適用］ボタンですべてのスライドに適用されるのは画面切り替え効果だけではありません。" サウンド "、" 期間 "、" 画面切り替えのタイミング " などの設定も適用されます。
そのため［すべてに適用］ボタンをクリックしたことで、特定のスライドに設定していたこれらの設定を別の設定で上書きしてしまう恐れもあります。
スライドごとに個別に設定をした後に、画面切り替え効果だけを変更したい場合は、P.240 の OnePoint の方法で設定するようにし、［すべてに適用］ボタンはクリックしないようにします。

STEP スライドショーを実行して画面切り替え効果を確認する

1 ［スライドショー］タブの［最初から］ボタンをクリックします。

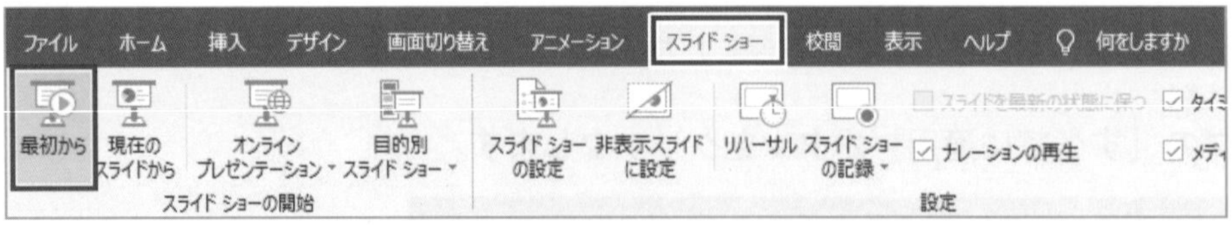

→ スライドショーが実行され、最初のスライドが表示されます。

2 クリックしてスライドショーを進め、設定した画面切り替え効果を確認します。

3 Esc キーを押してスライドショーを中断します。

4 ファイルに「Chap6_ ペットボトルリサイクル完成」と名前を付けて保存して閉じましょう。

学習のまとめ CHAPTER 6 章末練習問題

【章末練習問題 1】アニメーションの設定

スクール _PowerPoint 2019 ▶ CHAPTER6 ▶ 章末練習問題 ▶ P「Chap6_ コワーキングスペースのご案内 _ 問題 1」

1 ファイル「Chap6_ コワーキングスペースのご案内 _ 問題 1」を開きましょう。

2 スライド 12 の左端のオブジェクトにアニメーション " ランダムストライプ " を設定しましょう。

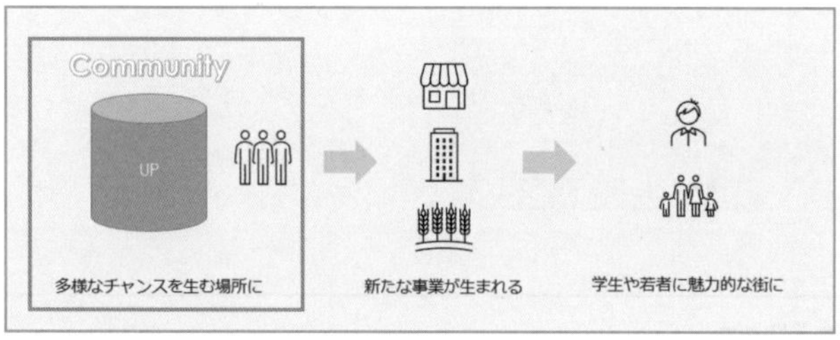

3 図形 " 矢印:右 " にアニメーション " ワイプ " を左側の矢印、右側の矢印の順番で設定しましょう。

※両方を選択して一度に設定すると同時に動くアニメーションとなるので注意してください。

4 2 つの矢印が左から表示されるように効果のオプションを設定しましょう。

5 アニメーションのプレビューを確認しましょう。

6 右端のオブジェクトにアニメーション " パルス " を追加しましょう。

※現在設定されている " ランダムストライプ " のアニメーションはそのままで追加します。

7 アニメーションの順番を以下のように変更しましょう。

左端のオブジェクトの " ランダムストライプ "

↓

図形 " 矢印 : 右 "（1 つ目）の " ワイプ "

↓

中央のオブジェクトの " ランダムストライプ "

↓

図形 " 矢印 : 右 "（2 つ目）の " ワイプ "

↓

右端のオブジェクトの " ランダムストライプ "

↓

右端のオブジェクトの " パルス "

8 右端のオブジェクトのアニメーション " パルス " が " 直前の動作の後 " に実行されるようにタイミングを設定しましょう。遅延は "0.5" 秒に設定します。

9 右端のオブジェクトのアニメーション " パルス " が 2 回繰り返されるように設定しましょう。

10 アニメーションのプレビューを確認しましょう。

11 アニメーションウィンドウを開いている場合は閉じましょう。

12 ファイルに「Chap6_コワーキングスペースのご案内_問題1完成」と名前を付けて保存して閉じましょう。

<完成例>

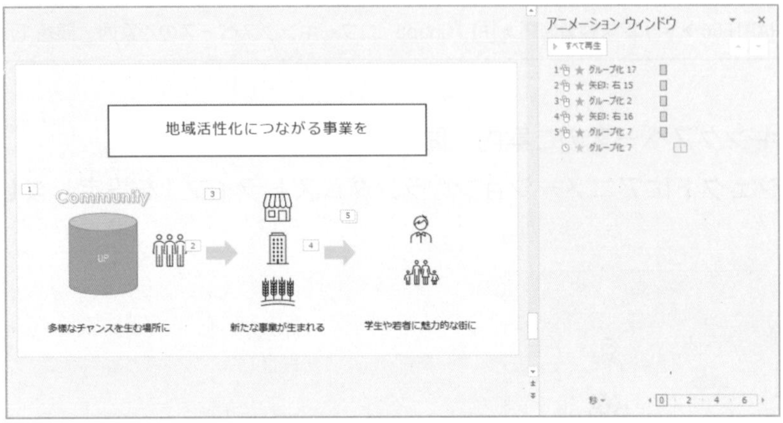

【章末練習問題2】画面切り替え効果の設定

スクール_PowerPoint 2019 ▶ CHAPTER6 ▶ 章末練習問題 ▶ P「Chap6_コワーキングスペースのご案内_問題2」

1 ファイル「Chap6_コワーキングスペースのご案内_問題2」を開きましょう。

2 スライド2を選択して画面切り替え効果"ワイプ"を設定しましょう。

3 スライド2に設定した画面切り替え効果をすべてのスライドに適用しましょう。

4 スライドショーを最初から実行して画面切り替え効果を確認しましょう。確認ができたらスライドショーを終了しましょう。

5 スライド切り替えのワイプの方向を"左から"に変更しましょう。

6 スライド切り替えに要する時間を"1.5秒"に変更し、すべてのスライドに適用しましょう。

7 スライドショーを最初から実行して画面切り替え効果を確認しましょう。確認ができたらスライドショーを終了しましょう。

8 ファイルに「Chap6_コワーキングスペースのご案内_問題2完成」と名前を付けて保存して閉じましょう。

<完成例>

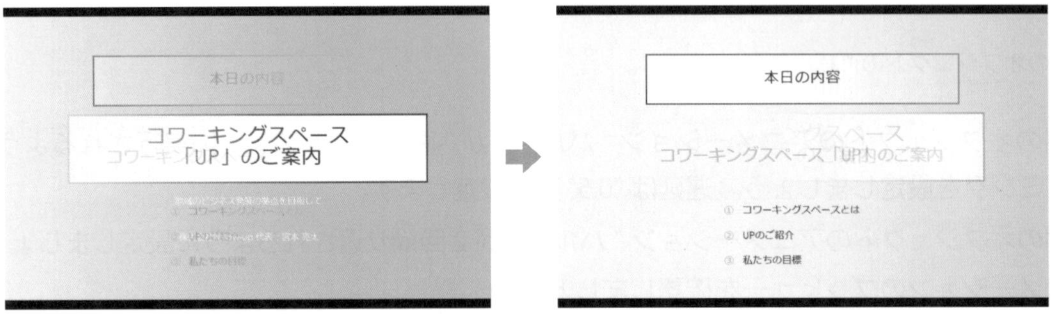

CHAPTER 7

資料を印刷する

スライドショーが完成してもすぐプレゼンテーションが行えるわけではありません。プレゼンテーションをスムーズに行うにはさまざまな準備が必要です。
CHAPTER7 では、参加者に配る資料と発表者用の資料の印刷方法を学習します。

7-1 参加者用の配布資料を印刷する

一般的に参加者用の配布資料はスライドを印刷したものです。そのため、新たに参加者用の資料を作る必要はありません。ここまで作成したスライドがそのまま資料として使えます。

配布資料の必要性

プレゼンテーションの参加者は配布資料が用意されていると、手元に資料が残るためいつでも見返してより理解を深めたり、参加できなかった人と資料をもとに情報共有しやすくなります。また、メモをするような場合に必要最低限で済むため、発表者の話を聞くことに集中できます。資料がない状態では、熱心な参加者であればあるほど発表者の話をすべてメモしようと一生懸命になり、反対に話を聞き逃すことになりがちです。配布資料は可能な限り用意しておくことをおすすめします。

メモが間に合わない！
あ！聞き逃した！

配布資料作成のポイント

PowerPoint では、1ページに複数のスライドを印刷することができます。レイアウトの種類によってはスライドの横にメモ欄が設けられるものもあります。また、ページ番号や日付も印刷できるため、より参加者にとって見やすい配布資料に仕上げることができます。

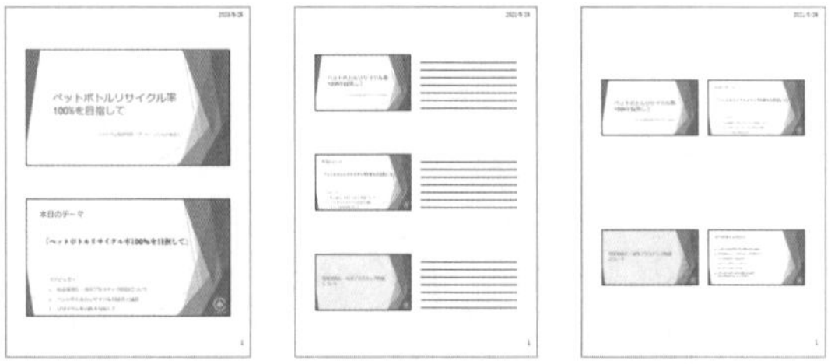

配布資料の準備

配布資料を印刷してから間違いに気付いて手直しをすると、せっかく印刷した資料が無駄になってしまいます。実際のプレゼンテーションでは、資料を印刷するタイミングは CHAPTER8 で行う " リハーサル " が十分に終わってからにすることをおすすめします。
また、画面で見ているときには気付かなかった修正点なども印刷すると見つけられることがあります。まずは 1 部だけ印刷して内容を確認し、その後予備も含めた必要な部数を印刷するようにしましょう。

LESSON 1 配布資料を印刷プレビューで確認する

参加者用の配布資料を印刷する前には、印刷プレビューを確認して間違っている箇所がないか確認します。

PowerPoint では、1 枚の用紙に複数枚のスライドを割り付けて印刷することができるため、1 枚の用紙に 2 枚～ 6 枚程度のスライドを割り付けて印刷するのが一般的です。3 枚のスライドを割り付ける印刷を選択すると、スライドの横にメモ欄が用意されたレイアウトになります。

印刷プレビューの画面構成

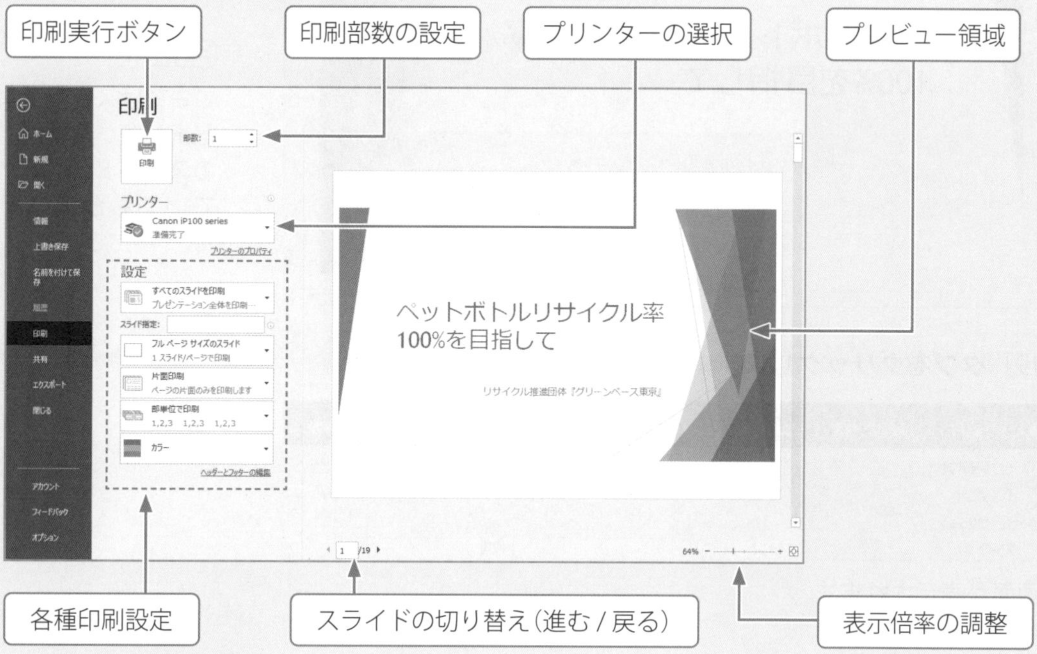

印刷の割り付け例

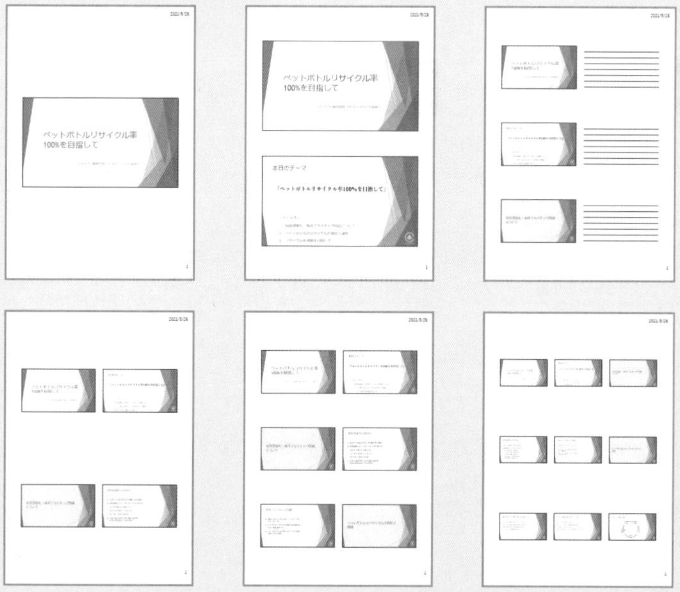

STEP 印刷プレビューを確認する

実習用データを開く：スクール _PowerPoint 2019 ▶ CHAPTER7 ▶ 「Chap7_ ペットボトルリサイクル」

1 スライドサムネイルのスライド 1 をクリックして選択します。

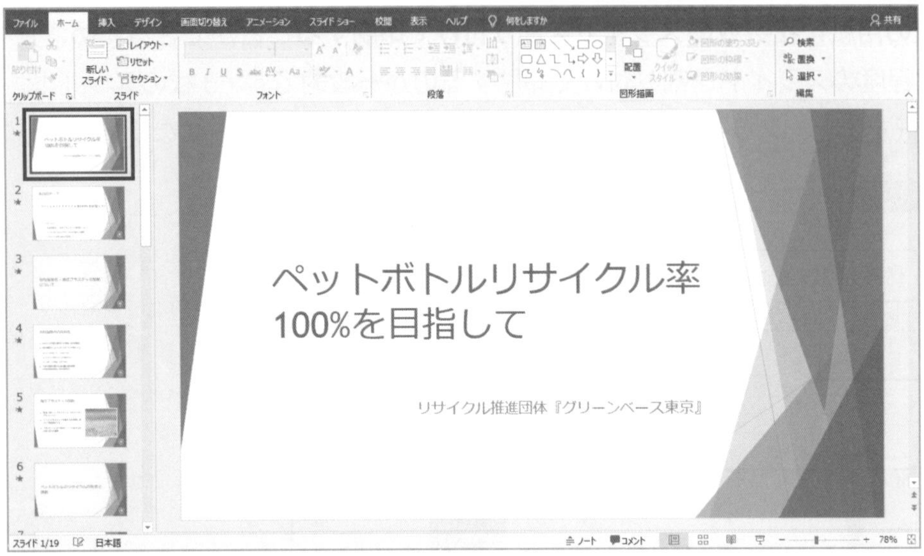

実習用データはインターネットからダウンロードできます。詳細は本書の P.（4）に記載されています。

ここではスライド 1 を選択していますが、どのスライドが選択されていてもかまいません。

2 ［ファイル］タブをクリックします。

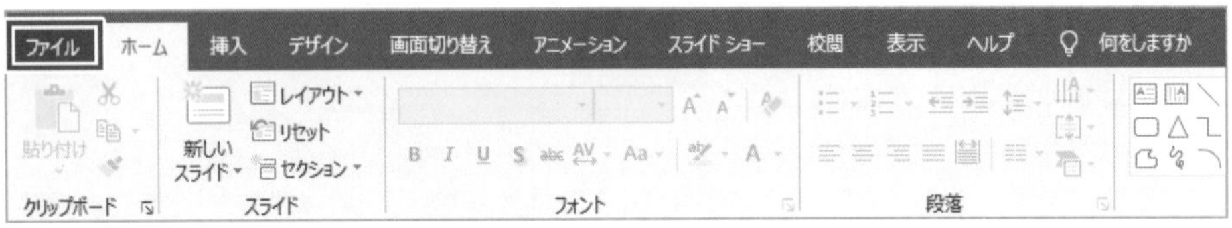

→［ホーム］画面が表示されます。

3 ［印刷］をクリックします。

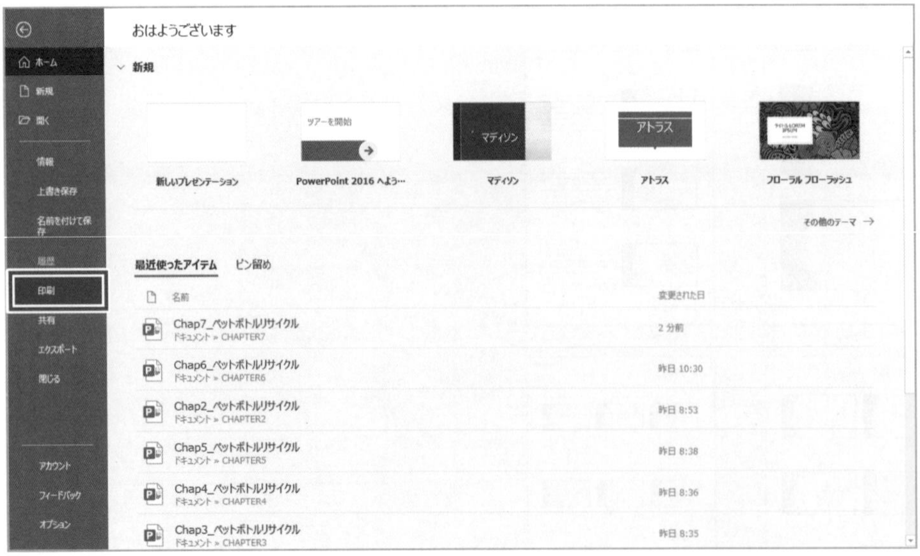

→［印刷］画面に印刷プレビューが表示されました。

書式設定では用紙いっぱいに１枚のスライドが印刷される"フルページサイズのスライド"という印刷設定になっています。

OnePoint 印刷プレビューを閉じるには

印刷プレビューを閉じるには、画面左上の をクリックします。画面右上の 閉じるボタンをクリックすると、PowerPoint を終了する操作になります。

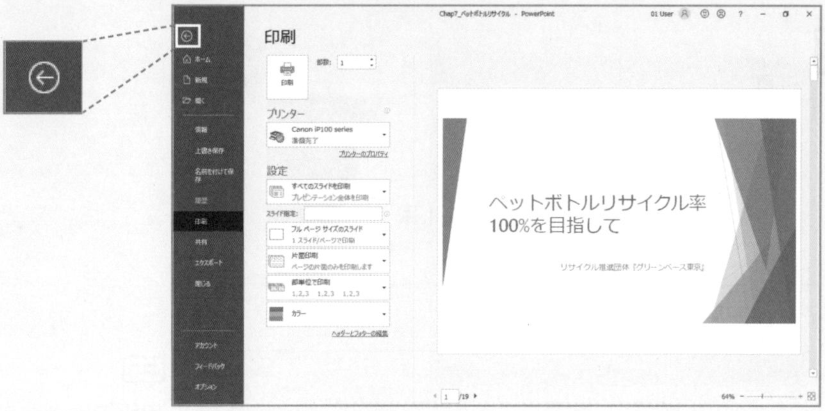

7

資料を印刷する

STEP 1枚の用紙に印刷するスライド数を設定する

1 印刷レイアウトの設定（ここでは“フルページサイズのスライド”と表示）をクリックします。

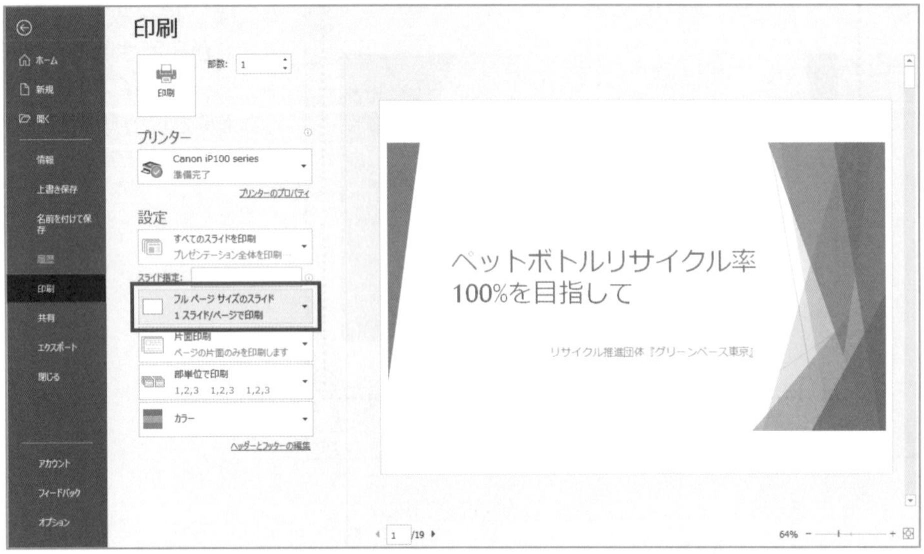

ここには直前に設定した印刷レイアウトの設定項目が表示されています。

→ 印刷レイアウトの一覧が表示されます。

2 一覧から［配布資料］の［2スライド］をクリックします。

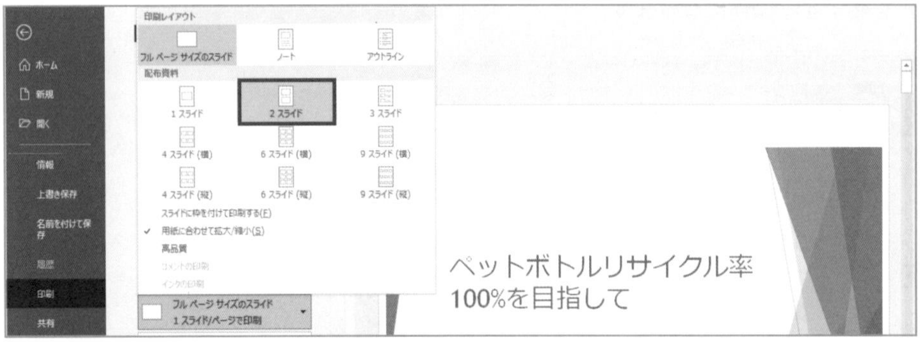

→ 1枚の用紙に2つのスライドが配置されます。

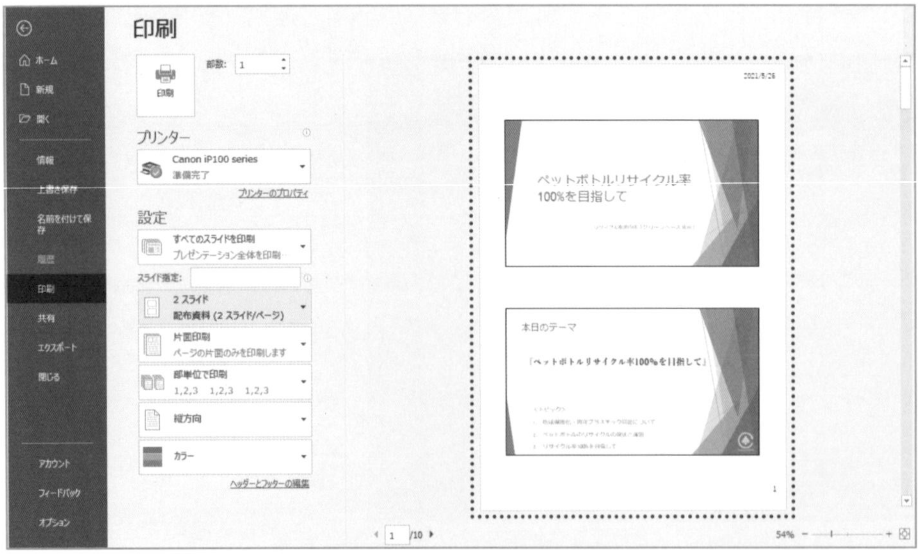

用紙の向きも自動的に“縦方向”に変わります。
また、用紙の上部に日付が、下部にページ番号が印刷されます（用紙の端まで印刷できないプリンターの場合はこれらが表示されないことがあります）。
なお、用紙はA4サイズが既定値となっています。

3 印刷レイアウトの設定をクリックして、一覧から［配布資料］の［3 スライド］をクリックします。

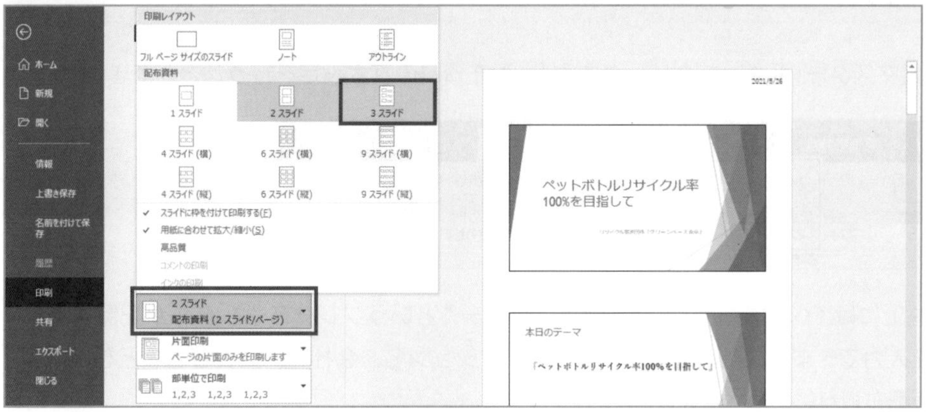

→ 1 枚の用紙に 3 つのスライドが配置されます。

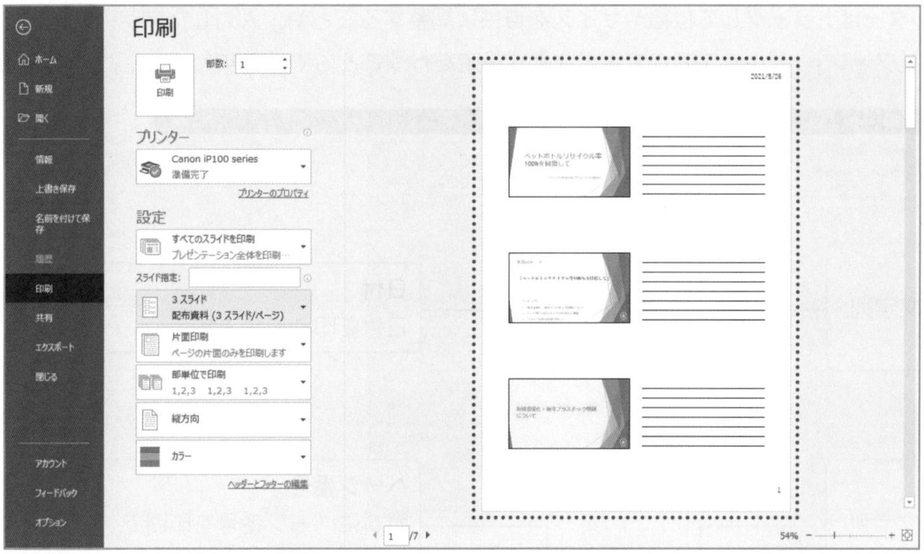

［3 スライド］を指定したときのみ、スライドの右側にメモ欄が印刷されます。

4 印刷レイアウトの設定をクリックして、一覧から［配布資料］の［4 スライド（横）］をクリックします。

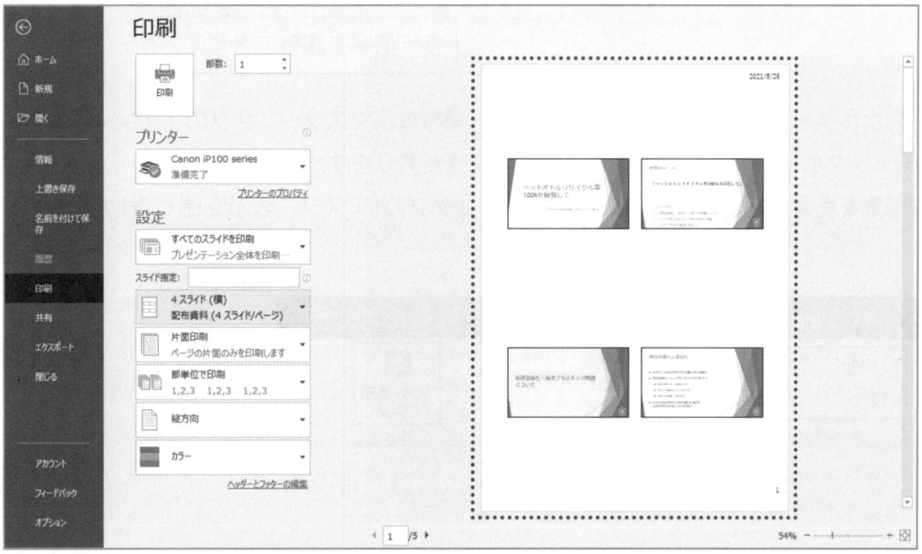

4 つのスライドの印刷では、スライドの並び順を設定できます。

4 スライド（横）

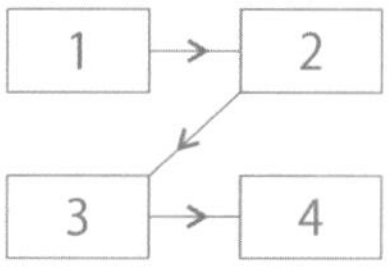

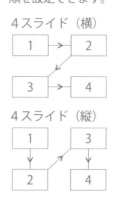

4 スライド（縦）

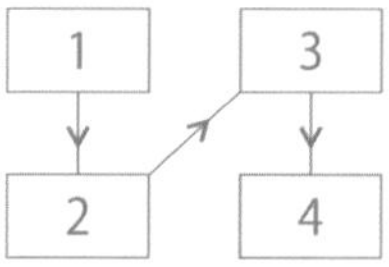

→ 1 枚の用紙に 4 つのスライドが配置されます。

One Point 配布資料マスター

[表示]タブの[配布資料マスター]ボタンをクリックすると、配布資料の基本設定を行うことができます。

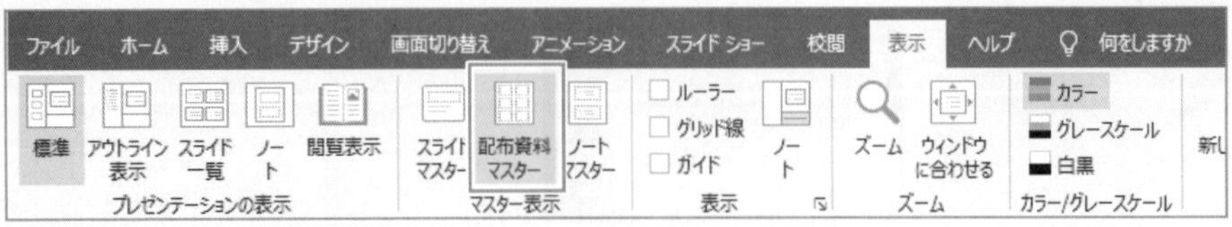

配布資料マスターの左上には“ヘッダー”、左下には“フッター”というプレースホルダーが配置されており任意の文字列を入力できます。たとえば、プレゼンテーション名、会社名、発表者名などを入力しておけば、それらが配布資料に印刷されます。

また、右上には印刷日、右下にはページ番号のプレースホルダーが配置されています。

これらのプレースホルダーはドラッグして位置やサイズを自由に調整することや、入力した文字列を選択して[ホーム]タブの[フォント]グループでさまざまな書式設定を行うこともできます。

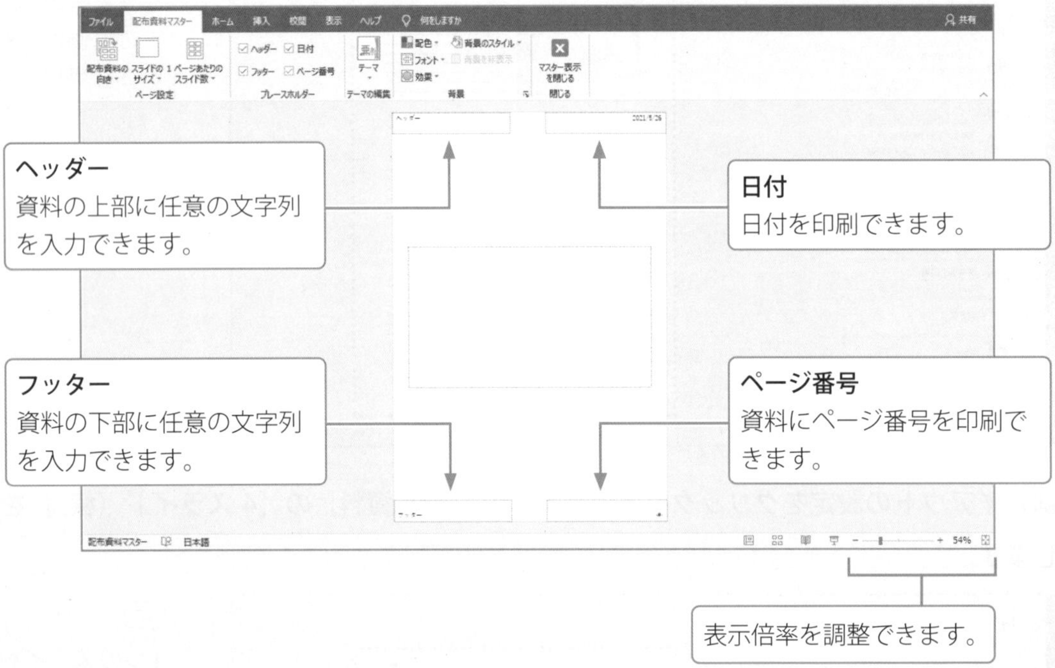

ヘッダー
資料の上部に任意の文字列を入力できます。
日付
日付を印刷できます。
フッター
資料の下部に任意の文字列を入力できます。
ページ番号
資料にページ番号を印刷できます。
表示倍率を調整できます。

なお、これらのプレースホルダーが配置されていない場合は、[配布資料マスター] タブの [プレースホルダー]グループの各チェックボックスがオフになっている可能性があります。

配布資料マスターでの編集を終えるときは、[配布資料マスター]タブの[マスター表示を閉じる]ボタンをクリックします。

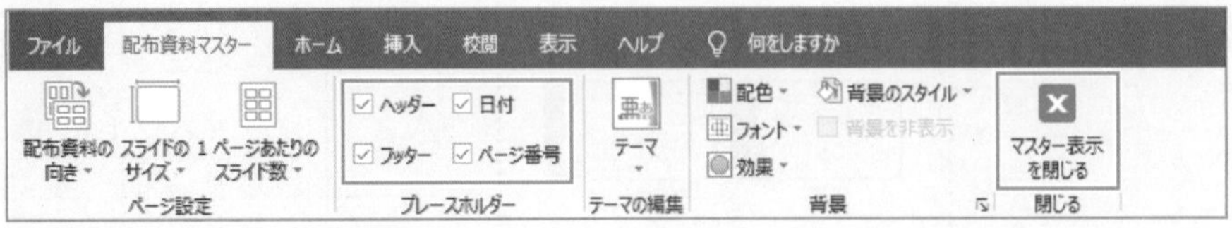

LESSON 2 配布資料の印刷を実行する

印刷の実行時にもさまざまな設定項目があります。配布資料の印刷部数が多い場合は、特に印刷のミスを起こさないように注意しなければいけません。まずは１部のみ印刷してよく確認してから、残りの部数を印刷するようにしましょう。

STEP 配布資料（スライド）を印刷する

1 ［部数］ボックスが［1］になっていることを確認します。

2 ［印刷］をクリックします。

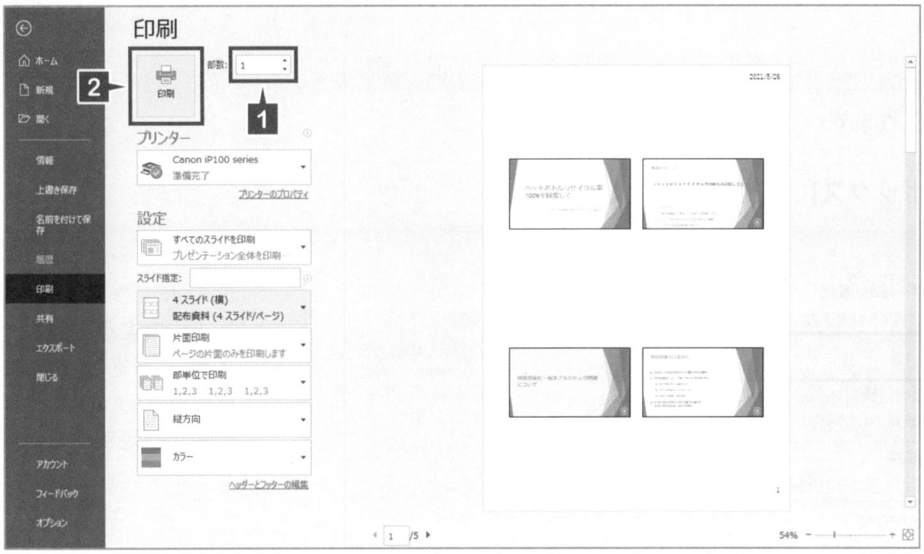

印刷するには、プリンターが正しく接続されている必要があります。

→ スライドを印刷できました。

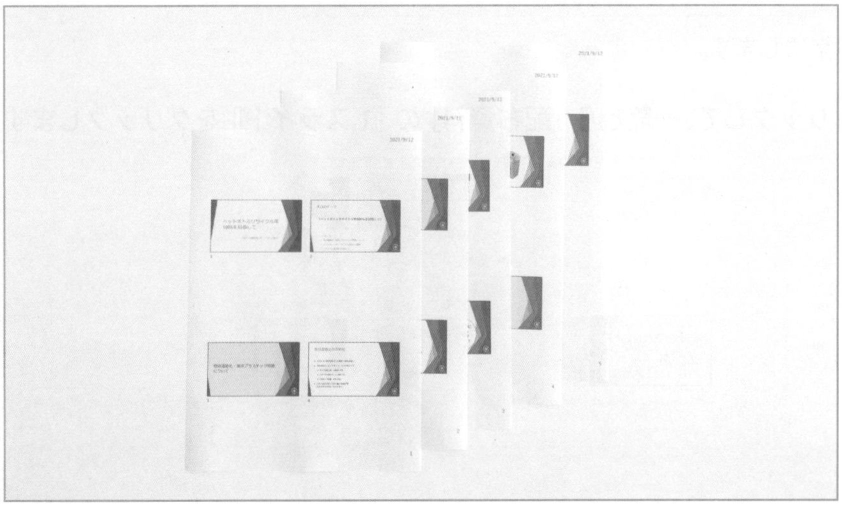

画面は標準表示になります。

STEP 特定のスライドのみ印刷する

1 ［ファイル］タブをクリックして［印刷］クリックします。

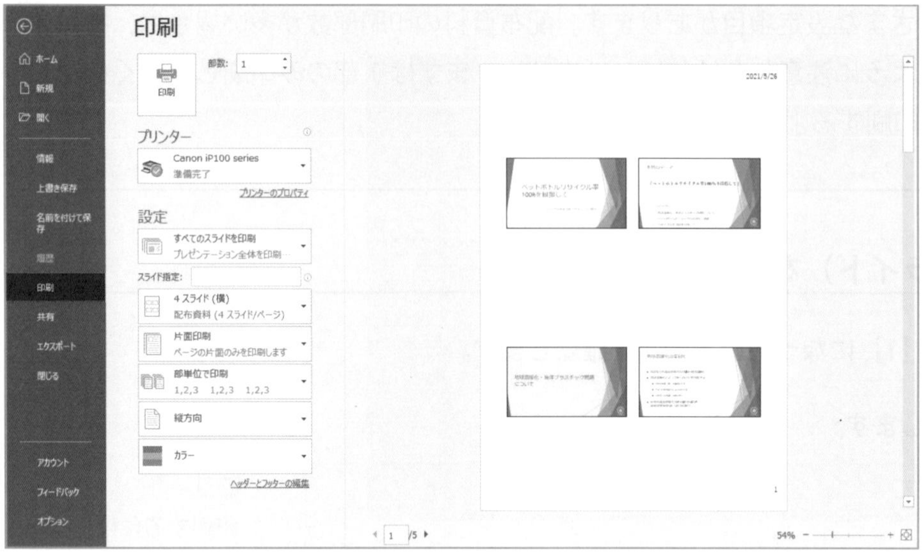

Ctrl + P キーを押しても印刷プレビューを表示できます。

→ 印刷プレビューが表示されます。

2 ［スライド指定］のボックスに「10」と入力します。

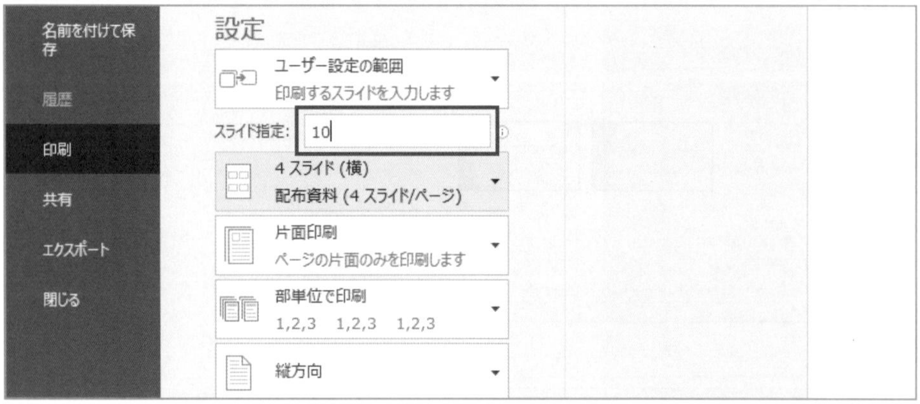

このボックスで、「1 , 3 , 5」のように離れたスライドを指定したり、「1 - 5」のように範囲を指定することもできます。

→ スライド 10 だけを印刷する設定にします。

3 印刷レイアウトの設定をクリックして、一覧から［配布資料］の［1 スライド］をクリックします。

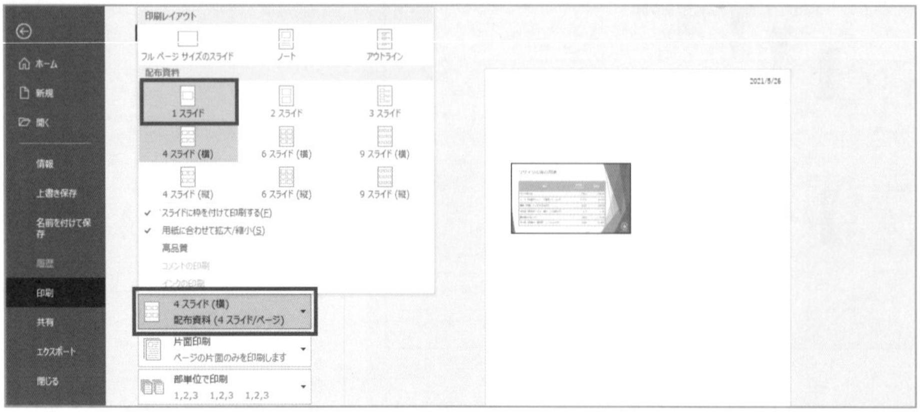

4 ［部数］ボックスが［1］になっていることを確認します。

5 ［印刷］をクリックします。

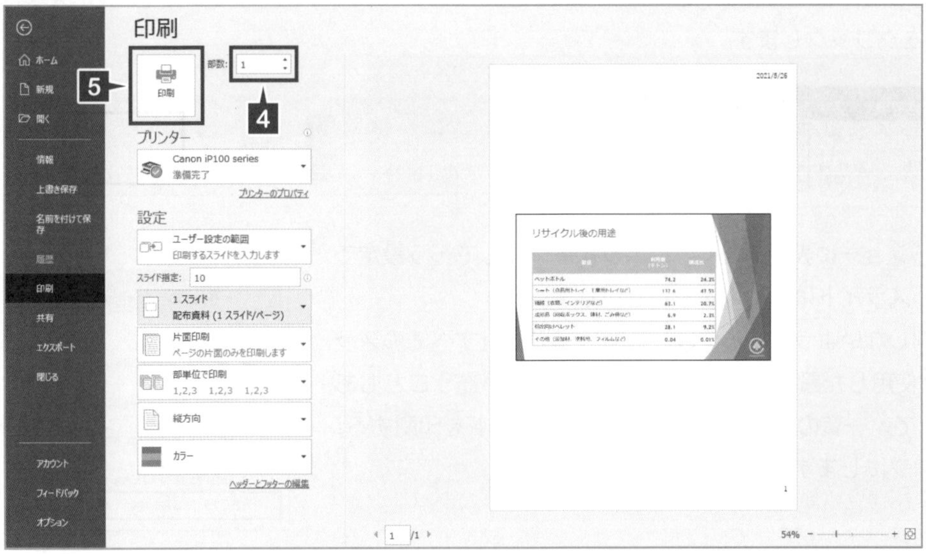

OnePoint モノクロで印刷するには

配布資料をモノクロ（白黒）で印刷したい場合は、印刷の設定を［カラー］から［グレースケール］に変更します。

また、特定のオブジェクトの黒と白のバランスを調整したい場合は、対象のオブジェクトを選択して［表示］タブの［グレースケール］ボタンをクリックし、［グレースケール］タブの［選択したオブジェクトの変更］グループで設定します。設定が終わったら［グレースケール］タブの［カラー表示に戻る］ボタンをクリックして戻ります。

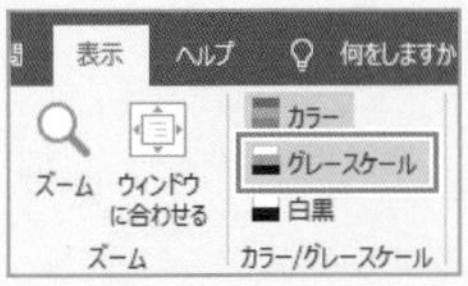

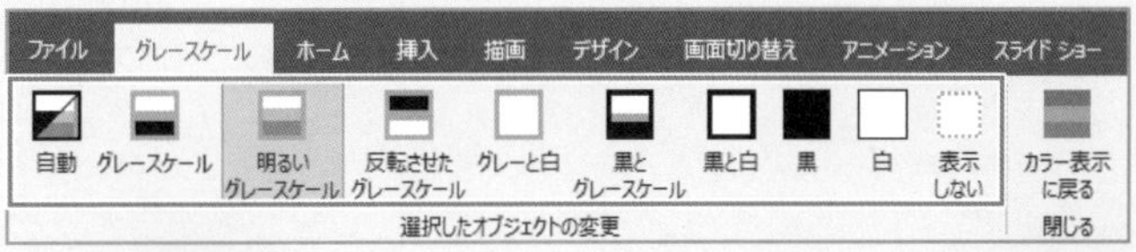

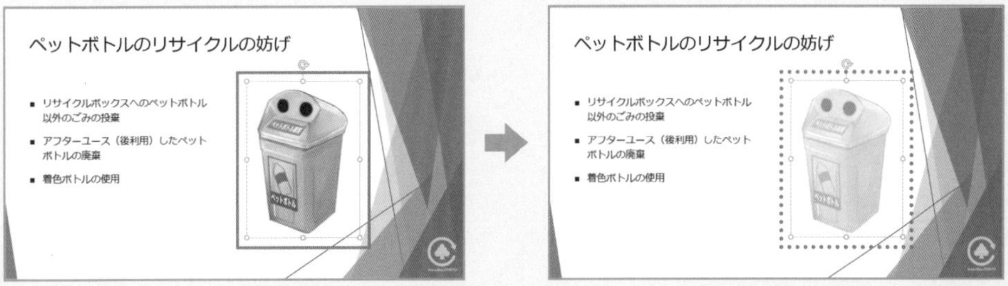

7

資料を印刷する

OnePoint 印刷したくないスライドがある場合

特定のスライドを印刷したくない場合は、そのスライドを選択して［スライドショー］タブの［非表示スライドに設定］ボタンをクリックします。

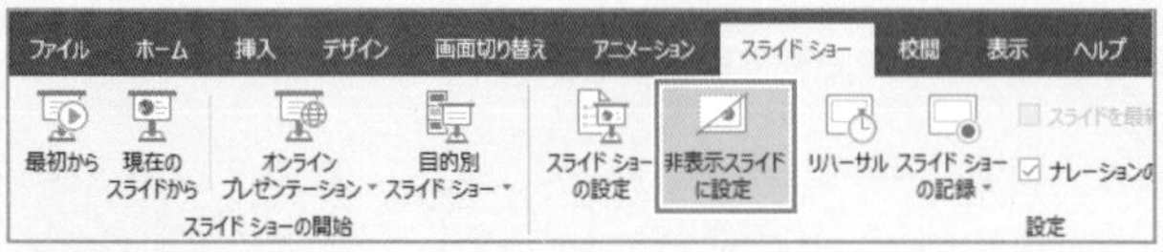

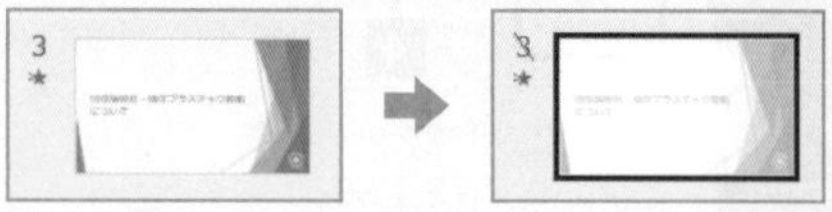

これは通常、スライドショーに表示したくないスライドに対して行う設定ですが、印刷したくないスライドにも利用することができます。
非表示スライドを印刷しないようにするには、［印刷］画面の［すべてのスライドを印刷］（直前に使用した設定が表示されるため表示名が違うこともあります）をクリックして、一覧の最下部にある［非表示スライドを印刷する］チェックボックスをオフにします。

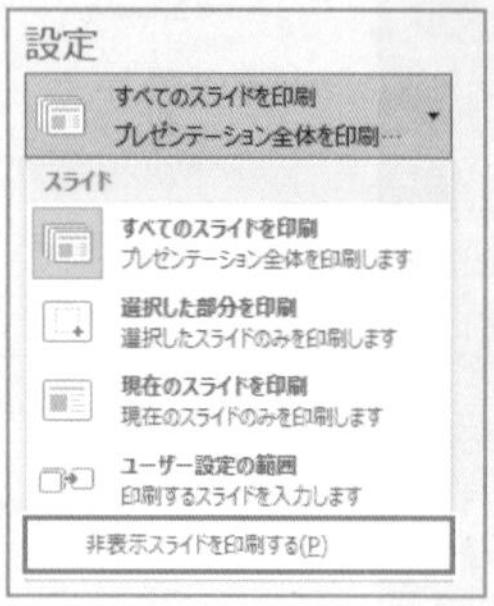

OnePoint 配布資料に追記して印刷するには

配布資料に説明などの追加を行いたい場合は、Wordの文書として書き出してから編集を行うと便利です。配布資料を表示し、［ファイル］タブをクリックして［エクスポート］をクリックします。［エクスポート］画面で［配布資料の作成］をクリックし、［Microsoft Wordに送る］ダイアログボックスでスライドのレイアウトを指定して［OK］をクリックします。
Wordで編集を行ったら、印刷して資料として配布します。

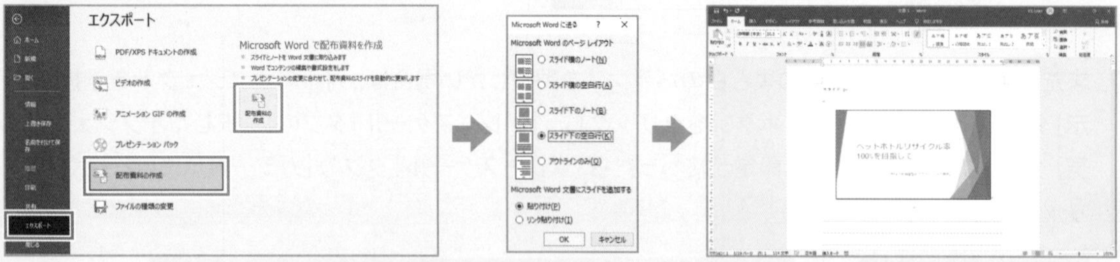

7-2 発表者用の資料を印刷する

プレゼンテーションをスムーズに進行するためには、話す内容などをまとめた**発表者用の資料**も必要です。

発表者用資料に役立つノート機能の利用

PowerPoint にはノートという機能が用意されています。通常は表示されていませんが、画面の表示モードをノートに切り替えることで利用できます（常に表示しておく設定も可能です）。
ノートに入力した内容は印刷して資料として使用したり、スライドショー中に発表者だけが見える画面（発表者ツール）に表示されるので、それらを見ながらプレゼンテーションを行うことができます。

印刷プレビュー　　発表者ツール

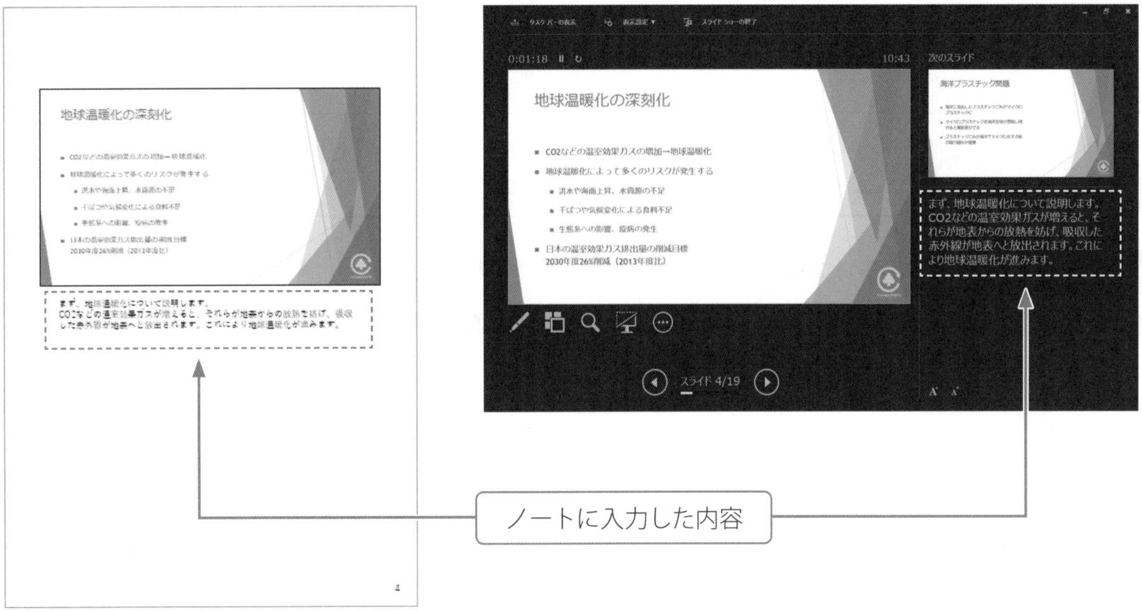
地球温暖化の深刻化
CO2などの温室効果ガスの増加→地球温暖化
地球温暖化によって多くのリスクが発生する
洪水や海面上昇、水資源の不足
干ばつや気候変化による食料不足
生態系への影響、疫病の発生
日本の温室効果ガス排出量の削減目標
2030年度26%削減（2013年度比）
0:01:18
10:43
次のスライド
海洋プラスチック問題
まず、地球温暖化について説明します。CO2などの温室効果ガスが増えると、それらが地表からの放熱を妨げ、吸収した赤外線が地表へと放出されます。これにより地球温暖化が進みます。
スライド 4/19
ノートに入力した内容

ノートに入力する内容

ノートには発表者が話す内容を入力しておきます。人前で話すことに慣れていない場合は、話す内容をセリフのようにすべて入力しておくのもよいでしょう。ただし、ノートを見ながら“読んでいる”ばかりのプレゼンテーションでは参加者の興味を惹きつけにくいのも確かです。リハーサルなどを行って慣れてきたらノートに目を落とす時間を減らしていくことを意識します。また、**ノートの内容をポイントのみの簡潔な箇条書きにする**のもよいでしょう。
スライドについての内容だけでなく、自己紹介や各スライドの時間配分、開始前・終了後の案内、質疑応答のルールについてなど、発表者が必要と思う内容を入力しておくと気持ちにゆとりをもってプレゼンテーションに挑むことができます。

LESSON 1 発表者用資料をノートに入力する

ノートを編集するときは、画面の表示モードをノートに切り替えます。印刷したときと同じ状態で入力が行えます。
ここでは文字の入力のみを行いますが、ノートにも画像や表などを挿入することが可能です。

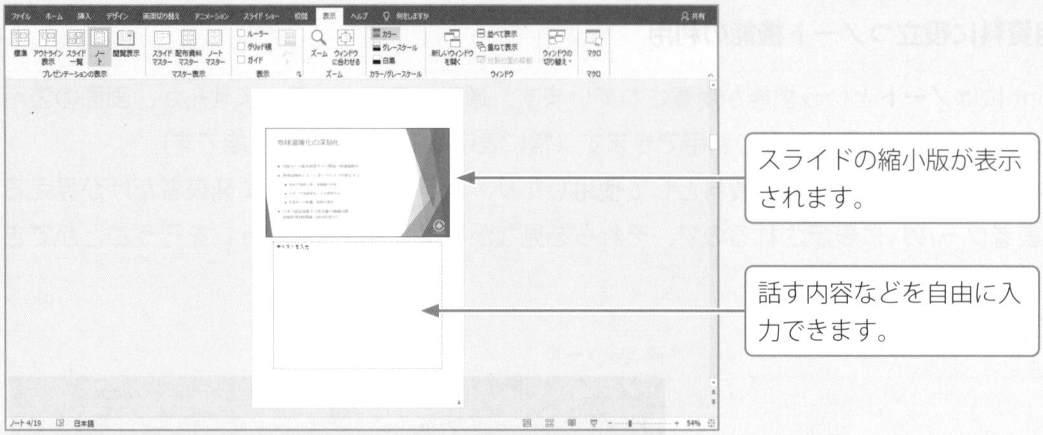

スライドの縮小版が表示されます。
話す内容などを自由に入力できます。

STEP 画面の表示モードをノートに切り替える

1 スライドサムネイルのスライド 4 をクリックして選択します。

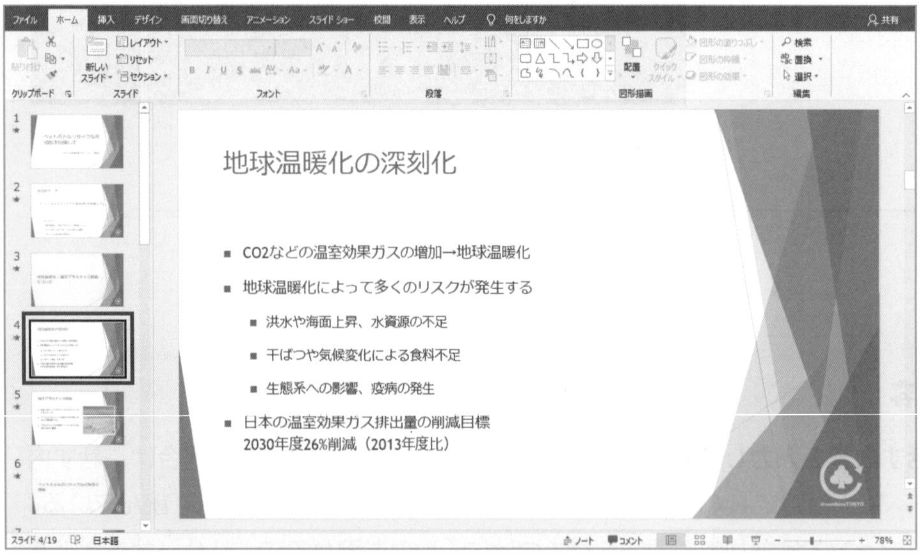

ノートを入力したいスライドを選択します。

2 ［表示］タブの［プレゼンテーションの表示］グループの［ノート］ボタンをクリックします。

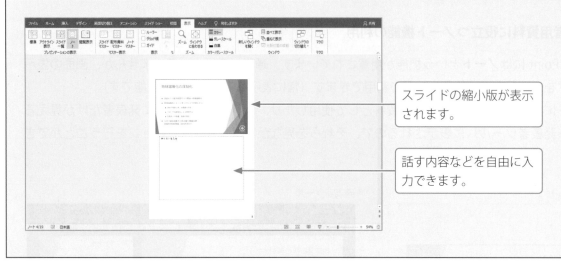

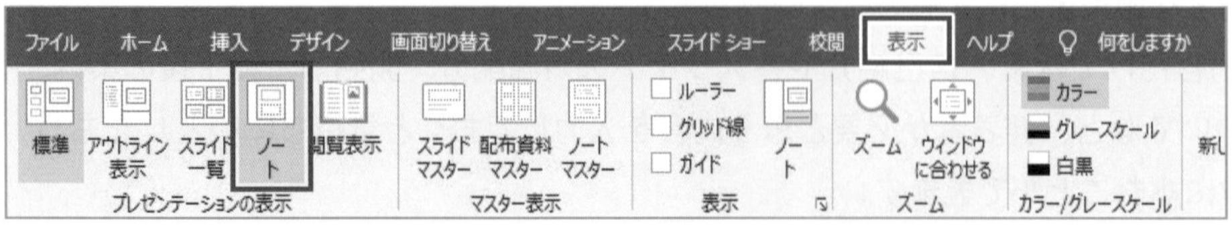

［表示］タブの［表示］グループの［ノート］ボタンではないので注意してください。

→ 画面がノートに切り替わります。

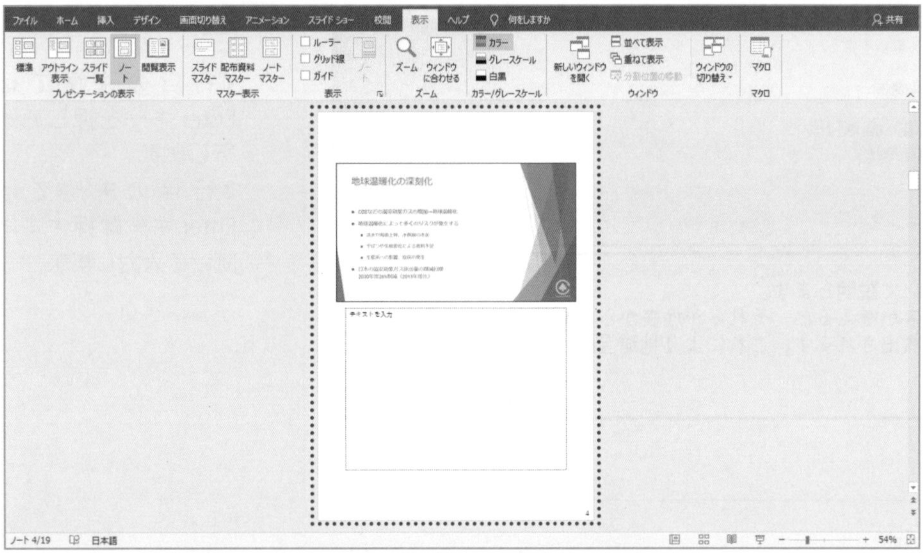

スライドの下にある枠内がノートの入力領域です。

スクロールバーを使って画面をスクロールすれば別のスライドのノートも表示できます。

STEP ノートに発表用資料のメモを入力する

1 画面右下のズームスライダーの［+］を数回クリックします。

文字を入力しやすい大きさになるまで拡大してください。

2 ［テキストを入力］と表示された枠内をクリックします。

→ 枠内にカーソルが表示されます。

3 下図のように入力します。

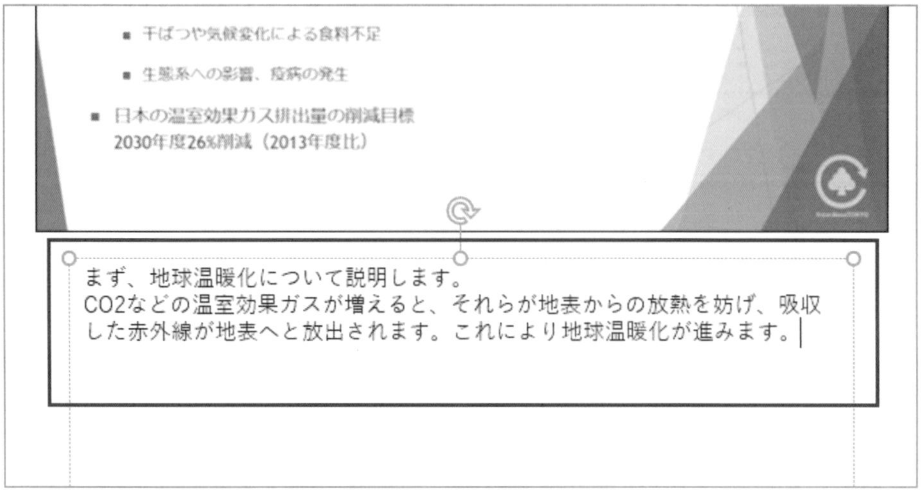

1行目の末尾ではEnterキーを押して改行します。
2行目の末尾ではEnterキーは押さずに続けて入力します。

→ ノートを入力できました。

4 ［表示］タブの［標準］ボタンをクリックします。

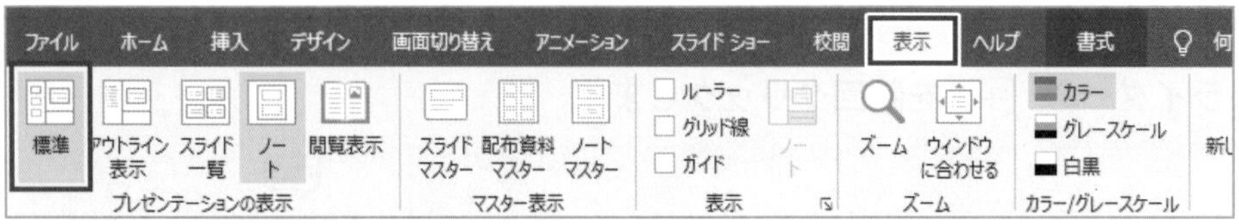

→ 画面が標準表示に切り替わります。

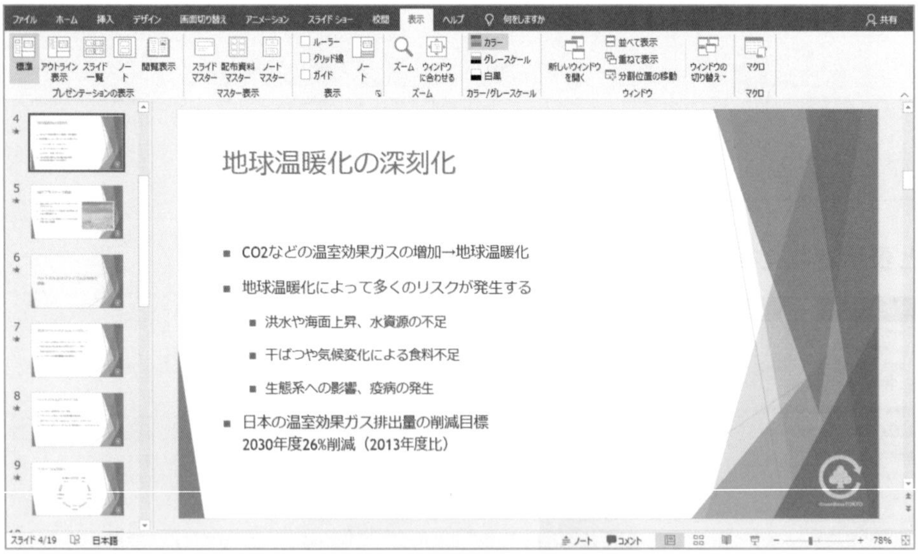

標準表示の画面ではノートに入力した内容は表示されません。

OnePoint 標準表示の画面でノートの内容を確認するには

標準表示の画面でノートの確認や編集をするには、[表示]タブの[表示]グループの[ノート]ボタンをクリックします。画面の下部にノートペインが表示され、ノートの確認や編集ができます。
ノートペインの広さは境界線を上下にドラッグすれば調整できます。

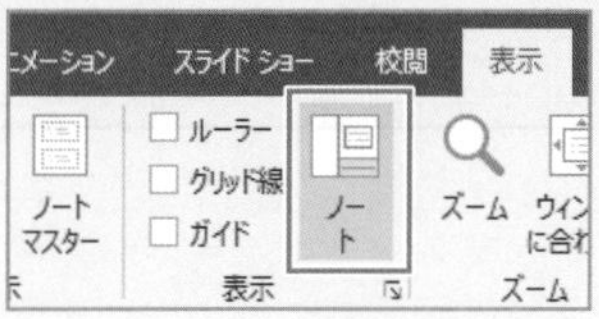

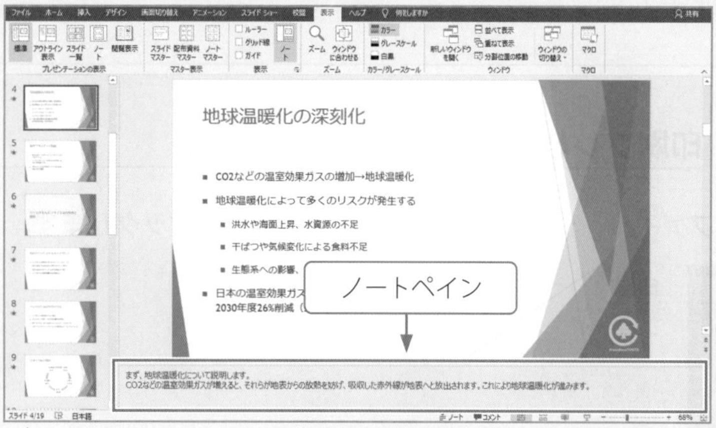

OnePoint ノートマスター

ノート全体のレイアウト調整を行いたい場合は、ノートマスターを編集します。
ノートマスターは[表示]タブの[ノートマスター]ボタンをクリックすると表示されます。

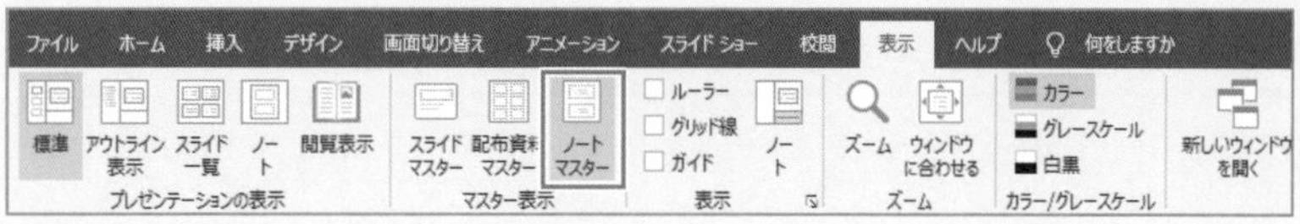

前術の配布資料マスターと同様に、ノートマスターではノート全体に対する用紙の向きやヘッダーやフッターへ入力する文字列、日付やページ番号などが調整できます。

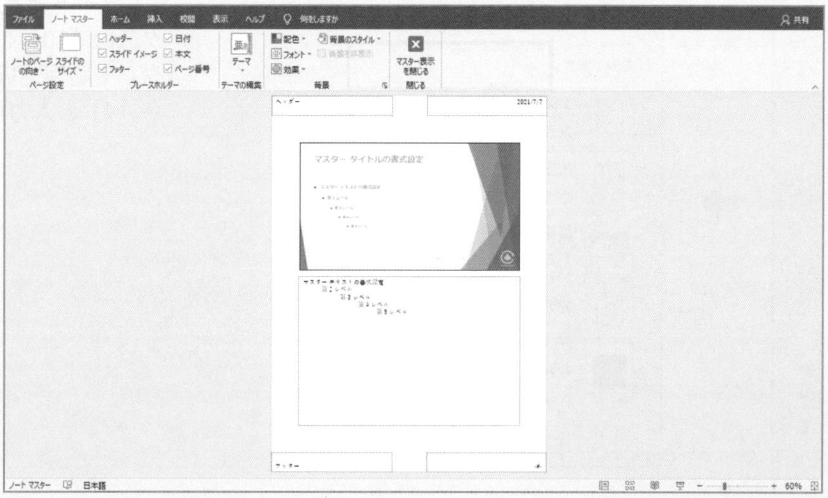

7

資料を印刷する

LESSON 2 発表者用資料の印刷を実行する

発表者用資料も印刷前にはプレビューして確認することが重要です。また、印刷の実行時には印刷の設定をノートを印刷する設定に変更しないと、スライドのみが印刷されてしまうので注意が必要です。

STEP 印刷プレビューでノートを確認する

1 ［ファイル］タブをクリックして［印刷］クリックします。

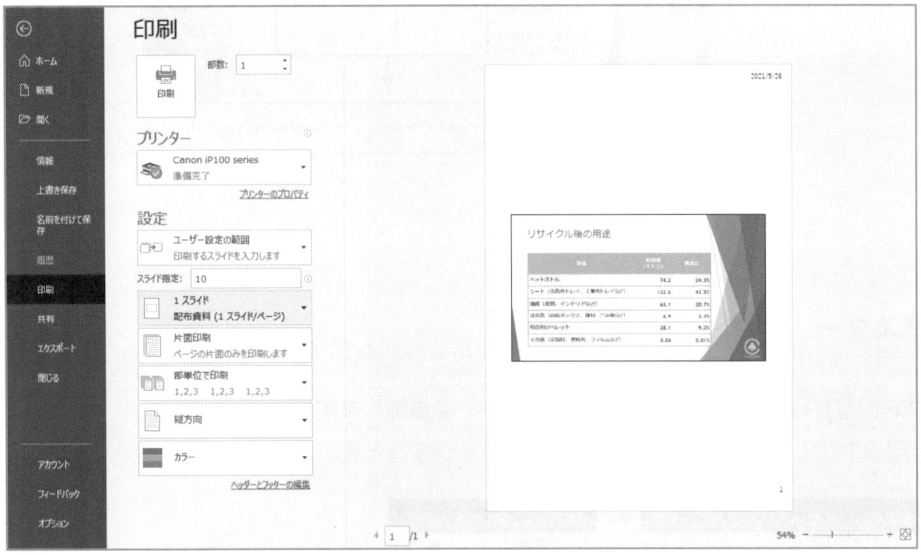

印刷プレビューの設定は直前に設定した情報が表示されているため、左図とは異なっていても問題はありません。

→ 印刷プレビューが表示されます。

2 ［スライド指定］のボックスに「4」と入力します。

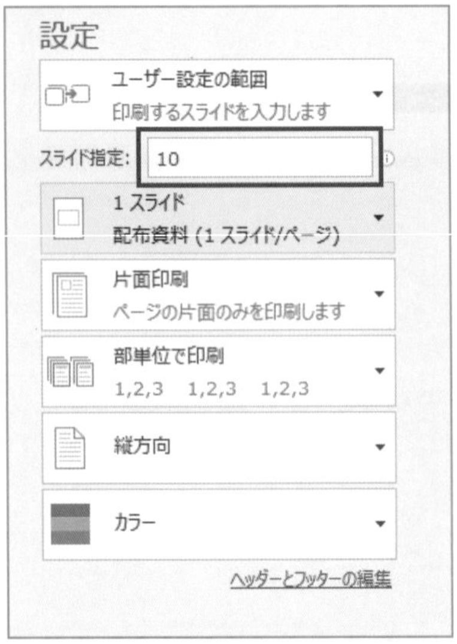

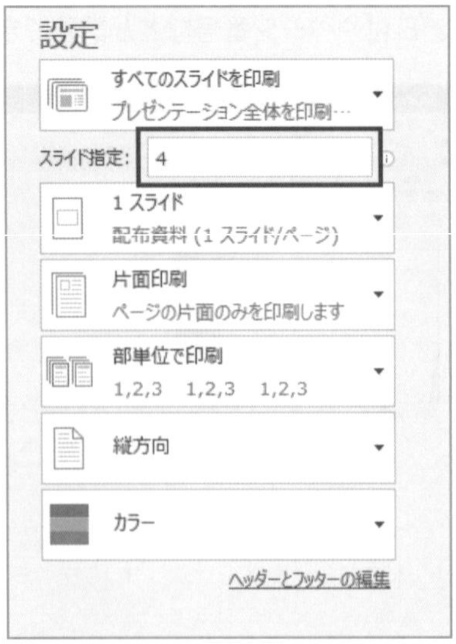

［スライド指定］ボックスの「10」をドラッグして範囲選択してから「4」と入力します。

3 印刷レイアウトの設定をクリックして、一覧から［印刷レイアウト］の［ノート］をクリックします。

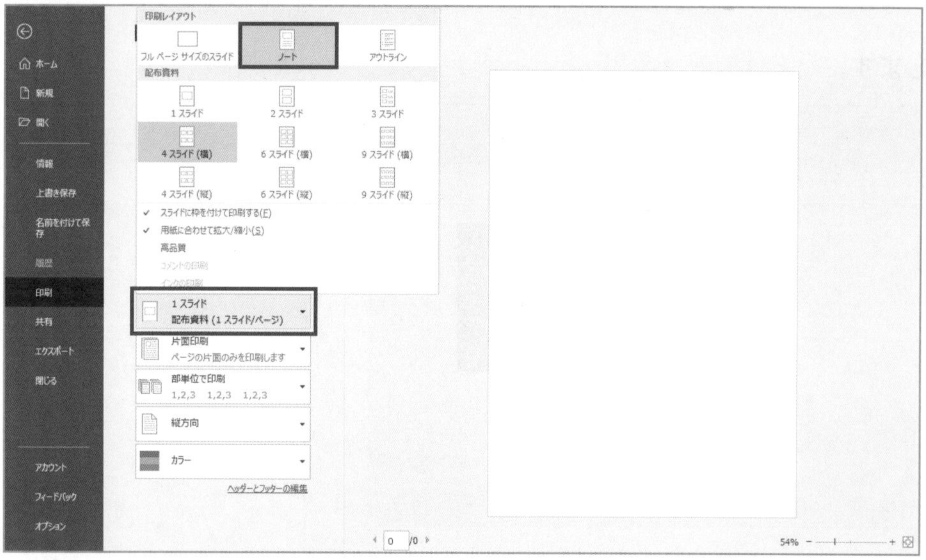

→ 印刷プレビューがノートのレイアウトになります。

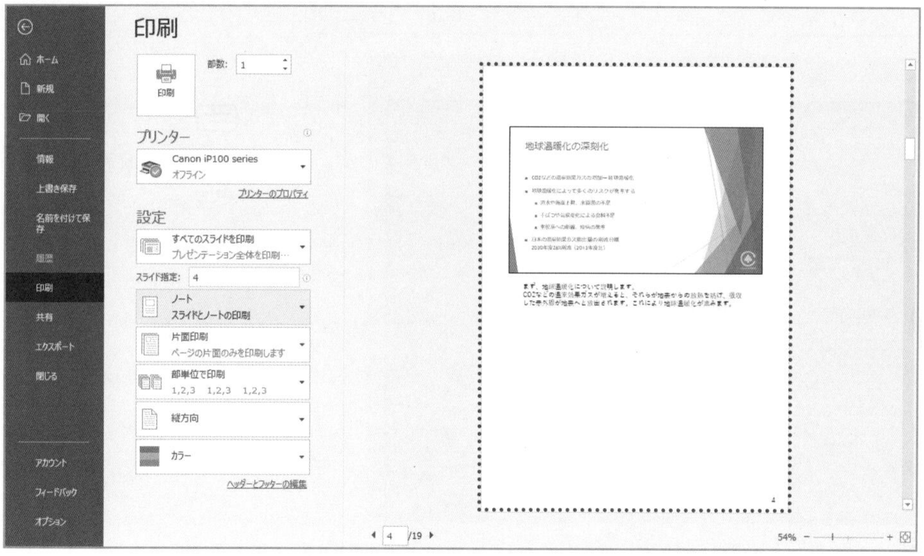

一時的にプレビューが白紙になることがありますが、問題はありません。

スライド４のノートに入力した内容が表示されていることを確認します。

STEP ノートを印刷する

1 ［部数］ボックスが［1］になっていることを確認します。

2 ［印刷］をクリックします。

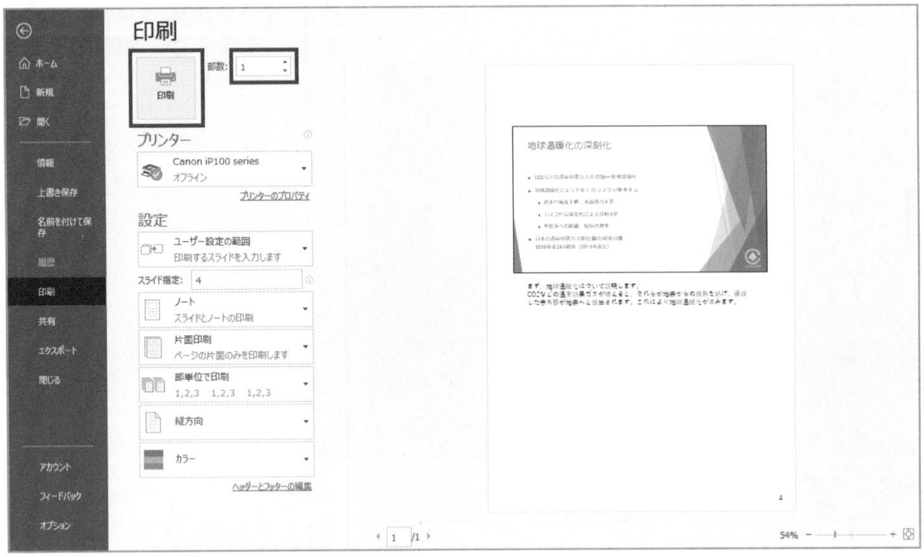

→ ノートを印刷できました。

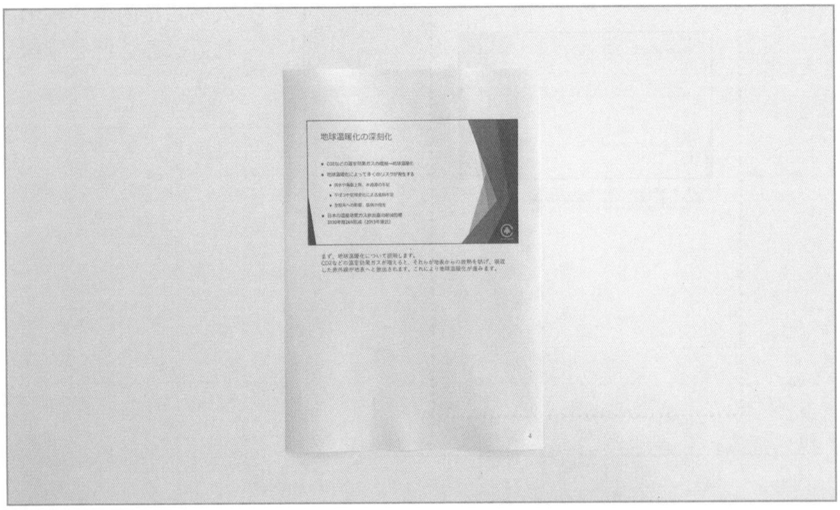

画面は標準表示に戻ります。

3 ファイルに「Chap7_ペットボトルリサイクル完成」と名前を付けて保存して閉じましょう。

OnePoint ノートを1ページに2つ以上配置して印刷するには

参加者用の配布資料とは違い、ノートを1ページに複数配置して印刷する設定は用意されていません。ただし、プリンター側の設定でこのように印刷ができることがあります。プリンターによって操作方法は異なるため、お使いのプリンターのマニュアルを参照してください。
その他の方法として、前述した配布資料をWordに書き出す方法で、複数のスライドを配置するレイアウトを指定して、メモ覧かスペースにノートの内容を入力する方法もあります。

学習のまとめ | CHAPTER 7 章末練習問題

【章末練習問題 1】配布資料の印刷

スクール _PowerPoint 2019 ▶ CHAPTER7 ▶ 章末練習問題 ▶ P「Chap7_ コワーキングスペースのご案内 _ 問題 1」

1 ファイル「Chap7_ コワーキングスペースのご案内 _ 問題 1」を開きましょう。

2 印刷プレビューを確認しましょう。

3 印刷のレイアウトを " 配布資料 " の "3 スライド " に設定しましょう。

4 印刷の環境が整っている場合は印刷を実行しましょう。

※印刷を行わない場合は ⊖ をクリックして、印刷プレビューを閉じてください。

5 ファイルに「Chap7_ コワーキングスペースのご案内 _ 問題 1 完成」と名前を付けて保存して閉じましょう。

<完成例>

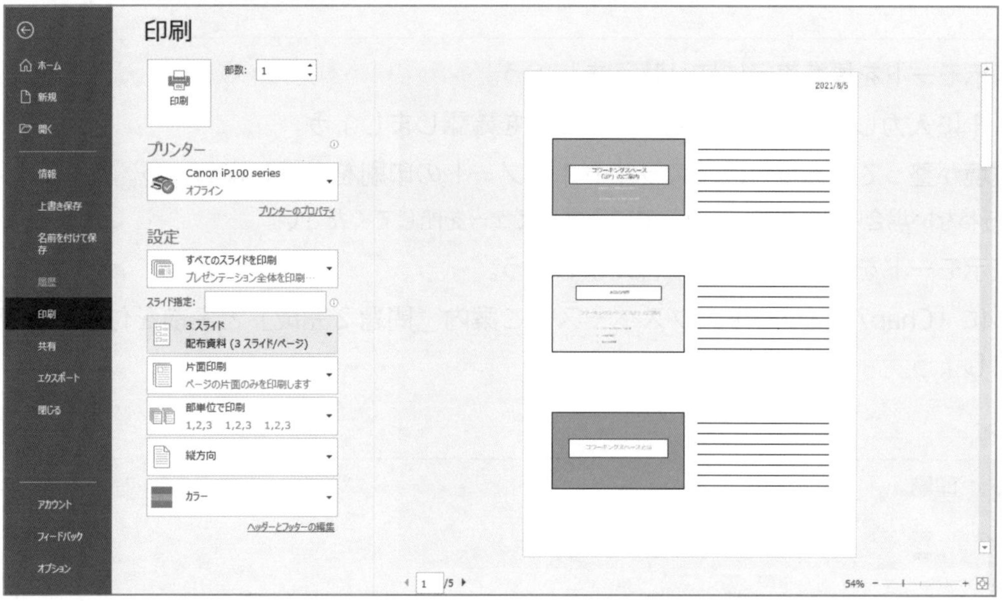

【章末練習問題 2】発表者用資料の印刷

スクール _PowerPoint 2019 ▶ CHAPTER7 ▶ 章末練習問題 ▶ P「Chap7_ コワーキングスペースのご案内 _ 問題 2」

1 ファイル「Chap7_ コワーキングスペースのご案内 _ 問題 2」を開きましょう。

2 画面の表示モードをノートに切り替えましょう。

3 スライド 1 のノートに以下のように入力しましょう。

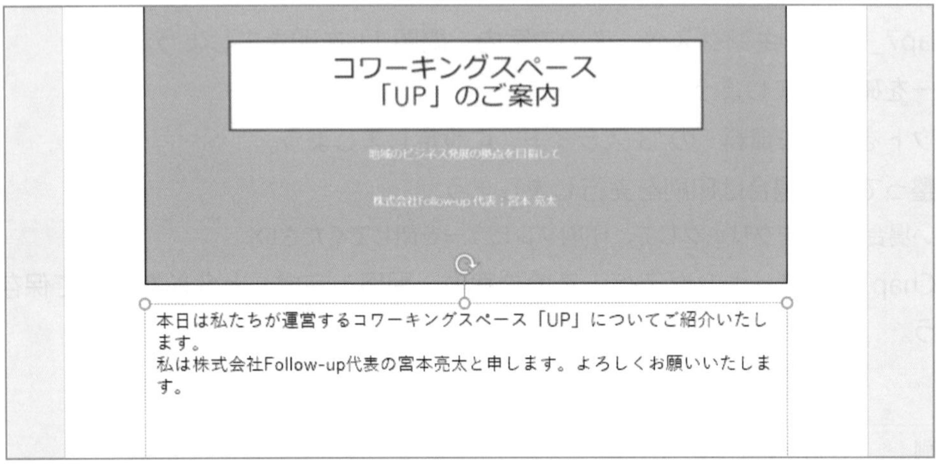

4 画面の表示モードを標準表示に切り替えましょう。

5 スライド 1 に入力したノートの印刷プレビューを確認しましょう。

6 印刷の環境が整っている場合は、スライド 1 のノートの印刷を実行しましょう。

※印刷を行わない場合は をクリックして印刷プレビューを閉じてください。

7 画面の表示モードを標準表示に切り替えましょう。

8 ファイルに「Chap7_ コワーキングスペースのご案内 _ 問題 2 完成」と名前を付けて保存して閉じましょう。

<完成例>

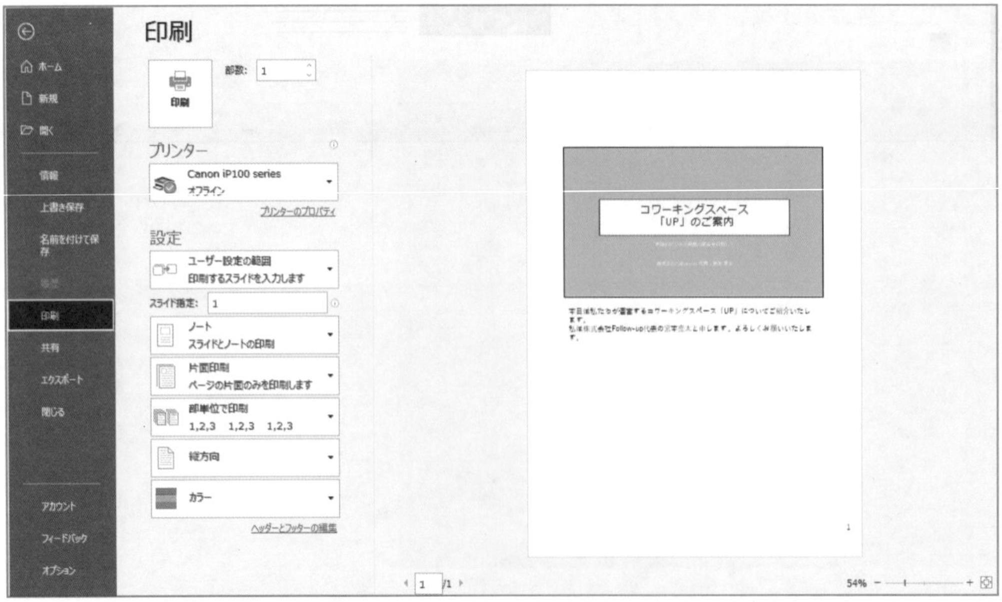

CHAPTER 8

プレゼンテーションを実施する

CHAPTER8 ではプレゼンテーション（スライドショー）を実施するための方法やテクニックを学習します。スライドショーの実行中に行えるさまざまな操作を中心に、プレゼンテーションを行う上でのポイントや発表者のいない環境でも自動的に進んでいくスライドショーの作り方、別のファイル形式での保存の方法も紹介します。

8-1 効果的なプレゼンテーションの進め方

いよいよプレゼンテーション（スライドショー）の実施です。参加者に伝わるプレゼンテーションを行うには、スライドショーの内容はもちろんですが、事前の準備や発表のスキルも大切になります。

プレゼンテーションの準備

プレゼンテーションは、スライドショーを始めるまでの準備が非常に大切です。プレゼンテーション中の説明が上手な方でも準備が整っていないと参加者に分かりやすく情報を伝えるのは困難です。
会場には時間に余裕をもって入り、機材などの準備を済ませておきましょう。
自分の環境に合わせた事前のチェック表を作成しておくのもおすすめです。

プレゼンテーション事前チェック表の例

機材や持ち物のチェック	
	パソコン、ACアダプター（必要に応じてマウス）
	USBメモリ（プレゼンテーションファイル一式を保存しておく）
	レーザーポインターや指示棒
	プロジェクターや大型モニター、プロジェクターのリモコン
	HDMIケーブル（他の端子の場合に備えて変換アダプター）
	マイク
	電源タップ、延長ケーブル
	配布資料、発表者用資料
会場のチェック	
	プロジェクターの設置場所からパソコンまでのケーブルの長さは十分か？
	コンセントの位置や数に問題はないか？
	プレゼンテーションにインターネットを利用する場合、ネット環境に問題はないか？
	照明や外光の入り方に問題はないか？
発表者自身のチェック	
	身だしなみは整っているか？
	服装はプレゼンテーションの趣旨に合っているか？

プレゼンテーションの発表のスキル

プレゼンテーションの内容を分かりやすく参加者に伝えるには発表のスキルも大切です。

・話す速度や声の大きさは適切にし、語尾まで聞き取りやすくはっきりと話す

この商品の特徴は～とても優れています～なんといっても～値段も手ごろで～品質テストでも～今人気急上昇中で～
早口すぎて聞き取れない
この商品の特徴は××です…
あまり勧めたくないのかな？

・話す口調や、フィラー（えー、あのー）の使いすぎに注意する

この商品なんだけど～
本当に真面目な話なの？
え～、この商品のえ～、特徴は～
気になって話に集中できないなあ

・参加者に視線を向けて話す。うつむいたまま話したり、スクリーンばかり見て話さない

この商品の特徴は…
私たちに興味ないのかな？
この商品の特徴は…
どんな表情で話しているんだろう…

質疑応答と時間の厳守

参加者の理解を深めて提案に納得してもらうため、可能な限り質疑応答の時間を設けるようにしましょう。その場合、質問をプレゼンテーション中に時間を設けて随時受け付けるか、最後にまとめて受け付けるかを開始前に参加者に伝えておきましょう。
質問があったら、メモを取りながら質問者の話をよく聞き、意図をしっかり理解してから答えるようにします。早合点して質問を遮るように答え始めたり、見当違いの回答をしないように気を付けます。
その場で答えられないような質問、他の参加者にはあまり関係のない個別の質問を受けた場合、プレゼンテーション終了後に個別に回答するか、後日メールなどで回答します。
また、プレゼンテーションの実施時間は「何分間でどのスライドまで」という全体のペースをリハーサル時に決めておいて、その時間を意識しましょう。時間をオーバーしそうな場合に備え、リハーサル時に説明を省略してもよい箇所をあらかじめ用意しておくこともよいでしょう。

オンラインプレゼンテーション

近年では対面で行うプレゼンテーション以外に、インターネットを使ったオンラインプレゼンテーションの実施も増えています。
オンラインプレゼンテーションは、Microsoft TeamsやZoomなどのオンラインミーティングソフトに備わっている画面共有の機能を利用して行います。画面共有機能とは自分の画面をそのまま相手の画面に映す機能です。この機能を利用して、自分の画面上でスライドショーを実施しながら、相手に対してプレゼンテーションを行うことができます。オンラインプレゼンテーションでも、対面で行うプレゼンテーションと同様の話し方や進め方を心掛けるようにします。

One Point プロジェクターの接続と設定

プロジェクターとパソコンを接続するときによく使われるのが HDMI という規格の端子です。
パソコン側の HDMI ポートとプロジェクター側の HDMI ポートを HDMI ケーブルでつなぎます（HDMI ポートがない機器や HDMI ポートが複数ある機器もあります）。

パソコンとプロジェクターの接続の例

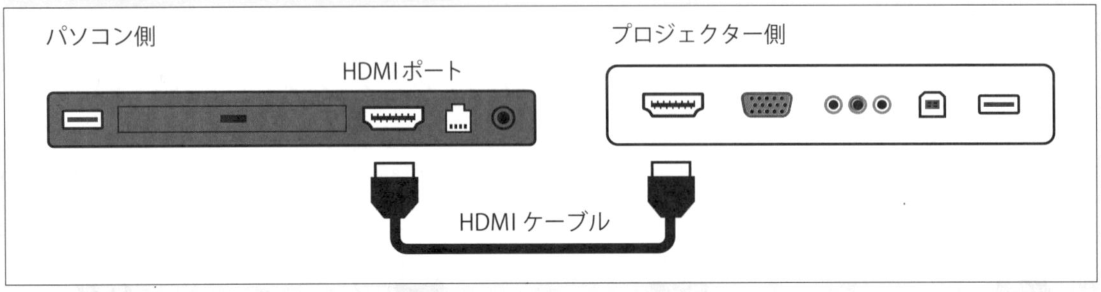

パソコンの画面がスクリーンに映し出されたら、プロジェクターの角度やピントを調整します（設定の方法は機器によって異なります）。
プロジェクターで映し出す画面の解像度などをパソコン側で調整するには、以下のように操作します。
① デスクトップの任意の位置で右クリックします。

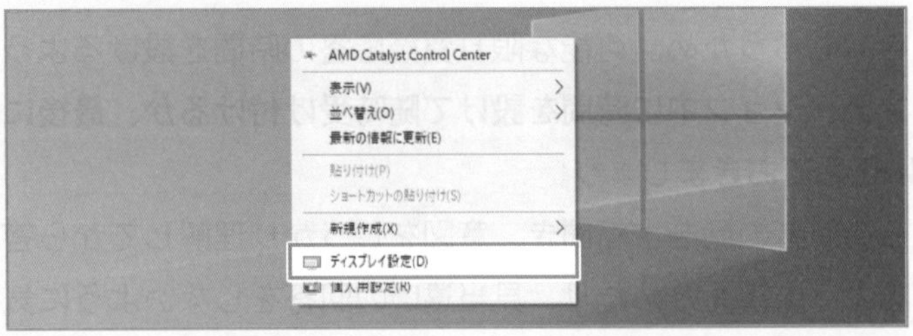

② ショートカットメニューの［ディスプレイ設定］をクリックします。
③［ディスプレイの解像度］ボックスの ⌄ をクリックして、一覧から任意の解像度を選びます。［ディスプレイの設定を維持しますか？］と表示されるので［変更の維持］をクリックします。

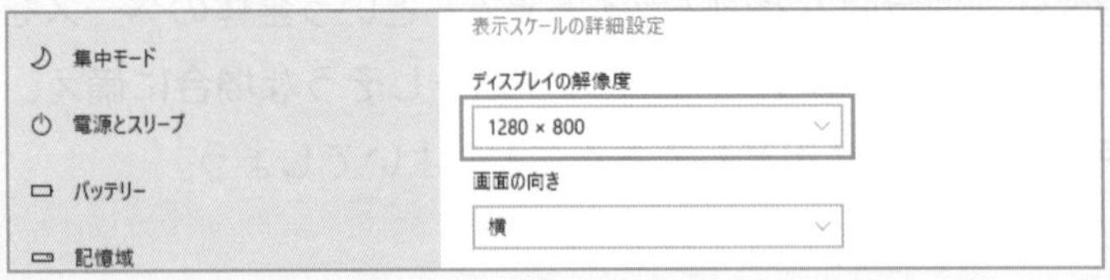

④［複数のディスプレイ］をクリックして、［表示画面を複製する］、［表示画面を拡張する］から、利用したいほうを選びます。

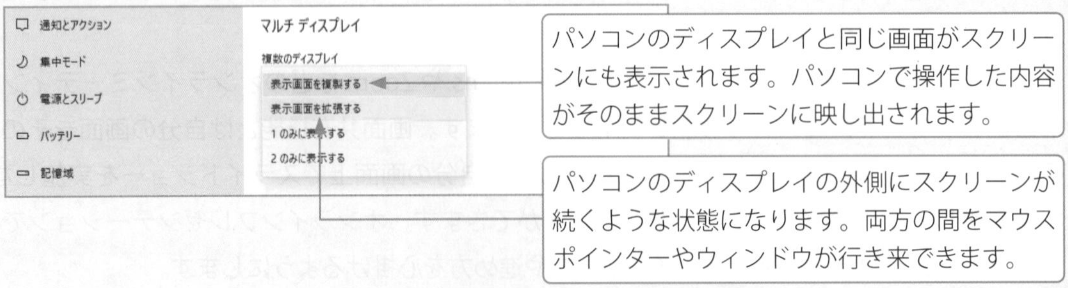

LESSON 1 | スライドを進める / 戻る

スライドショーの実行中にスライドを進めたり戻ったりする操作に手間取ると、不慣れな印象を与えてしまい、プレゼンテーションに説得力がなくなるかもしれません。ここではスムーズにスライドを切り替えるさまざまな操作を学習します。

STEP スライドショーを実行する

実習用データを開く：スクール _PowerPoint 2019 ▶ CHAPTER8 ▶ P「Chap8_ ペットボトルリサイクル」

1 スライドサムネイルのスライド 1 をクリックして選択します。

実習用データはインターネットからダウンロードできます。詳細は本書の P.（4）に記載されています。

ここではスライド 1 を選択していますが、どのスライドが選択されていてもかまいません。

2 ［スライドショー］タブの［最初から］ボタンをクリックします。

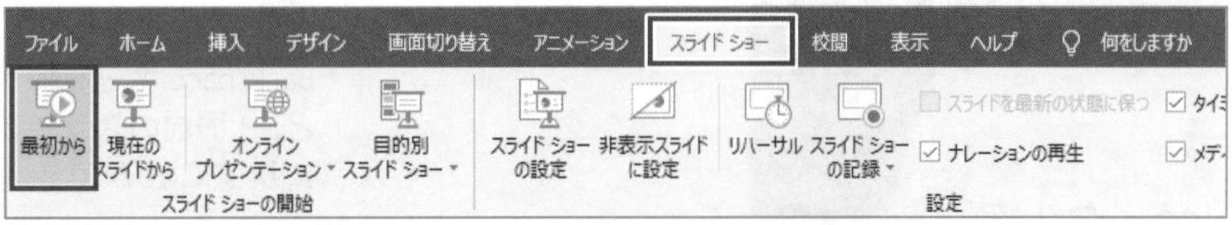

→ スライドショーが実行され、最初のスライドが表示されました。

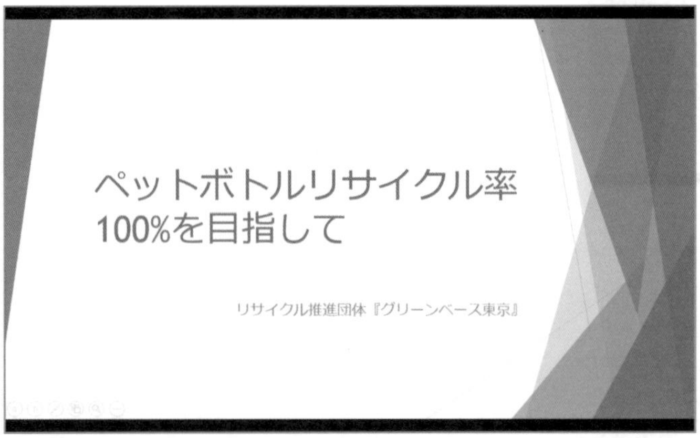

F5 キーを押してもスライドショーを最初から実行できます。

どのスライドを選択していても、最初のスライドからスライドショーが実行されます。

8

プレゼンテーションを実施する

OnePoint 現在のスライドからスライドショーを実行するには

中断したスライドショーを再開したい場合や、編集しているスライドの動作確認などをしたい場合は、[スライドショー] タブの [現在のスライドから] ボタンをクリックすることで現在のスライドからスライドショーを実行できます。また、Shift + F5 キーを押しても可能です。

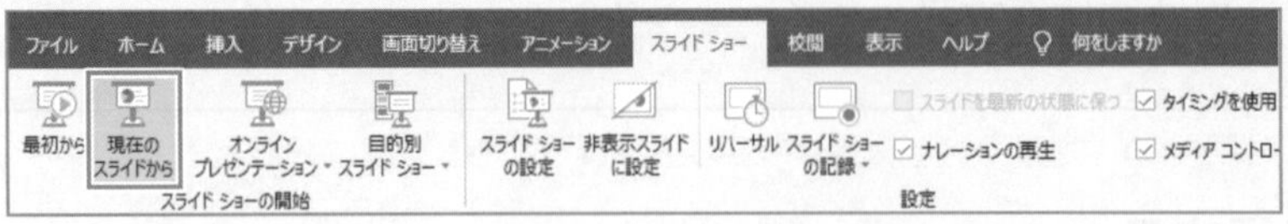

STEP さまざまな方法でスライドを進める／戻る

1 Enter キーを押します。

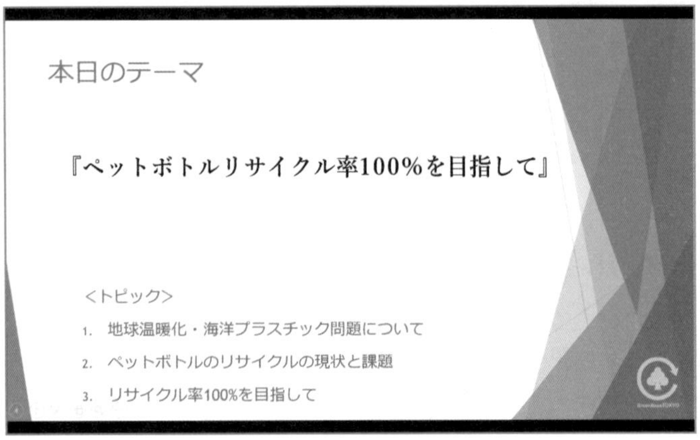

→ スライド 2 に進みます。

CHAPTER1 で紹介したクリックによる操作でもスライドを進められます。

2 Backspace キーを押します。

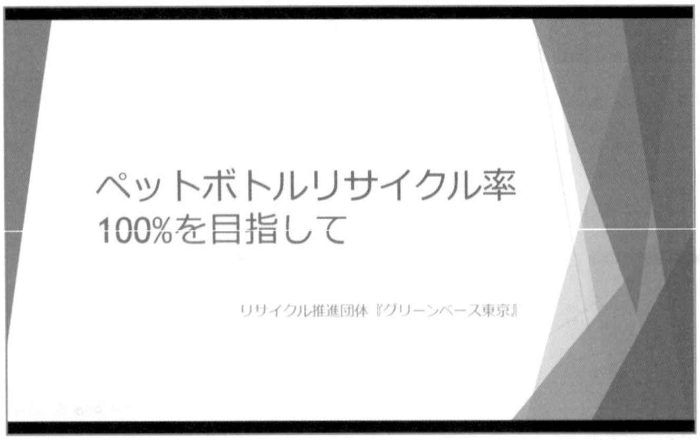

→ スライド 1 に戻ります。

Backspace キーを押すと、1 つ前のスライドに戻すことができます。

3 →キーまたは↓キーを押します。

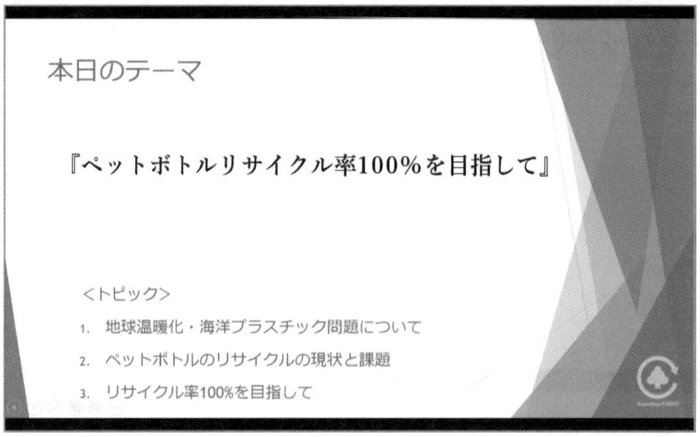
本日のテーマ
『ペットボトルリサイクル率100%を目指して』
＜トピック＞
1. 地球温暖化・海洋プラスチック問題について
2. ペットボトルのリサイクルの現状と課題
3. リサイクル率100%を目指して

→ スライド2に進みます。

→キーまたは↓キーを押すと、次のスライドに進めることができます。

4 ←キー または ↑ キーを押します。

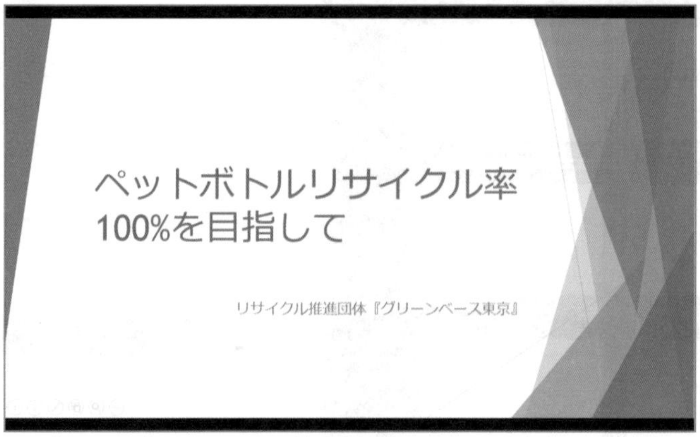
ペットボトルリサイクル率
100%を目指して
リサイクル推進団体『グリーンベース東京』

→ スライド1に戻ります。

←キーまたは↑キーを押すと、1つ前のスライドに戻すことができます。

One Point スライドショーを途中で終了するには

スライドショーを途中で終了するには、Esc キーを押します。
また、スライドを右クリックしてショートカットメニューの［スライドショーの終了］をクリックしても終了できます。

One Point スクリーンの表示を一時停止したい場合は

多くのプロジェクターのリモコンには、画面を一時停止するためのボタンが用意されています（フリーズ、静止、一時停止など）。
何らかの事情でプレゼンテーション中にスクリーンに映し出す画面を一時停止したい場合は、これらのリモコンのボタンを使用すると便利です。

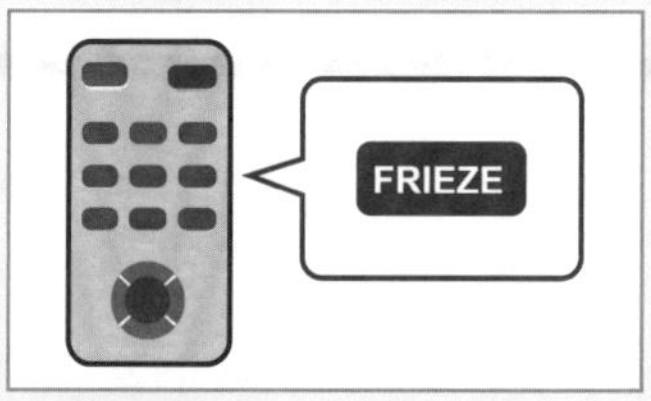
FRIEZE

STEP すべてのスライドを表示してスライドを切り替える

1 ［すべてのスライドを表示］のアイコンをクリックします。

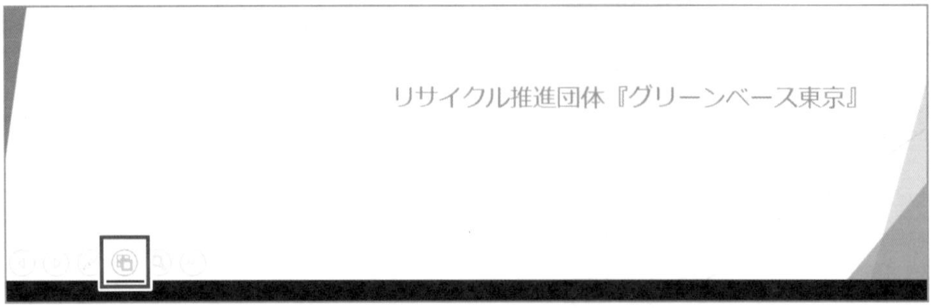
リサイクル推進団体『グリーンベース東京』

スライド内の任意の場所で右クリックして、ショートカットメニューの［すべてのスライドを表示］をクリックしてもかまいません。

→ スライドの一覧が表示されます。

2 一覧からスライド 4 をクリックします。

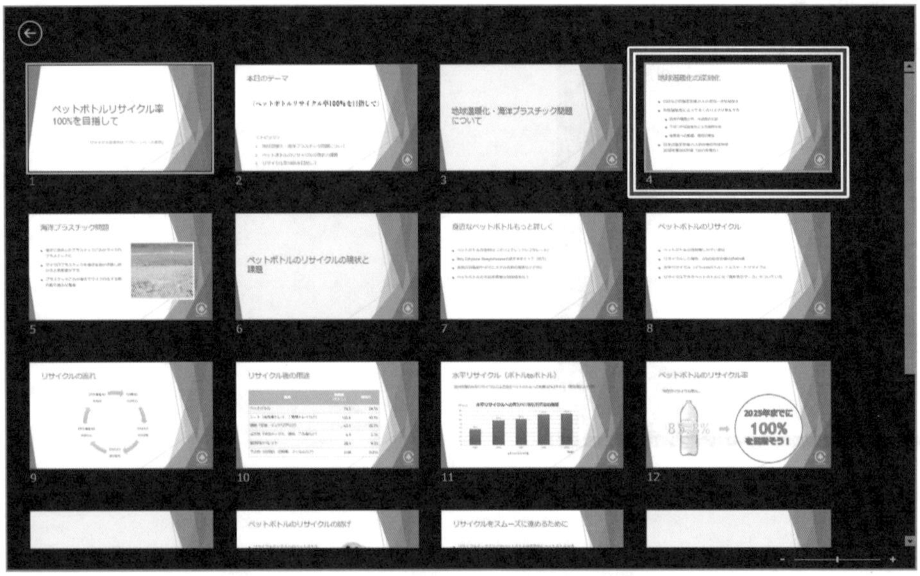
ペットボトルリサイクル率
100%を目指して
本日のテーマ
地球温暖化・海洋プラスチック問題について
海洋プラスチック問題
ペットボトルのリサイクルの現状と課題
ペットボトルのリサイクル
リサイクルの流れ
ペットボトルのリサイクル率
2025年度までに
100%

切り替えたいスライドをクリックします。スライドのサイズが小さくて見づらい場合は、一覧右下のズームスライダーをドラッグして表示サイズを調整できます。

→ スライド 4 に切り替えることができました。

地球温暖化の深刻化
CO2などの温室効果ガスの増加→地球温暖化
地球温暖化によって多くのリスクが発生する
洪水や海面上昇、水資源の不足
干ばつや気候変化による食料不足
生態系への影響、疫病の発生
日本の温室効果ガス排出量の削減目標
2030年度26%削減（2013年度比）

LESSON 2 スライド内の特定の箇所を指し示す

スライド内の特定の箇所を指し示すときはレーザーポインターの機能が便利です。マウスの動きに合わせて動くポインターがスライド内に表示されます。

洪水や海面上昇、水資源の不足
干ばつや気候変化による食料不足

スライドに何か書き込みたいときは、ペン（蛍光ペン）の機能を使用します。マウスやタッチペンでスライド内に自由に書き込みができます。

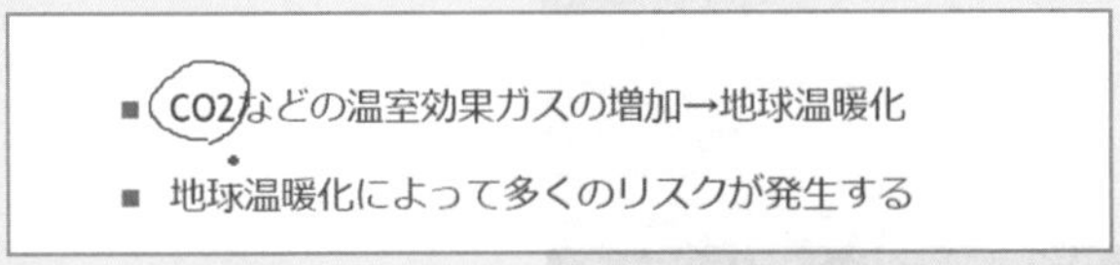
CO2などの温室効果ガスの増加→地球温暖化
地球温暖化によって多くのリスクが発生する

また、スライドを部分的に拡大して表示することもできます。小さな文字や数値などを見せるときに便利です。

STEP レーザーポインターを使用する

1 ［ペンとレーザーポインター］のアイコンをクリックします。

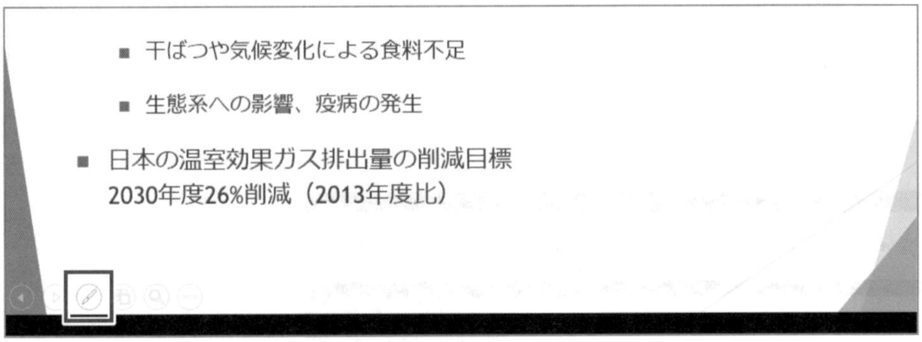
干ばつや気候変化による食料不足
生態系への影響、疫病の発生
日本の温室効果ガス排出量の削減目標
2030年度26%削減（2013年度比）

スライド内の任意の場所で右クリックして、ショートカットメニューの［ポインターオプション］の［レーザーポインター］をクリックしてもかまいません。

→ ペンの一覧が表示されます。

2 一覧から［レーザーポインター］をクリックします。

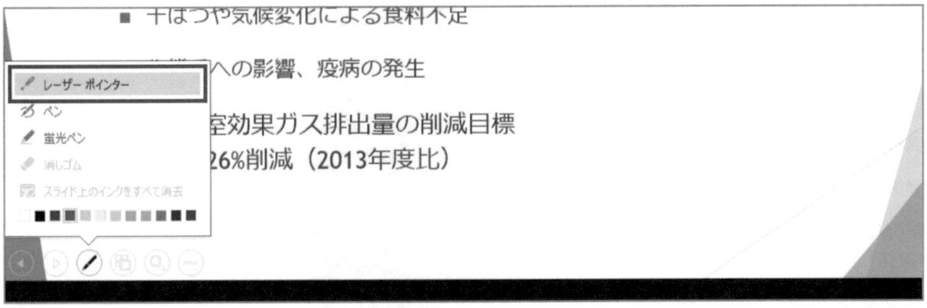
レーザー ポインター
ペン
蛍光ペン
消しゴム
スライド上のインクをすべて消去
への影響、疫病の発生
室効果ガス排出量の削減目標
26%削減（2013年度比）

→ マウスポインターの形が ◉ に変わりました。

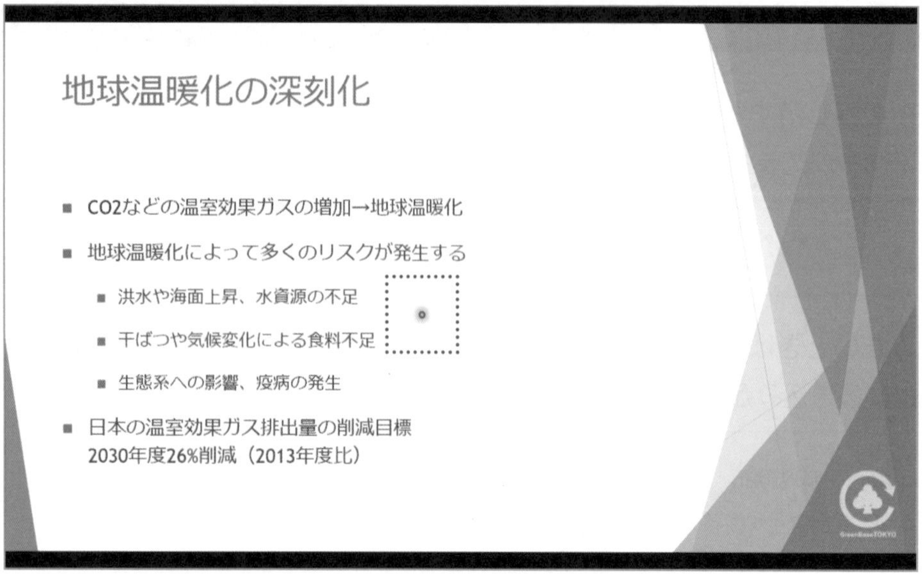
地球温暖化の深刻化
CO2などの温室効果ガスの増加→地球温暖化
地球温暖化によって多くのリスクが発生する
洪水や海面上昇、水資源の不足
干ばつや気候変化による食料不足
生態系への影響、疫病の発生
日本の温室効果ガス排出量の削減目標
2030年度26%削減（2013年度比）

レーザーポインターで説明したい箇所を指し示すことができます。なお、レーザーポインターは動かしすぎると参加者が視点を定めづらくなるため、必要以上に動かさないようにしましょう。

STEP ペンを使用する

1 ［ペンとレーザーポインター］のアイコンをクリックします。

2 一覧から［ペン］をクリックします。

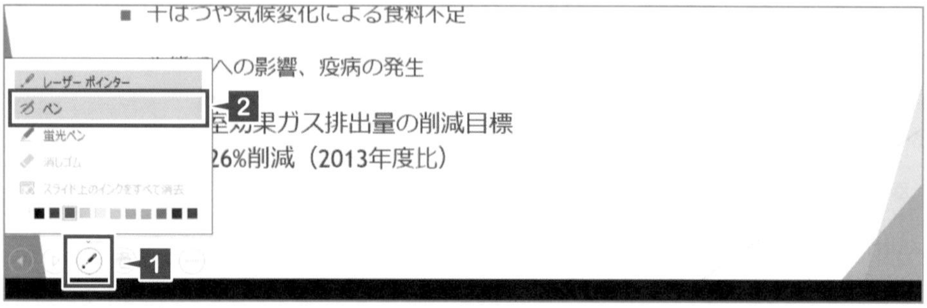
への影響、疫病の発生
果ガス排出量の削減目標
26%削減（2013年度比）
レーザー ポインター
ペン
蛍光ペン
2
1

スライド内の任意の場所で右クリックして、ショートカットメニューの［ポインターオプション］の［ペン］をクリックしてもかまいません。

→ マウスポインターの形が ● に変わります。

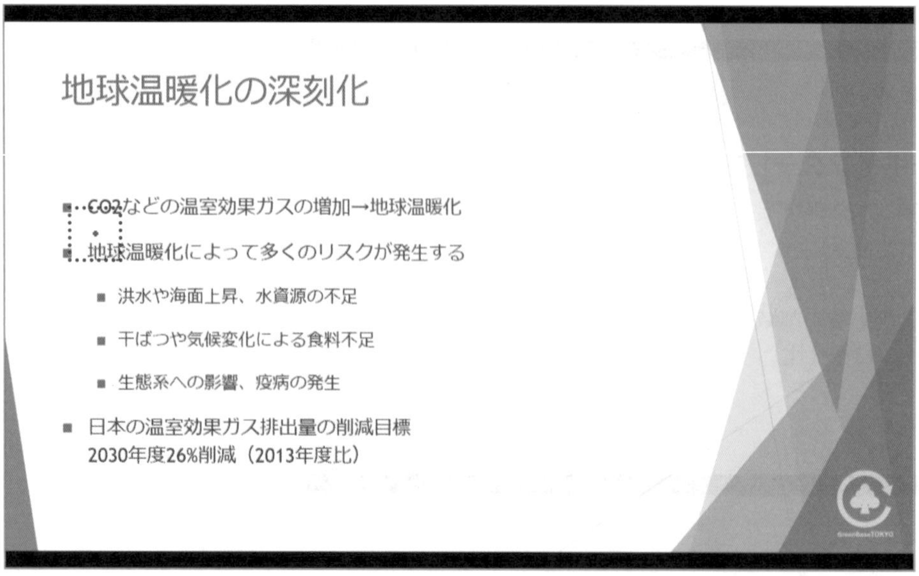
地球温暖化の深刻化
CO2などの温室効果ガスの増加→地球温暖化
地球温暖化によって多くのリスクが発生する
洪水や海面上昇、水資源の不足
干ばつや気候変化による食料不足
生態系への影響、疫病の発生
日本の温室効果ガス排出量の削減目標
2030年度26%削減（2013年度比）

3 ドラッグして自由に描画できることを確認します。

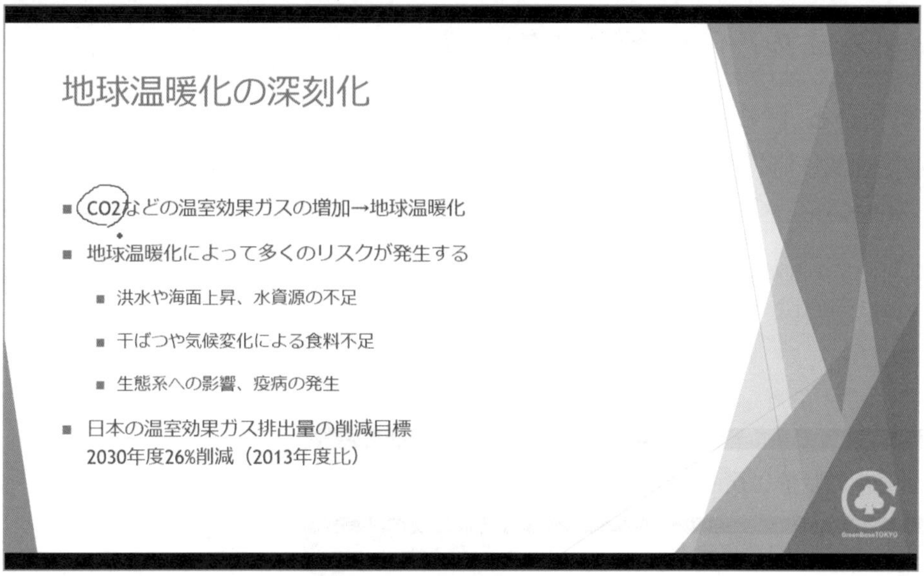
地球温暖化の深刻化
CO2などの温室効果ガスの増加→地球温暖化
地球温暖化によって多くのリスクが発生する
洪水や海面上昇、水資源の不足
干ばつや気候変化による食料不足
生態系への影響、疫病の発生
日本の温室効果ガス排出量の削減目標
2030年度26%削減（2013年度比）

PowerPointではこのように書き込んだものを"インク"といいます。
インクの色はペンを選ぶときに変更することもできます。

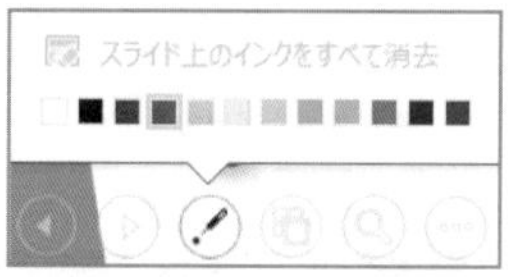
スライド上のインクをすべて消去

STEP スライド内の書き込みを消去する

1 ［ペンとレーザーポインター］のアイコンをクリックします。

2 一覧から［スライド上のインクをすべて消去］をクリックします。

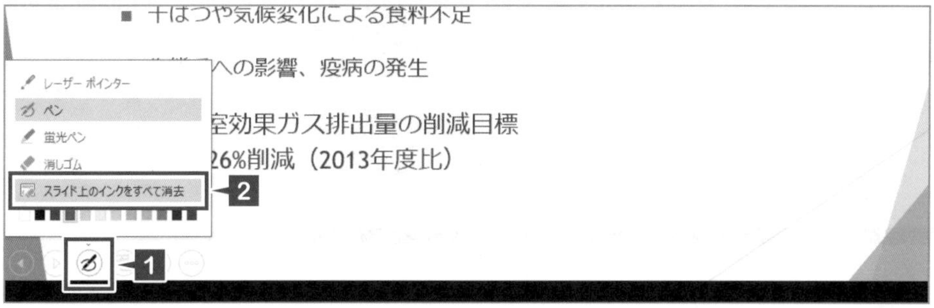
レーザー ポインター
ペン
蛍光ペン
消しゴム
スライド上のインクをすべて消去
2
1
への影響、疫病の発生
室効果ガス排出量の削減目標
26%削減（2013年度比）

今回はこのスライド内のすべてのインクを消去します。

→ ペンでの書き込みが消去されました。

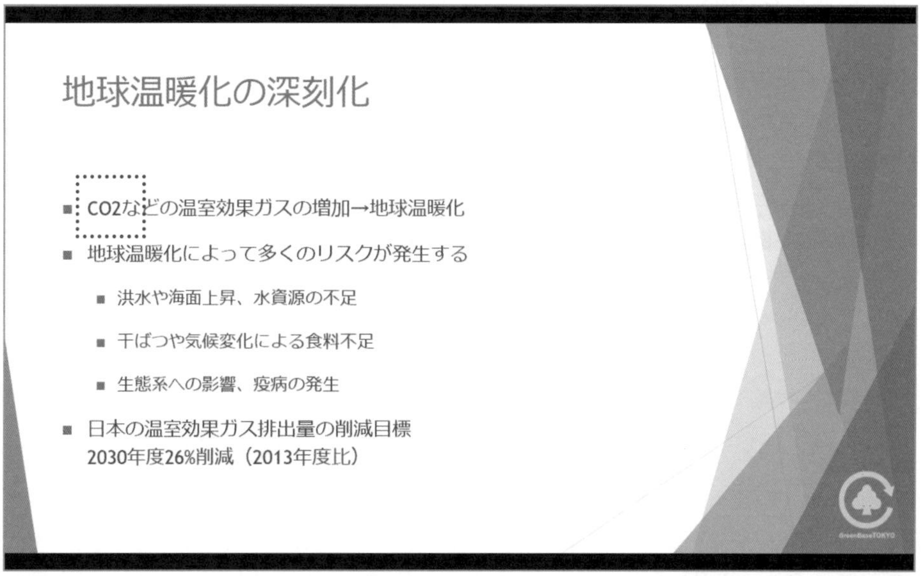
地球温暖化の深刻化
CO2などの温室効果ガスの増加→地球温暖化
地球温暖化によって多くのリスクが発生する
洪水や海面上昇、水資源の不足
干ばつや気候変化による食料不足
生態系への影響、疫病の発生
日本の温室効果ガス排出量の削減目標
2030年度26%削減（2013年度比）

個別に消去したい場合は［消しゴム］を使用します（P.279のOne Pointを参照）。

STEP ペンを通常のマウスポインターに戻す

1 ［ペンとレーザーポインター］のアイコンをクリックします。

2 一覧から現在選択されている［ペン］をクリックします。

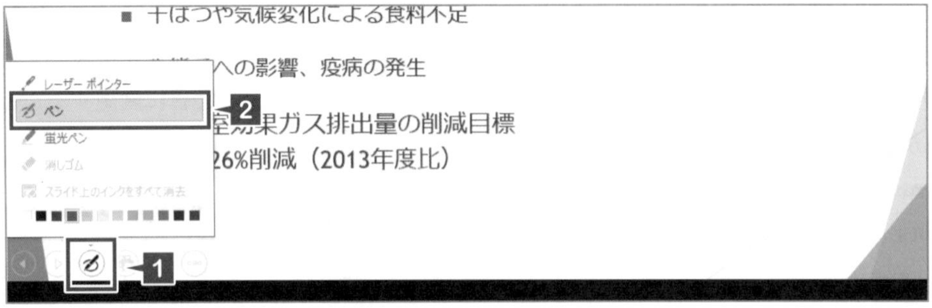
干ばつや気候変化による食料不足
への影響、疫病の発生
室効果ガス排出量の削減目標
26%削減（2013年度比）
レーザーポインター
ペン
蛍光ペン
消しゴム
スライド上のインクをすべて消去
2
1

現在選択されているツールは背景が灰色になっています。

→ マウスポインターの形が通常の状態に戻りました。

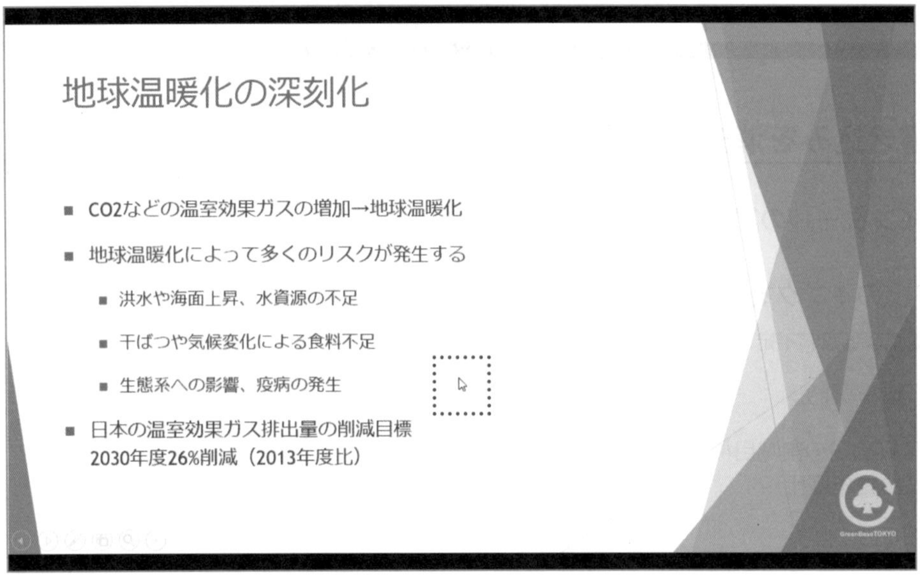
地球温暖化の深刻化
CO2などの温室効果ガスの増加→地球温暖化
地球温暖化によって多くのリスクが発生する
洪水や海面上昇、水資源の不足
干ばつや気候変化による食料不足
生態系への影響、疫病の発生
日本の温室効果ガス排出量の削減目標
2030年度26%削減（2013年度比）

Esc キーを 1 回押しても通常の状態に戻すことができます。
ただし、Esc キーを 2 回押してしまうとスライドショーが終了してしまうので気を付けてください。
またペンのままでもキー操作でスライドを進めたり戻すことができます。

OnePoint 蛍光ペンを使用するには

蛍光ペンを使用するには［ペンとレーザーポインター］のアイコンをクリックして［蛍光ペン］をクリックします。
蛍光ペンは半透明で線の幅が広いため、文字列をマークしたいときなどに便利です。

CO2などの温室効果ガスの増加→地球温暖化

OnePoint 特定の書き込み（インク）だけ消去するには

スライド内で複数の書き込み（インク）をしたとき、特定のものだけを消去するには、［ペンとレーザーポインター］のアイコンをクリックして、［消しゴム］をクリックします。
マウスポインターの形が に変わるので、消去したい書き込みに近づけてクリックするとその書き込みを消去できます。実際の消しゴムのような擦る操作は必要ありません。

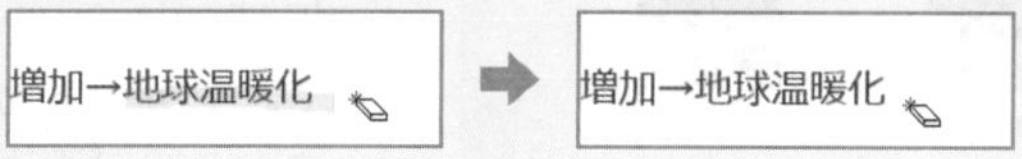

増加→地球温暖化
増加→地球温暖化

OnePoint スライドショー終了時にペンの書き込み（インク）を残すには

ペンや蛍光ペンで書き込んだ内容は、スライドショー終了時にスライドに保存することができます。
書き込みを保存するには、スライドショーを最後まで進めたとき（または中断したとき）に表示される［インク注釈を保持しますか？］のメッセージの［保持］をクリックします。
保存した書き込み（インク注釈）は、スライドの中に画像として残るため、次に同じプレゼンテーションを行うときに前回の書き込みをそのまま利用できる、プレゼンテーション中にどんな補足をしたか振り返ることができるなどの利点があります。

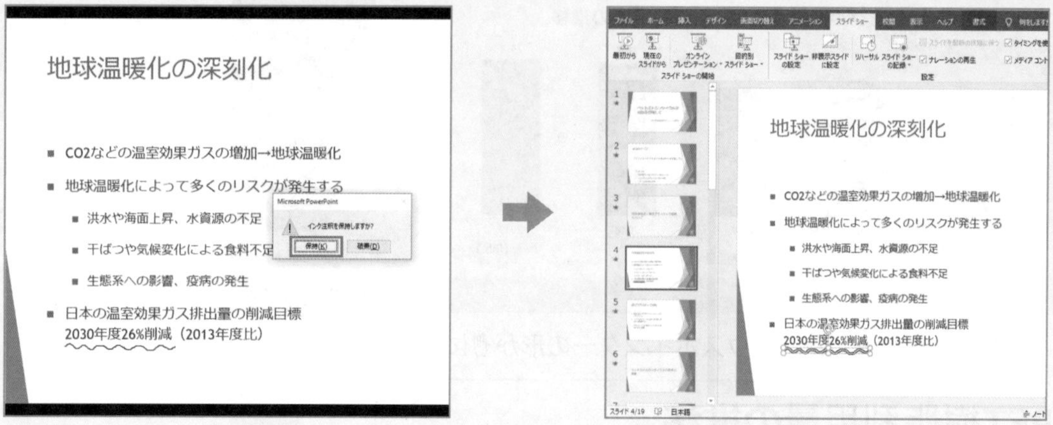

地球温暖化の深刻化
CO2などの温室効果ガスの増加→地球温暖化
地球温暖化によって多くのリスクが発生する
洪水や海面上昇、水資源の不足
干ばつや気候変化による食料不足
生態系への影響、疫病の発生
日本の温室効果ガス排出量の削減目標
2030年度26%削減（2013年度比）
Microsoft PowerPoint
インク注釈を保持しますか?
保持(K)
破棄(D)

8 プレゼンテーションを実施する

STEP 画面を拡大する

1 Enter キーを押して、スライドショーをスライド 11 まで進めます。

2 ［スライドを拡大］のアイコンをクリックします。

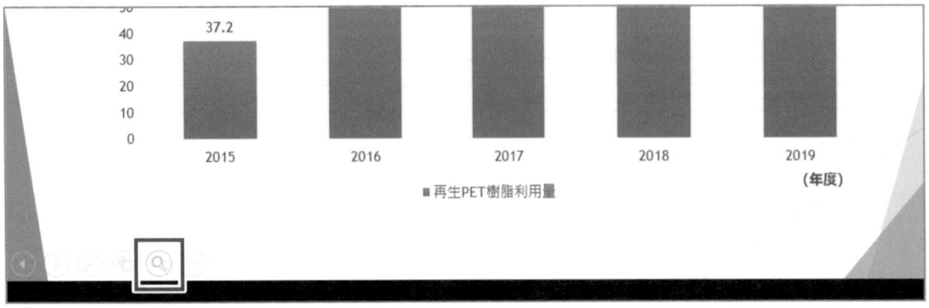

スライド内の任意の場所で右クリックして、ショートカットメニューの［画面表示拡大］をクリックしてもかまいません。

→ マウスポインターの形が🔍に変わり、マウスポインターの位置を中心に、拡大するエリアが明るく表示されます。

3 拡大したいエリアに合わせてクリックします。

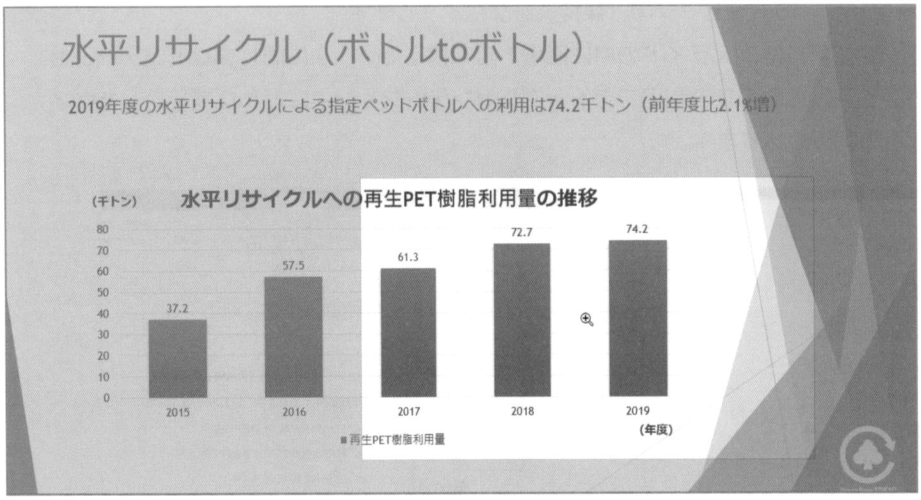

→ スライドが拡大されました。マウスポインターの形が✋に変わります。

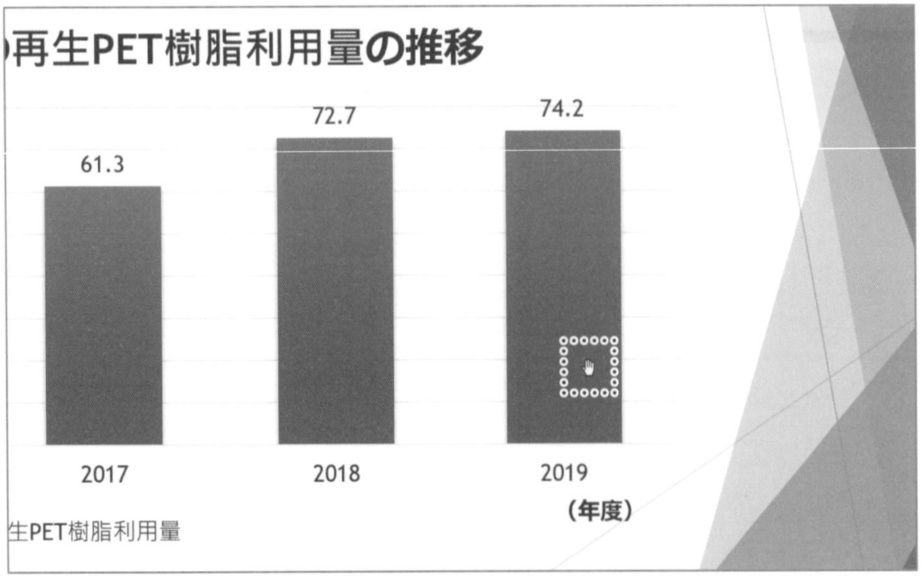

4 任意の方向へドラッグします。

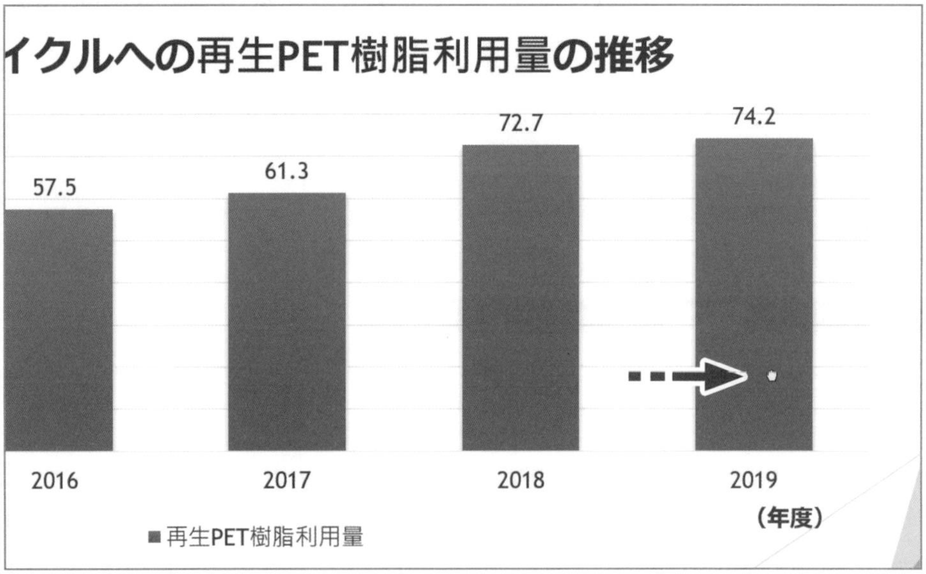

ドラッグ中はマウスポインターの形が に変わります。

→ 拡大したエリアを移動することができます。

STEP 画面の拡大を解除する

1 任意の場所で右クリックします。

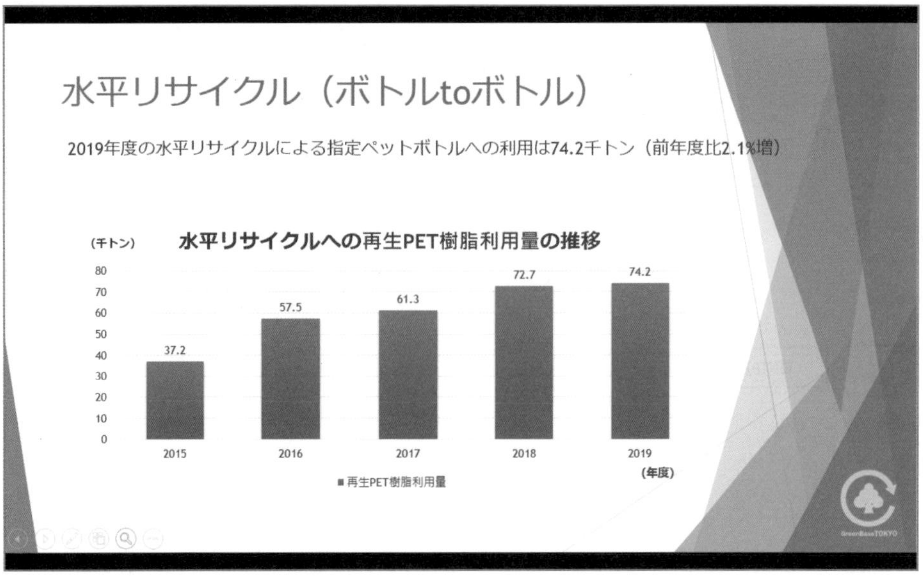

右クリックするだけで拡大が解除されます。マウスポインターの形も通常に戻ります。

→ 画面の拡大を解除できました。

2 Esc キーを押してスライドショーを終了します。

One Point プレゼンテーションのシーンに合わせたパターンをいくつか用意するには

プレゼンテーションの時間や参加者によって、スライドの枚数や順番などの構成を変更したいときもあります。そのような場合は異なるスライドショーの構成をあらかじめ作成することができる目的別スライドショーの機能が便利です。

① ［スライドショー］タブの［目的別スライドショー］ボタンをクリックして、一覧から［目的別スライドショー］をクリックします。

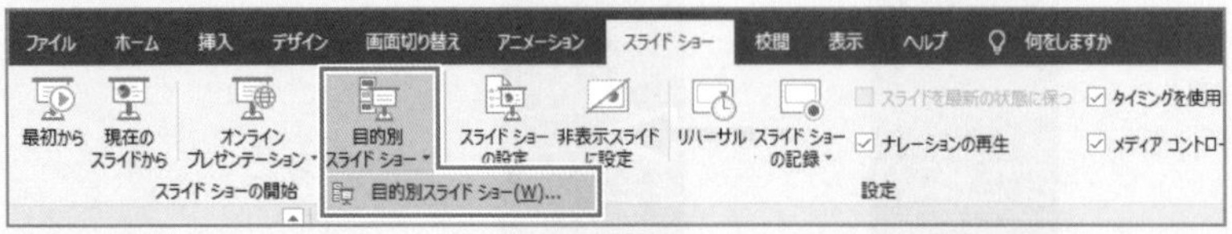

② ［目的別スライドショー］ダイアログボックスの［新規作成］をクリックします。

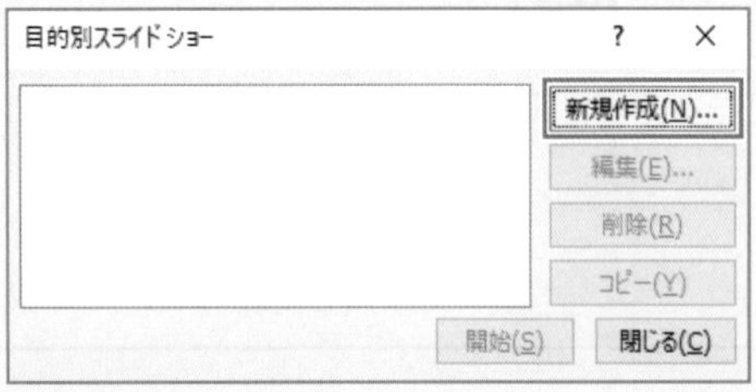

③ ［目的別スライドショーの定義］ダイアログボックスの［スライドショーの名前］ボックスに任意の名前を入力し、表示したいスライドのチェックボックスをオンにして［追加］をクリックします。
［目的別スライドショーのスライド］ボックスに選択したスライドが移動したら、必要に応じてスライドの順番などを調整して［OK］をクリックします。
［目的別スライドショー］ダイアログボックスに戻ったら［閉じる］をクリックします。

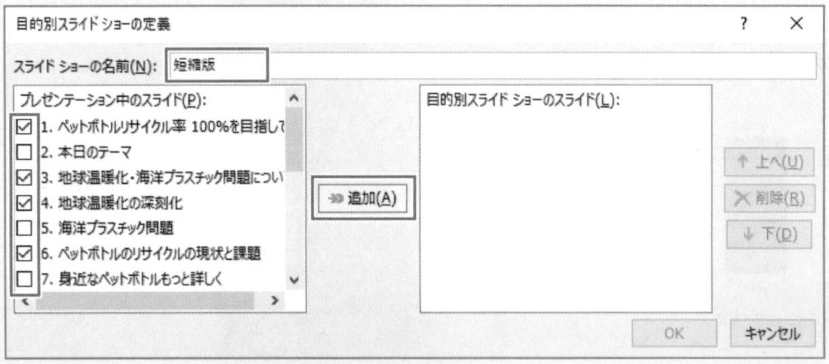

目的別スライドショーを実行するには、［スライドショー］タブの［目的別スライドショー］ボタンをクリックして、一覧に追加された実行したい目的別スライドショーをクリックします。

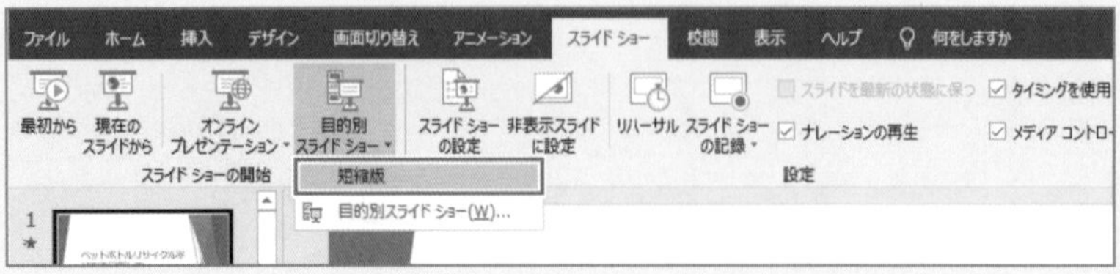

One Point プレゼンテーション時に表示しなくてもよいスライドがある場合

目的別スライドショーよりもっと簡単に特定のスライドを非表示にする方法があります。非表示にしたいスライドをスライドサムネイルで選択し、［スライドショー］タブの［非表示スライドに設定］ボタンをクリックすると、スライドショー実行中にそれらのスライドは表示されなくなります。

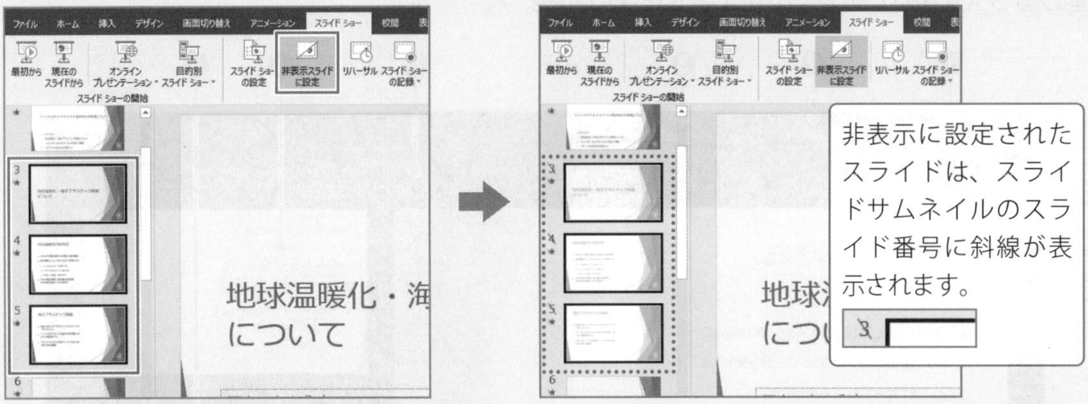
非表示に設定されたスライドは、スライドサムネイルのスライド番号に斜線が表示されます。
非表示スライドに設定
地球温暖化・海
について

解除するには、スライドサムネイルでそれらのスライドを選択し、［スライドショー］タブの［非表示スライドに設定］ボタンを再度クリックします。

One Point スライドショー実行中に役立つショートカットキーのまとめ

スライドショーで役立つショートカットキーの一覧です。

- スライドショーの実行 …… F5 キー
- 現在のスライドからのスライドショーの実行 …… Shift+F5 キー
- 発表者ツールでのスライドショーの実行 …… Alt+F5 キー
- スライドショーの終了 …… Esc キー
- ズームイン / ズームアウト …… + キー / − キー
- スライド一覧が表示される［すべてのスライド］ダイアログボックスの表示 …… Ctrl + S キー
- スライド番号を指定したスライドのジャンプ …… スライド番号の数字を入力して Enter キー
- レーザーポインターの使用 …… Ctrl + ドラッグ
- ペンへの切り替え …… Ctrl + P キー
- 蛍光ペンへの切り替え …… Ctrl + I キー
- 消しゴムへの切り替え …… Ctrl + E キー
- スライド上のすべての書き込みの削除 …… E キー
- ポインターを標準に戻す …… Ctrl + A キー
- 画面を黒くカットアウトする…… B キー（戻すときは再度 B キー）
- 画面を白くカットアウトする…… W キー（戻すときは再度 W キー）
- これらのショートカットキーの一覧の表示…… スライドショー実行中に F1 キー

LESSON 3 発表者ツールを活用する

プロジェクターや別のモニターを使ってプレゼンテーションを行う場合、手元のパソコンに発表者ツールという画面を表示しておくことができます。発表者ツールにはプレゼンテーションを進めるうえで役立つツールがまとめられています。

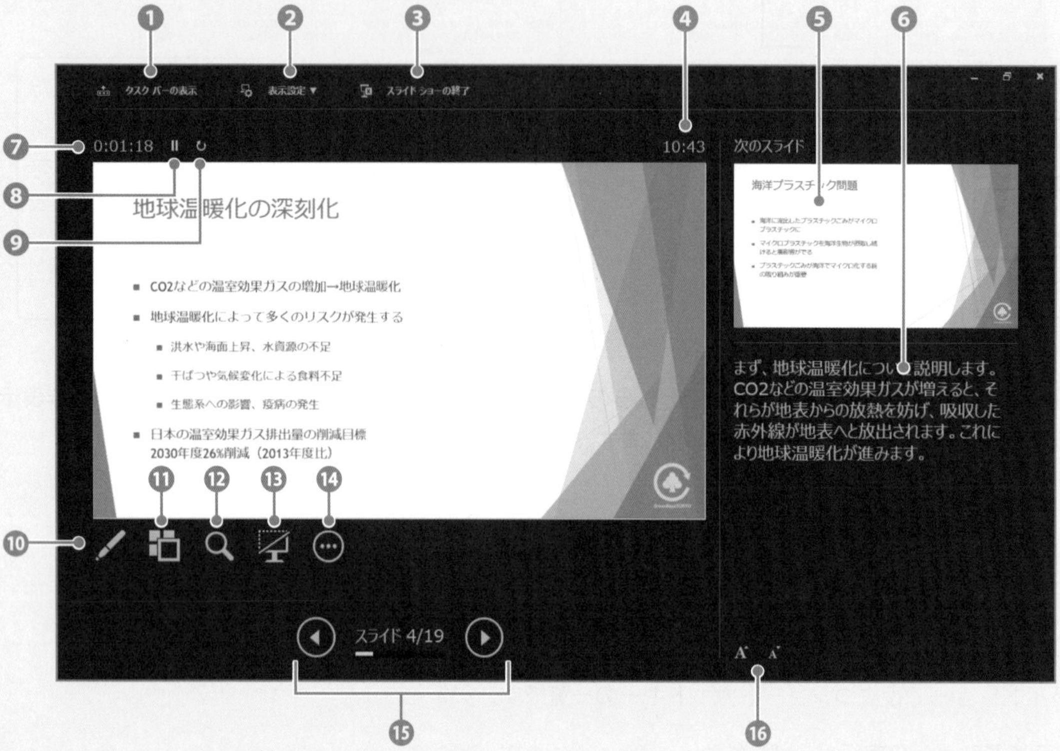

❶
❷
❸
❹
❺
❻
❼
❽
❾
❿
⓫
⓬
⓭
⓮
⓯
⓰
タスク バーの表示
表示設定 ▼
スライド ショーの終了
0:01:18
10:43
次のスライド
地球温暖化の深刻化
CO2などの温室効果ガスの増加→地球温暖化
地球温暖化によって多くのリスクが発生する
洪水や海面上昇、水資源の不足
干ばつや気候変化による食料不足
生態系への影響、疫病の発生
日本の温室効果ガス排出量の削減目標
2030年度26%削減（2013年度比）
海洋プラスチック問題
まず、地球温暖化について説明します。CO2などの温室効果ガスが増えると、それらが地表からの放熱を妨げ、吸収した赤外線が地表へと放出されます。これにより地球温暖化が進みます。
スライド 4/19

❶ ディスプレイ下部にタスクバーを表示します。プレゼンテーション中に他のアプリケーションやエクスプローラーを使用することができます（スクリーンには表示されません）。
❷ 画面を入れ替えてスクリーンに発表者ツールを映し出します。
❸ スライドショーを終了できます。
❹ 現在の時刻を確認できます。
❺ 次に表示されるスライドを確認できます。
❻ ノートの内容が表示されます。
❼ スライドショーを開始してからの経過時間を確認できます。
❽ 経過時間のカウントを一時停止します。
❾ 経過時間をリセットできます。
❿ ペンやレーザーポインターに切り替えることができます。
⓫ スライドの一覧を表示できます。スライドをクリックするとそのスライドに移動できます。

⓬ スライドを拡大表示できます。もう一度クリックすると拡大を解除できます。
⓭ スライドを一時的に黒色で隠します。再度クリックするとスライドが表示されます。
⓮ スライドショー実行中に行えるさまざまなメニューを表示できます。
⓯ スライド（またはアニメーション）を切り替える操作が行えます。
⓰ ノートの文字の大きさを拡大 / 縮小できます。

STEP 発表者ツールを使用してプレゼンテーションする

1 スライドサムネイルの任意のスライドをクリックして選択します。

2 Alt + F5 キーを押します。

現在のスライドから発表者ツールを使用したい場合は、Alt + Shift + F5 キーを押します。

→ 発表者ツールが起動し、最初からスライドショーが実行されます。

3 ［すべてのスライドを表示します］のアイコンをクリックします。

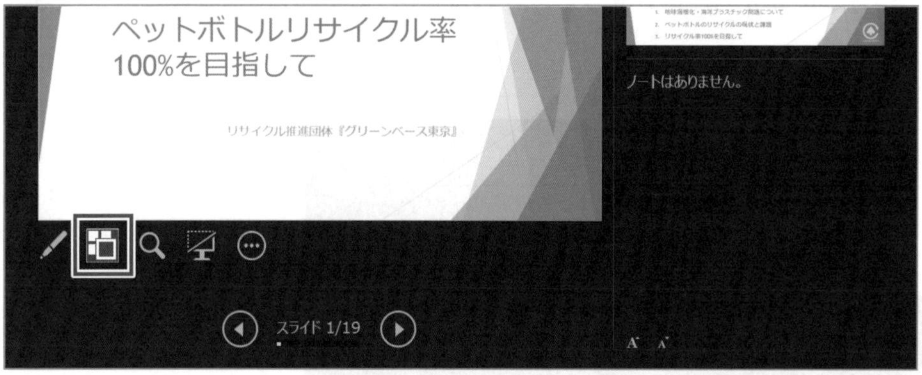

スライドの一覧は以下の部分をクリックしても表示できます。

→ スライドの一覧が表示されます。

4 一覧からスライド 4 をクリックして選択します。

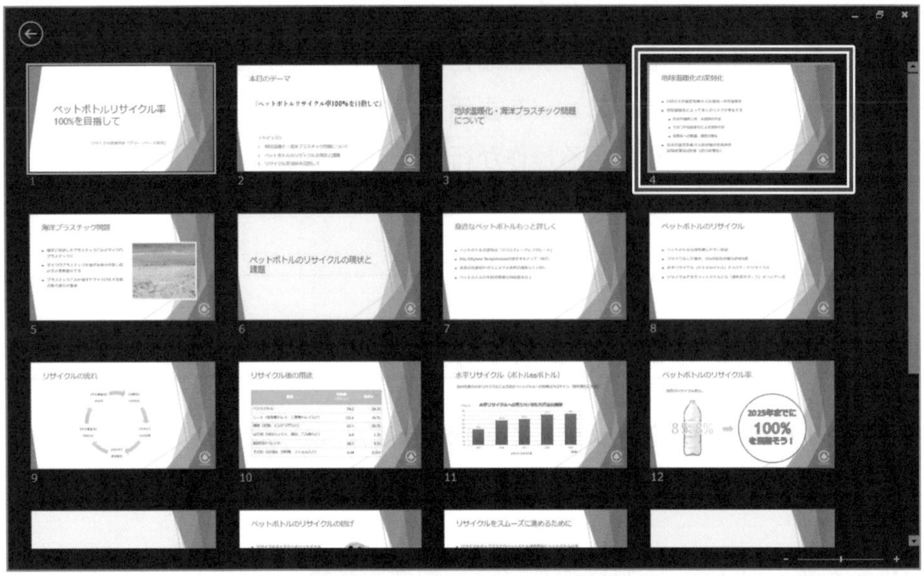
ペットボトルリサイクル率
100%を目指して
本日のテーマ
地球温暖化・海洋プラスチック問題について
地球温暖化の深刻化
海洋プラスチック問題
ペットボトルのリサイクルの現状と課題
身近なペットボトルもっと詳しく
ペットボトルのリサイクル
リサイクルの流れ
リサイクル後の用途
ペットボトルのリサイクル率
2025年までに
100%
を目指そう！
ペットボトルのリサイクルの効果
リサイクルをスムーズに進めるために

このスライドの一覧はスクリーンには投影されません。
発表者のみが見えている状態です。

→ スライド 4 が表示されます。

タスク バーの表示
表示設定
スライド ショーの終了
0:00:24
19:49
次のスライド
地球温暖化の深刻化
CO2などの温室効果ガスの増加→地球温暖化
地球温暖化によって多くのリスクが発生する
洪水や海面上昇、水資源の不足
干ばつや気候変化による食料不足
生態系への影響、疫病の発生
日本の温室効果ガス排出量の削減目標
2030年度26%削減（2013年度比）
海洋プラスチック問題
まず、地球温暖化について説明します。CO2などの温室効果ガスが増えると、それらが地表からの放熱を妨げ、吸収した赤外線が地表へと放出されます。これにより地球温暖化が進みます。
スライド 4/19

発表者ツールはノートの内容を画面で確認しながらスライドショーを進められます。

5 ［ペンとレーザーポインターツール］のアイコンをクリックして、一覧から［レーザーポインター］をクリックします。

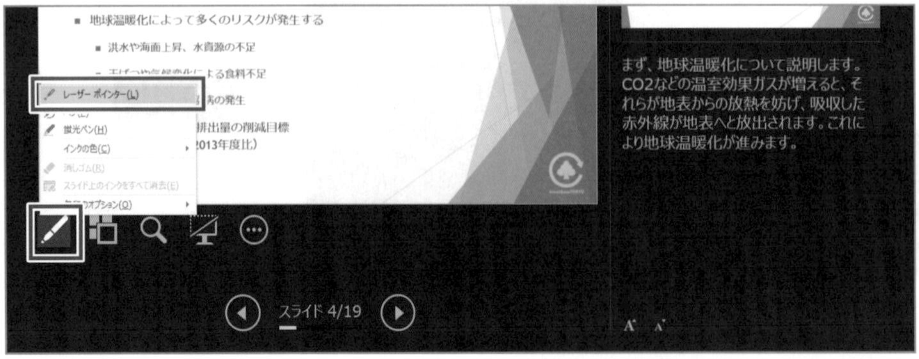
地球温暖化によって多くのリスクが発生する
洪水や海面上昇、水資源の不足
レーザー ポインター(L)
蛍光ペン(H)
インクの色(C)
消しゴム(R)
スライド上のインクをすべて消去(E)
まず、地球温暖化について説明します。CO2などの温室効果ガスが増えると、それらが地表からの放熱を妨げ、吸収した赤外線が地表へと放出されます。これにより地球温暖化が進みます。
スライド 4/19

スライドショーと同じレーザーポインターが利用できます。

原の不足
る食料不足

6 ［次のスライドに進む］のアイコンをクリックして、スライド5に進みます。

タスク バーの表示
表示設定 ▼
スライド ショーの終了
0:00:59
19:49
次のスライド
地球温暖化の深刻化
CO2などの温室効果ガスの増加→地球温暖化
地球温暖化によって多くのリスクが発生する
洪水や海面上昇、水資源の不足
干ばつや気候変化による食料不足
生態系への影響、疫病の発生
日本の温室効果ガス排出量の削減目標
2030年度26%削減（2013年度比）
海洋プラスチック問題
まず、地球温暖化について説明します。CO2などの温室効果ガスが増えると、それらが地表からの放熱を妨げ、吸収した赤外線が地表へと放出されます。これにより地球温暖化が進みます。
スライド 4/19

7 ［拡大ツール］のアイコンをクリックして、画面内の任意の場所をクリックします。

タスク バーの表示
表示設定 ▼
スライド ショーの終了
0:01:32
19:50
次のスライド
海洋プラスチック問題
海洋に流出したプラスチックごみがマイクロプラスチックに
マイクロプラスチックを海洋生物が摂取し続けると悪影響がでる
プラスチックごみが海洋でマイクロ化する前の取り組みが重要
ペットボトルのリサイクルの現状と課題
次に海洋プラスチック問題についてご説明します。
適切に処理されずに海洋に流出したプラスチックごみは、海中で粉砕され微細なプラスチックごみ、『マイクロプラスチック』になります。
マイクロプラスチックを海洋生物が摂取し続けることで、生態系が崩れる恐れや、その魚を食べた人間への影響も危惧されています。

［拡大ツール］をクリックすると、マウスポインターの位置を中心に、拡大するエリアが明るく表示されます。

8 再度［拡大ツール］のアイコンをクリックして拡大を解除します。

タスク バーの表示
表示設定 ▼
スライド ショーの終了
0:01:57
19:50
次のスライド
し続
る前
ペットボトルのリサイクルの現状と課題
次に海洋プラスチック問題についてご説明します。
適切に処理されずに海洋に流出したプラスチックごみは、海中で粉砕され微細なプラスチックごみ、『マイクロプラスチック』になります。
マイクロプラスチックを海洋生物が摂取し続けることで、生態系が崩れる恐れや、その魚を食べた人間への影響も危惧されています。

9 ［カットアウト］のアイコンをクリックして、画面を一時的に黒くします。

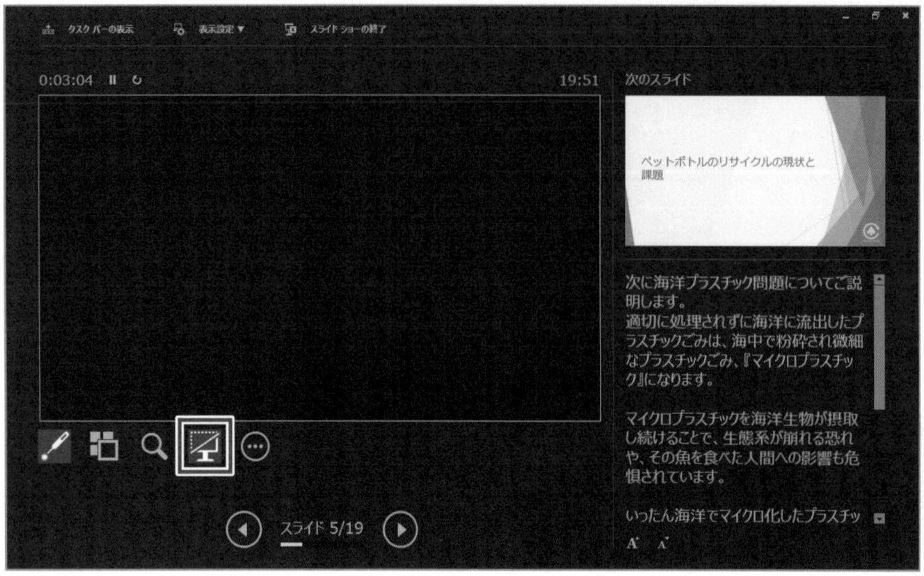

カットアウトはプレゼンテーションの途中で休憩を入れたり、少し長い話をするときに発表者に注目してほしいときなどに使います。

10 再度［カットアウト］（カットイン）のアイコンをクリックして、画面を戻します。

黒くなったスライドをクリックしても元の状態に戻ります。

11 タイマーでスライドショーを開始してからどれくらい時間が経過したかを確認します。

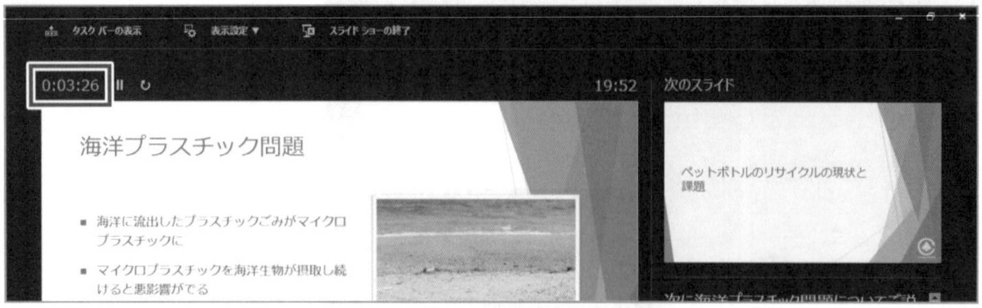

Ⅱをクリックするとタイマーを一時停止、↻をクリックするとタイマーをリセットできます。

12 ［スライドショーの終了］をクリックして、スライドショーを終了します。

タスク バーの表示
表示設定
スライド ショーの終了
0:00:07
19:52
次のスライド
海洋プラスチック問題
海洋に流出したプラスチックごみがマイクロプラスチックに
マイクロプラスチックを海洋生物が摂取し続けると悪影響がでる
プラスチックごみが海洋でマイクロ化する前の取り組みが重要
ペットボトルのリサイクルの現状と課題
次に海洋プラスチック問題についてご説明します。
適切に処理されずに海洋に流出したプラスチックごみは、海中で粉砕され微細なプラスチックごみ、『マイクロプラスチック』になります。
マイクロプラスチックを海洋生物が摂取し続けることで、生態系が崩れる恐れや、その魚を食べた人間への影響も危惧されています。
いったん海洋でマイクロ化したプラスチッ
スライド 5/19

→ 発表者ツールの使い方を確認できました。

One Point 通常のスライドショーと発表者ツールを途中で切り替えるには

スライドショーの実行中に発表者ツールに切り替えたい場合は、画面左下の ⊙ をクリックして一覧から［発表者ツールを表示］をクリックするか、スライド内で右クリックし、ショートカットメニューの［発表者ツールを表示］をクリックします。

スライドショーに戻したい場合は、⊙ をクリックして一覧から［発表者ツールの非表示］をクリックするか、スライド内で右クリックし、ショートカットメニューの［発表者ツールを非表示］をクリックします。

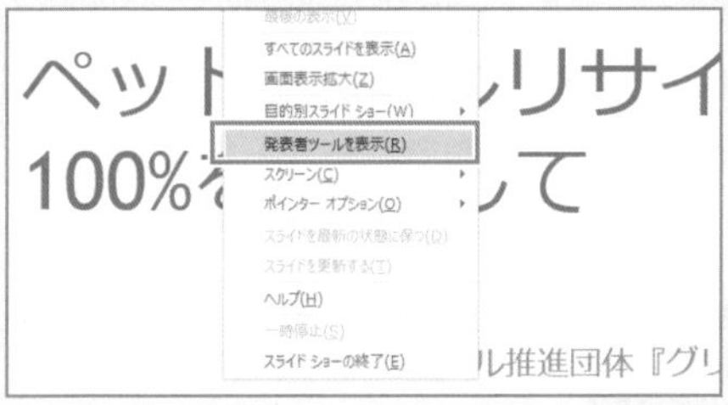

ペット
リサイ
100%
して
すべてのスライドを表示(A)
画面表示拡大(Z)
目的別スライド ショー(W)
発表者ツールを表示(R)
スクリーン(C)
ポインター オプション(O)
ヘルプ(H)
スライド ショーの終了(E)
ル推進団体『グリ

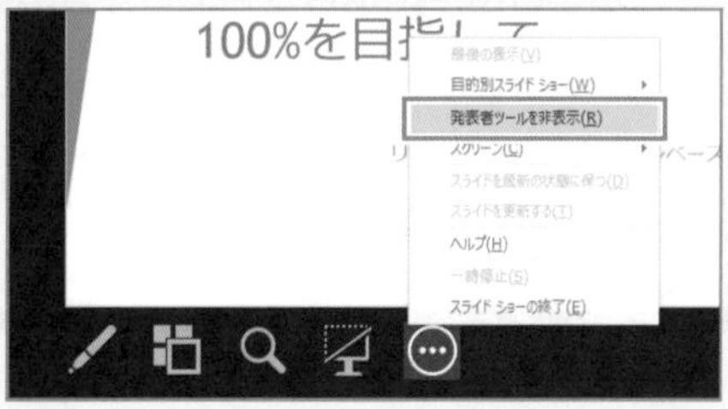

100%を目指して
目的別スライド ショー(W)
発表者ツールを非表示(R)
スクリーン(C)
ヘルプ(H)
スライド ショーの終了(E)

OnePoint 自動的に発表者ツールに切り替わらないようにするには

プロジェクターや別のモニターを接続した環境でスライドショーを実行すると、初期設定では自動的に発表者ツールが表示されます。発表者ツールを自動的に表示しないようにするには、［スライドショー］タブの［発表者ツールを表示する］チェックボックスをオフにします。

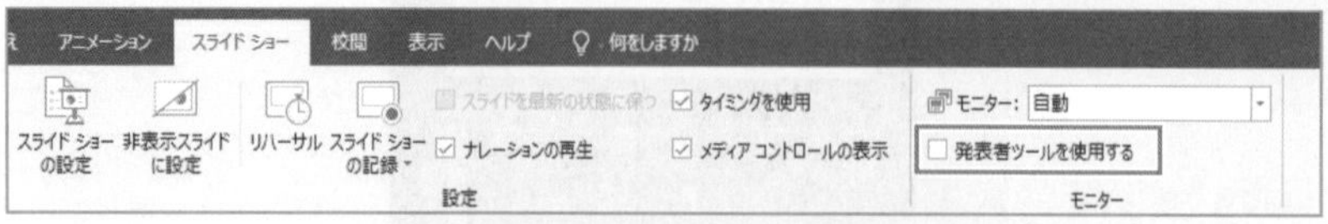

OnePoint スライドショーを表示するモニターを指定するには

パソコンをプロジェクターや別のモニターに接続した環境でスライドショーを実行すると、それらにスライドショーが映し出されますが、［スライドショー］タブの［モニター］ボックスの▼をクリックすると、接続されたモニターなどが一覧表示されるのでここで指定することができます。

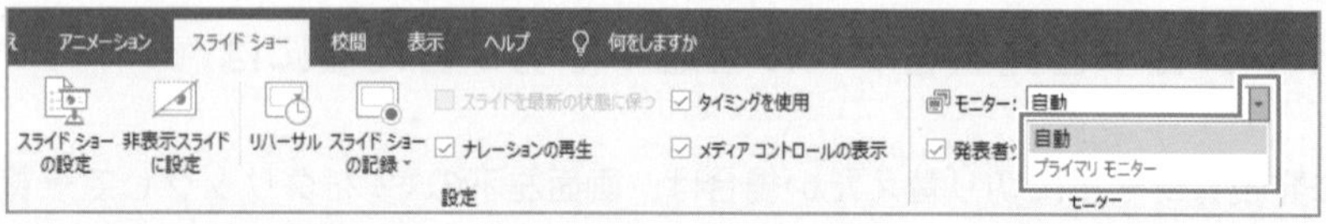

OnePoint スライドショーの実行中に別のウィンドウに切り替えるには

スライドショーの実行中に別のウィンドウに切り替えたい場合は、Alt + Tab キーを押して今開いているウィンドウの一覧を表示します。Alt キーを押したまま Tab キーを押していくと、ウィンドウの周囲の白い枠が移動していきます。目的のウィンドウに白い枠が表示された状態でキーから指を離すとそのウィンドウに切り替わります。

8-2 完成したスライドを活用する

完成したスライドショーは、プレゼンテーションに使用する以外にもさまざまな活用方法があります。

自動的に進行するスライドショーとしての活用

PowerPoint では発表者がいなくても**自動的に進行するスライドショー**を作成することができます。このようなスライドショーには次のような活用方法があります。

- 店頭で流し続けるデジタルサイネージ（電子看板）
- 社内向け研修の教材
- デジタル紙芝居やアニメーションなどエンターテイメント

異なるファイル形式に変換しての活用

PowerPoint で作成したプレゼンテーションファイルは、別の形式に変えて保存することができます。たとえば、印刷や閲覧に適した **PDF 形式**のファイルに変換したり、動画やアニメーション形式のファイルや、画像形式のファイルに変換することも可能です。
次のような活用方法があります。

- PowerPoint を持っていない相手に送る資料として（PDF 形式）
- 動画投稿サイトに投稿するコンテンツとして（mp4 形式）
- ホームページに掲載するコンテンツとして（PDF 形式、JPEG 形式、PNG 形式、GIF 形式）
- SNS に投稿するコンテンツとして（JPEG 形式、PNG 形式、GIF 形式）
- オンライン学習の教材として（PDF 形式、mp4 形式）

One Point　PDF とは

PDF（Portable Document Format）とは、使用しているパソコンの環境の違いに左右されず、同じ見た目で資料を閲覧できるという特徴を持ったファイル形式です。
たとえば PowerPoint で作成したファイルは、PowerPoint がインストールされていなければ開くことはできません。そのためメールなどで PowerPoint のプレゼンテーションファイルを送られても、開いて中身を見ることができない人もいます。そのようなときに PDF 形式のファイルを保存して送ることで、相手はファイルの中身を閲覧し、印刷することができます。

LESSON 1 自動進行するスライドショーを作成する

自動進行するスライドショーを作成するには、スライドを切り替える時間（タイミング）の記録が必要です。この記録にはリハーサル機能が役立ちます。
リハーサル機能はその名前の通りプレゼンテーション前のリハーサル時に実行して、それぞれのスライドを説明するのにどのくらいの時間が必要かということを計測するための機能ですが、その時間をそのまま記録して自動再生に利用することができます。

STEP リハーサル機能を使ってスライドを進める時間を記録する

1 スライドサムネイルの任意のスライドをクリックして選択します。

2 ［スライドショー］タブの［リハーサル］ボタンをクリックします。

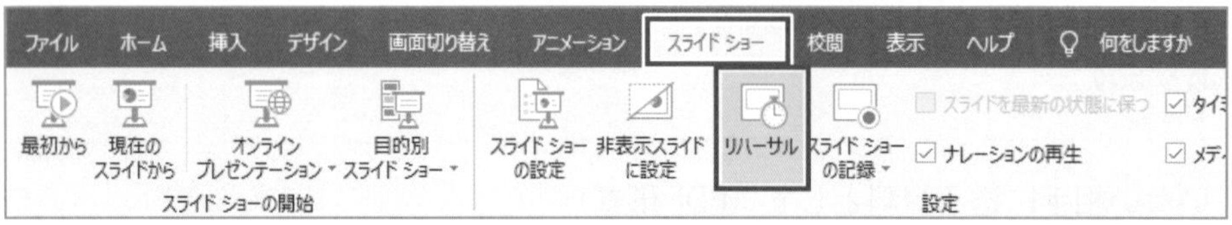

→ リハーサルモードでスライドショーが実行されます。

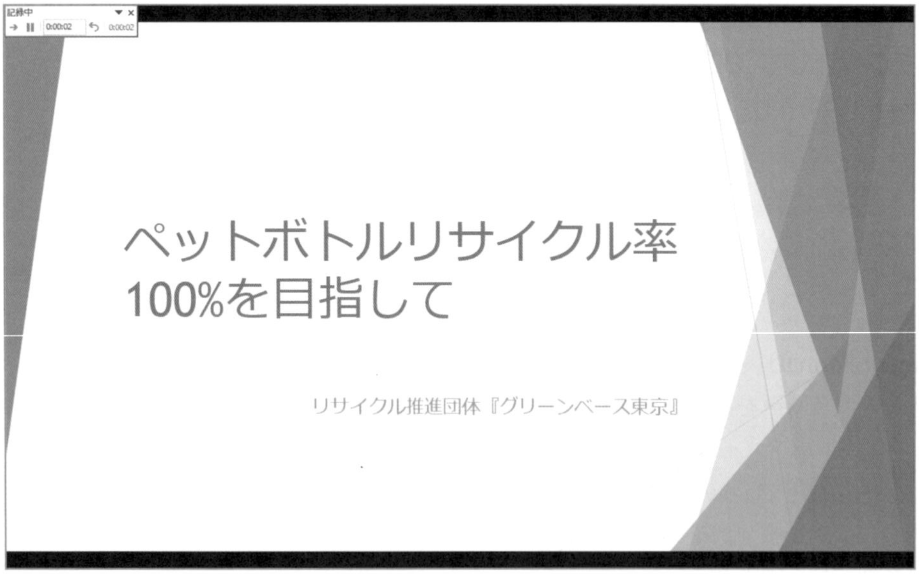

画面の左上に"記録中"というツールバーが表示され、スライドを進めるまでの時間の計測が始まります。

3 **説明が終了したら Enter キーを押してスライドを次に進めます。**

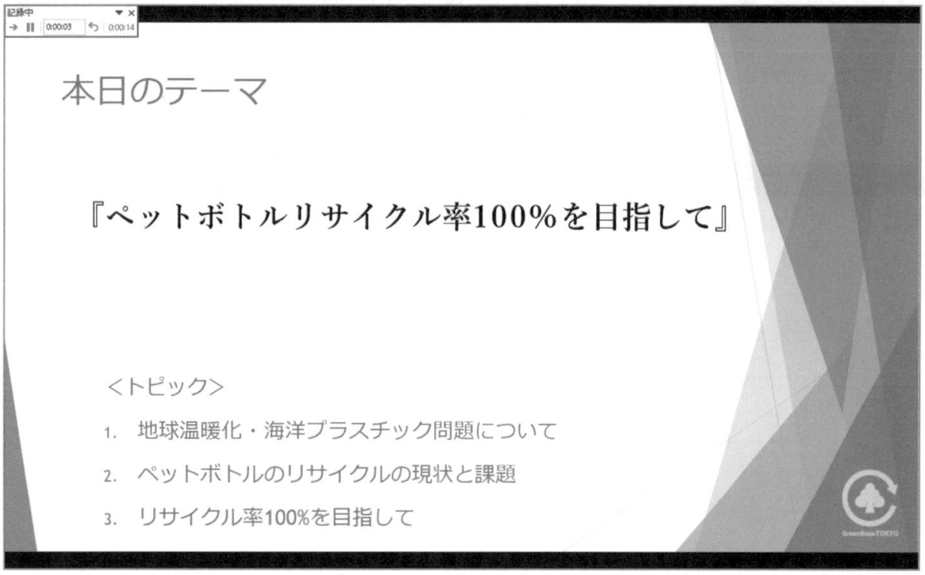
記録中
0:00:03
0:00:14
本日のテーマ
『ペットボトルリサイクル率100%を目指して』
<トピック>
1. 地球温暖化・海洋プラスチック問題について
2. ペットボトルのリサイクルの現状と課題
3. リサイクル率100%を目指して

ツールバーの右端に表示されている時間が全体の経過時間です。

→ 1 枚目のスライドで経過した時間が記録されます。

4 **同様に、それぞれのスライドの説明が終了したら Enter キーを押してスライドショーを最後まで進めます。**

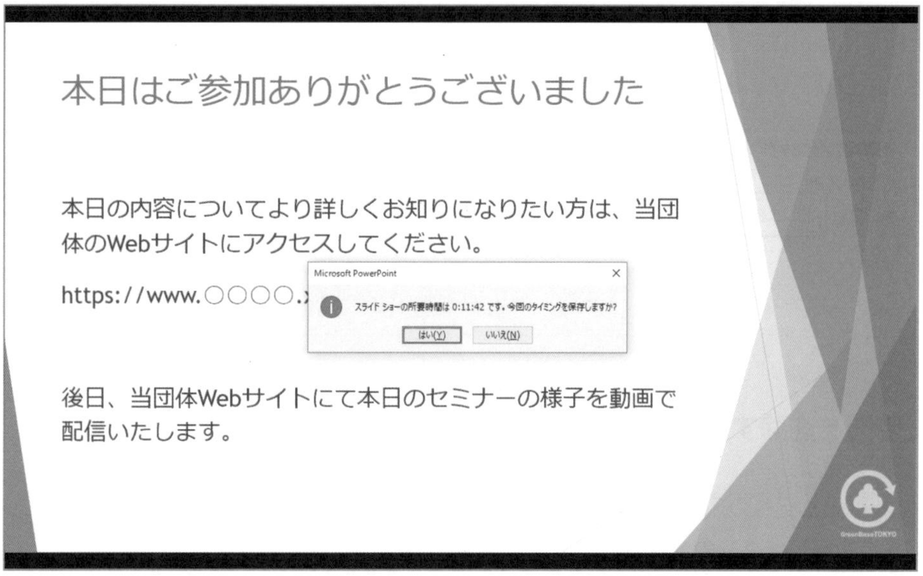
本日はご参加ありがとうございました
本日の内容についてより詳しくお知りになりたい方は、当団体のWebサイトにアクセスしてください。
https://www.○○○○.
Microsoft PowerPoint
スライド ショーの所要時間は 0:11:42 です。今回のタイミングを保存しますか?
はい(Y)
いいえ(N)
後日、当団体Webサイトにて本日のセミナーの様子を動画で配信いたします。

スライドショー全体を完了するのに必要な時間がメッセージに表示されます。

→ タイミングを記録するかどうか確認するメッセージが表示されます。

5 **［はい］をクリックします。**

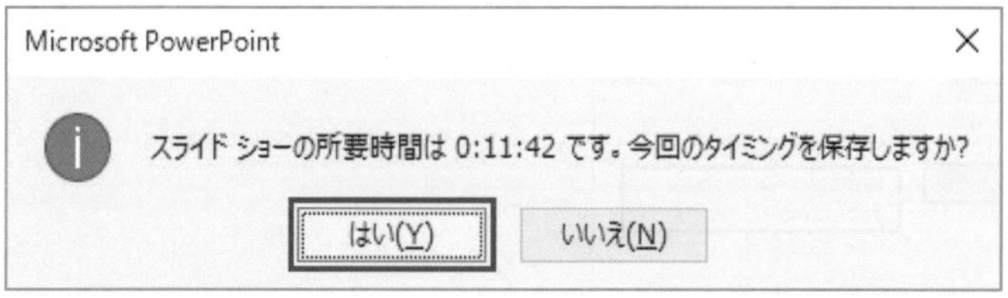
Microsoft PowerPoint
スライド ショーの所要時間は 0:11:42 です。今回のタイミングを保存しますか?
はい(Y)
いいえ(N)

→ リハーサル機能を使ってタイミングを記録できました。

One Point 記録したスライドショーの時間を確認、修正するには

各スライドに記録された時間（説明などにかかった時間）は、［画面切り替え］タブの［画面切り替えのタイミング］の［自動］ボックスで確認ができます。

また、スライド一覧表示に切り替えると、それぞれのスライドの下に記録された時間が表示されます。

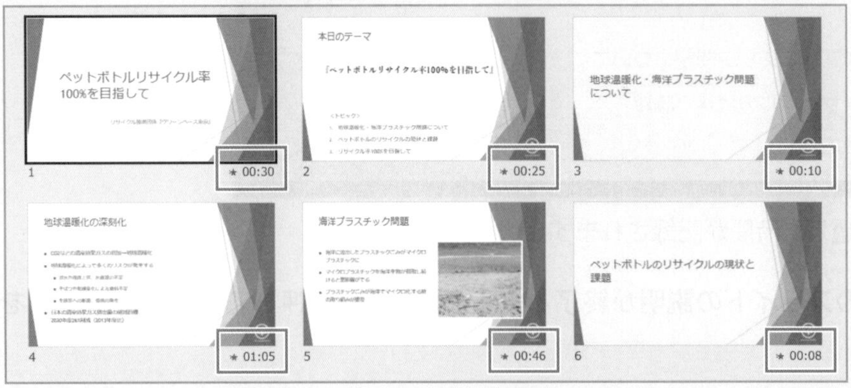

画面切り替えの時間を修正するには、［画面切り替え］タブの［画面切り替えのタイミング］の［自動］ボックスの数値を直接入力し直すか、▲、▼で変更します。

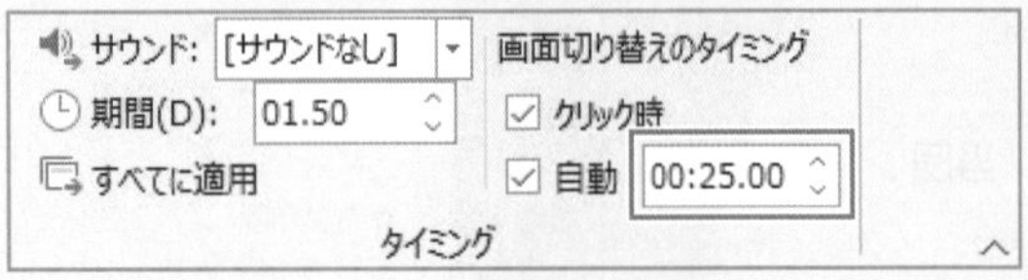

One Point 記録した時間を削除するには

スライドショー全体、またはそれぞれのスライドに記録した時間を削除したい場合は、［スライドショー］タブの［スライドショーの記録］ボタンの▼をクリックし、一覧の［クリア］にマウスポインターを合わせて［現在のスライドのタイミングをクリア］または［すべてのスライドのタイミングをクリア］をクリックします。

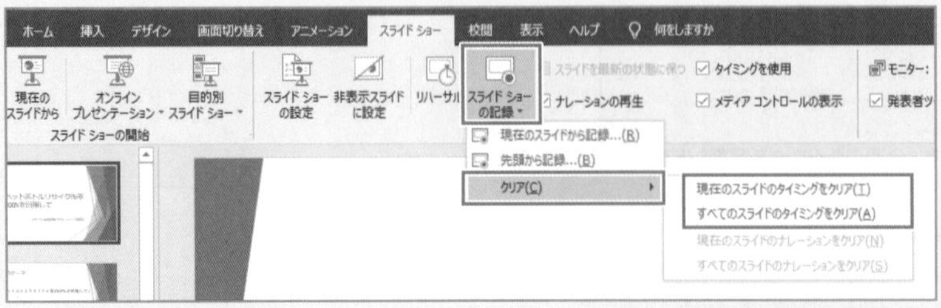

STEP 記録した時間でスライドショーを自動進行する

1 スライドサムネイルのスライド 1 をクリックして選択します。

2 ［画面切り替え］タブの［画面切り替え効果のタイミング］の［自動］チェックボックスがオンになっていることを確認します。

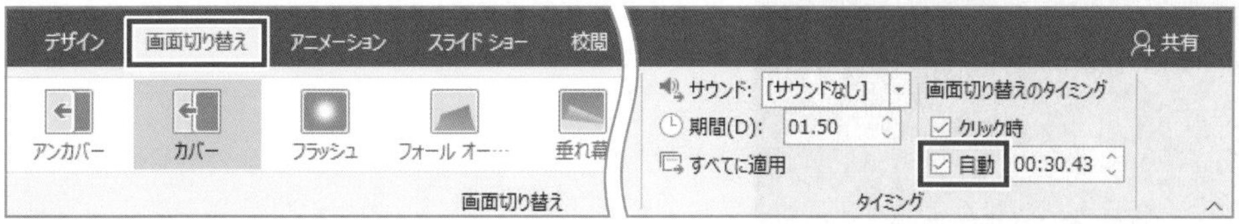

3 ［スライドショー］タブの［タイミングを使用］チェックボックスがオンになっていることを確認します。

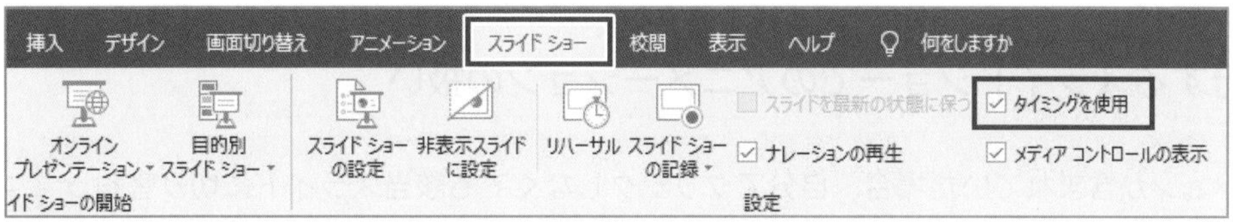

4 ［スライドショー］タブの［最初から］ボタンをクリックします。

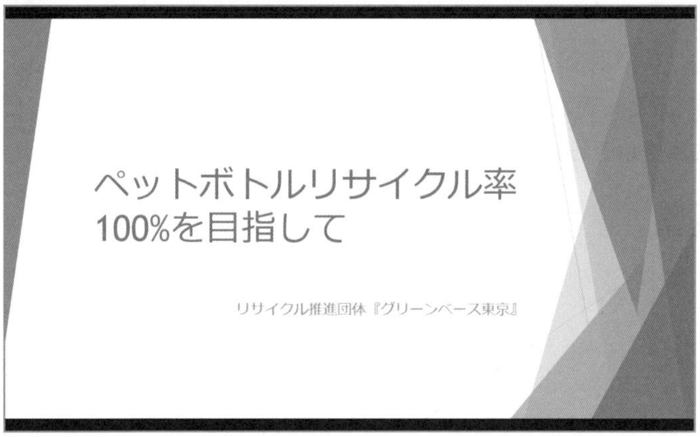

→ スライドショーが実行されます。

5 何も操作しなくてもスライドが進んでいくことを確認します。

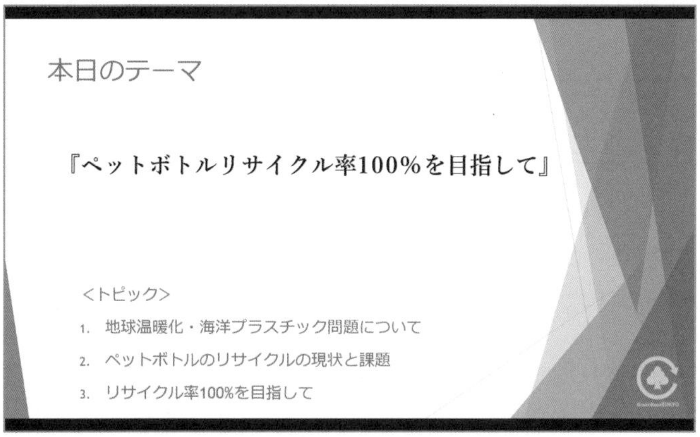

リハーサルで記録した時間で進んでいくため、スライドによって表示時間は異なります。

6 スライドショーが最後まで進んだのを確認したらクリックします。

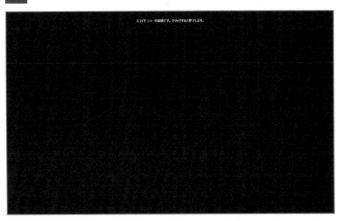

→ 記録した時間でスライドショーを自動進行できました。

One Point 自動進行するスライドショーでのアニメーションの扱い

スライドにアニメーションが含まれていた場合、自分でクリックしなくても該当スライドに切り替わって約５秒で自動的にアニメーションが実行されます。

アニメーションの実行中は、たとえスライドが切り替わる時間になっても設定したアニメーションが終了するまで次のスライドには進みません。

なお、自分でアニメーションの開始時間を設定したい場合は、最初のアニメーションを選択し、[アニメーション]タブの[開始]ボックスの▼をクリックして、一覧から開始のタイミングを[直前の操作の後]（これはスライドが切り替わった後のことです）に変更して[遅延]ボックスで時間を指定します。

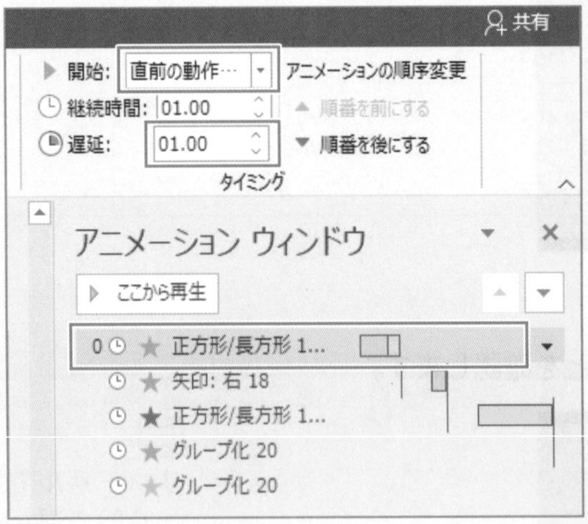

STEP 自動進行のスライドショーをリピート再生する

1 ［スライドショー］タブの［スライドショーの設定］ボタンをクリックします。

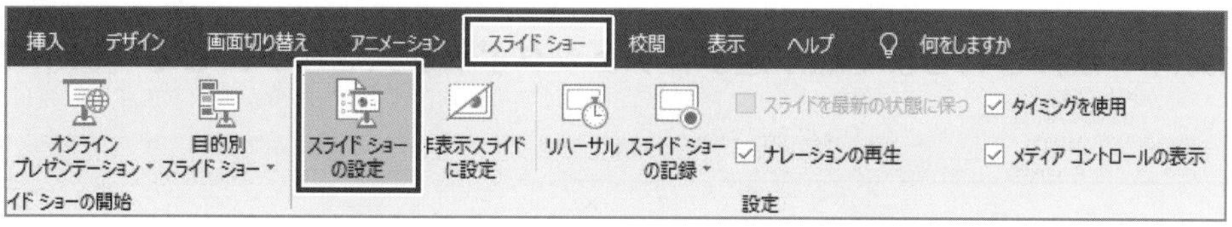

→［スライドショーの設定］ダイアログボックスが表示されます。

2 ［オプション］の［Esc キーが押されるまで繰り返す］チェックボックスをオンにします。

3 ［OK］をクリックします。

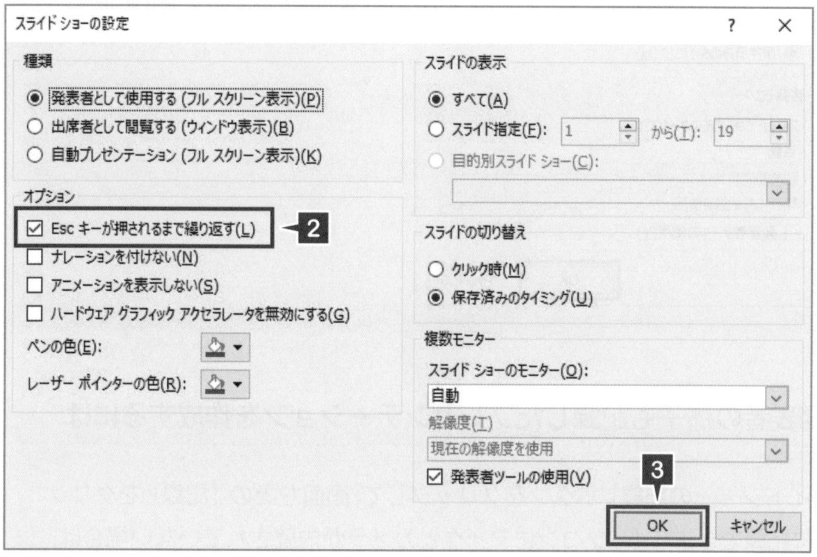

4 ［スライドショー］タブの［最初から］ボタンをクリックします。

5 スライドショーが終了すると、再度スライド１が表示されてスライドショーが実行されます。

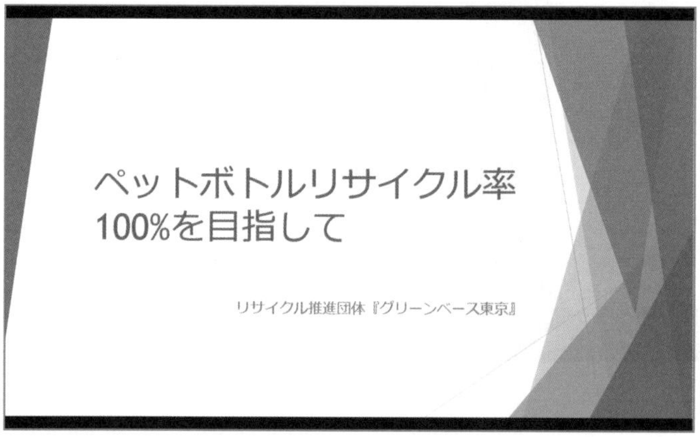

スライドショーを終了する操作を行うまで、繰り返し自動実行されます。

→ スライドショーをリピート再生する設定ができました。

6 Esc キーを押してスライドショーを終了します。

7 再度［スライドショーの設定］ダイアログボックスを表示します。

8 ［オプション］の［Esc キーが押されるまで繰り返す］チェックボックスをオフにして［OK］をクリックします。

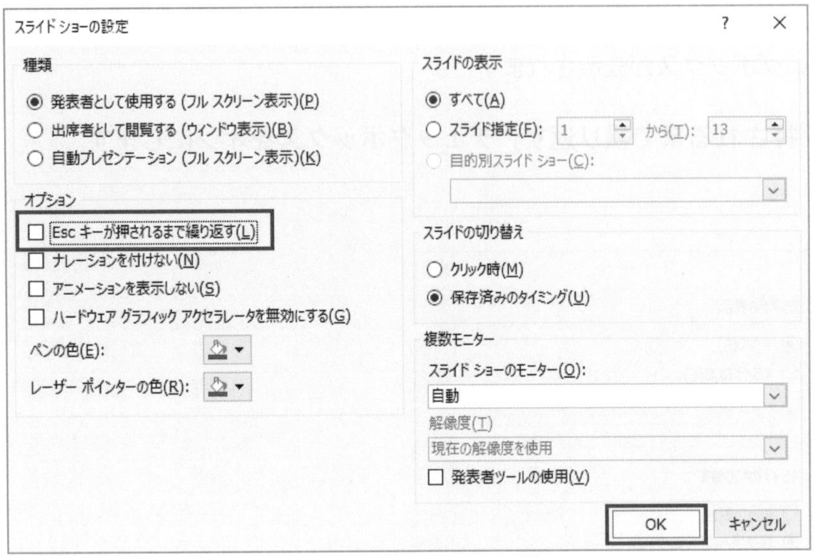

One Point ナレーションや発表者の様子も記録したプレゼンテーションを作成するには

［スライドショー］タブの［スライドショーの記録］ボタンをクリックして、画面左上の［記録］をクリックすると発表者の声や姿を一緒に記録できます（パソコンにマイクとカメラが内蔵されていない場合は、別途用意する必要があります）。

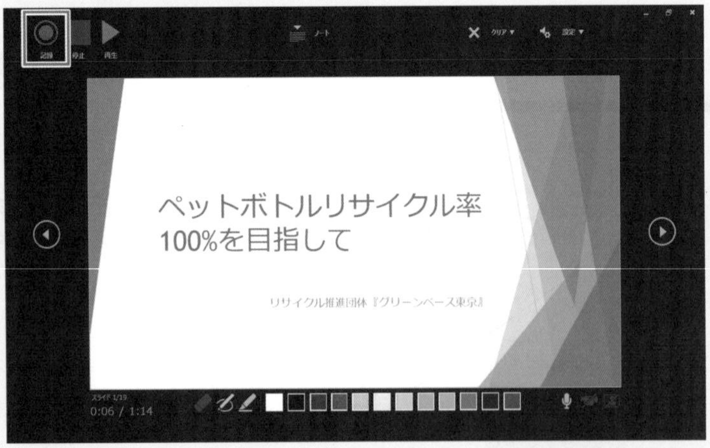

LESSON 2 スライドショーを別のファイル形式で保存する

PowerPoint で作成したスライドショーの最終的な用途はプレゼンテーションだけではありません。たとえば、PDF ファイルに変換してメールなどで相手に送ることもあります。
PDF ファイルであれば PowerPoint がインストールされていないパソコン、スマートフォンやタブレット端末など異なる機器でも閲覧することができます。スライドの切り替え効果やアニメーションは実行されませんが、機器や環境の違いを問わず相手に内容を把握してもらえるといった利点があります。

STEP スライドショーをPDFファイルとして保存する

1 ［ファイル］タブをクリックして［エクスポート］をクリックします。

別のファイル形式に変更して保存することを“エクスポート”といいます。

→［エクスポート］画面が表示されます。

2 ［PDF/XPS ドキュメントの作成］をクリックします。

3 ［PDF/XPS の作成］をクリックします。

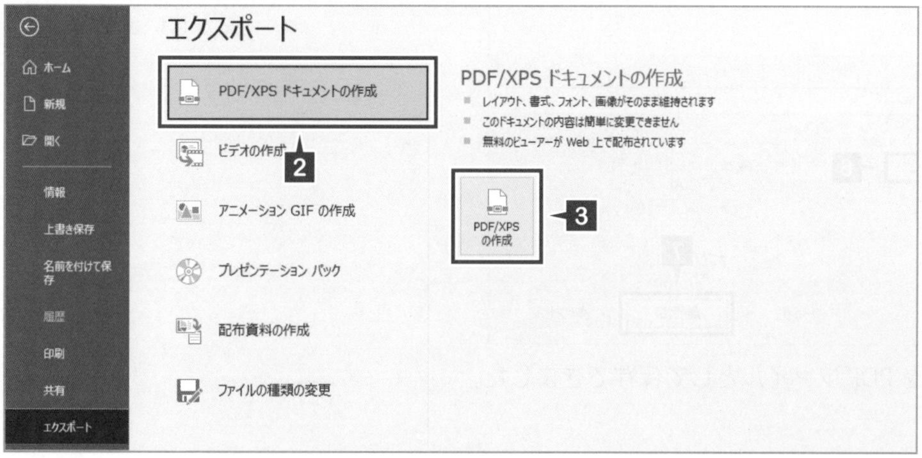

→［PDF または XPS 形式で発行］ダイアログボックスが表示されます。

4［ファイル名］ボックスに任意の名前を入力します。

5［ファイルの種類］ボックスが［PDF］になっていることを確認します。

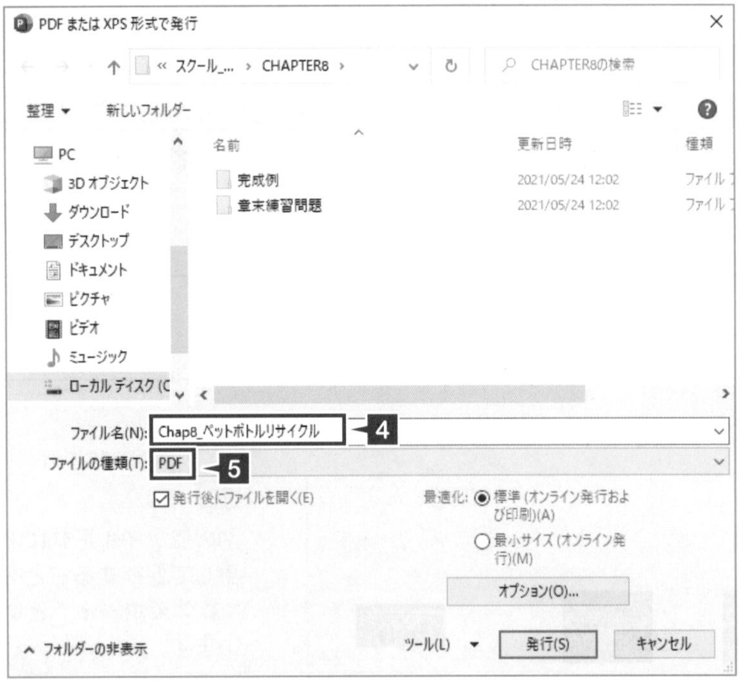

通常はファイル名が同名の場合、前のファイルを上書きしてしまいますが、今回はファイルの種類が違うため同じ名前でも問題なく保存することができます。

6［発行後にファイルを開く］チェックボックスをオンにします。

7［発行］をクリックします。

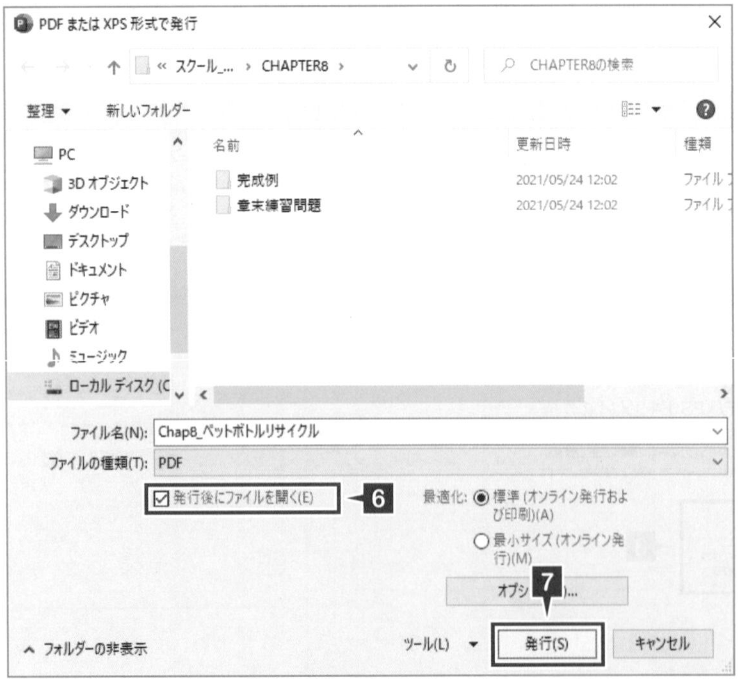

［発行後にファイルを開く］チェックボックスをオンにすると、自動的に PDF ファイルが開くためすぐに結果を確認できます。
結果を確認する必要がないときはオフにしてもかまいません。

→ 現在のスライドショーを PDF ファイルとして保存できました。

PDF ファイルはさまざまなアプリケーションで開くことができるため、左図とは違うアプリケーションで開いても問題はありません。

8 Windows のエクスプローラーを起動して、PDF ファイルが作成されていることを確認します。

このファイルをメールなどで送れば、相手はプレゼンテーションの内容を閲覧することができます。
ただし、PowerPoint ファイルとは違ってスライドショーは実行できません。

9 ファイルに「Chap8_ ペットボトルリサイクル完成」と名前を付けて保存して閉じましょう。

OnePoint PDF ファイルを開くことができない場合

一般的に PDF ファイルは、パソコンにインストールされている Web ブラウザーなどで開くことができますが、開かない場合は PDF ファイルを閲覧するためのツールをインターネットからダウンロードしてインストールすることができます。
最も汎用的で一般的なツールは Adobe Acrobat Reader です。Adobe Acrobat Reader をダウンロードできる Web サイトにアクセスし、無料でインストールして利用することができます（実際のインストールには Adobe Acrobat Reader の Web サイトの説明をよく読んでから行ってください）。

One Point　スライドショーをビデオファイルとして保存するには

スライドショーをビデオ（MP4形式）ファイルとして保存することができます。

保存したビデオファイルは、動画投稿サイトに公開したり、オンラインでのプレゼンテーションや研修で利用したりといった使い方ができます。注意点として、ビデオファイルはファイルサイズが非常に大きくなるためメールなどに添付して送るのは避けたほうが無難です。

ビデオファイルとして保存するには、[ファイル]タブをクリックして[エクスポート]をクリックします。[エクスポート] 画面の [ビデオの作成] をクリックして、ビデオの品質やタイミングの設定を指定し、[ビデオの作成] をクリックします。

保存されたファイルをダブルクリックすると、ビデオを再生するアプリケーションが起動し、再生が始まります。ナレーションなどを録音している場合は音声も流れます。

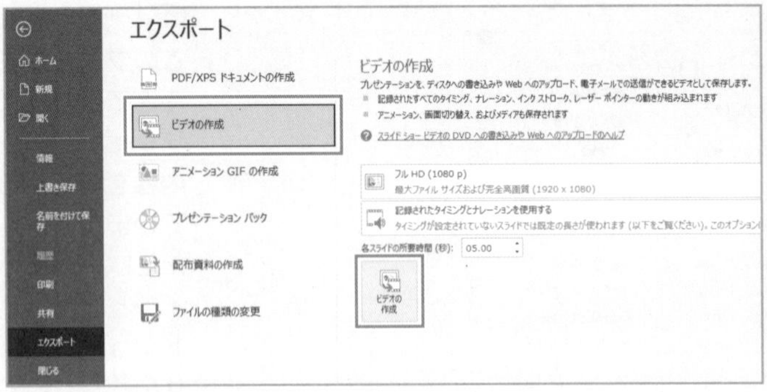

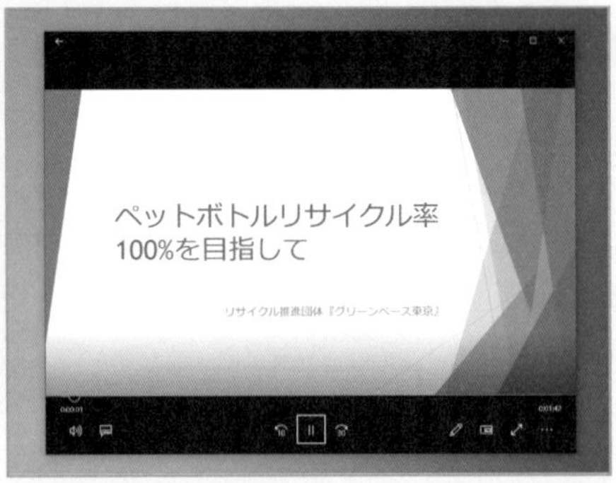

One Point 各スライドを画像ファイル（PNG、JPG）として保存するには

スライド単位で画像ファイルとして保存することもできます。たとえば、ポイントとなるスライドをWebページなどに掲載したり、ExcelやWordに挿入して資料作成などに活用することができます。また、ファイルサイズが小さいためメールなどに添付して送ることも可能です。

画像ファイルとして保存するには、保存したいスライドを選択して、［ファイル］タブをクリックして［エクスポート］をクリックします。［エクスポート］画面の［ファイルの種類の変更］をクリックし、一覧から［PNGポータブルネットワークグラフィックス］または［JPEGファイル交換形式］のどちらかを選択して、［名前を付けて保存］をクリックします。画像ファイル形式のPNGやJPGは汎用的なものなので、幅広い用途で使用でき、加工などもしやすいのが特徴です

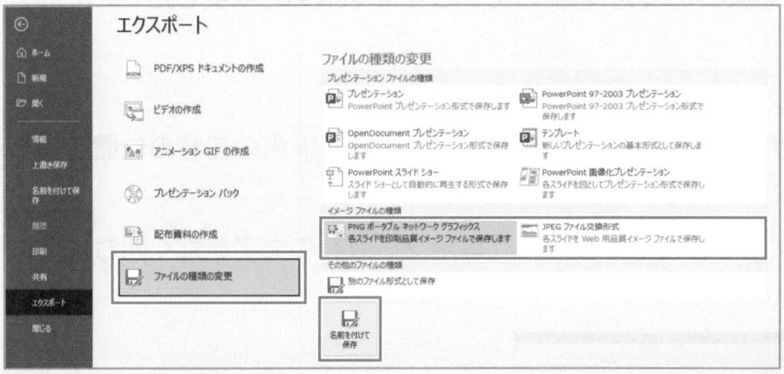

［名前を付けて保存］ダイアログボックスで、ファイル名や保存先など必要な設定を行い［保存］をクリックすると、［エクスポートするスライドを指定してください］というメッセージが表示されます。

選択しているスライドだけを保存したい場合は［このスライドのみ］をクリックします。すべてのスライドを保存したい場合は［すべてのスライド］をクリックします。このとき、スライド数の画像ファイルが作成されるので注意してください。

保存された画像ファイルをダブルクリックすると、画像を表示するアプリケーションが起動し、該当のスライドがPNG形式（またはJPEG形式）の画像ファイルとして保存されたことが確認できます。

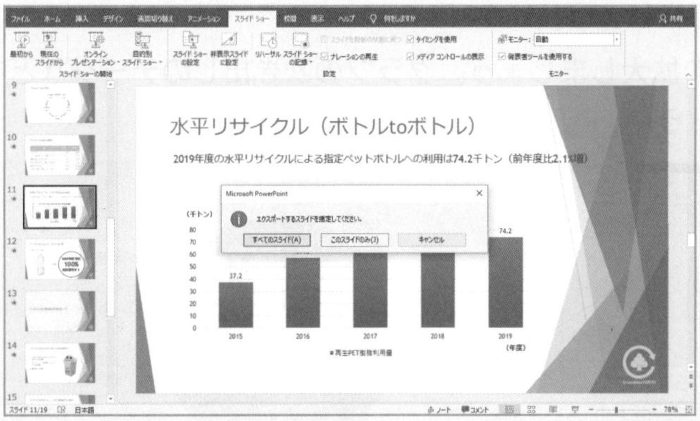

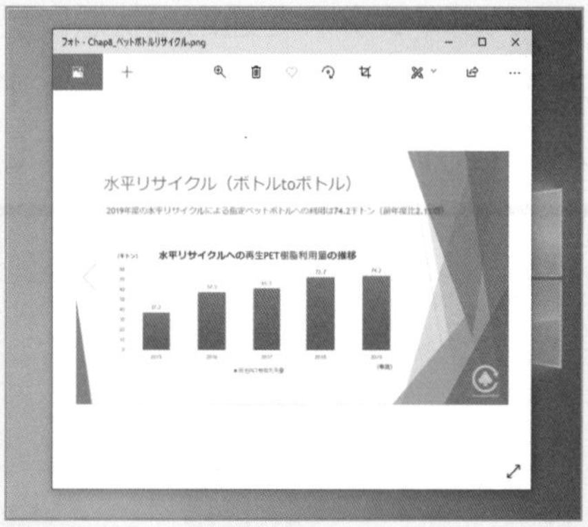

学習のまとめ ｜ CHAPTER 8 章末練習問題

【章末練習問題 1】スライドショーの実行

スクール _PowerPoint 2019 ▶ CHAPTER8 ▶ 章末練習問題 ▶ P「Chap8_ コワーキングスペースのご案内 _ 問題 1」

1 ファイル「Chap8_ コワーキングスペースのご案内 _ 問題 1」を開きましょう。

2 スライドショーを実行しましょう。

3 キー操作（Enter キー、Backspace キー、方向キー）でスライドを進めたり戻したりしてみましょう。

4 すべてのスライドを表示して、スライド 8 に移動しましょう。

5 マウスポインターをレーザーポインターに切り替えて、スライド内の任意の位置を指し示してみましょう。

6 マウスポインターをペンに切り替えて、表内の「専用ブース」の文字を丸く囲むように円を描いてみましょう。

7 マウスポインターを通常の状態に戻しましょう。

8 スライド 7 まで移動して、スライドを拡大しましょう。グラフの吹き出しのデータなどを拡大して表示したら拡大を解除しましょう。

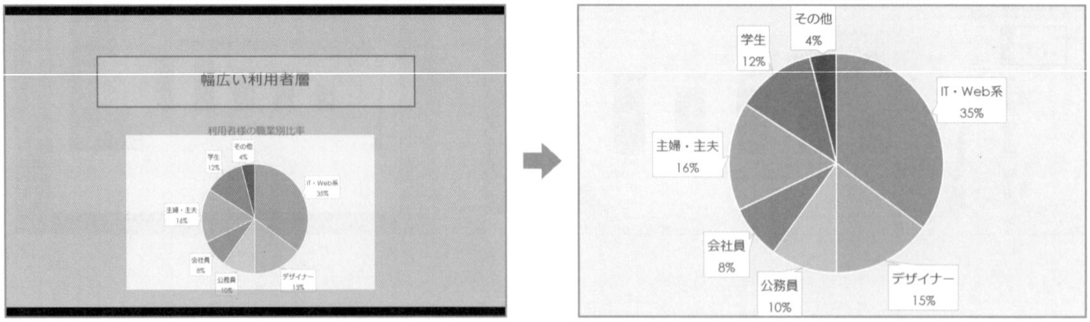

9 スライドショーを終了しましょう。インク注釈は破棄してください。

※6の手順でペンで描いたものは保存しません。

10 ファイルに「Chap8_ コワーキングスペースのご案内 _ 問題 1 完成」と名前を付けて保存して閉じましょう。

【章末練習問題 2】発表者ツールの利用

スクール _PowerPoint 2019 ▶ CHAPTER8 ▶ 章末練習問題 ▶ 「Chap8_ コワーキングスペースのご案内 _ 問題 2」

1 ファイル「Chap8_ コワーキングスペースのご案内 _ 問題 2」を開きましょう。

2 スライドショーを発表者ツールで実行しましょう。

3 スライド 1 のノートの内容が表示されていることを確認しましょう。

0:00:09
21:13
次のスライド
本日の内容
コワーキングスペース
「UP」のご案内
本日は私たちが運営するコワーキングスペース「UP」についてご紹介いたします。
私は株式会社Follow-up代表の宮本亮太と申します。よろしくお願いいたします。
スライド 1/13

4 すべてのスライドを表示して、スライド 9 に移動しましょう。

5 マウスポインターをレーザーポインターに切り替えましょう。

6 マウスポインターはレーザーポインターのまま次のスライド（スライド 10）に進みましょう。
※［次のスライドに進む］ボタンを使用します。

7 スライド 6 に移動して、スライドを拡大しましょう。写真などを拡大して表示したら拡大を解除しましょう。

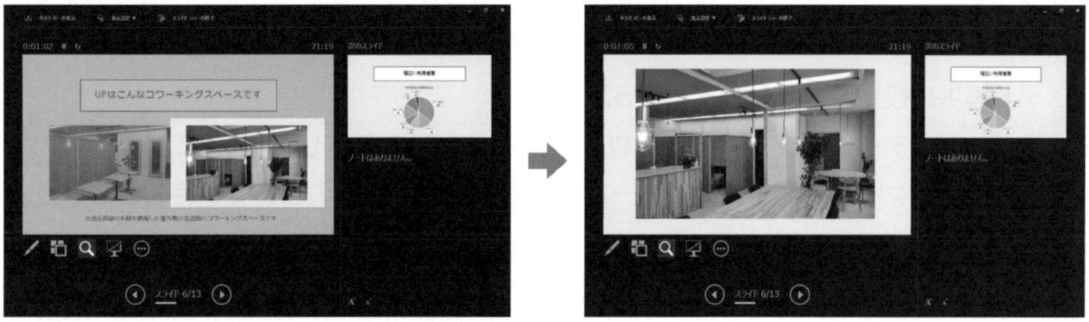
0:01:02
21:19
次のスライド
UPはこんなコワーキングスペースです
ノートはありません。
スライド 6/13
0:01:05
21:19
次のスライド
ノートはありません。
スライド 6/13

8 スライドをカットアウト（一時的に画面を暗くする）しましょう。その後解除しましょう。

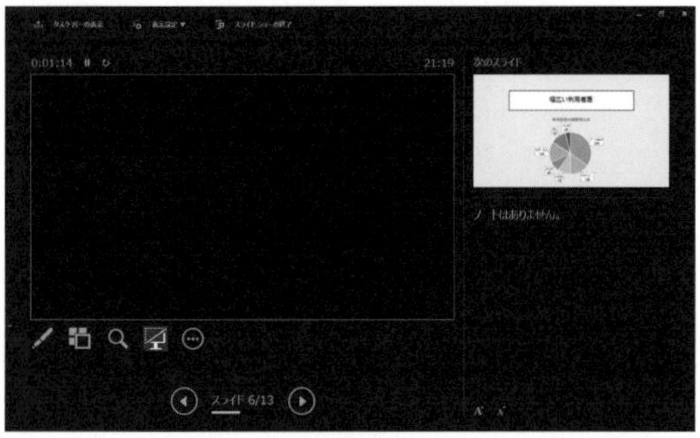
0:01:14
21:19
次のスライド
ノートはありません。
スライド 6/13

9 スライドショーを始めてからどれくらい時間が経過したかタイマーで確認しましょう。

9 スライドショーを終了しましょう。

10 ファイルに「Chap8_ コワーキングスペースのご案内 _ 問題 2 完成」と名前を付けて保存して閉じましょう。

【章末練習問題 3】自動進行スライドショーの作成と PDF ファイルの発行

スクール _PowerPoint 2019 ▶ CHAPTER8 ▶ 章末練習問題 ▶ P「Chap8_ コワーキングスペースのご案内 _ 問題 3」

1 ファイル「Chap8_ コワーキングスペースのご案内 _ 問題 3」を開きましょう。

2 リハーサル機能を使ってスライドを切り替えるタイミングを記録しましょう。
※以下と時間が違っていてもかまいません。

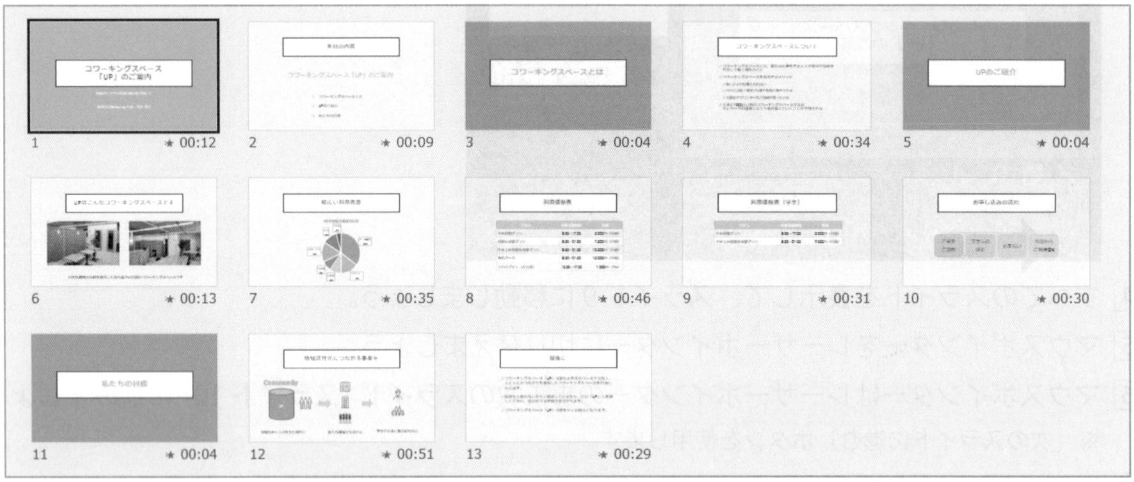

3 スライドショーがリピート再生されるように設定しましょう。

4 自動進行するスライドショーを実行しましょう。スライドショーがリピート再生されることも確認しましょう。確認後、スライドショーを終了しましょう。

5 リピート再生の設定をオフにしましょう。

6 現在のプレゼンテーションファイルを PDF ファイルとして保存しましょう。保存先はプレゼンテーションファイルと同じフォルダーに、ファイル名は現在のままで保存しましょう。

7 保存した PDF ファイルの内容を確認したら閉じましょう。

8 ファイルに「Chap8_ コワーキングスペースのご案内 _ 問題 3 完成」と名前を付けて保存して閉じましょう。

総合練習問題

学習のまとめとして、総合練習問題に挑戦しましょう。
本書で学習した機能をもとにプレゼンテーションを作成しましょう。

学習のまとめ｜総合練習問題

【総合練習問題】自己紹介のプレゼンテーション

ここまでの学習のまとめとして、自己紹介を目的としたプレゼンテーションを作成しましょう。
自分についての情報を列挙するだけの自己紹介ではなく、自分に関連するテーマを深掘りして伝えるようなプレゼンテーションを作成しましょう。プレゼンテーションの持ち時間は5分とします。
なお、以下の手順は参考程度に捉え、自分なりにプレゼンテーションを作成してください。

1 新規のプレゼンテーションを作成しましょう。
※以降、保存は適宜行ってください。

2 自分を構成する要素や関連するテーマなどを思いつく限り書き出しましょう。
※以下は例です。これ以外にもいろいろ考えてみましょう。
手書きでもスライドのプレースホルダーに箇条書きで入力してもかまいません。

3 その中から最も伝えたい事を自己紹介の“小さなゴール”（P.3を参照）として選びましょう。

4 “小さなゴール”を決めたら、次は“具体的な提案”（P.3を参照）を決めましょう。
※たとえば“今読んでいる本”について伝えることを小さなゴールにしたのであれば、具体的な提案は「参加者がその本を読みたくなる提案」や「その本のことを調べたくなる提案」などを設定します。

5 必須となる以下のスライドを作成し、決まっている範囲でタイトルと内容を入力します。
- タイトルスライド（表紙となるスライド）
- 私について（自分の名前、年齢、出身、仕事など最低限の属性を紹介するスライド）
- 本日のテーマ（目次のような役割のスライド）

6 “タイトルとコンテンツ”のスライドを用意し、紹介したい項目をタイトルとして入力しましょう。

※スライドの順番などはまだ気にしなくてかまいません。

思いつく限り入力した後で、よく似たものをまとめたり、時間に収まらないものを省いたりしましょう（P.190を参照）。

7 スライドを序論→本論→結論に分類して、並べ替えましょう。

※以下はスライド構成の一例です。

序論	本論	結論
・タイトルスライド（表紙） ・私について ・本日のテーマ	・今読んでいる本 ・あらすじと著者紹介 ・この本が自分に与えた影響	・おすすめするポイント ・特にこんな方に読んでもらいたい

8 プレゼンテーションの内容に合うデザインのテーマを選択しましょう。

9 各スライドの内容を作成しましょう。

※箇条書き、表、グラフ、画像、図形、スマートアートなどを使って分かりやすく簡潔に仕上げてください。

10 スライドが完成したらノートに発表時のセリフなどを入力しましょう。

11 リハーサル機能で時間を計測しながらスライドショーをリハーサルしましょう。

※持ち時間に収まらない場合は、説明や読み上げるセリフを減らして、参加者がスライドを見れば分かるようなものに変えましょう。

12 完成したスライドショーを使ってプレゼンテーションを実施しましょう。

Index

■本書についての最新情報、訂正、重要なお知らせについては下記 Web ページを開き、書名もしくは ISBN で検索してください。

https://project.nikkeibp.co.jp/bnt/

■本書に掲載した内容についてのお問い合わせは、下記 Web ページのお問い合わせフォームからお送りください。電話およびファクシミリによるご質問には一切応じておりません。なお、本書の範囲を超えるご質問にはお答えできませんので、あらかじめご了承ください。ご質問の内容によっては、回答に日数を要する場合があります。

https://nkbp.jp/booksQA

いちばんやさしい PowerPoint 2019 スクール標準教科書

2021 年 10 月 18 日　初版第 1 刷発行

著　　者　日経 BP
発 行 者　村上 広樹
発　　行　日経 BP
　　　　　東京都港区虎ノ門 4-3-12　〒 105-8308
発　　売　日経 BP マーケティング
　　　　　東京都港区虎ノ門 4-3-12　〒 105-8308
装　　丁　重保 咲
印　　刷　大日本印刷株式会社

ISBN978-4-296-05016-1　Printed in Japan